中国金融科技安全发展报告2020

——基于技术、市场、监管协同发展视角

黄震　主编

中国金融科技安全发展报告课题组　编

中国互联网金融协会　北京市地方金融监督管理局

中央财经大学金融法研究所　北京金融科技研究院

北京金融安全产业园　北京市互联网金融行业协会

联合策划

中国金融出版社

责任编辑：曹亚豪
责任校对：李俊英
责任印制：程　颖

图书在版编目（CIP）数据

中国金融科技安全发展报告 2020：基于技术、市场、监管协同发展视角 / 黄震主编；中国金融科技安全发展报告课题组编．—北京：中国金融出版社，2020.7

ISBN 978－7－5220－0601－7

Ⅰ.①中…　Ⅱ.①黄…　②中…　Ⅲ.①金融—科学技术—安全管理—研究报告—中国—2020　Ⅳ.①F832

中国版本图书馆 CIP 数据核字（2020）第 071212 号

中国金融科技安全发展报告 2020——基于技术、市场、监管协同发展视角
ZHONGGUO JINRONG KEJI ANQUAN FAZHAN BAOGAO 2020：JIYU JISHU，SHICHANG，JIANGUAN XIETONG FAZHAN SHIJIAO

出版发行　中国金融出版社
社址　北京市丰台区益泽路 2 号
市场开发部　(010)66024766，63805472，63439533（传真）
网 上 书 店　http://www.chinafph.com
(010)66024766，63372837（传真）
读者服务部　(010)66070833，62568380
邮编　100071
经销　新华书店
印刷　北京市松源印刷有限公司
尺寸　169 毫米×239 毫米
印张　23.75
字数　350 千
版次　2020 年 7 月第 1 版
印次　2020 年 7 月第 1 次印刷
定价　76.00 元
ISBN 978－7－5220－0601－7
如出现印装错误本社负责调换　联系电话(010)63263947

本书编委会

主任委员　霍学文

编　　委　（按姓氏拼音首字母排序）

柏　亮　陈生强　陈卫国　邓建鹏　杜永庆
冯　科　冯明杰　郭　华　郝　刚　黄　震
李崇刚　李振华　刘金辉　刘　军　刘　勇
马小兰　唐　彬　王思聪　吴　震　燕发旺
易欢欢　曾　途　张韶峰　赵国栋　赵雨晗
周世斌　朱　勇

课题组成员

学术顾问 谢　平　邢早忠

主　　编 黄　震

成　　员 杨　兵　张夏明　陈淑娟　张　尧　王景云

崔　巍　柳　洋　苏润霖　占　青　刘仪曼

姚　贝　李　彤　赵迎秀　黄　蕾　李芝欣

郭洁飞　刘　阳　康　璐　何俊妮　杨　益

李　健　侯凯旋　马　茜　任　渝　历　晨

王天明　张　沛　张光辉

序

2020年是非同寻常的一年。在我国从金融大国迈向金融强国之际，习近平总书记曾经深刻指出："金融活，经济活；金融稳，经济稳。""经济兴，金融兴；经济强，金融强。"金融与经济、民生、社会、政治甚至国家安危都有着密切的联系。当前世界格局正面临百年未有之变局，中美贸易摩擦依然处在一个不确定的胶着状况；2020年春节期间，新冠肺炎疫情突如其来，至今仍在席卷全球；新一轮科技革命带来诸多机会与挑战，金融安全尤其值得我们高度重视。金融安全要放到关系整个经济社会发展的大背景下，金融创新越发展，越需要强调金融安全。

金融科技的发展不仅为金融创新提供了新的动力，也为金融安全提供了新的保障。从金融科技的发展史看，经历了金融电子化、金融网络化、金融数字化三个阶段后，今天我们正在进入金融智能化的新阶段。金融科技每一阶段的发展都经历了重大的技术提升，也面临诸多挑战和风险。进入金融智能化阶段，由于整个金融基础设施已经发生了巨大的改变，金融运行机理以及风险产生的机制也产生了巨大变化。在金融科技创新动能的驱动下，如何才能推动金融持续、安全、规范发展？本书认为金融科技不仅需要技术创新驱动，也需要市场需求拉动，更需要监管引导规范，只有将三者统筹安排、协同发展，才能实现金融科技的安全发展。

在新一轮技术革命与产业变革背景下，维护金融安全，首先需要技术创新，其次需要制度保障，最后需要人才保障。过去十年，中国金融科技技术创新已经取得了非常多的成果，相比之下，相关人才储备还非常不足，相应的制度安排依然有待进一步完善。因此，我们考虑金融科技的安全发展，应该将其放到技术、市场、监管三者协同发展的大视角下进行观察和思考。

本书正是基于这样一个视角进行了系统研究。本书对于金融科技发展的历史阶段、发展现状和面临的问题，以及未来走向等，都进行了详细总结和阐述，特别是在2019年，我国金融科技安全发展出现了里程碑式的进步，中国人民银行出台了《金融科技（FinTech）发展规划（2019—2021年)》，与此相应，相关部委和地方政府也出台了金融科技发展的有关规划和指引。加强金融科技规划，对于未来5年到10年我国金融科技安全发展有着重要的指引作用。

本书以金融科技规划的主要内容、作用和影响为依据，从实现金融科技安全发展的技术、市场、监管协同发展的视角，对2019—2020年的金融科技进行了系统梳理，全面概括了金融科技的进展、主要领域和代表性成果。特别值得一提的是，本书对我国推出的金融科技创新监管试点运行机制进行了深入探讨，为探索我国金融科技安全发展机制与全球互动、地方落实和机构合规提供了有力的参考借鉴。

我们期待，本书的出版能够有助于将我国金融科技发展的顶层设计贯彻到有关地区和机构中去。只有提升以金融科技为主的产业创新、制度创新、流程创新和监管创新，才能保持我国在金融科技领域的领先地位。通过技术、市场、监管的协同发展，助推科技创新、市场繁荣和监管完善，全面发挥金融科技赋能经济社会发展的作用，贯彻习近平总书记关于维护金融安全、防控金融风险的要求，打赢防范化解重大金融风险攻坚战，持续推动我国金融高质量发展。

北京市地方金融监督管理局党组书记、局长

导言：疫情考验下的金融科技安全

恩格斯曾说：“没有哪一次巨大的历史灾难，不是以历史的进步为补偿的。”

当前，新冠肺炎疫情正在席卷全球，对各行各业都造成了巨大的冲击，带来了巨大挑战，但也酝酿着空前的机遇。疫情期间，伴随着电商、社交、直播等的逆势发展，中国的金融科技得到了快速发展和广泛应用，但也面临着一系列新风险和安全问题的挑战。

为应对新冠肺炎疫情的挑战，国家采取了一系列财政、经济、金融等宏观调控措施，将促进金融、科技、消费等领域的大发展，对此我们需要未雨绸缪，及时发现、补齐和加强疫情中暴露出的金融科技安全短板。

一、金融科技在中国两次疫情中发展的比较分析

2003 年的非典疫情和当下的新冠肺炎疫情都对中国经济社会生活造成了巨大的影响。不同的是，非典疫情主要影响范围为中国，而新冠肺炎疫情是全球性的，至今仍在全球蔓延，影响更为广泛和深远。从某种意义上可以说，2003 年非典让我国提前进行了一场演练，从而更加沉着、积极和高效地应对这次新冠肺炎疫情的冲击。当前新冠肺炎疫情中金融科技的应用和 2003 年非典疫情中兴起的互联网金融，既有相似之处，也有很大的不同，可以从技术基础、服务对象、发展方式、主要成果和产业生态五个方面进行比较分析。

（一）技术基础

非典疫情期间，全球互联网产业刚刚经历了网络泡沫的破灭，移动互联网正在兴起，电子商务初出茅庐。在无法面对面交易的情况下，阿里巴巴等电子商务平台以其在线、远程、非现场交易迅速崛起。随后，腾讯等网络社交平台也迅速发展。

当前新冠肺炎疫情时期，新一轮科技革命的技术基础也得到了长足发

展，以5G技术为基础设施，人工智能、区块链、云计算、大数据等技术得到大规模应用，支持金融科技发展的技术更加成熟和多元。

（二）服务对象

非典疫情期间，互联网金融面临的考验主要是如何面向个人用户提供服务，企业的生产制造并未受到很大影响。

新冠肺炎疫情时期，金融科技的服务对象已经由个人用户逐渐转型为以企业用户为主，同时带动个人用户发展。

（三）发展方式

非典疫情冲击下，企业自发探索发展远程在线服务，特别是电子商务、电子支付等业务。彼时，没有可借鉴的模板，内外部条件不成熟不配套，风险控制技术较薄弱。中国的互联网金融发展付出了较大代价，短短五年，风险从集聚到爆发，发生了翻天覆地的变化，以致今天依然处于风险整治之中。

当前，中国金融科技已经有了全国的金融科技发展规划作为指导。一方面，市场需求进一步明晰，技术支持更加有效；另一方面，监管及时跟进并予以规划指导，风险更加可控。

（四）主要成果

2003年兴起的主要以第三方支付为基础的互联网金融，以互联网企业为主力军，推动跨界融合，加速了中国金融创新，发挥了鲶鱼效应，也推动了整个中国金融体系的信息化、网络化、数字化。

当前，新冠肺炎疫情推动的金融科技应用，以金融机构为主力军，金融科技企业积极参与，形成了协同作战联盟的发展状态。以人工智能为主要技术，同时更多技术辅助协作，金融科技的发展全面升级。

（五）产业生态

2003年的互联网金融单兵突进、孤军奋战，2003年以后逐渐走向融合。2020年的金融科技在新冠肺炎疫情冲击下，迅速形成了协同作战、融合发展、产业配套和设施数据共享，呈现出较好的产业生态发展格局。

回顾总结2003年之后中国互联网金融发展，有助于我们认清此次新冠肺炎疫情冲击下中国金融科技安全发展的道路和发展趋势。从技术、市场、监管三个维度进行分析，会更加清楚地认识到金融科技在疫情冲击下面临着巨大的机会，同时也要做好安全防控和风险管理。

二、金融科技在疫情中的主要应用领域与发展机遇

在新冠肺炎疫情冲击下，中国的金融不仅仅是自保，还在积极助力防控抗疫工作，主要体现在以下应用领域。

（一）非接触金融业务

网点和现场服务过去是传统金融机构的服务基础。由于新冠肺炎病毒的传染性极强，现场服务基本清零，倒逼传统金融机构尽快在线上展业，实现非现场、非接触式业务替代现场业务。与此同时，一些线下网点处于劣势，较早开展了线上业务，推出APP、运用大数据营销和智能风控等的金融机构，在疫情期间实现了快速发展。

（二）远程居家办公模式

在新冠肺炎疫情的影响下，组织运行体系也面临再造和考验，为减少人员的集聚、流动等问题，金融机构纷纷推出居家远程办公模式。钉钉、腾讯会议等各种在线协作沟通平台用户实现爆发式增长。

（三）在线理财业务

在线理财和资管业务在疫情冲击下，也得到了迅速发展。虽然人们减少了见面，减少了现场交流和现场交易，但是，中国的金融科技使得在线业务得到支撑并进一步发展。

（四）数据入口拓展

新冠肺炎疫情期间，金融科技的数据入口得到了拓展，数据维度更加丰富。各机构利用移动端进行数据采集、人员联络、工作安排和任务实现。

在互联网金融业务板块，电子支付（第三方支付）全面铺开，各行各业的需求被全面激发出来。譬如，很多餐饮企业还没来得及做网络营销，在新冠肺炎疫情的冲击下转型做电子商务。还有很多生产制造型企业也在运用电子商务及远程协作。这就使得电子支付（第三方支付）及各种新型的支付方式得到进一步发展。

三、金融科技安全发展需要解决的问题

在疫情中，金融科技安全发展还有一系列需要解决的问题。

（一）技术平台安全、基础设施安全、系统安全

在疫情考验下，一些平台流量激增，流量太大造成平台网络堵塞，平台设施安全面临考验。中国的金融科技要安全发展，应进一步加强基础设施建设，使平台风控安全得到保障。

（二）交易安全、支付安全、资金安全

由于我国一系列法律、制度没有及时修订，一些交易保障不足，比如不能为远程开户业务提供保障。交易安全、支付安全、资金安全乃至数据安全等问题，也需要进一步改善。当前的技术环境更加复杂，牵一发而动全身。要保证技术每一环节和每一流程的安全，才能够使交易安全和资金安全得以实现。

（三）网络安全、数据安全、隐私保护和消费者金融安全教育

基于用户的数据隐私保护和消费者的金融安全教育方面还有大量工作要做。数据隐私和信息安全受到国家高度重视，也正在有序推进。但是疫情突如其来，有些问题没有完全得到有效解决。同时，消费者的金融安全意识和用户习惯也需要进一步加强。企业在消费者权益的保护，特别是隐私保护方面，应该合法合规加强管理。

（四）金融机构风控体系整体再造

随着互联网金融的发展，企业线上展业越来越多，但是要全面开展线上业务，还有很多新工作要做，各方面的人员配套、技术设施、数据管理等有待完善。中国的金融科技在疫情冲击下做到了逆势发展，但是也暴露出了一些问题，尤其是风险管理和安全方面的问题。

这次新冠肺炎疫情，检验了中国当前金融科技发展方向的正确性。正因为中国提前布局了金融科技，并且积极发展，才使得疫情冲击下人们的生活和工作得以正常有序进行，并没有被疫情打断。

我国金融科技之所以能够有效应对此次疫情，离不开国家顶层设计和提前布局。特别是国家金融科技发展规划，在总结中国互联网金融发展经验和教训的基础上，进一步明确了金融科技的发展方向。金融科技和各行

各业协同，不是一个封闭的内部问题，而是跟整个产业、社会的网络化、数字化协同的系统性问题。因此，对于疫情考验下金融科技的安全发展，需要从技术、市场、监管三个方面去完善和提高。

四、中国金融科技安全发展的对策建议

新冠肺炎疫情考验下的金融科技服务，超越了金融领域，涉及公益、慈善等多个领域；也超越了技术层面，涉及公平、正义等一系列问题。因此，对于金融科技安全发展，需要进行一系列的哲学思考，站在更高的维度，站在整个人类文明的高度，才能够更加透彻地理解金融科技带来的一系列发展和影响。

（一）加强金融科技规划统筹实施

2003 年非典疫情时期，互联网企业作为主力军，推动了互联网金融的迅速崛起，但在探索初期由于风险意识不足，导致风险高发。这次在新冠肺炎疫情推动下，金融科技又面临一次大的发展机遇。各行各业都积累了一些数据资源和客户资源，彼此可以进行转化合作。因此，需要加强金融科技规划统筹，大力发展监管科技、风控科技、安全科技，这样才能够保证金融科技的有序发展、持续健康推进。当前我国“十四五”规划正处于前期调研和设计编制之中，对金融科技发展的规划，要进一步加强对未来趋势的研判，并对规划实施有力的保障。

（二）加强金融科技相关人才培养

在中国金融科技的发展中，专业人才依然是一个短板。无论是高校培养出的人才，还是企业在技术研发中培养的人才，都远远不能适应当前的需要。很多企业重金招聘金融科技、大数据、人工智能等方面的人才，进一步提示我们要加强互联网、金融科技，特别是金融安全有关的人才教育和培养。

（三）加强知识产权及标准化工作

知识产权不仅是促进技术迭代、推动产业升级的“基础设施”，也是培育创新思维、养成创新习惯的文化土壤。金融科技的爆发式增长，对知识产权保护提出了更高的要求。同时，金融科技要实现安全发展，必须加强规范化、标准化和制度化工作。中国人民银行已经建立了专门的金融标

准化机构，加强规划和标准的制定等工作。不仅国家的技术标准要加强，行业、企业也要高度重视技术标准，这样才能够使技术得以规范，特别是互联网要连接各方，会有各个接口，要求有统一的标准，这样才能形成一个耦合对接。

（四）加快金融安全产业布局

突如其来的疫情，使“健康码”成为出行必备。除了政府部门或者公共管理部门，很多单位都在采集数据。因此，公共卫生事件突发引发的数据安全、数据保护等方面的问题将在疫情之后凸显。以前在治理数据泄露方面，更多倾向于对企业进行治理，未来对公共管理部门的数据安全治理，将受到高度重视。

金融科技安全发展需要更全面的融合发展安排。在金融科技日益融入实体经济、产业各个部门的时候，需要考虑到各个产业领域，特别是从产业链、生态链的层面，考虑社会各个领域的金融需求。如这次疫情期间，在资金如何快速安全地送到受助对象等社会捐赠问题等领域，金融科技应考虑如何实现安全发展。

（五）进一步完善金融科技安全法制

与金融科技安全相关的最重要的法律是《网络安全法》。该法第三十一条要求：“国家对公共通信和信息服务、能源、交通、水利、金融、公共服务、电子政务等重要行业和领域，以及其他一旦遭到破坏、丧失功能或者数据泄露，可能严重危害国家安全、国计民生、公共利益的关键信息基础设施，在网络安全等级保护制度的基础上，实行重点保护。”金融机构要落实《网络安全法》，清晰界定主体责任，完善金融安全预警、保护、监测、响应、恢复的流程。

除了《网络安全法》之外，还需要一系列的技术、数据、交易安全管理方面的法律法规配套。当前我们对于金融科技的产业生态有了更加清晰的认识。但是这个产业生态依然还在不断迭代和升级之中。要根据这些新型问题，比如平台的责任问题、跨平台协助的问题，把有关法律制度当成基础设施的重要组成部分来建设。过去讲金融基础设施往往强调金融的硬件设施、软件设施，忽视了法律制度本身就是金融基础设施的内在过程。

因此，在制度建设方面，应该有新的思路总结出来。从互联网金融发展来看，制度短板是造成互联网金融发展中风险集聚和风险多发的重要原因。因此，应该针对互联网金融发展中的风险问题，进行进一步的体验，加强制度建设，有针对性地补短板，更加系统地进行制度安排。

结语

新冠肺炎疫情作为一个全新的历史起点，让我国金融科技大展身手。如果说2003年，伴随着非典疫情的发生，中国以支付宝、易宝支付等的创立为标志进入“中国互联网金融发展元年”，那么在新冠肺炎疫情背景下，可以预言，2020年将成为“中国金融科技大发展元年”。金融科技的发展，需要技术部门更多地研发相关技术，只有这样才能满足当前疫情激发出的需求，也需要监管部门积极引导和有效管理，才能更好地做好安全保障和风险防控工作。中国金融科技越是面临大的发展，越需要做好安全和风控工作。

凡事预则立，不预则废。面对突如其来的巨大变化，只有那些有准备的头脑，才能够更好地抓住疫情带来的机遇。当前的新冠肺炎疫情对于中国的金融科技既是挑战也是机遇。更重要的是，疫情只是金融科技一个新的发展契机，在疫情结束之后可能会真正进入新的大发展阶段。所以，希望更多的中国金融科技企业和金融机构能够积极谋划，守正出新，结合“十四五”金融规划安排，提前布局。特别是要把安全保障作为重中之重，让金融科技在经济、社会、生活等方方面面发挥更为积极的作用。

目　录

第一章　金融科技安全发展的新时代

关于金融科技（FinTech），金融稳定理事会（FSB）于2016年提出了一个标准定义："金融科技是技术驱动的金融创新，它能够产生新的商业模式、应用、过程或产品，从而对金融市场、金融机构或金融服务的提供方式产生重大影响。"中国人民银行进一步解释为，旨在运用现代科技成果改造或创新金融产品、经营模式、业务流程等，推动金融发展提质增效。在新一轮科技革命和产业变革的背景下，金融科技蓬勃发展，人工智能、大数据、云计算、物联网等信息技术与金融业务深度融合，为金融发展提供源源不断的创新活力。①

金融科技的内涵可以从狭义和广义两个方面来理解：狭义的金融科技指的是改变传统金融服务方式方法的新技术（如人工智能、大数据、云计算、物联网等信息技术）；广义的金融科技既指相关的技术，也指由此产生的融合型行业，其主要由两类构成：一是开发用于金融领域的新技术的企业；二是利用新技术提升金融服务效率、变革金融服务的非传统金融企业及机构。本报告取金融科技的广义内涵进行论述。

金融科技的发展阶段

对于广义的金融科技发展阶段，有多位学者做过分析。国际上，DW Arner等指出，金融科技的发展可以划分为三个阶段，分别为金融科技1.0阶段（1866—1967年）、金融科技2.0阶段（1967—2008年）、金融科技3.0阶段（2008年至今）。巴曙松基于IT技术推动金融行业变革的角度进行分析，也将金融科技的发展划分为三个阶段。②

① 中国人民银行．金融科技（FinTech）发展规划（2019—2021年）[S/OL]．[2019-08].

② 资料来源：《中国互联网金融安全发展报告2018》。

对应中国金融科技的发展应用阶段，中国人民银行副行长范一飞撰文将其划分为金融业务电子化阶段、互联网金融阶段、金融与科技深度融合阶段。[①]

本报告兼容技术、市场、监管三个视角，参考以上各种划分方法，认为可将金融科技的发展拓展为以下四个阶段。

金融科技1.0阶段（金融业务电子化阶段）

技术方面

主要表现为金融IT化。这一阶段，技术对金融的影响表现为：（1）金融行业通过对传统IT软硬件的应用来实现办公和业务的电子化、自动化；（2）科技对金融的作用力主要体现在提高金融行业业务效率；（3）代表性产品包括ATM、POS机、银行的核心交易系统、信贷系统、清算系统等。

相应地，1993年6月，国务院启动了以发展电子货币为目的、以电子货币应用为重点的各类卡基应用系统工程，即金卡工程。

市场方面

这个阶段，金融机构软硬件方面的电子化需求使之成为IT公司的一个主要市场。此时，IT公司一般不参与金融公司的业务环节。科技投入在金融机构运营中属于成本中心，IT系统在金融体系内部属于成本部门。

对客户来说，此阶段印象最深刻的当属ATM和POS机的推广应用。

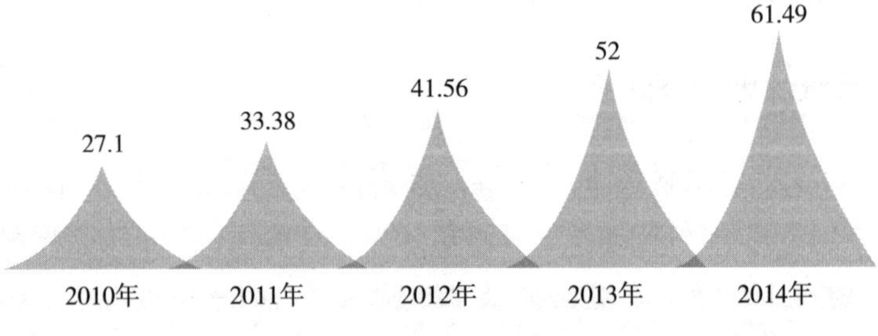

图1-1　2010—2014年全国ATM保有量（单位：万台）

---

① 范一飞．不忘初心　砥砺奋进——开启金融科技高质量发展新征程［J］．金融电子化，2018（12）．

以 ATM 行业为例，1987 年，ATM 首次被引入中国。到 1999 年，全国 ATM 保有量约 3 万台，仍属于十分稀罕的设备。直到 2004 年，市场对自助现金设备的需求爆发，ATM 厂商炙手可热。2007 年，以广电运通、御银股份为代表的 ATM 厂商相继上市。①

监管方面

此阶段，信息技术在金融领域广泛应用推广，各商业银行电子化已初具规模，而中央银行监管却仍是手工操作，金融信息依然是通过现场收集和银行填报报表两条渠道获得，加上报送资料中的“水分”，使金融监管工作失去了“防患于未然”的作用。因此，当时已经有了电子化监管的萌芽，提出利用计算机监管系统收集、处理报表资料，评价、预测银行经营趋势，发挥非现场监督作用。②

20 世纪 90 年代中期，中国人民银行利用卫星通信网络建立了全国电子联行系统（EIS），把各银行间的资金清算业务纳入电子化，并且组织实施了中国金融支付系统（CNPS）。

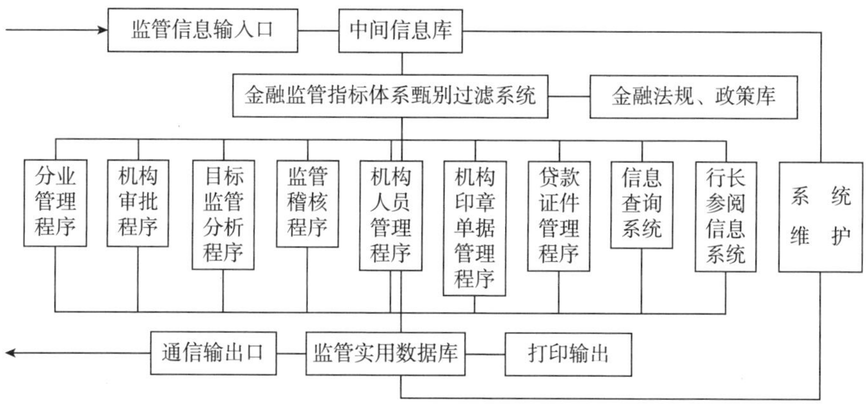

图 1－2　金融监管计算机管理系统③

---

① 王晓．被二维码碾压的 ATM 与 POS 机怎么样了 支付江湖风云录［N］．21 世纪经济报道，2018－08－01．

② 倪芳．浅谈中央银行的电子化监管［J］．金融电子化，1999（6）．

③ 李鲁建．实现金融监管电子化的设想［J］．山东金融，1994（9）．

金融科技 2.0 阶段（互联网金融阶段）

技术方面

（1）表现为金融渠道网络化。在此阶段，金融业借助线上渠道实现革新突破，创新金融产品与服务模式，将储蓄、信贷、理财、保险等传统金融业务迁移至互联网和移动智能终端，为社会公众提供全天候、一站式的金融服务。（2）推动金融服务由“以账户为中心”向“以客户为中心”发展。(3）金融服务渠道从以实体网点为代表的“水泥银行”到以网上银行为代表的“鼠标银行”，再到以手机银行为代表的“指尖银行”，在发展中不断打破获取金融服务的时空限制。[①]（4）最具代表性的业务有第三方支付、P2P 网络借贷、互联网保险、互联网基金销售等。

市场方面

根据中国互联网络信息中心（CNNIC）发布的《中国互联网络发展状况统计报告》，截至 2019 年 6 月，我国网民规模达 8. 54 亿人，较 2018 年底增长 2598 万人，互联网普及率达 61. 2%，较 2018 年底提升 1. 6 个百分点；我国手机网民规模达 8. 47 亿人，较 2018 年底增长 2984 万人，网民使

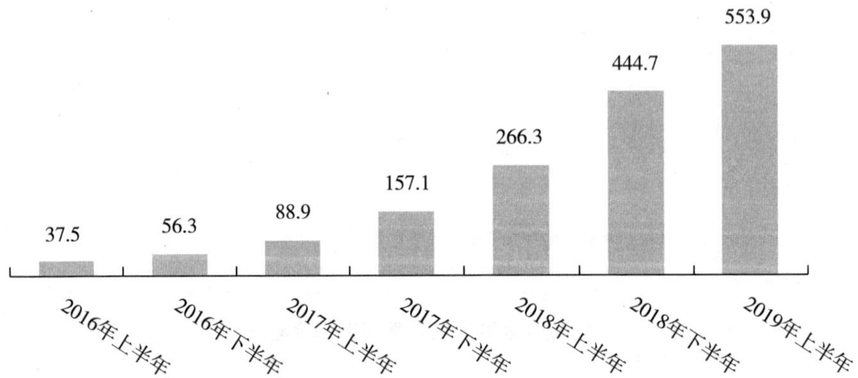

图 1－3　移动互联网接入流量（单位：亿 GB）

（资料来源：工业和信息化部）

---

① 范一飞．不忘初心　砥砺奋进——开启金融科技高质量发展新征程［J］．金融电子化，2018（12）．

用手机上网的比例达 99.1%，较 2018 年底提升 0.5 个百分点。移动互联网接入流量消费达 553.9 亿 GB，同比增长 107.3%。

从个人应用上看，网络购物用户 6.39 亿人（↑），网上外卖用户 4.21 亿人（↑），网络支付用户 6.33 亿人（↑）。

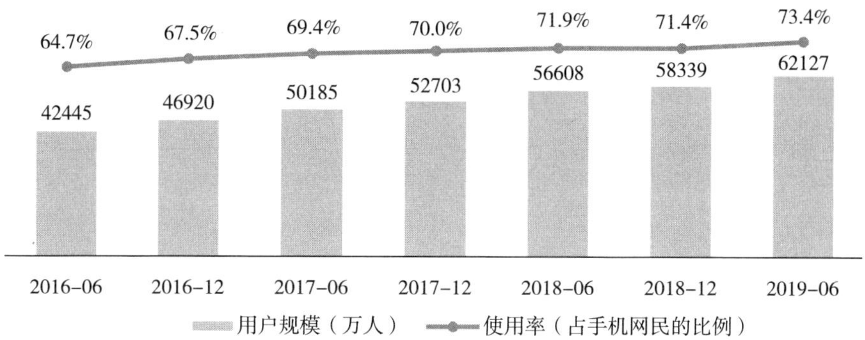

图 1-4　2016 年 6 月至 2019 年 6 月手机网络支付用户规模及使用率①

（资料来源：《第 44 次中国互联网络发展状况统计报告》）

如此庞大的互联网用户群体，直接为以第三方支付为代表的互联网金融提供了广阔市场。“旧时王谢堂前燕，飞入寻常百姓家”，以支付、即时通信等 APP 为平台，大大扩宽了消费借贷、保险、基金理财等金融业务的销售渠道，使金融产品真正触及每一个家庭、每一个人。金融科技赋能下，为数众多的长尾客户获得金融服务成为现实，“普惠金融”因此有了坚实的发展基础。

监管方面

这个阶段，金融科技的溢出效应，导致大量非持牌机构通过技术手段切入金融服务市场，在传统金融体系之外迅速形成了新的金融生态。这个过程绕开了很多传统金融监管框架，而快速扩张的市场使得参与主体忽略了金融的风险属性，从而积累了较大的金融风险，非正规金融如 P2P 行业的大面积爆雷、影子银行的规模化等引起了监管层的高度重视，由于监管的滞后性，此阶段“一放就乱，一管就死”的循环仍未能打破。

① 中国互联网络信息中心．第 44 次中国互联网络发展状况统计报告［R/OL］．［2019-08-30］．http：//www.cnnic.net.cn/hlwfzyj/hlwxzbg/hlwtjbg/201908/t20190830_70800.htm.

金融科技3.0阶段（金融与科技深度融合阶段）

技术方面

主要以技术创新为驱动力，通过大数据、云计算、人工智能、区块链等最新的IT技术，改变传统的金融服务环节和金融业务的各个方面；金融机构利用信息技术创新金融产品、改变经营方式、优化业务流程，催生出“APP经济”“API经济”等新型发展模式。金融业呈现出新特征：产品服务更加智能、场景结合更加紧密、数据价值更加凸显。代表性的技术应用为大数据征信、智能投顾、供应链金融等。

市场方面

金融科技投资方面，2018年亚洲金融科技投资中，中国以83宗交易和182亿美元总额独占鳌头，其中蚂蚁金服在第二季度完成的140亿美元交易成为最大亮点。待成熟的新兴金融技术在中国市场迅速发展。中国香港特别行政区发行了8个虚拟银行牌照，在金融科技领域取得重大进展。在中国，区块链有望获得金融科技投资者的更多关注，尤其是与小额融资

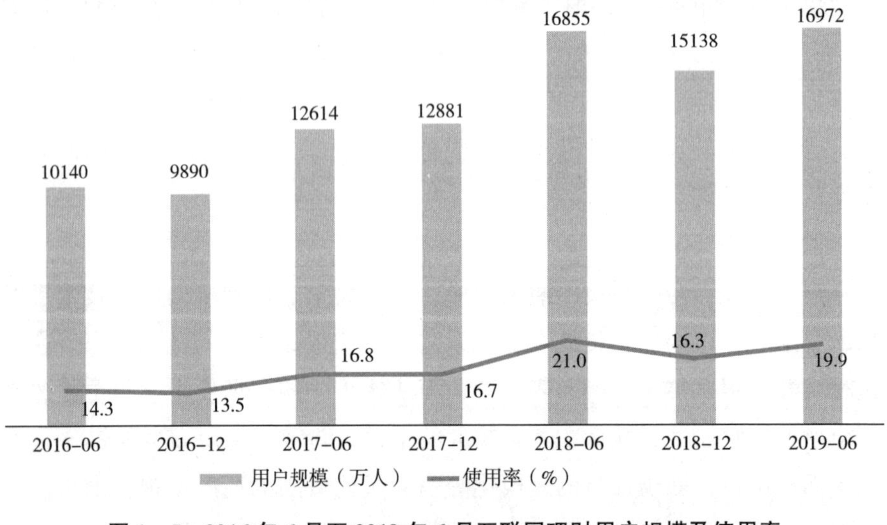

图1-5　2016年6月至2019年6月互联网理财用户规模及使用率

（资料来源：《第44次中国互联网络发展状况统计报告》）

相关的区块链技术。[①]另外，在此阶段，互联网理财用户规模已经接近饱和状态。

监管方面

在大数据、人工智能、云计算等新技术与金融业务深度结合的同时，监管科技（RegTech）也登上了历史舞台。2014—2015 年是监管科技发展的起步阶段，自 2016 年开始，监管科技在全球进入快速发展阶段。

2013—2017 年，全球监管科技的融资额增长了 2.2 倍，从 2013 年的 6 亿美元，增长到 2017 年的 13 亿美元。

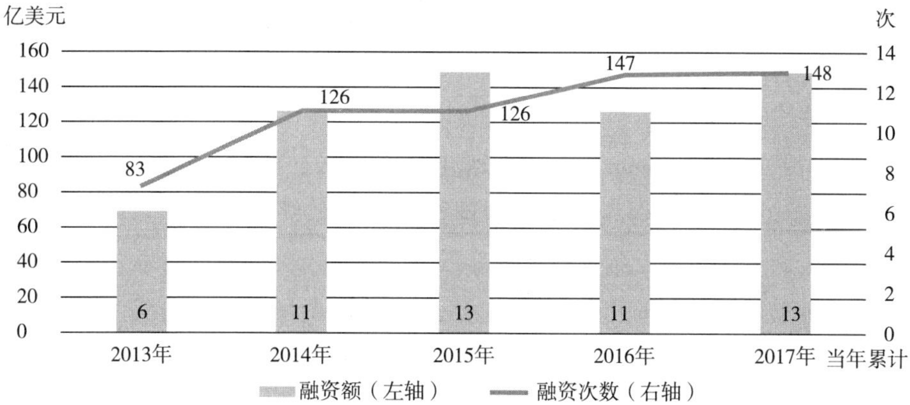

图 1－6　全球监管科技融资情况[②]

我国地方实践方面，2015 年，北京市金融工作局针对互联网非法集资开发了“冒烟指数”监测，通过收益率偏离度、投诉率、传播虚假性、机构合规度、疑似非法性等维度综合判断平台的危害程度，一定程度上遏制了北京地区非法集资蔓延的势头。同时，监管沙盒（沙箱）试点也在各地开始探索。

目前我国金融科技处于哪个发展阶段？

本报告认为，中国人民银行《金融科技（FinTech）发展规划

① 毕马威．金融科技脉搏（2019 年上半年）（*The Pulse of FinTech H*1 2019）［R/OL］．［2019－07－31］．https：//mp. weixin. qq. com/s/0SSK8XwTZlh7Enn9UejqLw.

② 何阳．监管科技（RegTech）前沿技术与应用研究［R］．中国信息通信研究院，2019－04－17.

(2019—2021年)》的发布，标志着我国金融科技已经进入一个协同发展的新阶段——金融科技4.0阶段，金融科技各个方面都在联动，并且进入监管视角，实现了“技术、市场、监管”协同发展。

金融科技4.0阶段（全面协同发展阶段）

区别于之前的1.0、2.0、3.0阶段，我国金融科技的安全发展进入了一个新的阶段：第一，有了国家级的发展规划来进行指引和规范发展。第二，在技术方面，更多新技术出现并融合应用；在市场方面，进一步从非正规金融主导转型到持牌金融机构主导；在监管方面，进入了严监管和全面协调监管的阶段。

技术方面

《金融科技（FinTech）发展规划（2019—2021年)》提出，以重点突破带动全局，规范关键共性技术的选型、能力建设、应用场景和安全管控，探索新兴技术在金融领域安全应用，加快扭转关键核心技术和产品受制于人的局面，全面提升金融科技应用水平，将金融科技打造成为金融高质量发展的“新引擎”，并分别对大数据、云计算、人工智能、分布式数据库、网络身份认证体系作出了相应的研发应用指导。

针对金融科技发展面临的共性技术难题，推动产业部门加大支持力度，鼓励科技企业加强研究攻关，为金融科技发展与应用提供技术支撑。

市场方面

《金融科技（FinTech）发展规划（2019—2021年)》指出，各类市场主体在科技能力、创新动力、人才队伍、体制机制等方面相对失衡；产业基础比较薄弱，尚未形成具有国际影响力的生态体系，缺乏系统的超前研发布局。

未来，将培育一批具有国际知名度和影响力的金融科技市场主体，社会组织和专业服务机构对金融科技发展的支撑作用不断强化，开放、合作、共赢的金融科技产业生态体系基本形成。

以陆家嘴2.0版金融科技“陆九条”提出的“应用场景创新平台”为例：按照需求导向，联合各类持牌金融机构定期发布不同行业需要科技赋能的具体应用场景，推动金融科技企业对接金融机构的科技诉求，邀请监管部门对平台进行全流程合规指导，实现规范、有序的技术创新。

如此，从最初的技术研发环节即集聚技术、市场、监管三方，克服监管滞后，或可彻底跳出“一放就乱，一管就死”的循环。

监管方面

在金融科技4.0阶段，我国监管环境的变化将直接影响金融科技投资结构。毕马威发布的《金融科技脉搏（2019年上半年）》（*The Pulse of FinTech H*1 2019）显示：鉴于中国中央政府和省级政府对监管科技（RegTech）的高度重视，对该领域的投资有望继续增长。

《金融科技（FinTech）发展规划（2019—2021年）》则指出，加强金融科技审慎监管，建立健全监管基本规则体系，加大监管基本规则拟订、监测分析和评估工作力度，运用现代科技手段适时动态监管线上线下、国际国内的资金流向流量，探索金融科技创新管理机制，服务金融业综合统计，增强金融监管的专业性、统一性和穿透性。

第一节　从自发探索到规划发展

一、市场主体自发探索

我国金融科技产业生态体系主要由监管机构、金融机构、科技企业、行业组织、研究机构组成。其中，金融机构主要是运用云计算、大数据、人工智能和区块链等先进技术提供金融服务。科技企业主要是为监管机构和金融机构在客服、风控、营销、投顾和征信等领域提供新技术服务。研究机构主要是进行金融科技产业研究，推动行业交流和标准制定，促进金融科技应用成果的经验分享和互动交流。①

一般而言，金融机构又可分为持牌金融机构和准金融机构（非正规金融机构）两大类，准金融机构是现代金融融资的创新形式，其从事金融业

---

① 中国信息通信研究院．中国金融科技生态白皮书（2019年）［R］．2019－07.

务却未获得金融许可证，以灵活有效的经营管理、高效便捷的审批手续、创新多样的服务产品得到市场认可并迅猛发展。准金融机构主要包括体量占比较大的小额贷款公司、融资性担保公司、典当行及融资租赁公司。①

（一）持牌金融机构

1. 银行

近年来，各家银行积极设立“金融科技子公司”，搭建自有大数据、人工智能、云计算等技术平台。这些子公司在赋能母公司数字化转型之外，还对技术力量薄弱的广大中小银行等输出金融科技能力，与单纯的科技服务企业形成竞争态势。

从数据上看，国有控股大型商业银行中，建设银行、农业银行、中国银行的金融科技占总营收的比例较高，分别为2.17%、2.21%、2.11%，按照2017年建设银行总营收6216亿元计算，金融科技的投入就达到了134.9亿元，农业银行的金融科技投入也达到了120亿元，中国银行约投入102亿元。②

尽管我国银行业科技投入持续加大，但相比国际领先的商业银行仍远远不足。国外银行科技支出占营业收入比例普遍在10%及以上。

2. 证券业

广发证券、方正证券、光大证券等多家券商已将金融科技作为公司的发展战略。

据中国证券监督管理委员会原主席肖钢介绍，证券业对科技的应用已经达成了广泛共识，但由于科技研究门槛高，主要依赖互联网巨头公司开发的相关技术和解决方案。从国际对比来看，2017年国内证券公司研发支出仅115.9亿元，远低于美国主流证券公司的投入。我国证券公司技术人员配置仍较少。国内券商信息技术人员平均规模在100人左右，占比仅为

---

① 颜泳红，李滢盈．我国准金融机构的发展动态及监管对策［J］．湖南工业大学学报（社会科学版），2018（2）．

② 侯潇怡．银行金融科技投入与赋能半年考量：投入比重再增　赋能要追BATJ［N］．21世纪经济报道，2019-09-04．

3.24%，而高盛3.6万名员工中，信息技术人员近万人。

同时，监管让市场创新望而生畏。在经历了HOMS场外配资、ICO叫停等事件后，基于对大数据隐私保护、人工智能的责任划分等方面的考虑，市场创新受到影响。①

表1-1　2018年券商研发/信息技术人员占公司在职员工数量的比例

证券公司	研发人员数（人）	在职员工数（人）	占比（%）
中信证券	1027	15842	6.48
广发证券	747	12179	6.13
华泰证券	740	9432	7.85
申万宏源证券	712	13594	5.24
银河证券	467	9681	4.82
招商证券	334	9664	3.46
方正证券	255	8590	2.97
华安证券	174	2753	6.32
东方证券	168	5157	3.26
国海证券	164	2551	6.43
国元证券	163	3452	4.72
光大证券	160	9004	1.78
国金证券	150	3155	4.75
中信建投证券	113	9594	1.18
浙商证券	105	3323	3.16
第一创业证券	3	3725	0.08

资料来源：券商中国。

3. 资产管理公司和基金公司

在资产管理公司和基金公司中，金融科技应用主要表现在四个方面。

第一，投资研究。人工智能和大数据可以在基金经理主动投资和量化投资的三个步骤里面起到很大的作用。

第二，智能投顾。通过互联网搜索、会议论坛以及社交媒体来抓取市

① 单美琪，朱丹丹．五道口金融论坛丨肖钢：证券行业科技创新投入不足［N］．华夏时报，2019-05-25.

场的变化，基金公司可跟踪投资者热度，大部分是反向投资。

第三，风险控制。在资产管理公司投资股票、债券时，对发债主体和上市公司进行基本判断，通过人工智能抓取信息形成企业画像，提升信用风险管理能力。

第四，智能销售与服务。这主要包括智能客服、客户画像、精准营销、云计算，以及互联网应用快速迭代、快速发布等。①

4. 保险

保险科技：2018—2019年全球保险科技领域融资持续升温，2019年上半年融资额达到30.77亿美元，增速超过2018年，2019年全年融资额创新高。

中国保险科技已经进入场景化发展阶段，着重于产品创新与个性化定制，大数据、人工智能、物联网等新技术开始在保险业务环节发挥作用，同时，也包括和保险行业应用场景结合得相对紧密的车联网、无人驾驶、基因诊疗、可穿戴设备等应用技术。

表1-2　保险科技行为主体

企业类型	商业模式	描述
互联网保险企业	ToB/ToC	颠覆传统保险企业
中介平台	ToA	连接经纪人
	ToB	连接场景
	ToC	连接个人
互助平台	ToC	去保险中介
技术赋能企业	ToB	赋能传统保险企业

互联网保险：根据原中国保监会发布的《互联网保险业务监管暂行办法》，互联网保险业务是指保险机构依托互联网和移动通信等技术，通过自营网络平台、第三方网络平台等订立保险合同、提供保险服务的业务。

金融科技的快速发展在给保险行业带来机遇的同时，也带来了一定挑

① 王明山，王德英．金融科技在基金公司有四大应用［N］．证券日报，2018-12-29.

战：一是冲击保险理论基础；二是商业模式亟待革新。①

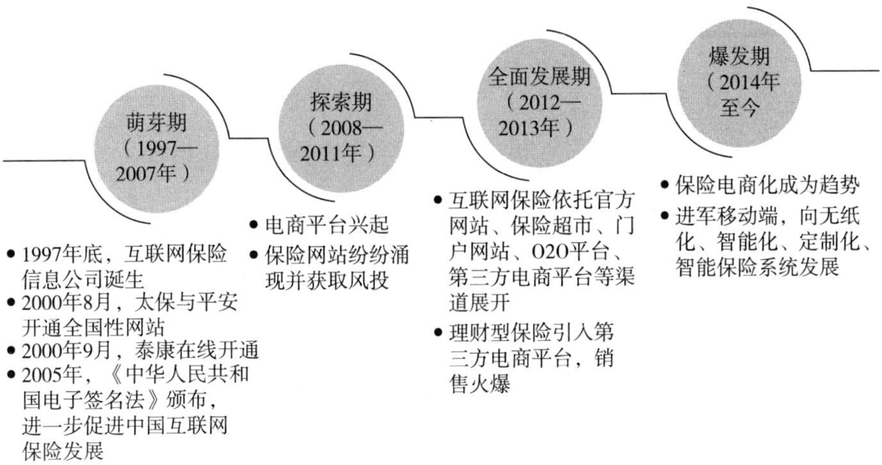

图 1－7　互联网保险发展阶段

5. 信托

由于起步较晚，信托公司在金融科技方面投入的人力、物力、财力相对较少，自主研发能力也普遍较弱。

《中国信托业发展报告（2018—2019）》显示，目前全国 68 家信托公司在运用信息科技手段完善内部管理、加强风险控制和推动业务发展等方面均取得了进展。平均每家信托公司对信息科技投入 1746. 89 万元，同比增长 9. 27%，其中投入超过 1000 万元的信托公司占到近 60%。

在业务模式创新上的表现如区块链与家族信托融合，通过区块链存证技术来验证合同信息真实性。在“消费金融＋科技”方面，多家信托公司频频发力。②

（二）准金融机构

1. P2P 网贷

互联网金融发展的典型代表莫过于 P2P 网贷行业，其经过的三个阶段

---

① 刘勇．金融科技行业发展现状与趋势［EB/OL］．［2019－10－23］．中关村互联网金融研究院．

② 信托“联姻”金融科技　专业化发展全面升级［N］．金融时报，2019－09－30．

分别为蓄势待发阶段、狂飙猛进（或者异军突起）阶段和整治规范阶段，目前正处在整治规范阶段。

中国互联网金融是在一个特殊历史时期进行的一场特殊的金融试验，当时激进的互联网金融创新者甚至提出来要颠覆金融，但事实上并没有颠覆金融，更没有打倒传统金融机构，而互联网金融自身却出现了非常多的问题，出现了跑路潮、爆雷潮等。①

纵观P2P网贷行业整个发展史，我们看到，金融业务的风险属性并不会因金融科技光环加持而消失，金融创新一定要将安全置于发展的首位。

2. 小贷公司

自2011年起，蚂蚁金服、百度、京东金融、苏宁金融等多家科技公司均在重庆市成立了小额贷款公司，已经深耕网络小贷领域多年。之后，互联网浪潮袭来，前有P2P借助互联网渠道撮合贷款，后有互联网巨头基于电商生态线上融资，网络小贷水到渠成。2015年7月《关于促进互联网金融健康发展的指导意见》对网络小贷做了官方背书，地方金融办开始为小贷公司叠加“互联网放贷”资质，网络小贷牌照面世了。

根据融360大数据研究院的统计，截至2019年1月20日，全国范围内共有网络小贷牌照300张，其中完成工商注册的有279张。②

3. 股权众筹

在技术方面，移动互联网的高度普及为众筹提供了更为便捷的融资平台和融资渠道；云计算、大数据及区块链等技术，为信息不对称等问题提供了解决途径，降低了众筹平台的业务风险。

与P2P网贷行业类似，平台跑路也是股权众筹行业发展的一大障碍。与众筹发展初期相比，目前社会信用体系建设初见成效，联合惩戒等政策的推出，为营造更好的诚信环境提供了保障。

---

① 黄震．中国互联网金融的兴起与演进［J］．新经济导刊，2019（3）．

② 李冰．监管释放P2P转型小贷公司信号 目前仅22家网贷平台有“牌”［N］．证券日报，2019－10－24．

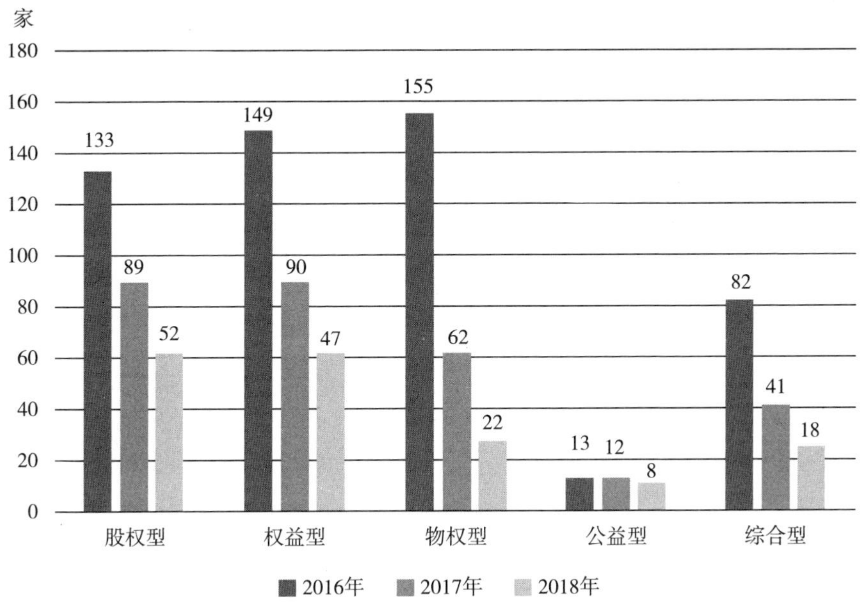

图 1-8 2016—2018 年运营中的众筹平台分类走势

4. 融资租赁

《2018 年中国融资租赁业发展报告》显示，截至 2018 年 12 月，国内共有 11777 家融资租赁公司。随着商务部将三类融资租赁公司统一划归银保监会，地方监管办法也相继出台。有业内人士估计，被出清的企业可能高达 9000 家。未来，金融科技成为重点转型突围方向。虽然金融科技还没有在融资租赁业中实现全领域渗透，但是在一些行业中已经逐步凸显价值。①

当前，融资租赁公司应用金融科技可以解决四类问题：一是数据收集和挖掘，用于发现和筛选客户；二是实现信息的充分和对称，用于实时识别和防控风险；三是提高业务运作的质量和效率，用于降低运营成本和操作风险；四是创新业务模式，用于延展增值服务。②

① 石健．中小租赁公司洗牌：金融科技或成突围点［N］．中国经营报，2019-08-05.

② 陈彦蓉．科技赋能融资租赁 助推业务“智慧化”升级［N］．金融时报，2019-10-19.

（三）科技企业与研发机构

互联网企业成为金融科技领域的支柱力量，以 BATJ 为代表的互联网巨头旗下的金融科技企业具有数据和技术上的双重优势，快速成长为金融科技类的独角兽企业。

表1－3　典型互联网金融类科技企业①

公司名称	公司介绍	核心业务
蚂蚁金服	由阿里巴巴集团控股的金融科技服务公司	支付宝、余额宝、芝麻信用等
理财通	腾讯公司旗下的金融科技综合服务平台	微信支付、理财通、微粒贷等
度小满金融	百度旗下的金融科技服务公司	百度钱包、百度有钱花、百度理财等
京东金融	京东旗下的金融科技服务平台	京东白条、京东众筹、京东支付等

蚂蚁金服用户数迈入 10 亿规模，服务将近 2000 万小微经营者，先后与建设银行、光大银行、华夏银行、浦发银行等签署战略合作协议。

京东数科在国内已经实现与 400 余家银行，120 余家保险公司，110 余家基金公司，40 余家证券、信托、评级机构的合作，合作机构的总数量超过 600 家。

金融壹账通已为中国所有主流银行提供服务，服务客户超过 3680 家，其中银行客户超过 600 家，非银行金融机构超过 3000 家，保险客户超过 80 家；平安集团已为 1.96 亿个人客户和 5.76 亿互联网用户提供金融生活产品及服务。

玖富数科集团累计注册户超过 8000 万，服务超过 70 家银行总行、保险公司等金融机构，并与华润通、春秋航空、美图秀秀、花生日记等消费场景龙头企业合作，开展消费金融科技赋能合作。

除此之外，还有硬件终端和通信、软件技术开发公司，如 5G 技术、AI 人工智能技术等创新往往从更底层直接推动整个金融科技行业的革命性

① 中国信息通信研究院．中国金融科技生态白皮书（2019 年）[R]．2019－07.

进步。

华为：2019 年 11 月 4 日，中国人民银行清算总中心与华为公司签署战略合作协议，中国人民银行数字货币研究所与华为公司签署关于金融科技研究的合作备忘录。据介绍，面向银行、保险、证券的典型业务场景，华为携手客户及合作伙伴基于“鲲鹏 + 昇腾”处理器以及 5G、AI、云等创新技术进行持续创新，打造坚实的数字金融底座。[①]

科大讯飞：作为中国最大的智能语音技术提供商，科大讯飞早已进入我国的银行、保险、证券等众多大型金融机构。语音技术不仅为金融机构客服业务提供支撑，还为业务端、执行端等多领域提供技术支持，与金融机构共建智慧金融。[②]

（更多案例参见本报告第四章第二节“金融科技研发企业的赋能实践”）

通过梳理三类市场主体，我们不难发现，风险防控始终是安全发展的痛点。由于非正规金融机构借助金融科技切入金融市场，在其迅猛扩张的同时也积累了相当大的安全隐患，乃至出现了 P2P 网贷行业整体面临清退转型的困境。在监管的介入下，“金融的归金融、科技的归科技”可能是今后市场主体分化的一个方向。

二、各地与金融科技安全发展有关的规划

金融业已经成为全国各地竞相发展的产业，从发展定位上看，部分城市放眼全球，致力于建设国际金融中心，如北京、上海和深圳等，其他城市则围绕区域性金融中心城市展开激烈竞争。金融科技作为金融创新的重要驱动力，又是探索新型监管的重要工具，成为此轮金融中心竞争的核心着力点。

近年来，各地相继发布“金融科技发展规划”，总结前一阶段的经验教训、明确具有潜力的发展方向、补齐监管短板、加强金融风险防控处置能

---

① 微信公众号“华为”（ID：huaweicorp），2019 - 11 - 04.

② 张雪囡．科大讯飞：语音技术全面参与金融业务［N］．证券时报，2019 - 10 - 18.

力，为人民银行后来出台全局性的《金融科技（FinTech）发展规划（2019—2021年）》奠定了基础。

本部分，我们将分别对北京、上海、深圳、广州、杭州、厦门、成都等地的规划内容进行概述。

（一）北京

2018年10月22日，北京市发布了两份重要文件：《北京市促进金融科技发展规划（2018—2022年）》《关于首都金融科技创新发展的指导意见》。依照这两份文件，其后于当年12月，北京市房山区发布了关于建设金融科技小镇的战略规划。

《北京市促进金融科技发展规划（2018—2022年）》的目标为：努力把北京建设成为具有全球影响力的国家金融科技创新与服务中心。力争到2022年底，涌现5～10家国际知名的金融科技领军企业，形成监管科技、智能金融等3～5个具有国际影响力的金融科技创新集群。

推动监管创新与风险防范体系构建，打造多层次金融科技风险防范体系。坚持一切金融活动持牌经营的原则，依法依规将各类金融科技活动纳入监管。探索推动以"监管沙盒"为核心的金融科技监管创新试点落地。

《北京市促进金融科技发展规划（2018—2022年）》还提出，打造"金融科技安全产业集群"，依托房山区北京互联网金融安全示范产业园，规划建设金融科技小镇，搭建智能金融监管科技平台，重点发展人工智能驱动的反欺诈、反洗钱业务，金融交易与经营状况的合规排查，监管数据与企业上报数据的可信共享计算，数字金融资产登记合规系统，监管规则的数据化与标准化，以及个人与企业征信穿透交叉系统等业态。房山区北京互联网金融安全示范产业园将以高科技、金融安全与信息安全为主线，构建完整的金融科技产业链。

（二）上海

2018 年 5 月 10 日，上海陆家嘴管理局联合业界共同发布 2.0 版“陆九条”，将分别对接金融科技企业在应用场景、孵化投资、专业服务、技术研发、风险防范、展示交流、人才服务、财政扶持、国际推广等方面的具体诉求。

2019 年初，经国务院同意，人民银行等八部门联合印发《上海国际金融中心建设行动计划（2018—2020 年）》，提出建设“金融科技中心”。推动金融机构在沪发展金融科技，吸引重要金融科技公司来沪发展，构建金融科技产业生态链。支持金融机构研究制定金融科技中国标准，争取金融科技领域全球话语权。①

2019 年 10 月，中国人民银行上海总部印发《关于促进金融科技发展支持上海建设金融科技中心的指导意见》，指出金融机构应加强金融科技工作顶层设计，制定金融科技发展规划及实施路线图。鼓励国内外金融机构在上海设立赋能平台、金融科技事业部、特色支行或金融科技公司等。

2020 年 1 月 15 日，上海市地方金融监督管理局会同国家在沪金融管理部门共同介绍了《加快推进上海金融科技中心建设实施方案》，自 2020 年 2 月 1 日起施行。

（三）深圳

2017 年 3 月，深圳市福田区率先出台《关于促进福田区金融科技快速健康创新发展的若干意见》，成为我国地方政府首个发布的金融科技专项政策，从“大力发展金融科技业态”“加大对金融科技的扶持力度”等六个方面出台了促进福田区金融科技发展的多项措施。福田区还制定了相应的《关于促进福田区金融科技发展的扶持措施（试行）》，提出建设金融科技研发核心区、金融科技总部集聚区、金融科技企业孵化区、金融科技创

---

① 人民银行等八部门联合印发《上海国际金融中心建设行动计划（2018—2020 年）》［N］. 解放日报，2019 - 01 - 22.

新政策试验区。①

同年9月，深圳市政府印发《深圳市扶持金融业发展若干措施》，提出要充分发挥“金融创新奖”和“金融科技专项奖”的创新激励作用，“金融科技专项奖”重点奖励在区块链、数字货币、金融大数据运用等领域的优秀项目。②

截至2019年上半年，福田区持牌金融机构（含市级分支机构）总数达247家，占全市的近七成，数量稳居全市各区第一位。银行、证券、保险、基金、期货、信托等金融业态齐全。③

（四）广州

广州市人民政府于2016年11月22日印发了《广州市金融业发展第十三个五年规划（2016—2020年）》，已明确提出积极发展金融科技，“支持金融与科技的融合发展，利用信息技术开发金融创新产品和提升金融服务功能。推动设立一批金融科技公司，加强与金融机构的合作，为金融业务创新提供强大的科技服务”。

该规划专门提到“完善对新型金融组织的监管”，密切关注重点企业的业务运行经营情况，防范和处置可能出现的重大违规和系统性、区域性风险。④

2018年10月23日，广州金融工作局发布《广州市关于促进金融科技创新发展的实施意见》，提出争取用3～5年时间推动建成数字化、电子化、智能化的广州现代金融服务体系。

该意见指出：明确金融科技类主体范围及业务边界。支持银行业、保险业、资本市场类金融机构应用金融科技。鼓励金融机构与金融科技研发

① 《关于促进福田区金融科技发展的扶持措施（试行）》政策解读［EB/OL］.［2017-06-28］. 福田区金融发展事务署.

② 刘琪. 深圳市金融科技扫描：多项指标领跑华南地区［N］. 证券日报，2019-02-22.

③ 新一代信息技术产业园招商系列之金融科技研发及应用［EB/OL］.［2019-09-09］. 公众号“深圳新一代信息技术产业园”，https://mp.weixin.qq.com/s/xyhO17wAzDaD_RrDBfELiA.

④ 广州市金融业发展第十三个五年规划（2016—2020年）［EB/OL］.［2016-11-22］. 广州市人民政府办公厅，http://www.gz.gov.cn/gzgov/s2812/201612/b2b49166a12e4ea885729ad0a3993141.shtml.

企业加强合作。

该意见深入贯彻一手抓创新、一手抓风险防控的理念，要求运用金融科技手段加快建设广州金融风险监测防控中心，完善金融科技监管体系，成立专门的行业协会开展自律管理。①

（五）杭州

2019 年 5 月 30 日，《杭州国际金融科技中心建设专项规划》发布，规划期为 2018—2022 年，展望到 2030 年。该规划提出力争到 2022 年底，打造 10 家以上国际知名的金融科技领军企业，争取到 2030 年前，把杭州建设成为全球领先的综合性国际金融科技中心。

积极探索风控体系和监管科技，探索监管沙盒等创新监管工具。研究推动金融监管从风险事件驱动型监管转向科技、数据驱动型监管；强化行业自律，积极发挥包括行业协会等自律组织的作用。

（六）厦门

2019 年 9 月 27 日，厦门市委市政府发布“1 +1 +3”建设金融强市政策，即“一个意见 + 一份规划 + 三项措施”。具体包括《关于大力建设金融强市打造金融科技之城的意见》《厦门市金融业发展专项规划（2019—2025 年）《关于扶持金融业发展的若干措施》《厦门市金融人才计划实施办法》《关于促进股权投资行业发展的若干措施》。②

《关于大力建设金融强市打造金融科技之城的意见》提出：强化金融科技基础支撑。争取国家级金融科技重大基础设施项目，开展关键底层技术研发，共建“产学研用”一体化新机制。聚力金融科技主体培育。支持金融科技应用在城市管理中全面铺开。打造特色金融品牌园区。规划建设金融科技园区，鼓励金融科技众创空间、孵化器、加速器等平台建设，促

① 广州市金融工作局关于印发《广州市关于促进金融科技创新发展的实施意见》的通知［EB/OL］．［2018 - 10 - 23］．广州市金融工作局，http：//www. gzjr. gov. cn/gzjr/qtwj/201811/864a16824e56420ea6a69e68a900eef8. shtml.

② 厦门市委市政府发布“1 +1 +3”建设金融强市政策［N］．厦门日报，2019 - 09 - 28.

进金融科技产业集聚。坚持技术与制度同步创新，积极争取在特定区域开展监管沙盒试点。①

《厦门市金融业发展专项规划（2019—2025年）》在金融科技产业集聚区建设方面提出：到2025年，基本建成金融科技研究平台、金融科技孵化加速平台、金融科技成果转化平台、金融科技云服务平台、金融科技监管沙盒。建立地方金融非现场监管系统，尝试利用金融科技赋能金融监管。构建包括法律约束、行政监管、行业自律、机构内控、社会监督“五位一体”的金融监管体系。②

（七）成都

2018年3月，成都发布纲领性文件《关于进一步加快建设国家西部金融中心的若干意见》；2019年4月，成都再度出台《关于支持金融科技创新发展的若干政策措施》，西部金融中心建设的路径进一步明晰。③

在提升监管技术环节，加大金融监管基础设施建设和通用技术研发力度，利用金融科技手段构建“地方金融监管沙盒”体系，加强对地方金融机构的监督管理，做好风险监测、评估、预警和处置，切实防范化解区域性金融风险。④

---

① 中共厦门市委　厦门市人民政府关于大力建设金融强市打造金融科技之城的意见［EB/OL］.［2019－09－22］. 厦门市地方金融监督管理局，http://jr.xm.gov.cn/zcfg/jrzc/201909/t20190927_2337425.htm.

② 厦门市金融业发展专项规划（2019—2025年）［EB/OL］.［2019－09－21］. 厦门市人民政府办公厅，http://www.xm.gov.cn/zwgk/flfg/sfbwj/201909/t20190929_2337741.htm.

③ 刘泰山. 成都加速成为西部金融中心［N/OL］.［2019－09－23］. 成都日报，http://www.cdrb.com.cn/epaper/cdrbpc/201909/23/c48895.html.

④ 关于支持金融科技产业创新发展的若干政策措施［EB/OL］.［2019－04－01］. 成都市地方金融监督管理局，http://jr.chengdu.gov.cn/jinrongban/c110592/2019－04/01/content_4dda0ef2e1a1459b8bd2943f81e6158a.shtml.

表 1-4 各地方政府出台的金融科技相关发展规划

地方	规划名称	发布时间
北京	《北京市促进金融科技发展规划（2018—2022 年）》	2018-10-22
	《关于首都金融科技创新发展的指导意见》	
上海	《加快推进上海金融科技中心建设实施方案》	2020-01-15
	《上海国际金融中心建设行动计划（2018—2020 年）》	2019
	《关于促进金融科技发展 支持上海建设金融科技中心的指导意见》	2019-10
	2.0 版“陆九条”	2018-05-10
深圳	《关于促进福田区金融科技快速健康创新发展的若干意见》	2017-03
	《深圳市扶持金融业发展若干措施》	2017-09
广州	《广州市金融业发展第十三个五年规划（2016—2020 年）》	2016-11-22
	《广州市关于促进金融科技创新发展的实施意见》	2018-10-23
杭州	《杭州国际金融科技中心建设专项规划》	2019-05-30
厦门	《关于大力建设金融强市打造金融科技之城的意见》	2019-09-27
	《厦门市金融业发展专项规划（2019—2025 年）》	
成都	《关于进一步加快建设国家西部金融中心的若干意见》	2018-03
	《关于支持金融科技产业创新发展的若干政策措施》	2019-04

我们看到，在各地的规划中，安全合规、风险防控、监管科技等被普遍提到重要位置，说明经过前一阶段的发展，安全发展已经成为各地产业规划者的共识。在各地今后的发展中，防范化解区域性金融风险，不仅关系着金融科技的安危，也是金融科技应用的一大主要任务。

三、中央监管部门金融科技安全发展规划

近年来，中央主要监管部门依据自身职责编制发布了一些金融科技相关规划，本部分主要梳理人民银行、银保监会、证监会等部门出台的规划。

（一）人民银行

《中国金融业信息技术“十三五”发展规划》

中国人民银行 2017 年 6 月印发了《中国金融业信息技术“十三五”发展规划》，实施时间为 2016 年至 2020 年。该规划提出推动新技术应用，

促进金融创新发展，具体包括：加强金融科技（FinTech）和监管科技（RegTech）研究与应用；稳步推进系统架构和云计算技术应用研究；深入开展大数据技术应用创新；规范与普及互联网金融相关技术应用；积极推进区块链、人工智能等新技术应用研究。另外，该规划还提到，深入研究并吸收利用数字货币涉及的金融科技创新，加快法定数字货币系统建设，完善法定数字货币发行流通体系。

《“十三五”现代金融体系规划》

2018 年 5 月，由人民银行等九部委共同编制的《“十三五”现代金融体系规划》印发。关于金融科技部分，该规划提出：深入开展技术创新在金融服务中的研究与应用。建立金融科技创新管理机制。深入开展技术创新在金融监管中的研究与应用。[①]

《金融科技（FinTech）发展规划（2019—2021 年）》

2019 年 8 月，中国人民银行印发《金融科技（FinTech）发展规划（2019—2021 年）》，指出金融科技是技术驱动的金融创新，提出到 2021 年，建立健全我国金融科技发展的“四梁八柱”，进一步增强金融业科技应用能力，实现金融与科技深度融合、协调发展，明显增强人民群众对数字化、网络化、智能化金融产品和服务的满意度，推动我国金融科技发展居于国际领先水平，实现金融科技应用先进可控、金融服务能力稳步增强、金融风控水平明显提高、金融监管效能持续提升、金融科技支撑不断完善、金融科技产业繁荣发展。

（二）银保监会

中国银行保险监督管理委员会的主要职责包含“参与拟订金融业改革发展战略规划”。但目前，我们尚未看到直接由银保监会牵头编制的金融科技相关发展规划。

作为银行保险业的监管机构，银保监会对金融科技发展的态度更侧重监管视角，强调风险的防控，例如，银保监会创新部处长蒋则沈在“央行

---

① 辛继召．一文读懂《“十三五”现代金融体系规划》［N］．21 世纪经济报道，2018 - 06 - 06.

金融科技发展规划”研讨会上坦言，金融科技的发展使得监管面临着越来越多的挑战。在应用技术时，金融业需要预先规划安排好试错机制或损失分担机制，避免非预期的风险外溢传导给不适当的投资者。①

（三）证监会

证监会作为重要的金融监管部门，一直鼓励证券期货行业抓住金融科技变革的历史机遇，将金融科技与监管科技作为推动证券期货行业实现跨越式发展的重要手段。

时任证监会副主席姜洋在2017年末就曾指出，证券期货行业要主动对接国家“十三五”规划纲要，制定金融科技发展规划，制定清晰科学的实施路线图。②

2019年初，证监会信息中心主任张野在接受专访时透露，《关于促进证券期货业金融科技健康发展的指导意见》将正式对外征求意见，提出了金融科技工作需要做到“合规先行、风险可控”。③

《中国证监会监管科技总体建设方案》

2018年8月，证监会正式印发《中国证监会监管科技总体建设方案》，明确了监管科技1.0、2.0、3.0各类信息化建设工作需求和工作内容，标志着证监会完成了监管科技建设工作的顶层设计，并进入了全面实施阶段。

（四）国家市场监督管理总局

《金融科技产品认证目录》

2019年10月16日，市场监管总局、人民银行决定将支付技术产品认证扩展为金融科技产品认证，并发布《金融科技产品认证目录（第一批）》和《金融科技产品认证规则》。

《金融科技产品认证目录（第一批）》包括11个产品种类，具体为：

---

① 岳品瑜，马嫡．银保监会创新部处长蒋则沈：金融业应用技术时，需预先规划好试错机制［N］．北京商报，2019-09-23.

② 马婧好，姜洋．制定证券期货业金融科技发展规划［N］．上海证券报，2017-12-05.

③ 岳品瑜．证券业期货业金融科技指导意见将出［N］．北京商报，2019-01-15.

客户端软件、安全芯片、安全载体、嵌入式应用软件、银行卡自动柜员机（ATM）终端、支付销售点（POS 机）终端、移动终端可信执行环境（TEE）、可信应用程序（TA）、条码支付受理终端（含显码设备、扫码设备）、声纹识别系统和云计算平台。①

（五）国家互联网信息办公室

《区块链信息服务管理规定》

2019 年 1 月 10 日，国家互联网信息办公室发布《区块链信息服务管理规定》，自 2019 年 2 月 15 日起施行。该规定旨在明确区块链信息服务提供者的信息安全管理责任，规范和促进区块链技术及相关服务健康发展，规避区块链信息服务安全风险，为区块链信息服务的提供、使用、管理等提供有效的法律依据。②

（六）国家外汇管理局

2018 年，国家外汇管理局副局长陆磊透露，在跨境金融监管上，外汇局正在推进“数字外管”建设，以此形成大数据实时监测和管理平台。他指出，金融科技对监管构成冲击，不是因为风险要监管，而是对现有的监管方式构成了冲击。通过金融科技，信息日益对称化，资金所有者和运用者之间日益建立直接联系，因此这种法律关系发生了改变。③

（七）工业和信息化部

工业和信息化部一直高度重视培育新一代信息技术，并促进技术在金融领域的深化应用。近年来，陆续出台了多个金融科技相关产业规划。

---

① 市场监管总局 人民银行关于发布《金融科技产品认证目录（第一批）》《金融科技产品认证规则》的公告［EB/OL］．［2019－10－16］．http：//gkml. samr. gov. cn/nsjg/rzjgs/201910/t20191025_307904. html.

② 国家互联网信息办公室发布《区块链信息服务管理规定》［EB/OL］［2019－01－10］．中国网信网．

③ 金融科技助力外汇“数字外管” 陆磊谈监管如何消除消费者短板［EB/OL］．［2018－07－09］．凤凰网财经 WEMONEY.

《大数据产业发展规划（2016—2020 年）》

2016 年 12 月 18 日，工业和信息化部印发了《大数据产业发展规划（2016—2020 年）》，全面部署“十三五”时期大数据产业发展工作，加快建设数据强国，为实现制造强国和网络强国提供强大的产业支撑。

该规划认为，大数据成为塑造国家竞争力的战略制高点之一，国家竞争日趋激烈。关于金融和大数据融合方面，该规划提出：推动重点行业大数据应用、促进跨行业大数据融合创新、推动大数据技术在金融等关键信息基础设施安全防护中的应用。①

《云计算发展三年行动计划（2017—2019 年）》

2017 年 3 月 30 日，工业和信息化部印发了《云计算发展三年行动计划（2017—2019 年）》。

据工业和信息化部解读中的背景介绍，云计算应用范畴不断拓展。大型企业、政府机构、金融机构不断加快应用步伐，大量中小微企业已应用云服务。云计算正从游戏、电商、视频向制造、政务、金融、教育、医疗等领域延伸拓展。②

该行动计划虽未直接指引云计算在金融相关领域的应用，然而云计算在金融科技创新中的重要性已经不言而喻，云计算平台已经与大数据平台、人工智能平台成为国有大型银行竞相建设的三大技术平台。

《促进新一代人工智能产业发展三年行动计划（2018—2020 年）》

2017 年 12 月 14 日，工业和信息化部印发了《促进新一代人工智能产业发展三年行动计划（2018—2020 年）》，以信息技术与制造技术深度融合为主线，以新一代人工智能技术的产业化和集成应用为重点，推动人工智能和实体经济深度融合，加快制造强国和网络强国建设。与金融相关的内容有培育智能产品、视频图像身份识别系统、行业训练资源库。③

我们看到，各中央金融监管部门出台的相关规划；有的侧重于技术产

---

① 工业和信息化部关于印发大数据产业发展规划（2016—2020 年）的通知（工信部规〔2016〕412 号）[EB/OL]．[2016－12－18]．工业和信息化部．

② 《云计算发展三年行动计划（2017—2019 年）》解读 [EB/OL]．[2017－04－10]．工业和信息化部信软司．

③ 工业和信息化部关于印发《促进新一代人工智能产业发展三年行动计划（2018—2020 年）》的通知 [EB/OL]．[2017－12－13]．工业和信息化部．

业方面融合促进、创新活动的规范；有的侧重于引入金融科技提升本部门的监管能力。监管科技在监管部门的工作中已经得到广泛重视，安全发展成为金融科技规划的重点关注内容。

第二节　从零星开拓到系统构架

随着金融科技的迅速发展，其业务领域和技术应用都在不断地拓展和深化，尤其如大数据、云计算、物联网、5G 等新技术的快速商用普及，金融科技的发展可谓日新月异。金融科技在高速发展的同时，也带来了新的安全风险因素。

一、金融科技的业务拓展领域演进

科技创新与金融创新始终紧密相连，从“IT + 金融”阶段到“互联网 + 金融”阶段，再到现在的以人工智能、大数据、云计算为代表的“新科技 + 金融”阶段，每个阶段持续的时间越来越短，金融科技创新速度越来越快，对于金融业及金融监管来说，新时代下的金融科技发展充满了机遇与挑战。①

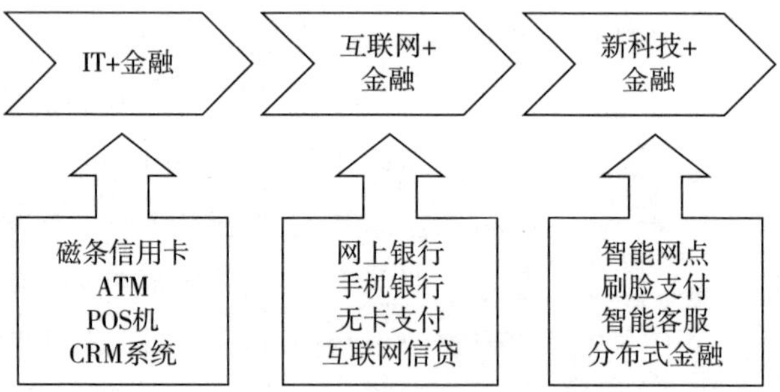

图 1－9　科技与金融结合演进

（资料来源：《2019 年中国金融科技行业研究报告》）

① 艾瑞咨询 . 2019 年中国金融科技行业研究报告［EB/OL］. 投资数据库，https：//mp. weixin. qq. com/s/zsUvU8i6oxtIHL8vUz_4UQ.

（一）金融科技在银行业应用广泛

创新型技术手段的发展和普及，将让银行业务的效用和体验完全脱离物理网点和以物理网点为基础的渠道延伸；将让银行业务的效用和体验不再依附某个具体金融产品，直接嵌入日常生活场景中。[①]

银保监会统计数据显示，2018 年银行对科技总投入同比增长 13%，金融科技已成为各家银行半年报的高频词汇和聚焦点。

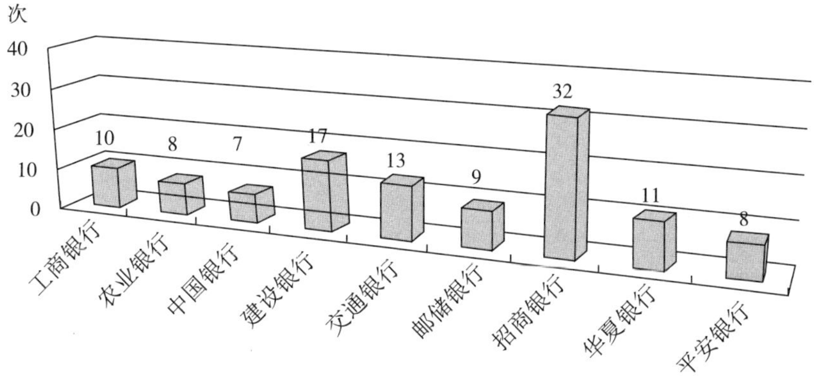

图 1－10　2019 年半年报中提及金融科技的数量

（资料来源：公开资料）

2018 年到 2019 年，银行业随着技术的发展出现了一些新的业态变化，如开放银行、5G 银行快速落地，银行业与科技公司从竞争走向合作，甚至在实力雄厚的银行出现了科技子公司，等等。

自 2018 年下半年以来，浦发银行、工商银行、招商银行和建设银行都对外明确释放了打造开放银行的信号。同时，也带来了诸多安全风险隐患。开放银行实质上是开放与共享，它将银行与银行、银行与用户等主体进行串联，数据泄露风险将会增高；接口具有公开共享属性，如被恶意调用并发起攻击，可能导致系统服务不可用，造成业务中断等后果；在事前如果缺少健全的准入机制，将导致资质不佳的合作方浑水摸鱼，增加风险

① 卓越智库．银行业发展通史：从 Bank 1.0 到 Bank 4.0［EB/OL］．［2018－11－28］．http://www.sohu.com/a/278236746_649605.

事件的发生比例。

2019 年，5G 技术正在进入金融应用领域，工商银行、建设银行、民生银行等银行的 5G 银行网点纷纷落地。发展之快出乎意料，就在 6 月短短一个月的时间里，先后至少有五家银行的 7 个 5G 网点落地，掀起了银行网点转型改革的浪潮。

在金融科技当道的今天，银行纷纷与科技紧密结合，不仅仅表现在业务上，甚至整个银行内部体系也发生了变化，截至 2019 年，已经有至少 10 家银行系科技子公司成立。

表 1 –5　截至 2019 年 8 月成立的 10 家银行系金融科技子公司

银行	相应的金融科技子公司	成立时间
兴业银行	兴业数字金融服务（上海）股份有限公司	2015 – 12
平安银行	上海壹账通金融科技有限公司（属平安集团）	2015 – 12
招商银行	招银云创（深圳）信息技术有限公司	2016 – 02
光大银行	光大科技有限公司	2016 – 12
建设银行	建信金融科技有限责任公司	2018 – 04
华夏银行	龙盈智达（深圳）科技有限公司	2018 – 05
民生银行	民生科技有限公司	2018 – 05
工商银行	工银科技有限公司	2019 – 05
北京银行	北银金融科技有限责任公司	2019 – 05
中国银行	中银金融科技有限公司	2019 – 06

资料来源：公开资料。

在科技越来越多地应用到银行业务中的同时，银行方面也意识到科技带来的诸多问题，高效管理、数据统一标准、优质数据等问题随之浮出水面。新科技给银行不仅带来了机遇，也带来了挑战。

（二）保险科技要以保险为本

从发展阶段来看，保险科技可分为“改造”“创新”与“重构”三个阶段。

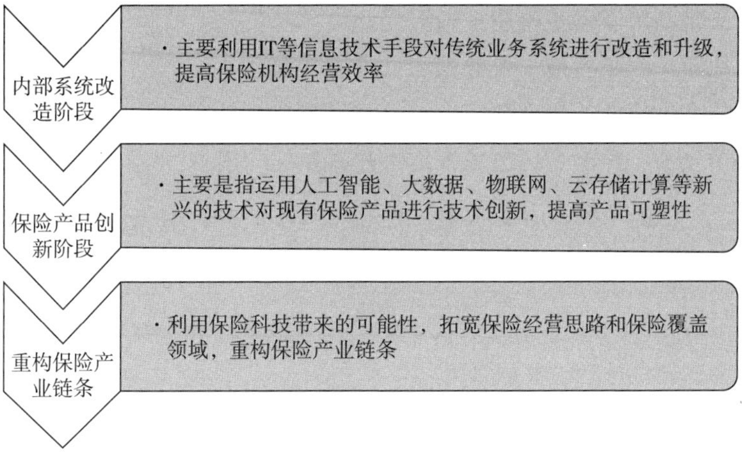

图1-11　保险科技发展的三个阶段

（资料来源：《保险科技的发展方向和趋势：改造、创新与重构》）

保险科技发展与风险共存共生：产品创新不确定；偿付能力待考验；数据安全难保证；消费者权益难维护。

保险科技已经深入影响保险服务范式、风险定价机制和风险管控模式。未来，一方面，应加大对科技保险的研究投入力度；另一方面，应厘定科技保险的监管制度。①

表1-6　科技在保险中应用场景

大数据	针对性营销、预测代理人销售成功率、推进核保流程自动化、识别高退保风险保单等
人工智能	动态跨渠道营销方案、优化客服流程和成本、识别欺诈案件、数字化智能理赔管理系统、预测严重理赔案件发生规律等
区块链	智能合约、保险产品在链上自由流通、管理用户信息等
云计算	自动化营销引擎、白标保险中介平台、保险中介管理平台等
物联网	基于用户的保险产品、智能家居、智能个人穿戴设备等

资料来源：mckinsey. com. cn.

尽管只有短短几年时间，“保险科技”作为一场席卷全球保险业的科

① 高笑寒．保险科技的发展方向和趋势：改造、创新与重构［EB/OL］．［2018-08-04］．中国保险报网，https：//www. iyiou. com/p/78383. html.

技潮，还是经历了多番本质上的演变。

近几年，人工智能、大数据、云计算等技术在金融行业的应用日臻成熟。科技在保险业的深度和广度结合日渐紧密，影响着保险业从营销到客服的各个环节，保险公司也越来越重视科技的应用。

表1-7　2019年A股上市保险公司半年报科技提及次数

中国平安	中国太保	中国人寿	新华保险	中国人保
200次	29次	25次	23次	15次

资料来源：公开资料。

保险科技的发展离不开监管层面的鼓励、引导和规范。科技给保险行业带来了新的发展机遇，借助科技保险业有望实现突破发展，但是，保险科技创新仍然要以保险为本。保险业在业务创新拓展的同时，也需要规范发展，否则在日益趋向完善的监管体系下，随时会触发监管动作。“奇葩险”、相互保险、百万医疗险等红极一时的保险创新即为典型案例，产品从浮出水面到市场反响，最终触动叫停、警示、约谈等监管行为。①

（三）金融科技驱动证券业务转型

科技一直为证券产业发展提供源源不断的创新活力，新技术快速发展，为证券领域带来显著变化，前台更加便捷化、中台更加智能化、后台更加数字化成为趋势。越来越多的金融科技公司进入To B端服务赛道。②

随着客户财富管理需求的日益复杂化、个性化，券商业务也日趋多元化、精细化，具有丰富的应用场景，金融科技尤其是AI平台的建设价值有望得到凸显。随着金融科技在财富管理业务领域应用的不断深化，以金融科技驱动证券公司财富管理业务转型发展，推进金融科技与业务深度融合，强化金融科技研究与运用力度，已成为大势所趋。③

① 涂颖.2019保险科技白皮书出炉 前瞻保险业前沿生态和场景竞争格局［EB/OL］.［2019-07-09］.每日经济新闻，http：//www.nbd.com.cn/articles/2019-07-09/1352285.html.

② “金融科技”已成为证券行业的战略核心［EB/OL］.［2019-04-10］.金策略，http://www.sohu.com/a/307044533_100193095.

③ 长江证券刘元瑞：加大金融科技布局加快智能化转型［EB/OL］.［2019-09-28］.中国财经时报网，http：//life.jrj.com.cn/2019/09/28101928194658.shtml.

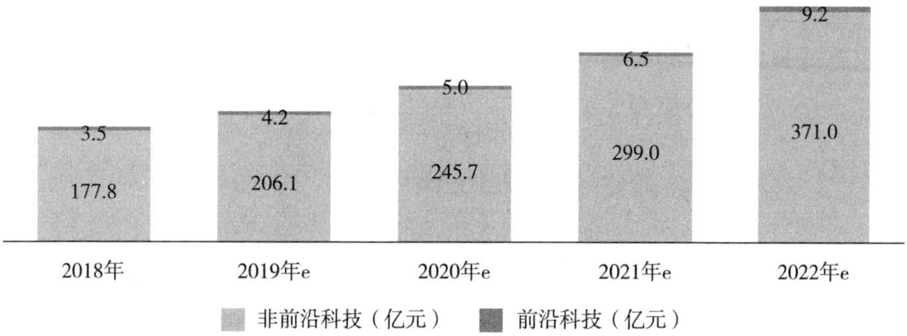

注：1. 数据统计范围包括证券公司及其证券类子公司的技术投入，包括技术外部采购资金投入、技术人员薪酬等在内的自研技术资金投入；

2. 企业划分标准：收入排在前10名的算作头部企业，第11名至第50名的企业算作中部企业，第51名以后算作尾部企业。

图1-12 2018—2022年中国证券业务技术资金投入情况

（资料来源：中国证券业协会、证券公司调研、行业专家访谈、艾瑞数据评估模型、艾瑞咨询研究院自主研究绘制）

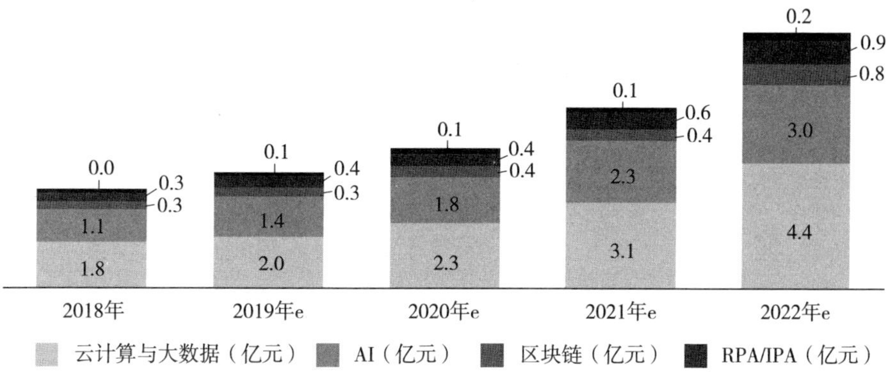

注：1. 数据统计范围包括证券公司及其证券类子公司的技术投入，包括技术外部采购资金投入、技术人员薪酬等在内的自研技术资金投入；

2. 企业划分标准：收入排在前10名的算作头部企业，第11名至第50名的企业算作中部企业，第51名以后算作尾部企业。

图1-13 2018—2022年中国证券业务前沿科技资金投入情况①

（资料来源：中国证券业协会、证券公司调研、行业专家访谈、艾瑞数据评估模型、艾瑞咨询研究院自主研究绘制）

① 参见《2019年中国金融科技行业研究报告》。

证券业在金融科技方面的投入也在逐年增加，意味着证券业与科技结合也在逐渐走向深度融合，从后台走向前台，从内部管理走向外部市场，简化繁杂的流程等都需要证券业进一步探索和挖掘金融科技的潜在价值。

二、金融科技的技术应用类型扩展

1969年10月29日，互联网诞生了。50年后的今天，科技在金融领域有了巨大作为。同互联网金融时代改变C端用户的行为习惯不同，金融科技时代更加关注的是通过自身内部改造，使用户获得更加便利的服务体验。

表1－8　新技术应用场景及可能面临的风险

技术	应用场景	风险
大数据	数据分析、趋势分析、大数据风控、完善产品供给、增加金融惠民、优化企业信贷	数据过度采集、数据泄露、出现大量垃圾数据
云计算	IaaS、SaaS、Paas、拓宽服务渠道	特权用户访问、法规遵从、数据位置 、数据隔离 、可用性、灾难恢复、调查支持、存活能力、降低风险方面的支持
区块链	分布式账本、信用认证、溯源	源头数据造假、资源成本过高
物联网	用户管理、物品管理	数据传输安全、平台安全
人工智能	提升业务效率、优化成本控制、完善风控体系、推动产品创新、提升金融服务效率	开源框架和组件缺乏严格的测试管理和安全认证、漏洞和后门易被恶意利用、数据投毒、拒绝服务、信息泄露、系统劫持
5G	高效稳定的数据传输、5G银行	网络切片安全控制、虚拟化设备安全边界模糊、数据泄露风险有所增加、海量多样化终端容易成为新的攻击目标

资料来源：公开资料。

（一）大数据

大数据在金融领域的应用，一般认为有精准营销和大数据风控两个方面。①

每个人的一举一动、每个公司机构的商业行为等都会产生数据，根据这些数据可以得到多维度的用户画像，在金融领域可为金融活动提供坚实可靠的依据。

对于大数据来说，所面临的最大风险就是数据安全问题，其涉及内容广泛，甚至涉及国家安全信息。在传统金融领域，随着金融机构信息化与数字化转型，客户信息泄露案件有所攀升。用户的数据信息，易遭黑客攻击，成为公民个人信息泄露的重灾区。

在互联网金融领域，支付、网贷、征信等业务，以及近期发酵的大数据风控、反欺诈、催收等平台被查问题引发大量关注。在2019年度ISWG（互联网企业安全工作组）负责人会议上，阿里巴巴、百度、网易、新浪、小米、京东六家互联网公司，联合呼吁打造共治共享的数据安全新体系，并表示接下来将联手治理网络黑灰产，建立“黑灰产信息共管、绿色通道快速响应和协同共治”的机制，并从治理电信诈骗开始试水。②

大数据风控对于商业银行发展消费信贷、普惠金融甚至推进数字化、智能化转型功不可没，但放眼中小银行，受限于各种因素，目前依然尚未构建起独立自主的线上风控能力，线上的消费信贷等业务，较多地依赖外部的大数据公司。目前国内对大数据公司和大数据风控公司的业务边界等并未有明确的区分，整个行业鱼龙混杂，很多大数据公司也利用自身的数据资源，兼做大数据风控，存在很大的业务风险。③

---

① 大数据在金融领域是如何应用的？［EB/OL］．［2018－05－12］．个人图书馆，http：//www. 360doc. com/content/18/0512/02/39933320_753244788. shtml.

② 佳琪．网络安全引发社会聚焦：金融大数据行业亟待治理合规［EB/OL］．［2019－10－05］．亿欧，https：//www. iyiou. com/p/114561. html.

③ 李林鸿．大数据行业风波，中小银行不能再“装睡”了［EB/OL］．［2019－10－15］．未央网，https：//www. weiyangx. com/341411. html.

（二）云计算

云计算在金融各个领域发展各不相同。中国信息通信研究院发布的《金融行业云计算技术调查报告》显示，41.8%的金融机构已经应用了云计算技术，同时46.8%的金融机构有使用云计算技术的计划。①

云计算在银行领域的应用现状分为两部分：大型银行倾向于自建，中小银行现在更多的是利用已有的云服务产品或者解决方案，倾向于使用行业云的形式。

证券领域有一些相关规定，比如托管和数据的要求，而且在证监会的指导下会有各方面数据上的要求。目前证券领域的市场参与主体分为四大类：交易所、证券公司、基金公司和期货公司，证券行业信息化的痛点在于低延迟，必须达到毫秒级等。

保险领域和云计算的部署模式是非常灵活的，行业云、私有云、公有云、混合云这些模式都可以应用在保险领域。②

金融机构在制定上云策略时，不仅要考虑风险、技术架构和系统迁移的可操作性，还要考虑上云以后的系统运维，更重要的是，在选择云服务商时，要有全面的评估和考虑。建立云服务商的准入和考核标准，确保不会因为引入云服务商而增加业务风险。IDC认为，云服务商的选择策略，需要从金融行业上云实施经验、资质能力、合规能力、安全能力和服务能力五个维度进行考虑。③

尽管很多研究机构认为云计算提供了最可靠、最安全的数据存储中心，但安全问题是云计算存在的主要问题之一。总的来说，由云计算带来的信息安全问题有以下几个方面：特权用户访问、法规遵从、数据位置、

① 徐恩庆，张琳琳，罗欧．全面推进“企业上云”成效评价体系是重要保障［EB/OL］．［2019-01-23］．通信世界网，http：//www. cww. net. cn/article？id=445934.

② 董恩然．2019可信云大会丨董恩然：金融领域云计算应用现状和标准进展［EB/OL］．［2019-07-02］．中国IDC圈，http：//cloud. idcquan. com/yzx/166308. shtml.

③ IDC发布金融行业云计算白皮书，平安云成标杆［EB/OL］．［2018-12-24］．搜狐网，http：//m. sohu. com/a/284119403_100083800.

数据隔离、可用性、灾难恢复、调查支持、存货能力、降低风险方面的支持。①

2019 年 8 月人民银行发布的《金融科技（FinTech）发展规划（2019—2021 年)》强调，金融机构应“探索与互联网交易特征相适应、与金融信息安全要求相匹配的云计算解决方案，搭建安全可控的金融行业云服务平台，构建集中式与分布式协调发展的信息基础设施架构”。

（三）区块链

知识产权产业媒体 IPRdaily 与 incoPat 创新指数研究中心联合发布的“2019 上半年全球区块链企业发明专利排行榜（TOP100）”显示，2019 年上半年全球区块链技术发明专利申请数量统计排名，与 2018 年相比，企业整体发明专利申请数量增长明显。入榜前 100 名企业中，中国企业占比 67%，从一个侧面反映了在区块链领域中国走在了世界前列。

技术是一把双刃剑，区块链技术和很多前沿技术一样，既可以创造价值，也可能被一些人恶意利用，同时也要防止区块链概念在资本市场的热炒中成为泡沫。②

腾讯发布的《2019 腾讯区块链白皮书》显示，从 2016 年开始，区块链公司数量开始爆发式增长，连续两年增幅均超 250%。Wind 数据显示，从 2019 年初到目前，区块链指数的涨幅已经达到 48.61%。国家互联网信息办公室发布了第二批区块链信息服务备案清单，此次共发布 309 个境内区块链信息服务名称及备案编号。从备案情况来看，金融行业是区块链应用最广泛的行业，六大国有控股商业银行以及众多股份制银行基本都已上线了具体场景的区块链项目，应用于支付结算、金融扶贫、金融欺诈、贸易金融、数字票据等多个场景。

---

① 叶加龙，张公让．云计算与信息安全［EB/OL］．价值工程，2011.

② 刘柏煊．黄震：为何在这个时间节点上提区块链［EB/OL］．央广财经/黄震互联网金融，https：//mp. weixin. qq. com/s/hViTBTSTINt5kWlygr8wfw.

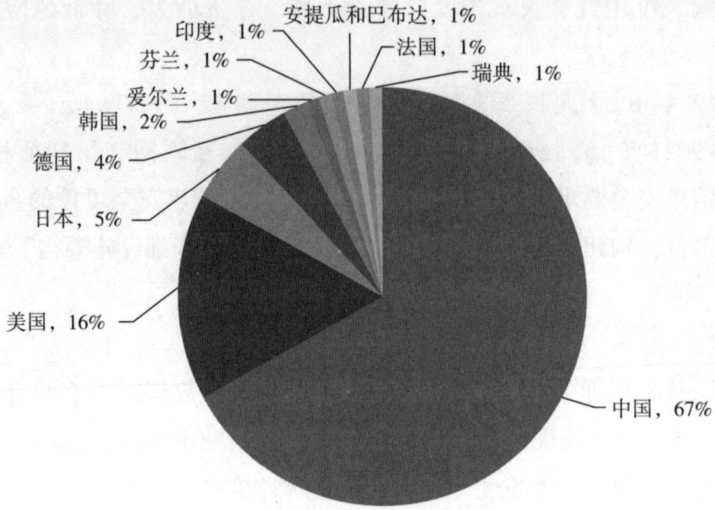

图1－14　入榜企业国别/地区分布

2019年10月24日，中央政治局就区块链技术发展现状和趋势进行了第十八次集体学习。习近平总书记强调，要把区块链作为核心技术自主创新的重要突破口，明确主攻方向，加大投入力度，着力攻克一批关键核心技术。"加快推动区块链技术和产业创新发展，积极推进区块链和经济社会融合发展。"此次政治局集体学习传递出了未来国内区块链行业发展方向。①

必须清醒地认识到，数字货币仅仅是区块链技术的一种应用，炒币等行为将严重损害整个行业的健康发展。未来应进一步加强风险管理，坚持长期价值投资。面对"炒币"的巨大诱惑，金融从业者和投资者应清醒地认识到其中的巨大风险，并始终保持理性和克制。②

（四）物联网

物联网越来越多地应用到世界各个角落，在金融业中，物联网的使用

---

① 区块链怎样"链"上实体经济［EB/OL］．［2019－10－28］．人民网/中国日报，http：//cn. chinadaily. com. cn/a/201910/28/WS5db64d60a31099ab995e818b. html.

② 石浩男．区块链技术自主创新应坚持"用"而不"炒"［EB/OL］．［2019－10－31］．经济参考报，http：//www. ce. cn/cysc/tech/gd2012/201910/31/t20191031_33481211. shtml.

可以有效地对目标进行实时跟踪，并实时更新数据，使数据更加真实有效，从而降低风险发生的可能性。银保监会发布的《关于推动供应链金融服务实体经济的指导意见》中提到，鼓励商业银行、供应链核心企业等建立供应链金融服务平台，并明确提出了强化供应链信息系统建设，综合应用物联网、区块链等技术，提高风险管理能力。

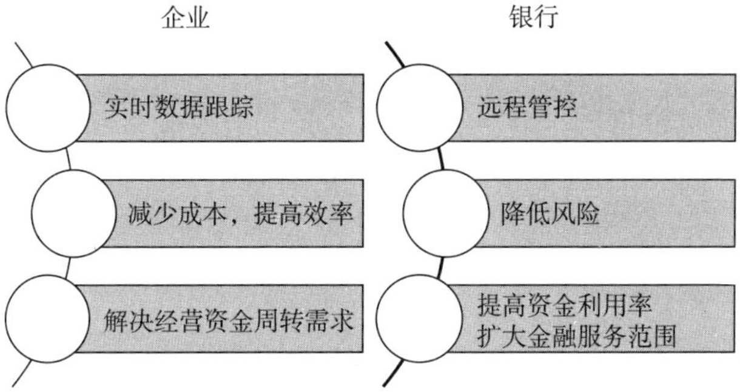

图 1-15　物联网如何发挥作用

物联网成为供应链金融的催化剂。在供应链金融方面，物联网不仅可以跟踪目标，还可以根据运输状况改变路线，减少延误，以便有效地改善供应链产业中各环节的风险。

构建物联网金融生态体系。物联网技术在垂直领域的深度融合和渗透为金融业创新发展带来了新的商机，为银行业数字化转型开拓了新的渠道，未来还会有更多物联网应用落地业务和产品可以期待。①

关于物联网对金融的作用，有业界人士和学者认为：物联网最大的作用在于数据的产生。大数据可以帮助商业银行更好地了解、分析客户以及防控风险等。通过智能设备的安装，监控具体商品实际的生产过程，从而得出商品本身或者生产过程本身的数据，它更加接近企业真实的生产经营状况，从而帮助银行更好地对客户进行风险评估、贷后管理，以及抵押品的监控等。②

---

① 陈璐澂. 物联网金融创新应用篇：物联网金融都在哪些场景开花落地？[EB/OL]. [2019-09-29]. 中国电子银行网，https://www.cebnet.com.cn/20190929/102604484.html.

② 王柯瑾. 物联网概念银行诞生　无锡锡商银行获批筹建 [EB/OL]. [2019-09-23]. 中国经营报，https://www.weiyangx.com/339921.html.

安全措施和数据泄露是物联网的最大威胁。万物互联的基础就是物物数据传输，在大量的数据传输中应充分体现万物互联带来的便捷，同时做好数据的安全防护。不仅每台联网设备要做好安全防护，网络、远程云服务器等各个环节对数据安全的要求也呈几何式增长。如何使物联网既便捷又安全是物联网面对的一大挑战。

（五）人工智能

约翰·塞尔曾将人工智能划分为“弱人工智能”和“强人工智能”，二者的本质区别就在于有没有意识，如果有意识、自我、创新思维等即为强人工智能。业界普遍认为现阶段的人工智能尚处于发展的初级阶段，即弱人工智能阶段。

在人工智能方面，金融领域不管是在底层基础设施方面还是在应用成熟度方面都处于领先地位。在金融投资领域，人工智能有智能投顾、反欺诈、投资预测等方向的应用。在服务领域，人工智能有身份识别和智能客服等方向的应用。人工智能技术与金融投资和服务领域相结合，助力金融投资与服务的标准化、模型化、智能化，大大升级优化了金融业现有的服务模式，最大限度地保障了消费者的收益要求，减少了金融风险事件的发生，同时降低了人工投入成本，提高了工作效率。①

人工智能系统的风险主要存在于4个关键环节———数据输入（传感器）、数据预处理、机器学习模型和输出。数据输入环节可能遭到如传感器欺骗、重采样攻击、诱导攻击、逃逸攻击、探索攻击等。②

人民银行发布的《金融科技（FinTech）发展规划（2019—2021年）》提出，将探索人脸识别线下支付安全应用，借助密码识别、隐私计算、数据标签、模式识别等技术，利用专用口令、“无感”活体检测等实现交易验证，突破人脸辨识支付应用性能瓶颈，由持牌金融机构构建以人脸特征

---

① 科技金融丨人工智能在金融领域的应用［EB/OL］．［2019－09－23］．搜狐网，http：//www.sohu.com/a/335089316_375233.

② 陈宇飞，沈超，王骞，等．人工智能系统安全与隐私风险［J］．计算机研究与发展，2019，56（10）：2135－2150.

为路由标识的转接清算模式，实现支付工具安全与便捷的统一。

2018 年 7 月 8 日，经中央政治局常委会、国务院常务会议审议通过，国务院印发《新一代人工智能发展规划》。经过多年的积累，我国人工智能研发取得了重要进展。我国在专利和论文上已经在国际上居于前列，在语音识别、机器视觉、机器翻译领域也是全球领先，而且人工智能创新创业非常活跃。近年来发展起来的一批在全球有影响力的人工智能企业，在国际社会上得到了广泛认可。①

（六）5G

从 2G 到 5G，短短二十几年，通信技术的每一次更新迭代，对社会经济都有着深远的影响，是科技革命和产业变革的重要驱动力。具有高速率、广连接、高可靠、低延时特点的 5G 的全面运用，使得需要大量数据传输的金融业有了基础设施保障，5G 银行的快速落地，正印证了这一点。5G 银行所提供的服务，综合运用了大数据、人工智能等先进技术，在短时间内需要传输大量信息，对网络的速度、响应、稳定性要求都很高，5G 的出现，正解决了这些痛点。

在金融领域中证券业对网络的要求比较高，不仅要传输大量的数据信息，而且还要保证低延时，在之前的金融科技发展上，证券业较之银行业和保险业相对滞后，5G 的特性刚好符合证券业的要求，证券业必将插上 5G 的翅膀。

基于 5G 的特性，很显然其在金融业的应用可以有效降低金融各环节数据交换时间，大大提升金融业务效率；也可以实现对网络要求较高的各种安全认证，而不必考虑网络稳定、人员密集时产生拥堵等情况；同时，可对企业、个人行为进行更广、更深维度的金融信用跟踪评价，打破传统评级体系弊端。

金融科技在提升金融风险防控效率的同时，也在一定程度上使信息安全和隐私保护受到挑战。在 5G 时代，这种挑战的传染性、隐蔽性会更强。

---

① 《新一代人工智能发展规划》政策解读［EB/OL］.［2019 - 05 - 09］. 浙江省科学技术厅，http：//www. zjkjt. gov. cn/news/node03/detail0306/2019/0306_86106. htm.

新技术使金融业务更加快捷，同时在信息安全方面带来了巨大挑战。习近平总书记指出，金融是国家重要的核心竞争力，金融安全是国家安全的重要组成部分，新技术在金融领域的应用，可靠性与安全性是基础性要求。

三、从内部风险管理到金融安全的整体系统构架

中央层面宏观政策倡导，监管科技将自上而下落地，监管部门技术服务需求巨大，但市场渗透存在壁垒；中央金融监管部门的直属机构、自律机构、行业协会和地方金融监管需求迫切，是目前监管科技（RegTech）的主要市场，但渗透率仍然一般。竞争刚刚开始，To B 的企业服务是一个万亿元级市场，RegTech 的内涵和外延可以进一步扩展，市场容量和前景也会随之进一步拓展。①

人民银行科技司司长李伟表示，行业自律是监管的有益补充和有力支撑，是金融机构和金融管理部门之间的桥梁。行业协会要充分发挥自律组织作用以及连接政府和市场的优势，推动形成政府监管、行业自律、机构自治多位一体的金融科技发展格局。他强调，人民银行将多措并举推动金融科技健康发展，建立健全金融科技监管体系，加强金融科技创新产品监管，为金融科技创新产品划定刚性法律底线，设置柔性管理边界；强化个人金融信息保护，严防个人金融信息的泄露、篡改和滥用，平衡好金融服务便捷和安全的关系；加强监管科技应用，防范新技术应用的风险。②

"在无准入门槛、无行业标准、无监管机构的情况下，互联网金融迅速发展起来。应该如何监管成了大问题。"中央财经大学黄震教授说，在早期没有法律依据和管理办法的情况下，我国于2013 年对互联网金融监管提出了"软法管理""柔性监管"等思路。一方面，国家鼓励企业自律，企业要制定企业标准、明确消费者的合法权益，先定"内规"；另一方面，

---

① 何海峰. 监管科技中蕴含的市场机会［EB/OL］.［2018－08－28］. 第一财经，https：//www. yicai. com/news/100017817. html.

② 黄鑫宇，陈鹏. 央行李伟：强化个人金融信息保护，平衡服务便捷和安全［EB/OL］.［2019－09－26］. 新京报，http：//www. bjnews. com. cn/finance/2019/09/26/630234. html.

成立了中国互联网金融协会，制定行业准则，逐渐对其进行规范。①

图 1－16　从企业内规到法律法规

（一）企业风控

金融企业为了正常高效运行，必定会制定一套“内规”来有效管理和防控风险。最常见的就是在银行业和保险业，都对金融消费者有一定的门槛限制。

京东白条通过区块链技术构建了被称为“四大发明”的大数据模型体系：司南——风险管理模型体系、火药——量化运营模型体系、活字——用户画像模型体系、造纸——大数据征信模型体系。与传统风控体系相比，依托于区块链技术的“四大发明”风控体系能够更加精准识别及遏制套现行为，到目前为止已经为 1 亿用户完成了信用评估。

国家互联网金融安全技术专家委员会发布的《“区块链 + AI”行业研究报告》认为，“区块链 + AI”将是监管科技的重要组成部分：在检测金融欺诈行为方面，通过使用交易机器人、高频加密交易、弱中心化减少人为操控的可能性，能够降低金融欺诈风险，此外，AI 监控加密市场，让恶意攻击变得更难。

此外，不容忽视的是，老牌金融技术服务公司也在持续发力监管科技，从耕耘时间、与监管部门的关系、自身的独立性等角度看，它们比互联网公司更有优势。

上交所技术有限责任公司通过与蚂蚁金服、恒生电子合作开发“鹰眼”产品，运用大数据智能算法能力，围绕财务、股权、关联关系等信息

① 黄震．涉及资金和信用的行业必须从严监管［EB/OL］．［2017－06－28］．中国新闻网，https：//finance. sina. cn/2017－06－28/detail－ifyhrttz1540888. d. html.

对企业风险进行扫描，实现风险的实时分析与处理。上交所技术有限责任公司与阿里云合作打造了“证通云”，证券机构均可以基于该平台快速搭建自己的业务系统，兼具合规、安全与弹性的金融需求。①

（二）地方及行业协会所采取的安全风控措施

维护地方金融稳定一直是地方政府工作的重要部分，金融稳定对社会稳定非常重要，在打击非法集资方面，近几年各地方及行业协会出台了许多政策、规定，互联网金融整治领导小组和网络借贷整治领导小组联合召开了网络借贷风险专项整治工作座谈会，明确“将稳妥有序化解存量风险、多措并举支持和推动机构良性退出或平稳转型作为重点，切实保护投资人合法权益，维护各地经济金融和社会政治稳定”。

“风控驾驶舱”系统由北京市金融监管局和蚂蚁金服合作开发，依托北京市金融监管局超前的监管理念和丰富的监管经验，利用支付宝在金融科技、互联网金融风险防范领域积累的能力，进一步加强金融风险系统性防范，实现穿透式监管。②

在银行业、保险业与互联网科技加速融合的时代，合作领域和规模不断扩大，部分中小机构相关业务规模、占比、增速较为突出，但风险管控问题也成为焦点。部分银行机构相关业务发展不够审慎，风险控制和合规管理不足，合作机构资质良莠不齐，存在套贷骗贷、多头借贷等风险和问题。

北京银保监局印发的《关于规范银行与金融科技公司合作类业务及互联网保险业务的通知》结合互联网和大数据时代下的新形势与新特点，对银行保险机构有关合作类业务明确监管要求，并注重规范产品营销推介和信息披露，强调客户信息安全保护，有利于引导在京银行保险机构建立起与外部风险隔离的“防火墙”，更好地借助互联网技术提升金融服务质效。③

2020 年 1 月 15 日，上海市地方金融监督管理局会同国家在沪金融管

---

① 李冰．上交所技术有限责任公司将基于蚂蚁金服、阿里云平台打造监管科技［EB/OL］．［2019－08－02］．证券日报网，http：//www. zqrb. cn/jrjg/hlwjr/2019－08－02/A1564741459218. html.

② 监管科技又一创新！蚂蚁金服与北京市金融监管局共建“风控驾驶舱”［EB/OL］．［2019－02－26］．轻金融企鹅号，https：//new. qq. com/omn/20190226/20190226A1DJG4. html.

③ 参见 http：//baijiahao. baidu. com/s？ id＝1647178568712651848&wfr＝spider&for＝pc。

理部门介绍《加快推进上海金融科技中心建设实施方案》，自 2020 年 2 月 1 日起施行。

出于严控系统性金融风险的需要，越来越多的地方金融办正在变身为金融工作局或金融监管局（以下简称金融局）。从金融办到金融局，一字之差体现出地方政府相关机构在金融业务领域担负的职责发生了重大变化。因为按照设立初衷，金融办的主要职责是协调沟通，主要承担事务性和服务性的工作，而金融局的工作职责涵盖服务、监管与执法，是地方政府强化属地风险处置责任的重要行政权力机构。①

（三）顶层架构法律体系日趋完善

为规范各类互联网金融业态、促进互联网金融健康可持续发展，国务院办公厅于 2016 年 10 月印发了《互联网金融风险专项整治工作实施方案》，并成立由中国人民银行牵头的互联网金融风险专项整治工作领导小组，2016 年正式成为我国"互联网金融监管元年"，② 拉开了互联网金融风险整治的序幕。之后，国家从机构设置优化到法规出台，不断加强金融科技安全风险的防控。

为深化金融监管体制改革，解决现行体制存在的监管职责不清晰、交叉监管和监管空白等问题，强化综合监管，优化监管资源配置，更好地统筹系统重要性金融机构监管，逐步建立符合现代金融特点、统筹协调监管、有力有效的现代金融监管框架，守住不发生系统性金融风险的底线，国务院机构改革方案提出，将中国银行业监督管理委员会和中国保险监督管理委员会的职责整合，组建中国银行保险监督管理委员会，作为国务院直属事业单位。2018 年 4 月 8 日，中国银行保险监督管理委员会正式挂牌。其主要职责是依照法律法规统一监督管理银行业和保险业，维护银行业和保险业合法、稳健运行，防范和化解金融风险，保护金融消费者合法

---

① 葛丰．从金融办到金融局金融业属地监管当进一步加强［J/OL］．中国经济周刊，http://www.cnki.com.cn/Article/CJFDTotal-JJZK201745001.htm.

② 杨楚昕．浅析我国互联网金融监管历程［J］．开封教育学院学报，2019，39（3）：283-284.

权益，维护金融稳定。①

十二届全国人大常委会第二十四次会议表决通过了《中华人民共和国网络安全法》，并自 2017 年 6 月 1 日起施行。信息安全的特征分为三类：机密性、完整性、可用性。

《最高人民法院、最高人民检察院关于办理非法利用信息网络、帮助信息网络犯罪活动等刑事案件适用法律若干问题的解释》，对拒不履行信息网络安全管理义务罪的前提要件和入罪标准等作出明确规定。

为了适用于新型网络系统的安全保护要求，《信息安全技术　信息系统安全等级保护基本要求》改名为《信息安全技术　网络安全等级保护基本要求》，同时安全扩展要求主要针对云计算、移动互联、物联网和工业控制系统提出了特殊安全要求，进一步完善了信息安全保护工作的标准。

2019 年 8 月 22 日，中国人民银行印发《金融科技（FinTech）发展规划（2019—2021 年）》，明确提出，增强金融风险技防能力，做好新技术应用风险防范，坚决守住不发生系统性金融风险的底线。②

对于什么样的产品才能叫作“金融科技产品”，一直没有权威说法。市场监管总局和人民银行关于发布《金融科技产品认证目录（第一批）》《金融科技产品认证规则》的公告，对“金融科技产品”给出了权威认证标准。③ 从顶层监管文件的制定到底层金融科技产品认证规则的发布，我国的金融科技监管体系正在逐步完善。④

2019 年 12 月 5 日，中国人民银行发布公告，支持在北京市率先开展金融科技创新监管试点，探索构建符合我国国情、与国际接轨的金融科技

---

① 王勇．组建中国银行保险监督管理委员会 不再保留中国银行业监督管理委员会、中国保险监督管理委员会［EB/OL］．［2018 - 03 - 13］．新华网/中国政府网，http：//www. xinhuanet. com/politics/2018lh/2018 - 03/13/c_137035588. htm.

② 解读《金融科技（FinTech）发展规划（2019—2021 年）》［EB/OL］．［2019 - 08 - 26］．世经未来微信公众号，https：//mp. weixin. qq. com/s/bxDJovR8CZZRmC72BVs7yg.

③ 程婕．金融科技产品认证标准出炉［EB/OL］．［2019 - 10 - 29］．北京青年报/第 A12 版：财富眼，http：//finance. eastmoney. com/a/201910291274467558. html.

④ 孟凡霞，宋亦桐．首批金融科技产品认证及规则“出炉”［EB/OL］．［2019 - 10 - 29］．北京商报，http：//epaper. bbtnews. com. cn/site1/bjsb/html/2019 - 10/29/content _ 438220. htm? div = - 1.

创新监管工具，引导持牌金融机构在依法合规、保护消费者权益的前提下，运用现代信息技术赋能金融提质增效，营造守正、安全、普惠、开放的金融科技创新发展环境。①

“无规矩不成方圆。”不管是企业、行业、地方还是国家，对于金融科技发展带来的风险一直都保持高度重视，早期对互联网金融监管经验不足，面对乱象丛生，曾经出现“一管就死，一放就乱”的怪象，随着近些年不断的实践和摸索，逐渐形成了“软法为先，柔性监管”、监管沙盒等治理理念和体系框架，有条不紊地推进金融科技发展。从促进金融科技安全发展的角度看，我国2015—2019年共发布约400部政策法规（详见附录二），可见我国对金融安全重要性的高度重视。金融安全是经济平稳健康发展的重要基础，维护金融安全事关我国经济社会发展全局。

第三节 从地方试点到全国统筹

一、近年各地试点金融科技产业安全发展

移动互联网技术、大数据、区块链、云计算、人工智能的快速发展在给我们的生活带来便捷的同时，也放大了金融风险。2018年，严监管和防风险是金融领域的重中之重，可以说金融各行业发展的每一步背后，都能看到监管政策的印迹。

2018年人民银行等六部委发布《关于开展金融科技应用试点工作的通知》（银发〔2018〕325号），决定在北京、上海、江苏、浙江、福建等十省市开展金融科技应用试点工作，在人民银行科技司司长李伟看来，试点一方面是在遵照现有的法律法规和监管规则前提下，积极探索运用科技手段提升金融服务的效率，将优秀的经验和做法辐射到其他地区、领域和行业，发挥以点带面的示范引领作用；另一方面也希望通过这个试点建立一

① 中国人民银行启动金融科技创新监管试点工作［EB/OL］．［2019－12－05］．第一财经，https：//www. yicai. com/news/100426708. html.

个适应金融科技发展的体制机制。

目前，北京、上海、四川、浙江等多地已经开始启动试点应用项目。作为首都，为了引导金融科技规范发展、在发展中积极防控金融风险，北京市从 2015 年开始就陆续设立了北京金融安全产业园、北京金融科技国际产业园等各具特色的金融科技创新产业集群。2019 年 12 月，北京在十省市率先开展金融科技创新监管试点，探索构建中国版的监管沙箱（盒）。

本课题组上年发布的“中国互联网金融安全发展报告”关注了国内具有代表性的“监管沙盒”实践：北京金融安全产业园（原北京互联网金融安全示范产业园）、赣州区块链金融产业沙盒园、国家大数据（贵州）综合试验区、青岛“泰山沙盒”、长沙星沙区块链产业园、海南自贸区（港）区块链试验区。[①] 本书在第六章将对监管沙箱做详细描述。

在引入“监管沙盒”的同时，各地因地制宜地进行“本土化”探索，例如，北京偏向金融安全主题，从金融风险防控、服务实体经济、促进区域协调发展等三个角度优化金融格局；贵州偏向大数据，促进区域性大数据基础设施的整合和数据资源的汇聚应用，发挥示范带动作用。各地逐步构建适应我国金融发展的监管沙盒机制，更好地鼓励金融科技创新，以达到防范金融风险的目的。[②]

通过招商引资给予优惠政策促进试验区及产业园的发展，各地集聚及孵化了一批头部金融科技企业。这些产业园从基础研发到转化应用的较完整的链条，为开展金融安全实践提供了良好的支撑平台。

这些产业园也出台了一系列规划。

① 资料来源：《中国互联网金融安全发展报告 2018》。

② 彭景，张莹．制约“监管沙盒”本土化应用的瓶颈及制度建议［J］．西部经济管理论坛，2018，29（5）：66－70.

表 1-9　各地产业园布局及发展规划

地方	名称	时间	成绩	规划
北京	北京金融安全产业园（原北京互联网金融安全示范产业园）	2015-06-18	北京金融安全产业园已成为承接首都核心区金融安全产业外溢的实际载体。成立4年来，通过服务金融创新，做好安全保障，助力区域转型发展，产业园为地方经济发展作出了积极贡献。截至2019年11月，入驻的企业已经达到505家	未来，计划以世界前沿金融科技为支撑，发挥优势，以打造金融硅谷为战略目标，将小镇构筑为覆盖全金融产业链的金融安全产业业态，打造房山经济新高地、产业新集群、文化新名片、城镇新典型
杭州	杭州大湾区区块链产业园	2018-09-19	是中国电子商务协会和中国区块链监管沙盒委员会批准的全国第一个区块链实体应用产业园，也是长三角地区唯一的区块链产业园区	推动杭州区块链产业在全国各地的应用与发展，加快区块链服务实体经济步伐，集聚高端技术优势企业优秀人才，打造杭州区块链之都的地标性产业园区
海南	海南自贸区（港）区块链试验区	2018-10	是国内正式授牌的首个区块链试验区，以“基地+基金+大会”的模式推动“海南自贸区（港）区块链试验区”发展，已汇聚100多家区块链头部机构和企业，成为国内区块链领域发展最为集中的区域之一。发布《关于加快区块链产业发展的六条措施》。2018年全年税收20.28亿元，同比增长41.72%，占全省互联网产业税收的2/3以上	到2020年，自贸试验区建设取得重要进展，国际开放度显著提高，努力建成投资贸易便利、法治环境规范、金融服务完善、监管安全高效、生态环境质量一流、辐射带动作用突出的高标准高质量自贸试验区，为逐步探索、稳步推进海南自由贸易港建设，分步骤、分阶段建立自由贸易港政策体系打好坚实基础①

① 中国（海南）自由贸易试验区总体方案［EB/OL］．［2018-10-16］．中新网丨海南，http：//www.hi.chinanews.com/zt/2018/1016/211.html.

续表

地方	名称	时间	成绩	规划
赣州	赣州区块链金融产业沙盒园	2017-07-09	是工业和信息化部互联网金融重点实验室第一个落地项目，聚焦区块链+金融产业，整合轻资产、创新型、科技型企业入盒入园，已有注册企业42家，签约企业62家，初步形成了以区块链底层技术为核心，金融、物联网、资产管理等区块链应用场景的发展创新模式	未来将重点引进区块链基础技术研发、场景运用以及金融科技企业，打造区域性区块链金融产业创新高地①
青岛	泰山沙盒	2017-12-29	应用于支付、交易、清结算、征信、保险、共享经济、投资管理、供应链领域，在不引入第三方中介机构的前提下，可提供分布式账本，具有不可篡改、更加安全的特性。目前这项技术已与我国香港、加拿大、欧洲等地区达成输出技术协议②	未来将推出一些测试的标准，以技术来评估技术③
贵阳	国家大数据（贵州）综合试验区	2016-03	国家大数据（贵州）综合试验区现已推出了“贵州金融大脑”，设立贵阳数据投行，建立数据投融资平台，支持众筹金融交易发展。与京津冀签署《国家大数据综合试验区正定共识》。贵州金融城入驻众筹金融、大数据征信、移动支付等创新金融企业100多家	到2022年，每年将实施100个融合标杆项目、1000个融合示范项目，带动10000户以上实体经济企业与大数据深度融合，促进实体经济向数字化、网络化、智能化转型④

① 赣州市建设省域金融次中心实施方案［EB/OL］.［2019-01-15］. http：//www. jiangxi. gov. cn/art/2019/1/15/art_5493_535654. html? from=groupmessage&isappinstalled=0.

② 肖相波，张绪霞. 全球首个基于区块链产业沙盒在青岛崂山落地运行［EB/OL］.［2018-01-02］. https：//www. jinse. com/news/blockchain/124638. html.

③ 蔡维德. 监管沙盒2.0和产业沙盒经济学［EB/OL］.［2019-01-21］. 互链脉搏微信公众平台.

④ 肖艳. 贵州：“四个融合”深耕全国首个大数据“试验田”［EB/OL］.［2018-08-15］. 新华社，https：//finance. sina. com. cn/roll/2018-08-15/doc-ihhtfwqr4846594. shtml.

续表

地方	名称	时间	成绩	规划
长沙	长沙星沙区块链产业园	2018－08	引进区块链企业61家，引进高端平台5家，开发科创项目20余个，一批面向政务、金融、智能制造等领域的应用正在落地	未来5年，园区将全力培育打造产值超1000亿元的数字经济产业集群，建成全国领先的区块链产业集聚区

资料来源：根据公开资料整理。

除了本课题组上年几个关注的城市外，其他城市也根据各自优势设立了金融科技产业园，不仅是北京、上海、深圳、杭州和广州等金融科技发展水平较高的城市，成都、重庆、长沙、贵阳、赣州、宁波也有布局。从发展类型来看，发展模式有七类：应用创新市场内生型（如上海）、政府主导推动型（如广州黄埔区）、政府主导＋社会参与共建共促型（如北京金融安全产业园）、龙头企业生态体系构建型（如杭州）、科创中小企业集聚型（如成都）、跨区域协同融合型（如粤港澳大湾区）、国际合作共赢型（如重庆）。①

在这些试点城市中，有一批是国家给予重点支持的，即国家数字经济创新发展试验区和自由贸易试验区。

为了顺应经济全球化的发展与全球贸易和投资规划的重构，推动政府职能转变，促进转变经济增长方式和优化经济结构，实现以开放促发展、促改革、促创新，形成可复制、可推广的经验，服务全国的发展，我国从2013年开始设立了中国（上海）自由贸易试验区，截至目前，我国的自贸试验区达到了18个。经本课题组统计，在18个自贸试验区的总体方案中，广东、河北、云南都明确包含金融科技项目的探索及应用。《中国（广东）自由贸易试验区改革开放方案》明确提出，大力发展金融科技，在依法合规前提下，加快区块链、大数据技术的研究和运用。《中国（河北）自由贸易试验区总体方案》中提出，建设金融创新先行区，在依法依规前提下，探索“监管沙盒”机制。《中国（云南）自由贸易试验区总体方案》

① 刘洋．金融科技的内涵界定、研究综述和金融科技中小城市“小而美”“精而强”发展路径［EB/OL］．［2019－04－03］．消费新时代研究资讯微信公众平台．

提出，加快构建5G产业体系，推动互联网、大数据、人工智能与实体经济深度融合。《中国（上海）自由贸易试验区临港新片区总体方案》提出，经国家金融管理部门授权，运用科技手段提升金融服务水平和监管能力，建立统一高效的金融管理体制机制，切实防范金融风险。

2019年10月20日，根据国家重大区域战略部署，综合各地数字经济发展基础和已有条件，国家发展改革委、中央网信办联合印发《国家数字经济创新发展试验区实施方案》，决定在河北省（雄安新区）、浙江省、福建省、广东省、重庆市、四川省开展先行先试。试验区将壮大数字经济生产力，促进互联网、大数据、人工智能与实体经济深度融合作为重点探索项目。

不论是自贸区方案还是数字经济创新发展试验区的要求，都对各地金融科技试点工作提出了更高的要求，对于金融风险防范体系的完善意义更加重大。

地方试点与合规企业的入驻，激发了当地金融活力，同时通过园区采用监管科技和沙盒模式对入园企业进行监管，促进了金融科技行业的良性发展，也为构建金融科技新型监管探索了新方式，例如，江西省赣州区形成了中国第一个合规区块链的规则和指引——《合规区块链指引》，进一步推动金融科技业务落地，同时在合法合规的框架下，让各行各业的数据更大范围地运用起来，带动整个行业健康发展。

二、地方金融监管局的产业规划与政策试点、地方行业协会

（一）地方金融监管局

金融科技已经成为金融发展中的“热词”，监管部门、业界、学界、媒体都对其表现出极大的热情。各地政府对金融科技发展给予了市场准入、人才培养以及融资等多方面的支持。与此同时，防范化解重大系统性、区域性金融风险成为当前经济金融工作的一大重点所在，是确保金融活水切实流入地方实体经济的一项重要工作。

近几年，地方金融监管改革不断深化。2017年7月的全国金融工作会议明确提出地方政府要在坚持金融管理主要是中央事权的前提下，按照中

央统一规则，强化属地风险处置责任。此次会议之后，地方金融监管局迎来了一次密集挂牌。同时，在促进各地加强金融科技试点工作方面，地方金融监管局承担了重要工作。深圳早在2017年便率先出台《关于促进福田区金融科技发展的扶持措施（试行）》，该政策成为我国地方政府首个发布的金融科技专项政策。深圳市地方金融监管局在监管科技方面先行先试，取得了积极进展，目前已有成果包括“灵鲲金融安全大数据平台”“地方金融风险监测预警系统”“地方金融监管信息系统”“信访回复智能助手”“网贷机构良性退出网络投票平台”等，构建了全天候无缝隙的日常监测系统，努力织就金融风险防范的“天罗地网”，全面预警和打击金融违法犯罪行为。①

表1－10　各地发展金融科技试点政策

地方	政策文件
北京	《关于首都金融科技创新发展的指导意见》《北京市促进金融科技发展规划（2018—2022年）》
杭州	《杭州市人民政府关于加快推进钱塘江金融港湾建设 更好服务实体经济发展的政策意见》《杭州市人民政府关于加快推进钱塘江金融港湾建设的实施意见》《中国·杭州区块链产业园政策（暂行）》《杭州市高新技术企业培育三年行动计划（2018—2020年）》《关于加强杭州智慧都市圈建设的建议》《杭州国际金融科技中心建设专项规划》
深圳	《深圳市扶持金融业发展的若干措施》（深府规〔2018〕26号）、《深圳市扶持金融业发展的若干措施》（深府规〔2017〕2号）、《关于打造深圳金融标准构建深圳金融发展新优势的指导意见》（深府金发〔2015〕134号）、《关于促进福田区金融科技发展的扶持措施（试行）》
赣州	《关于印发赣州市建设省域金融次中心、区域性商贸物流中心、文化旅游中心、教育中心、医疗养老中心实施方案的通知》（赣市府办发〔2018〕44号）、《赣州经开区“区块链金融产业沙盒园”发展扶持政策（试行）》
贵州	《贵阳市大数据标准建设实施方案》（筑府办函〔2017〕17号）、《贵州省数字经济发展规划（2017—2020年）》（黔数据领办〔2017〕2号）

资料来源：北京市地方金融监督管理局、杭州市人民政府金融工作办公室、深圳市地方金融监督管理局、深圳市福田区投资推广署、赣州市人民政府、贵州省大数据发展领导小组办公室。

① 谢惠茜．深圳市地方金融监督管理局：金融科技生态圈初步形成［EB/OL］．［2019－10－31］．深圳商报，http：//szsb.sznews.com/PC/layout/201910/31/node_A03.html#content_759300.

(二) 地方行业协会

地方金融科技试点，是通过对局部地区的改革试验，总结成败得失，完善改革方案，寻找规律，把解决试点中的问题与攻克面上共性难题结合起来，探索改革的实现路径和实现形式，为整体改革提供可复制、可推广的经验做法。从法学角度看，改革试点与软法、柔性的法律逻辑相似，即根据具体情况对政策进行变通，营造宽松的试点环境，在动态中探索合规条件。①

对于行业协会在金融科技发展方面作出的尝试和探索，专家学者一致认同行业协会在金融科技转型发展方面能起到沟通、协调甚至是引领的作用。

中央财经大学黄震教授认为，金融科技产业发展需要社会组织发挥自身作用，引导企业形成产品的规则、企业的规则标准流程，并提炼出来形成行业标准，形成社会组织的公约。

北京市金融工作局霍学文认为，互联网金融作为新兴的金融业态，既需要政府监管，更需要行业自律，也需要每个企业做好分内之事。金融活动纳入监管有三个层面：中央金融监管、地方金融监管、行业自律。其中，行业自律变成不可替代的一项工作，要把行业自律作为发展的重要事项来对待。下一步将授权行业协会加强自律，并给予处罚权和必要的工作职能。这样的话有职有责有权，在处置风险的第一线做好工作。②

2015 年 7 月 18 日十部委联合发布的《关于促进互联网金融健康发展的指导意见》提出，由中国人民银行会同银监会、证监会、保监会等国家有关部委组织建立国家级互联网金融行业自律组织。据 2017 年盈灿咨询的统计，北京市、广东省、江苏省、上海市、浙江省、福建省、山东省、天津市、江西省、安徽省、山西省、广西壮族自治区、辽宁省均成立了互联

---

① 黄震，张夏明．监管沙盒的国际探索进展与中国引进优化研究［J］．金融监管研究，2018（4）：21－39.

② 朱丹丹．北京市金融工作局霍学文：互联网金融既需政府监管更需行业自律［EB/OL］．［2017－09－10］．华夏时报，http://finance.sina.com.cn/roll/2017－09－10/doc－ifyktzim9385549.shtml.

网金融自律组织。

2019 年发布的《金融科技（FinTech）发展规划（2019—2021 年）》也提出，培育一批具有国际知名度和影响力的金融科技市场主体，社会组织和专业服务机构对金融科技发展的支撑作用不断强化，开放、合作、共赢的金融科技产业生态体系基本形成。

在金融科技领域，各地也成立了相关的行业协会，如区块链行业中，长沙、海南、上海均成立了区块链协会，从协会角度给予行业“政策引导、理论研究、场景应用、资本接入、技术实践”，从而构建政、产、学、研、用一体的生态体系；作为国家大数据综合试验区，贵阳市也成立了大数据业协会，协会有利于发挥对外交流、对内自律、数据共享、数据安全、招商引资、政策研究、提供服务以及企业与党委政府之间的桥梁纽带作用；有利于促进贵阳市大数据行业健康蓬勃发展，加快推动社会经济发展转型升级。

通过行业协会，形成了技术标准，为行业健康发展提供了指导意见，上海区块链技术协会就编制了《区块链企业认定方法》《区块链底层技术通用标准》《区块链技术应用指南》《区块链技术和应用人才评估规范》。四项标准作为行业参考性文件可作为各界测评认定区块链企业、技术、人才的指导性文件。①

从发布金融科技规划，再到各地成立行业协会，并在行业组织内试点、测评，用柔性的力量，做好政府、业界、学界的桥梁，鼓励新兴技术与金融的融合创新，同时积极主动防范风险，地方政府在金融科技试点中发挥了基层探路的作用，推动金融业实现高质量发展。

① 上海区块链技术协会．上海区块链技术协会团标介绍［EB/OL］．https：//shbta.cn/ct-bkj.pdf.

三、中国人民银行进行金融科技示范项目试点及金融监管沙盒布局、银保监会信息科技规划、国家金融稳定发展委员会的有关举措

（一）中国人民银行

金融科技一词最早是在20世纪90年代由美国提出的，即FinTech。在中国，随着2015年末以“e租宝”为代表的一系列互联网金融领域内的集资诈骗案件的爆发，互联网金融整治开始席卷整个金融领域，互联网金融这一概念开始被“污名化”，于是2016年“金融科技”接棒“互联网金融”，成为热门词汇。

当前，我国金融监管格局是“一委一行两会”+地方金融监管局，这种格局下，涉及宏观决策、宏观审慎和重要经济参数调整的，都交给中国人民银行来管理。

在金融科技试点方面，中国人民银行计划已久。2017年5月15日，中国人民银行宣布成立金融科技委员会，围绕金融科技试点，出台了一系列文件。

表1-11　中国人民银行金融科技试点政策汇总

时间	文件
2014-05-19	《国家发展改革委办公厅　中国人民银行办公厅关于组织开展移动电子商务金融科技服务创新试点工作的通知》
2018-07-20	《中国人民银行　中国银行保险监督管理委员会　中国证券监督管理委员会　国家标准化管理委员会关于在重庆市、浙江省开展金融标准创新建设试点的批复》
2018-12-14	中国人民银行等六部委发布《关于开展金融科技应用试点工作的通知》（银发〔2018〕325号）
2019-08-22	《金融科技（FinTech）发展规划（2019—2021年）》
2019-10-30	《关于促进金融科技发展　支持上海建设金融科技中心的指导意见》
2019-11-25	《中国金融稳定报告（2019）》

资料来源：根据公开资料整理。

中国人民银行等六部委在2018年12月14日发布的《关于开展金融科技应用试点工作的通知》中，明确在北京市、上海市、江苏省、浙江省、

福建省、山东省、广东省、重庆市、四川省、陕西省组织开展金融科技应用试点工作。

中国人民银行最新公开的数据显示，试点10省市，几乎均提及利用隐私计算、人脸识别等技术，构建以人脸特征为路由标识的转接清算模式。各地区从项目申报方面入手，稳步推动试点工作，目前北京获批46个金融科技试点项目，居十个试点省市之首，上海有23项、浙江有35项、福建有26项、四川有14项。

表1-12 各省市金融科技应用试点项目

省市	试点领域	场景
北京	云计算、AI、可信执行环境（TEE）技术	智慧银行（智能客服、智慧网点、票据识别、现金投放），开放银行。与公积金、工商、税务、电力、医院、高校等机构互联互通，提供查询、缴费、纳税等一站式服务；手机POS应用，提升交易风险防护
上海	云计算、大数据、人脸识别线下支付安全应用	标记化平台，人脸识别支付； 社区居家照护模式中长期护理保险基金结算及管理； 为小微企业提供快速信贷服务； 用户无须携带外部介质即可完成支付交易
山东	大数据	准确量化旅游消费等金融活动对经济增长的贡献，为相关单位统计分析、资源布局提供决策支撑
福建	国产化联机、OpenStack	与税务、电力等部门的数据对接
浙江	云计算	互联网法院线上起诉、受理、缴费一键处理； 信息系统互联互通，实现企业参保信息和社会保障个人权益记录单信息查询； 为用户提供实名认证、全场景支付、风险防控等
广东	私有云、API、人脸识别	数字化接口平台，提供生活缴费、签约、无卡交易、公积金查询、社会保障金提取、电子发票申领、湾区公共交通支付等服务；数字证书安全存储和使用
江苏	物联网	实物载体出入库批量扫描、智能核对、错误示警，借助工号、指纹等进行身份认证，将实物信息与电子标签绑定，实现实物和账务的统一

资料来源：根据媒体公开资料整理①。

① 金融科技10省市试点揭秘！民生领域成重点，监管沙盒怎么做？［EB/OL］.［2020-01-13］. 21世纪经济报道，https：//new. qq. com/omn/20200113/20200113A06ULW00. html.

金融科技应用试点是通过“以点带面”的方式来探索一条可复制推广的中国金融科技应用创新之路，与此同时，作为中国版的监管沙箱，试点也将助力于建立适应中国金融科技发展的体制机制。为了给金融科技应用及相关监管规则制定探索经验，中国人民银行在2019年12月5日发布公告支持北京率先启动监管沙箱。2020年1月14日，人民银行营业管理部披露了金融科技创新监管试点应用公示（2020年第一批），并针对微捷贷产品、中信银行智令产品、手机POS创新应用等6款应用，向社会公开征求意见。[①] 继北京启动监管沙箱之后，其他省市也在陆续推进，2020年1月15日，上海市发布了《关于加快推进上海金融科技中心建设的实施方案》。

中国版监管沙箱的提出，反映了政策层面和顶层设计对监管沙箱的重视程度，并将其作为金融科技创新的典型代表之一，同时也是防控金融风险调整监管模式的重要举措。不论是监管沙箱还是以往金融改革的试点，都是对某些创新进行小范围试行，进行各种尝试或者制度创新，然后总结经验教训再将新的制度推广到全局。人民银行科技司司长李伟认为，监管沙箱很重要的特征推倒重来，把风险控制在最重要的领域，而中国版监管沙箱一开始就设计了风险补偿和退出的机制，可以推倒重来。

监管沙箱与金融改革试点有相近的实施逻辑，但具体到金融科技监管，监管沙箱比金融改革试点更为契合金融科技的特点。金融改革试点对改革创新的地域是有限定的，大多不涉及全国性的市场，而监管沙箱不限定测试地域更能契合金融科技的跨地域性。[②]

中央财经大学黄震教授认为，改革试点的方法论是走一步看一步，发现错了再改。监管沙盒有互联网、大数据、区块链等新技术和方法的支持，实时动态在线的监测互动大大提高了监管效率。

中国社会科学院金融研究所副所长、国家金融与发展实验室副主任胡

---

① 首批试点应用出炉 金融科技企业搭伴“入箱”［EB/OL］.［2020－01－15］. 北京商报网，http：//www.bbtnews.com.cn/2020/0115/332440.shtml.

② 张景智．“监管沙盒”的国际模式和中国内地的发展路径［J］. 金融监管研究，2017（5）：22－35.

滨也表示，现在中国设立监管沙盒的条件和时机已经成熟，“因为我国金融监管改革取得了一些局部性、阶段性突破，我们具备了整合监管资源、协调设立沙盒的前提。最典型的代表是国务院金融稳定发展委员会的设立，使得我们可以在原有的‘一行两会’监管部门之上能够有一个统筹协调的机构来统筹创新，这是一个基本的前提”。[①]

（二）银保监会

在新的“一行两会”结构下，银保监会的主要职责是统一监督管理银行业和保险业，维护银行业和保险业合法、稳健运行，防范和化解金融风险，保护金融消费者合法权益，维护金融稳定，并执行人民银行所发布的文件政策。

对金融科技的监管，银保监会从工作通报会初次提出开始观察和分析，再到推出相关政策不到半年时间，金融科技已经成为银保监会重点关注对象。

2018 年 6 月 25 日，人民银行联合银保监会、证监会、国家发展改革委、财政部印发了《关于进一步深化小微企业金融服务的意见》，提出加大金融科技等产品服务创新，运用现代金融科技等手段，提高金融服务可得性。[②]

2018 年 9 月 28 日，中国银行保险监督管理委员会牵头编写的《中国普惠金融发展情况报告》提到，通过互联网、大数据等金融科技手段，提供线上信贷服务，提升服务质量和服务效率，涌现出一批依托互联网、大数据等新技术的创新普惠金融产品；运用金融科技，将互联网、大数据等科技应用于普惠金融业务。

2019 年 1 月 11 日，中国银保监会召开 2019 年首场重点监管工作通报会，银保监会新闻发言人肖远企表示金融科技就是一个新业态进入金融领

---

① 胡滨：我国设立监管沙盒的条件、时机已成熟［EB/OL］.［2019－04－01］. 新浪财经，http://finance.sina.com.cn/money/bank/bank_hydt/2019－04－01/doc－ihsxncvh7394862.shtml.

② 人民银行、银保监会等五部门：运用现代金融科技等手段　提高金融服务可得性［EB/OL］.［2018－06－26］. 证券时报，http://www.mpaypass.com.cn/news/201806/26094135.html.

域。肖远企透露，对于金融科技更多的是在观察和分析判断，现在还没有比较系统的规则出来。下一步，如果金融科技和金融紧密程度加深、影响加大，要适时、逐步推出一些新制度。①

半年后，中国银保监会办公厅于7月发布的《关于推动供应链金融服务实体经济的指导意见》（银保监办发〔2019〕155号）提出，鼓励银行保险机构将物联网、区块链等新技术嵌入交易环节，运用移动感知视频、电子围栏、卫星定位、无线射频识别等技术，对物流及库存商品实施远程监测，提升智能风控水平。

2020年，银保监会将金融科技纳入了重点监管范围。1月3日，银保监会在发布的《关于推动银行业和保险业高质量发展的指导意见》中提出，将研究制定金融科技公司监管制度，加强新兴金融业务和业态监管。

（三）国务院金融稳定发展委员会

金融安全是金融科技发展的重要保障，2017年11月成立的国务院金融稳定发展委员会（金融委），宗旨就是强化人民银行宏观审慎管理和系统性风险防范职责，强化金融监管部门监管职责，确保金融安全与稳定发展。金融委的成立意味着金融监管和金融改革等方面更能够“全国一盘棋”。

自2018年7月2日新一届国务院金融稳定发展委员会成立以来，通过定期全体会议以及不定期召开的有针对性的专题会议，统筹研究协调金融领域相关事项。作为统筹协调金融改革发展与监管的金融业“大总管”，2019年，国务院金融稳定发展委员会总共召开了4次会议，稳中求进是每次会议关注的重点。

2020年1月14日，国务院金融稳定发展委员会办公室印发《国务院金融稳定发展委员会办公室关于建立地方协调机制的意见》，将在各省（自治区、直辖市）建立金融委办公室地方协调机制，加强中央和地方在金融监管、风险处置、信息共享和消费者权益保护等方面的协作。

---

① 银保监会新年首场通报会　传递出这些重要信息［EB/OL］.［2019-01-12］. 上海证券报，http：//finance. eastmoney. com/a/201901121025284750. html.

现在，我国的金融监管格局已经升级为“一委一行两会”。在维护金融稳定和安全、促进金融业发展壮大和改革创新中，我国的金融监管框架逐渐成形，逐渐走向完善。北京市网络法学会副秘书长、中国人民大学金融科技与互联网安全研究中心研究员车宁认为，从横向角度来看，其有利于促进金融行业的发展，便于沟通监管政策，协调地方性风险处置等事项；从纵向来看，更方便人民银行、银保监会、证监会等向地方进一步传导制度、落实政策，意义非常重大。①

从地方再到中央的金融科技试点探索，一方面，提升了金融服务质量与效率，使金融科技创新成果更好地惠及百姓民生，推动实体经济健康可持续发展。另一方面，通过试点走上金融科技的规范化道路，做好新技术金融应用风险防范来增强金融风险的防控能力，从而使我国金融在高质量发展道路和国际竞争中走得更远。

---

① 金融委办公室地方协调机制将提速［EB/OL］.［2020－01－15］. 北京商报，https：//baijiahao. baidu. com/s？id＝1655748627030735813&wfr＝spider&for＝pc.

第二章　金融科技安全发展的规划与布局

随着云计算、大数据、人工智能、区块链等信息技术在金融领域的广泛应用，金融科技正在以迅猛态势重塑金融行业的生态。新技术与金融业的深度融合使金融科技迈入 3.0 时代，推动着金融行业向前发展。由于金融科技的应用频率越来越高、应用范围越来越广，金融服务也不断向多样化、便利化、智能化转变，金融科技产业的安全发展备受瞩目。

2017—2019 年，全球金融科技领域的融资持续升温，金融科技产业规模迅速增长，已经成为影响各国经济金融高质量发展的关键。传统金融中心和世界主要经济体纷纷制定政策，拥抱金融科技的发展，挖掘前沿技术中蕴藏的经济增长红利。

我国信息技术在金融领域的应用起步于 20 世纪 80 年代，金融与科技的融合先后经历了从电气化到电子化、从信息化到网络化、从数字化到智能化的转变，目前正迎来金融科技发展浪潮，信息技术逐步由支撑业务向引领业务方向发展，金融与科技的深度融合已成为新趋势。近年来我国金融科技产业发展取得了长足进步，部分领域关键核心技术的研发应用实现重要突破，重点细分领域市场规模成倍增长，用户渗透率快速提升。金融机构利用人工智能、大数据、云计算、物联网等科技手段创新金融产品、改变经营方式、优化业务流程，金融数据价值更加凸显。金融产品服务向着智能化、精细化、多元化、场景化方向大步迈进，金融科技已成为践行普惠金融、发展数字经济的新动力。

金融科技背景下金融业面临的新风险主要有以下几个方面：

第一，金融科技加速业务风险外溢。传统金融风险呈现出传染性更强、传播速度更快、隐蔽性更高的特征。第二，金融网络安全风险更加严峻。随着金融科技蓬勃发展，金融 IT 设施规模逐步扩大，通信网络更加开放，生产操作自动化程度越来越高，导致 IT 风险也随之高度聚集，金融网络安全隐患尤为突出。第三，金融大数据风险不断加剧。一是部分机构通过抢占入口和渠道，大量汇集信息流、资金流与产品流，成为“数据寡头”，使得信息泄露风险高度集中，一旦出现问题，可能不再是单一数据丢失问题，而是系统性数据安全问题，将对个人隐私、客户权益甚至金融安全构成威胁。二是部分机构个人信息保护意识薄弱，在开展业务合作时，常常将自身所掌握的客户信息作为资本和筹码，甚至将数据资源随意共享，导致信息被滥用。三是大数据主要应用于精准营销、风控管理、金融决策，如果数据标准化程度低、质量不高，将影响风控措施和决策判断的精准度和有效性。第四，技术复杂性风险日益凸显。在金融科技时代，金融机构往往综合应用云计算、大数据、5G 通信、物联网等快速演进的技术群，这些技术群之间彼此交叉渗透融合，使得金融业务系统的技术架构日趋复杂。第五，新技术依赖风险不容忽视。一是部分机构技术应用只为满足业务创新，而对数据保护、容错应急考虑不周、预估不足，易引发技术风险。二是部分机构过分迷信新技术，在技术本身尚未成熟时，就开始拔苗助长、急于推广，结果适得其反。三是部分机构对技术了解不深、掌握不透，易被所谓的“颠覆性技术”误导，导致技术选型错位，在应用时张冠李戴，既发挥不了技术优势又浪费了大量资源，还带来了不确定性风险。

金融科技安全发展需全面布局。我国金融科技发展涉及领域广泛，包括金融机构、非正规金融机构、科技企业与研发机构等多个市场主体，涉及中央与地方等多部门监管。金融科技安全发展需要基于技术、市场、监管三位一体（见图 2－1）协同发展的视角进行系统规划和全面布局。

进入 2019 年，从中央到地方都在整合有关的金融科技资源和金融监管资源，探索协同、联动机制。金融科技具有金融属性，凡是金融活动必须纳入监管。金融监管是金融发展的重要基础，监管科技作为金融监管与市场合规的有益创新，有利于金融业，特别是金融科技等新兴业态，建立以自律监管为核心，以信息披露、产品登记、资金托管为主要内容的包容审慎的监管框架，巩固和强化国家金融治理体系和治理能力。

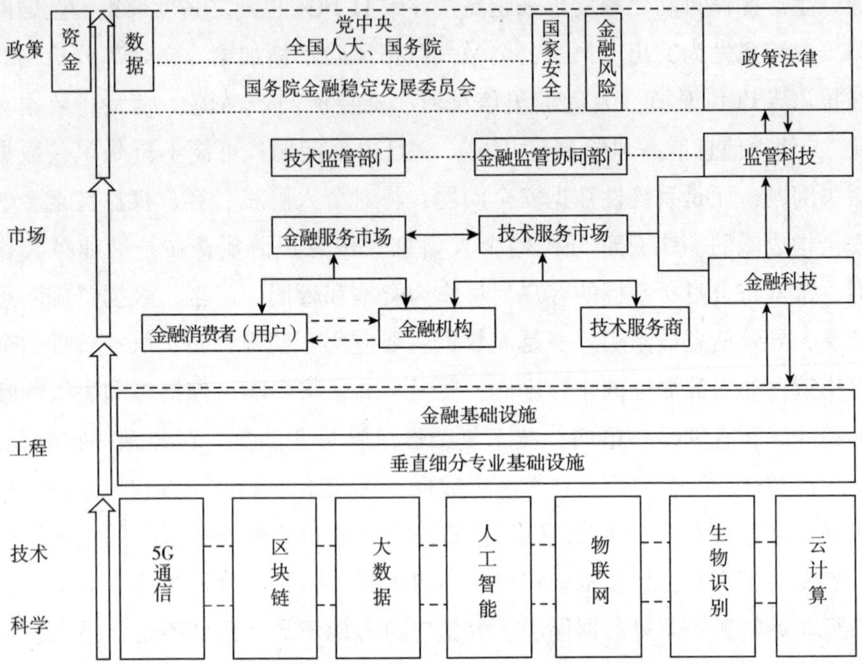

图 2－1　技术、市场、监管协同发展视角下的金融科技安全发展体系构架①

第一节　中央监管部门的金融科技规划与布局

当前全球正迎来新一轮科技革命和产业变革，以数字化、网络化、智能化为特征的信息化浪潮蓬勃兴起，数字经济、共享经济在全球范围内迅速发展，金融科技作为其中一项重要内容，已经成为全球金融创新的热点。党的十九大报告明确指出，要着力加快建设实体经济、科技创新、现代金融、人力资源协同发展的产业体系，要健全金融监管体系，守住不发生系统性金融风险的底线。金融科技已成为国家金融安全体系的重要组成部分，成为实施创新驱动战略、建设现代经济体系的战略支撑。为此，中央监管部门专门出台相关规划在金融科技领域进行布局。

① 资料来源于中国金融科技安全发展报告课题组。

一、人民银行金融科技规划对金融科技安全发展的部署

（一）人民银行金融科技规划出台的背景

1. 技术背景

我国金融科技发展历程清晰，展示了金融与科技融合发展的脉络（见图2-2）。

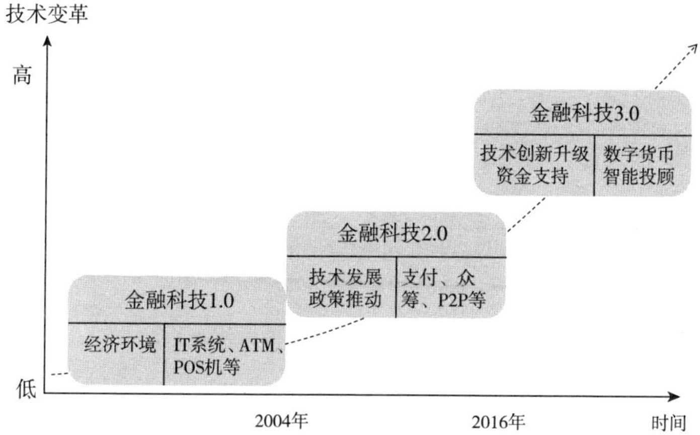

图2-2　我国金融科技发展的路径和趋势①

2016年以后，新技术全面渗透至诸多金融细分领域，金融科技发展呈现出金融产品服务更加智能、业务场景结合更加紧密、数据资源价值更加凸显、经营管理模式更加灵活的新特征。2018年，监管科技加速崛起，从基于微观审慎的合规管理向基于宏观审慎的系统性风险防控和金融安全底层基础设施建设扩展。金融科技与监管科技共同服务于风险防控，两者良性互动，相互融合。

2. 市场背景

在我国，金融科技被学界称为互联网金融的2.0②阶段。当前，金融科技在全球迅猛发展（见图2-3），数据显示，2018年，全球金融科技投

① 资料来源于中国互联网金融安全发展报告课题组。

② BR互联网金融研究院. 互联网金融报告2017［M］. 北京：中国经济出版社，2017.

融资金额达到 1118 亿美元[①]，中国金融科技市场规模高达 115 万亿元，预计 2020 年将超过 157 万亿元[②]。金融科技风险涉及的群体近年来也呈现爆发式增长，2018 年全球移动支付已经覆盖 90 个国家[③]。中国移动支付使用人群达 5. 7 亿人[④]。艾媒咨询数据显示，中国移动支付用户规模呈逐年增长趋势，2020 年有望增至 7. 90 亿人。

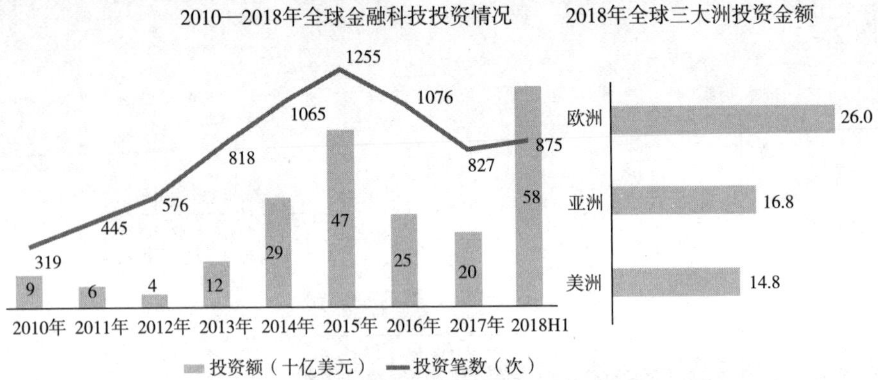

图 2 - 3　全球金融科技发展状况[⑤]

金融科技的极速扩张有效提升了金融效率，同时也带来了新的影响和挑战。第一，金融市场。金融科技发展重塑金融市场格局。部分科技公司借助金融科技进入金融领域，依靠较强科技实力实现自身与客户、场景的紧耦合，整合多渠道数据资源，设计出有效满足“长尾客群”大基数、小额度服务需求的金融产品，补足传统金融服务短板，为用户提供便捷、全方位的金融服务。这客观上加剧了金融市场竞争，倒逼传统金融机构加速转型升级。第二，金融稳定。新技术应用能够帮助金融机构提升运营和风险抵御能力，有利于减少金融信息不对称，扩大金融活动参与者基数，推

① 毕马威. The pulse of fintech 2018 [EB/OL]. http: //www. 199it. com/archives/835240. html.

② 易观. 中国金融科技专题分析 2019 [EB/OL].

③ GSMA. 2017 State of the dustry report on the mobile money [EB/OL]. [2019 - 03 - 10]. http: //www. 199it. com/archives/699570. html.

④ 中国银联：2018 年中国移动互联网支付安全大调查报告 [EB/OL]. [2019 - 03 - 10]. http: //www. 199it. com/archives/826709. html.

⑤ 资料来源于 iiMedia Research。

动主体多元化，增强行业发展稳健性。然而技术复杂度提升也会加大金融机构对科技公司的依赖，易形成“单点故障”，可能引发系统性风险；部分技术存在算法不可预测性，也可能造成“算法共振”并引发羊群效应，放大风险波动，影响金融稳定。第三，金融监管。金融科技推动金融创新层出不穷，给金融监管带来挑战。在穿透性方面，部分创新业务交叉重叠、层层嵌套，掩盖业务本质，难以准确识别跨界嵌套产品的底层资产和最终责任人。在时效性方面，传统监管大多采用统计报表、窗口指导等方式，依赖金融机构定期报送数据。而当前风险发生、蔓延、扩散的速度提升，危机处置时间窗口缩短，金融监管存在时滞性。在协调性方面，金融科技加剧金融混业经营，不同管理部门对同类业务管理不一致，金融机构对监管要求的理解与执行效果有偏差，增加了沟通成本，造成监管规则难以有效落地。第四，人才结构。当前金融业科技人才结构存在失衡问题，成为制约金融科技发展的瓶颈。一是科技人才总量少、占比低。据统计，金融科技公司科技人才占比往往超过50%，而传统金融业科技人才平均占比不足4%。二是科技人才素质有待提升。传统金融业科技人才的技术能力相对单一、知识结构有所老化，金融科技公司人才的业务素养、风控意识相对薄弱，均难以跟上金融科技发展趋势。三是科技人才流失严重。金融机构往往将科技部门定位于后台支撑，薪酬水平较金融科技公司存在差距，导致在人才竞争中处于劣势，核心人才流失、招聘困难等问题较为严重。

3. 监管背景

中国金融科技发展在经过前期的爆发式增长后，行业发展在规范化和标准化方面的滞后性越发突出，导致金融科技应用风险日益凸显，尤其是在P2P网贷、数字货币等领域的违规风险不断累积，出现了一系列社会经济影响极为不良的金融风险事件。在此情况下国家不断强化对于金融科技领域的政策监管（见图2－4），2017年更是被称为“监管年”，针对移动支付、网络借贷、数字货币等金融科技热点领域出台了一系列监管强化政策。

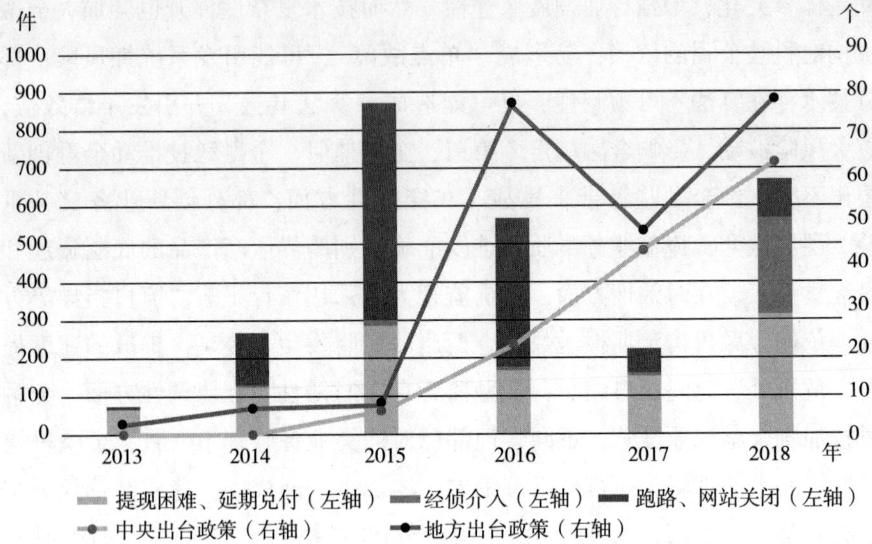

图 2-4　金融科技出台政策与风险事件（2013—2018 年）①

2018 年，对于金融科技的严格监管态势仍在持续，特别是多个 P2P 平台出现“爆雷”事件，进一步加剧了金融科技领域的强监管趋势。总体来看，中国金融科技产业正在逐步进入更加规范化的发展阶段，对于金融科技应用风险的识别、管理将更加严格，与之相对应的是，监管科技将逐步成为金融科技应用的重点方向。

当前，金融风险已成为我国最突出的重大风险之一。防范金融风险事关国家安全，事关社会稳定以及人民群众财产安全。党中央、国务院高度重视金融科技的安全发展，为促进金融科技健康可持续发展，中国人民银行组织编写了《金融科技（FinTech）发展规划（2019—2021 年）》，并于 2019 年 8 月印发。

（二）方法与技术

1. 依据的政策文件

为全面贯彻党中央、国务院的决策部署，促进我国金融科技健康可持

① 资料来源于中国金融科技安全发展报告课题组。

续发展，根据《中共中央办公厅 国务院办公厅关于加强金融服务民营企业的若干意见》、《国务院关于促进云计算创新发展 培育信息产业新业态的意见》（国发〔2015〕5号）、《促进大数据发展行动纲要》（国发〔2015〕50号）、《新一代人工智能发展规划》（国发〔2017〕35号）、《国务院办公厅关于全面推进金融业综合统计工作的意见》（国办发〔2018〕18号）、《“十三五”现代金融体系规划》（银发〔2018〕114号）、《关于进一步深化小微企业金融服务的意见》（银发〔2018〕162号文）等文件，特编制《金融科技（FinTech）发展规划（2019—2021年）》，明确2019年至2021年我国金融科技发展的指导思想、基本原则、发展目标、重点任务和保障措施。

2. 采用的方法和技术

规划方法的分类形式多种多样，具有较为重要的方法论意义的分类有如下几种：（1）按时间跨度划分的发展规划。如5年以内为短期规划，5~20年为中期规划，20年以上为长远规划。（2）按空间范围或性质划分的区域规划。如自然区规划、行政区规划和经济区规划等。（3）按学科内容或生产方式划分的部门或行业规划。如科技规划、人口规划、战略防御规划等。（4）包容上述多种规划特点和功能的综合规划。小到村镇的规划布局，大至描绘预测世界未来面貌的“全球模型”等，都属此类。[①] 人民银行的《金融科技（FinTech）发展规划（2019—2021年）》属于按照时间和行业划分的综合性规划。

规划的工作程序大体分为前规划、规划过程和规划实施三大阶段。前规划主要由决策人员提出制定系统规划的战略性指导原则。《金融科技（FinTech）发展规划（2019—2021年）》的基本原则就是“守正创新、安全可控、普惠民生、开放共赢”。规划实施是在规划文本系统已经形成，并做了必要的评估以后，规划对生产过程及其他活动实施的诱导式积极控制。

① 陈建新. 规划方法的基本程序和原则［J］. 科技进步与对策，1990（5）.

（三）主要内容

《金融科技（FinTech）发展规划（2019—2021年）》明确提出未来三年金融科技工作的指导思想、基本原则、发展目标、重点任务和保障措施。在六大重点任务中提到，要加强金融科技战略部署。从长远视角加强顶层设计，把握金融科技发展态势，强化统筹规划、体制机制、人才队伍建设等方面的战略部署，为金融科技发展提供保障。

1. 技术方面

《金融科技（FinTech）发展规划（2019—2021年）》指出，金融科技是技术驱动的金融创新。要强化金融科技合理应用，以重点突破带动全局发展，规范关键共性技术的选型、能力建设、应用场景以及安全管控，全面提升金融科技应用水平，将金融科技打造成为金融高质量发展的“新引擎”。

具体措施：科学规划运用大数据，合理布局云计算，稳步应用人工智能，加强分布式数据库研发应用，健全网络身份认证。

2. 市场方面

《金融科技（FinTech）发展规划（2019—2021年）》指出，要赋能金融服务提质增效。合理运用金融科技手段丰富服务渠道、完善产品供给、降低服务成本、优化融资服务，提升金融服务质量与效率，使金融科技创新成果更好地惠及百姓民生，推动实体经济健康可持续发展。

具体措施：拓宽金融服务渠道，完善金融产品供给，提升金融服务效率，增强金融惠民服务能力，优化企业信贷融资服务，加大科技赋能支付服务能力。

3. 监管方面

《金融科技（FinTech）发展规划（2019—2021年）》提出，加大金融审慎监管力度。加强金融科技审慎监管，建立健全监管基本规则体系，加大监管基本规则拟订、监测分析和评估工作力度，运用现代科技手段适时动态监管线上线下、国际国内的资金流向，探索金融科技创新管理机制，服务金融业综合统计，增强金融监管的专业性、统一性和穿透性。

具体措施：建立金融科技监管基本规则体系，加强监管协调性，提升穿透式监管能力，建立健全创新管理机制。

4. 技术与市场方面

《金融科技（FinTech）发展规划（2019—2021 年）》提出，要夯实金融科技基础支撑。持续完善金融科技产业生态，优化产业治理体系，从技术攻关、法规建设、信用服务、标准规范、消费者保护等方面有力支撑金融科技健康有序发展。

具体措施：加强金融科技联合攻关，推动强化法律法规建设，增强信用服务支撑作用，推进标准化工作，强化金融消费者权益保护。

5. 技术、市场与监管的协同

《金融科技（FinTech）发展规划（2019—2021 年）》提出，要增强金融风险技防能力。合理运用金融科技手段丰富服务渠道、完善产品供给、降低服务成本、优化融资服务，提升金融服务质量与效率，使金融科技创新成果更好地惠及百姓民生，推动实体经济健康可持续发展。

具体措施：提升金融业务风险防范能力，加强金融网络安全风险管控，加大金融信息保护力度，做好新技术金融应用风险防范。

《金融科技（FinTech）发展规划（2019—2021 年）》提出，到 2021 年，建立健全我国金融科技发展的“四梁八柱”，进一步增强金融业科技应用能力，实现金融与科技深度融合、协调发展，明显增强人民群众对数字化、网络化、智能化金融产品和服务的满意度，推动我国金融科技发展居于国际领先水平。实现金融科技应用先进可控、金融服务能力稳步增强、金融风控水平明显提高、金融监管效能持续提升、金融科技支撑不断完善、金融科技产业繁荣发展的六大目标。

（四）专家对该规划的解读与评价

《金融科技（FinTech）发展规划（2019—2021 年）》发布后，金融科技领域的专家对此做了解读。

1. 中央财经大学金融法研究所所长黄震教授的解读与评价

（1）该规划出台的背景和意义

当前在新科技革命背景下，金融业新的增长点在金融科技领域，金融产业结构有关调整也要靠金融科技；国际金融中心的竞争焦点在金融科技，金融强国的实现也要靠金融科技。金融科技早期阶段的发展具有一定的自发性，政府在监管及制度供给方面还有一定的欠缺，金融科技领域出现了鱼龙混杂的现象，因此有必要加强规划和制度建设，以便金融科技能够持续健康发展，不再重演互联网金融的乱象，让金融科技发挥它应有的作用，实现推动金融增长和国际金融竞争的优势。金融科技关系金融业本身的增长与发展，也关系着我国金融中心建设和金融强国战略的实现，因此需要对金融科技加大支持力度和引领规划。《金融科技（FinTech）发展规划（2019—2021年)》为整个行业指明了方向，保障了发展底线，指出了工作的重点。

（2）技术、市场、监管协同发展视角下的“四梁八柱”

对于《金融科技（FinTech）发展规划（2019—2021年)》中提到的“四梁八柱”对应的核心任务和具体难点，黄震提出：第一，要加强金融科技的顶层设计、发展规划和体制机制、人才建设等方面的工作，这是国家战略角度，总体部署非常重要。第二，技术方面，强调以“重点突破来带动全局发展”。“重点”是指通信技术、能力建设、运用场景、安全防控等工作。第三，市场方面，要突出金融科技的赋能作用，使金融科技的成果能够更好地惠及百姓，推动实体经济健康发展。第四，监管方面，在应用领域中间利用这些技术做好应用的同时还需要有相应的风险防控、监管规则及生态保障等。需要做好有关制度配套及监管工作，实现技术、市场、监管的协同发展。

（3）当前我国金融科技发展中的痛点与难点

黄震指出，金融的本质是建立在金融安全风险防控基础上的，不能忽视金融风险防控工作来做金融创新。在金融科技发展中，我们应该坚守以风控为中心，加强牌照管理和监管规则保障的基本理念。当前我国金融科技发展中的痛点与难点：第一，运用科技的创新，在某种程度上活力不足，尤其是原创技术的创新还不够。第二，金融科技的发展必须以监管和制度为保障。在中国发展金融科技的过程中，曾经出现监管缺位、制度不匹配的问题。我们要避免采取一刀切的办法，以免出现“一放就乱，一管就死”的恶性循环，要跳出这个恶性循环，从治理的方法、理念以及规则改善优化方面形成新的做法。第三，要发挥金融科技的作用，而不仅仅是让金融机构更加强大，更重要的是让金融服务于实体经济和百姓民生。

(4) 运用风险科技防控风险和柔性监管、软法治理推进制度建设

目前，监管层已意识到我国金融科技发展的短板——风险防控能力不够，制度供给依然有欠缺，这是两个非常薄弱的环节。针对这两个薄弱环节，《金融科技（FinTech）发展规划（2019—2021 年）》提出对金融科技涉及的跨市场、跨业态、跨区域的防控办法，要加强金融风险的识别、预警和处置能力，特别是运用风险科技来做风险防范工作，而不仅仅依靠传统风控能力来发展。提高风险防控能力应从只靠传统教育和宣传，转向重点用技术防风险。把加强金融信息保护和网络安全风控作为重点，守住不发生系统性金融风险的底线。第二，对于制度建设和监管，《金融科技（FinTech）发展规划（2019—2021 年）》提到，要强化金融科技监管，建立健全基本规则体系，加快监管基本规则拟订、监测分析和评估工作。这是新的制度建设理念和监管理念。在动态中间不断完善监管规则体系，采用更多柔性办法来推动监管规则落地和优化。比如通过监管规则的落地来优化监测、分析、落地、评估等工作。以前我们有所忽略柔性监管和软法治理的作用，现在进一步强调了柔性监管和软法治理在推进制度建设、金融制度供给侧结构性改革中的作用。

从全球金融科技的走向来看，进一步加强国际交流与合作，形成全球金融科技监管的协作机制非常重要。金融科技的发展目前不是任何国家能够完全主导或改变趋势的，我们要顺应国际潮流和科技革命的潮流。

2. 国家金融与发展实验室特聘研究员董希淼解读规划、预判趋势

(1) 背景和意义

董希淼认为，在我国金融供给侧结构性改革的背景下，金融科技和数字化转型是金融业，特别是银行业无法回避的话题，也是引领未来的强大武器。而央行发布的这部规划对我国金融科技发展，甚至对全球金融科技发展都将起到很好的推动作用。

(2) 金融科技未来发展的六大趋势

董希淼认为，互联网已经走完一个阶段，正在开启下一个阶段。所谓互联网的上半场，就是人的互联，而下半场是物的互联；上半场是计算机而不是以数据为中心的互联网，下半场主要是以数据为中心的互联网。

而随着科学技术日新月异、制度变革不断深入，金融科技正在迎来六个发展趋势①。

趋势一——技术：从移动互联到万物互联。5G技术推动进入万物互联时代，金融科技不仅仅是ABCD，接下来可能是ABCDT，还可能是ABCDT+X。X，指的是大量未知的新技术。这将在很大程度上重塑金融服务模式。

趋势二——格局：从竞争竞合到跨界融合。各类机构加强合作，融合共赢。在金融科技方面进行合作的主要是四类从业机构：主流金融机构、科技公司、BATJ、新型金融机构。

趋势三——模式：从金融业务到科技赋能。大型科技公司主动走向科技赋能，金融机构特别是大中型金融机构也纷纷成立金融科技子公司，输出金融科技能力，赋能整个金融业。

趋势四——重心：从争抢C端到发力B端。基于流量的红利逐渐消失，消费互联网转向产业互联网，金融服务的重心将从2C转到2B或者2B2C。

趋势五——服务：从单维服务到无界服务。“开放银行”不是皇帝的新装，而是银行业新的商业模式，是转型的重要方向。只有这样，才能真正让金融服务无处不在、无微不至。

趋势六——监管：从行为监管到监管科技。近年来，金融监管体制改革加快，更注重行为监管。严监管、强监管将进一步常态化。应借助监管科技，创新监管方式，提升监管效率。

综合两位专家的解读可以看出，面对即将进入的监管科技4.0阶段，国家对金融科技安全发展的规划指导显得尤为重要。

---

① 董希淼．解读全球第一部金融科技发展规划，预判未来六大发展趋势［EB/OL］．［2019－09－10］．http://caifuhao.eastmoney.com/news/20190910135934051826250.

（五）实施和推进

1. 出台金融科技政策与措施落实规划

从国内金融科技发展情况来看，北京、上海、深圳、杭州等金融科技典型城市纷纷在金融科技领域布局，在人民银行发布金融科技顶层规划前后相继出台了金融科技支持政策与措施（见表2－1），落实规划、支持金融科技发展。

表2－1 典型城市金融科技发展相关规划政策

时间	发布单位	政策	主要内容
2019年10月	中国人民银行上海总部	《关于促进金融科技发展 支持建设金融科技中心的指导意见》	从打造具有全球影响力的金融科技生态圈、深化金融科技成果应用、加大新兴技术研发、持续优化金融服务、加强长三角金融科技合作共享、提升金融科技风险管理水平、提升金融科技监管效能、加强人才培养和合作交流八个方面提出40项指导意见，旨在助力上海国际金融中心建设和科技创新中心建设联动发展，为把上海建设成为与国际金融中心地位相适应的金融科技中心提供有力支撑
2019年10月	上海市人民政府	《关于金融支持浦东新区改革开放再出发 实现新时代高质量发展的指导意见》	从支持开放举措率先落地、降低企业融资成本、支持建设具有国际竞争力的产业新高地、支持发展总部经济、优化金融发展环境以及防范和化解金融风险五个方面提出指导意见
2019年9月	厦门市人民政府	《关于大力建设金融强市打造金融科技之城的意见》	政策明确，到2020年，金融强市政策体系基本形成，金融科技赋能和创新能力大幅提升，金融机构明显增加，服务实体经济能力显著提升。到2025年，特色业务形成规模，两岸金融中心片区建设基本完成，金融对外开放合作及产融结合发展形成示范。到21世纪中叶，成为竞争力、创新力、影响力卓越的区域性金融中心

续表

时间	发布单位	政策	主要内容
2019年5月	浙江省发展改革委、省地方金融监管局、杭州市人民政府	《杭州国际金融科技中心建设专项规划》	未来3年建设国际化的金融科技研发与创新策源地、金融科技基础设施先行区、金融科技产业与应用集聚地、金融科技创新生态示范区、金融科技产业集聚首选地、金融科技政策低洼地，努力建设国内领先、国际一流的金融科技"四地两区"，把杭州打造成"中国金融科技引领城市"和全球金融科技应用与创新中心
2019年1月	广州市人民政府	《关于支持广州区域金融中心建设的若干规定》	对支持金融科技发展的企业予以奖励。对具有独立法人资格或隶属于金融机构的金融科技公司、产品研发中心、数据处理中心、软件开发中心以及金融科技研发企业等金融科技类主体按标准给予奖励，对投资规模大、影响带动力强的金融科技类主体可适当提高奖励标准
2018年10月	广州市金融工作局	《广州市关于促进金融科技创新发展的实施意见》	用3~5年时间推动建设成数字化、电子化、智能化的广州现代金融服务体系，将广州建设成为我国重要的金融科技强市
2018年10月	中关村科技园区管理委员会、北京市金融工作局、北京市科学技术委员会	《北京市促进金融科技发展规划（2018—2022年)》	提出努力把北京打造成为具有全球影响力的国家金融科技创新与服务中心，形成"首都特色、全国辐射、国内示范、国际标准"的金融科技创新示范体系
2018年10月	四川省人民政府	《四川省科技金融发展规划（2018—2020年)》	到2020年形成功能完善、特色突出、保障有力、运作规范的科技金融发展模式，科技金融服务体系不断完善，实现科技与金融的深层次发展，走出四川特色的科技金融发展新路径，基本建成具有国际影响力的科技金融创新中心

续表

时间	发布单位	政策	主要内容
2018年5月	上海陆家嘴金融城联合业界企业	金融科技2.0版“陆九条”	在2014年1.0版本的基础上进行升级，提出打造全球最优生态圈计划，分别对接金融科技企业在应用场景、孵化投资、专业服务、技术研发、风险防范、展示交流、人才服务、财政扶持、国际推广等方面的具体诉求，通过政府引导和示范，充分发挥市场主体的主观能动性，联合业界共同扶持和推动金融科技行业的健康发展，从而进一步提升上海金融服务辐射力和影响力，更好服务“一带一路”倡议，服务实体经济发展
2017年3月	深圳市福田区人民政府	《关于促进福田区金融科技快速健康创新发展的若干意见》	从“大力发展金融科技业态”“加大对金融科技的扶持力度”“营造良好的金融科技发展环境”“建立金融科技风险防控体系”等方面出台了促进金融科技发展的各项措施

2. 承办“首都金融科技发展研讨会”，推进发展规划

2019年9月25日，在中国人民银行科技司、中国银保监会创新部和统信部、中国证监会信息中心的指导下，由北京市地方金融监督管理局（北京市金融工作局）、人民银行营业管理部、北京银保监局、北京证监局、西城区政府共同主办，国家金融与发展实验室金融科技研究中心、北京金融街服务局、中关村科技园区西城园管理委员会承办的“首都金融科技发展研讨会”在金融街中心隆重举行。会议旨在深入贯彻落实中国人民银行《金融科技（FinTech）发展规划（2019—2021年）》，按照《关于首都金融科技创新发展的指导意见》和《北京促进金融科技发展规划（2018—2022年）》，更好地服务全国科技创新中心和国家金融管理中心功能建设，支持首都金融科技创新发展，推动金融科技领域“政产学研用”互动融合。

3. 筹建金融科技产业联盟，落实发展规划

为深入贯彻落实《金融科技（FinTech）发展规划（2019—2021年）》，2019年10月30日，金融科技产业联盟在北京落地。产业联盟目前汇聚了全国各地150余家金融机构、科技公司、高等院校、科研院所等，将加快共性技术研究攻关及金融科技标准体系建设。同时，还将加强金融科技产用协同，助力优秀品牌孵化成熟。

同月，上海第一个金融科技产业联盟——上海金融科技产业联盟宣布发起成立，该联盟由上海国际集团倡议发起，致力于推动金融科技领域的行业整合，探索业务合作框架，建立产业生态的对接机制。

筹建产业联盟是落实发展规划、推动金融科技高质量发展的应时之举，有利于强化信息产业对金融科技发展的支撑作用，形成开放、合作、共赢的金融科技生态体系。

4. 北京启动金融科技创新监管试点，中国版监管沙盒问世

2019 年 12 月 5 日，人民银行发布的“启动金融科技创新监管试点工作”公告称，支持在北京市率先开展金融科技创新监管试点。同日，北京市地方金融监督管理局官网披露，北京市在全国率先启动金融科技创新监管试点，探索构建包容审慎的中国版监管沙盒。

2019 年 12 月 7 日，在“北京金融科技工作媒体交流会”上，人民银行营业管理部会同北京市地方金融监督管理局、中关村管委会、西城区海淀区政府组成了工作组，制订试点方案，组织试点项目的申报和遴选，最终有 46 个金融科技项目获六部委批复试点，涉及参与的机构和企业有 77 家。①

5. 人民银行营业管理部对 6 个拟纳入金融科技创新监管试点的应用向社会征求意见

为贯彻党的十九届四中全会精神，落实《金融科技（FinTech）发展规划（2019—2021 年）》（银发〔2019〕209 号），按照《国务院关于全面推进北京市服务业扩大开放综合试点工作方案的批复》（国函〔2019〕16 号），北京市在中国人民银行的支持指导下率先开展金融科技创新监管试点，探索构建符合我国国情、与国际接轨的金融科技创新监管工具，引导持牌金融机构在依法合规、保护消费者权益的前提下，运用现代信息技术赋能金融提质增效，营造守正、安全、普惠、开放的金融科技创新发展环境。

---

① 霍学文：把金融科技装进制度的笼子里［EB/OL］．［2019－12－10］．https：//mp. weixin. qq. com/s/RzYskHo0ARe9iO0B9gUwGQ.

2020 年 1 月 14 日，人民银行营业管理部披露金融科技创新监管试点应用公示（2020 年第一批），并针对微捷贷产品、中信银行智令产品、手机 POS 创新应用等 6 款应用，向社会公开征求意见。

（六）对未来的影响

《金融科技（FinTech）发展规划（2019—2021 年）》从长远视角加强顶层设计，明确了我国金融科技发展的指导思想、基本原则、发展目标、重点任务和保障措施，肯定了科技在金融领域的驱动作用，给金融机构科技转型指明了方向。此外，《金融科技（FinTech）发展规划（2019—2021 年）》明确了金融科技的定位，有助于全面提升我国金融科技应用水平，推动金融服务提质增效，增强金融风控水平及监管效能。

二、银保监会信息科技规划对金融科技安全发展的部署

（一）金融科技对银行业、保险业的冲击和影响

1. 金融科技对银行业的冲击和影响

目前，金融科技对我国商业银行的影响和挑战首先体现在支付结算等中间业务受到网络支付（包括第三方支付和移动支付）的冲击，同时，商业银行传统的资产业务与负债业务也未能幸免，多方面的冲击加速了金融脱媒和去中介化的趋势，此外，金融科技还影响了商业银行的客户群体与市场竞争。

2013 年中国互联网金融兴起，第三方支付平台的出现极大地冲击了银行结算支付业务，互联网银行挑战了传统银行资产业务。其中，最为典型的是余额宝仅诞生 3 个月，便吸纳了上千亿元的资金，使得银行存款大搬家，银行家们一度寝食难安。金融科技 2.0——互联网金融时代下，商业银行三大业务遭受全面冲击，利润大幅下降，但其资本总量在金融机构中占比最大的地位没有改变，获客能力没有缩减，风险防控能力没有下降，仍然拥有着发展的潜能。而 2016 年金融科技步入以人工智能（AI）、区块链（Blockchain）、大数据（Big Data）和云计算（Cloud Computing）（ABBC）为代表的 3.0 阶段后，以阿里巴巴、腾讯为首的金融科技公司大力发

展 ABBC 技术，高科技公司渐渐开始跨界成为金融服务型公司，冲击着支撑商业银行运转的底层技术。

2. 金融科技对保险业的冲击和影响

保险科技正在深刻影响保险业的传统发展模式并强力驱动保险业数字化转型。从互联网保险到保险科技，保险业与大数据、人工智能、云计算、区块链、物联网等技术的融合不断深入。从渠道变革、场景创造再到科技重构，保险科技改变了传统保险行业的认知，催生了新的保险需求，重塑了保险价值链，孕育了保险生态系统。

目前，我国保险业正面临着深刻转型时期，从相对粗放经营和初级发展模式，逐步过渡到相对科学、理性和规范经营时代。这个时代，保险行业的经营理念、管理能力，均需要实现迭代发展。科技赋能成为未来保险业发展的关键词。

保险科技既包括大数据、云计算、物联网、人工智能、区块链等普遍适用于金融服务诸多领域的基础技术，也包括和保险行业应用场景结合相对更加紧密的车联网、无人驾驶、基因诊疗、可穿戴设备等应用技术新技术在保险领域的应用日益深化，不断推动行业转型发展。

（二）我国银行、保险等行业对金融科技的探索

1. 我国银行业对金融科技的探索

近年来，在经历了金融科技冲击、借鉴金融科技经验、主动拥抱金融科技三个阶段后，金融科技在我国银行业的战略地位稳步提升。从最初的电子银行、网上银行，到当前的互联网银行、直销银行、开放银行等，线上化、科技化和开放化成为银行转型的主要方向。直销银行在经历了爆发式增长后，已经形成初步的行业格局，头部银行已经建立起多样化的组织模式和多元化的运营模式。互联网银行能够在线为客户提供快捷、安全和高效的服务，比直销银行更注重线上、更依赖流量和场景、更具备数字化属性。开放银行以开放 API 为技术、以数据共享为本质、以平台合作为基本模式，向第三方输出金融服务能力。此外，传统商业银行还通过成立金融科技子公司的方式，进行金融科技转型和布局，以进一步实现内部转型

孵化、突破传统体制以及输出金融科技①。

2018 年 4 月 9 日，中国建设银行上海市分行位于九江路的“无人银行”正式对外开放，该银行网点全程无须银行职员参与，由其智能机器人“小龙人”与客户进行交流，充分运用生物识别、语音识别、数据挖掘等最新金融智能科技成果，打造全自助智能金融服务平台，该网点是中国建设银行首家也是国内第一家“智慧银行”网点。

2018 年 4 月 18 日，中国建设银行成立了全资金融科技子公司建信金融科技有限责任公司，成为五大国有银行中首家成立金融科技子公司的银行。截至 2019 年底，共有兴业银行、平安银行、招商银行、光大银行、建设银行、民生银行、华夏银行、工商银行、北京银行、中国银行 10 家银行相继成立了金融科技子公司。

2020 年 1 月 16 日，交通银行发布公告称，拟出资人民币 6 亿元发起设立交银金融科技有限公司。

2018 年 7 月 12 日，浦发银行正式推出业内首个 API Bank（无界开放银行），拟通过 API 架构，将场景金融融入互联网生态，重构全新的银行业务模式和经营理念。

2019 年 6 月 12 日，中国光大银行与度小满金融签署战略合作协议，双方宣布将基于各自优势，在金融科技、个人金融、消费金融、支付与场景、公司金融、员工综合服务、综合金融等领域全面深化战略合作。度小满金融将与光大理财子公司深入合作，优势互补，探索多个领域的合作空间，将开创“金融科技＋理财子公司”合作新样本。

2. 我国保险业对金融科技的探索

保险是金融科技应用的典型场景，当前金融科技在保险领域的应用深度、广度以及取得的成效远远超出预期，科技创新给保险行业带来了新的期待和新的格局。保险科技积极赋能保险行业全面创新，助力保险产品与服务创新，赋能保险运营管理，推动承保核保智能化，实现精算定价精细化，助力理赔管理自动化，提升行业效能；保险科技助推保险行业转型升

① 杨涛，贲圣林，杨东，宋科．中国金融科技运行报告（2019）［M］．北京：社会科学文献出版社，2019.

级，并在保险行业基础设施共享与升级、保险保障职能拓展与重构以及保险行业风控体系再造、金融普惠水平提升方面提供了全新的技术手段，保障保险行业实现稳定、持续发展；保险科技重塑保险行业发展生态，重构用户连接和服务价值链，积极打造全新保险生态，极大地丰富了保险的外延和内涵，有效提升了社会福祉。与此同时，保险科技应用过程中，在跨领域风险管理、消费者权益保护、基础服务设施建设、保险监管等方面还有很长的路要走，需要行业内外跨界协同、共同努力。①

2018 年 1 月 31 日，中国保险学会与平安金融壹账通共同发起成立了国内首个“保险智能风控实验室”，该实验室将充分发挥大数据、人工智能、云计算等技术优势，为保险业欺诈风险的分析和预警监测提供支持。

《北京市促进金融科技发展规划（2018—2022 年）》中提到，要打造银行保险科技产业集群，加快建设石景山区北京银行保险产业园，聚焦产业核心区、辐射区和拓展区，充分发挥示范引领作用，推动创新政策在银行保险产业园先行先试。积极引导创新型银行保险业态发展，聚焦银行保险精准营销、大数据精算定价、人工智能核算和管理等领域，吸引银行保险机构的金融科技子公司，以及为银行保险机构提供软件开发、大数据应用、云计算服务等新技术服务的领军企业入驻，拓展前沿科技在银行保险行业的应用与实践，打造国家级银行保险产业创新试验区和银行保险文化引领区。

（三）银行业、保险业相关金融科技规划

1. 中国银保监会制定信息科技规划

2017 年 6 月，中国人民银行印发了《中国金融业信息技术“十三五”发展规划》，明确提出了“十三五”金融业信息技术工作的指导思想、基本原则、发展目标、重点任务和保障措施。该规划强调，“十三五”时期金融业要全面支持深化改革，积极对标国际先进，推动创新普惠发展，坚持安全与发展并重，并围绕统筹监管系统重要性金融机构、统筹监管金融

① 杨涛，贲圣林，杨东，宋科．中国金融科技运行报告（2019）［M］．北京：社会科学文献出版社，2019.

控股公司和重要金融基础设施、统筹负责金融业综合统计，推进信息技术发展各项工作。该规划明确提出："十三五"时期要加强金融科技（FinTech）和监管科技（RegTech）研究与应用；稳步改进系统架构和云计算应用研究；深入开展大数据技术应用创新；规范与普及互联网金融相关技术应用；积极推进区块链、人工智能等新技术应用研究。着力推动新技术应用，促进金融普惠创新发展。

2018年，由人民银行牵头，国家发展改革委、科技部、工业和信息化部、财政部、农业农村部、商务部、银保监会和证监会九部委共同编制了《"十三五"现代金融体系规划》。该规划提出，深入开展技术创新在金融服务中的研究与应用。鼓励金融机构探索系统架构完善升级，在巩固集中式架构安全稳定运行的基础上，研究分布式架构应用的可行性。拓展金融业云服务的应用领域，鼓励发展业务系统、技术测试、信息安全等云服务，探索基于"云"构建风控、征信、反洗钱等行业公共服务应用。深入研究并吸收利用数字货币涉及的金融科技创新。加强区块链基础技术研究以及在金融领域的应用研究。适时开展量子通信在金融业的应用。探索人工智能技术在金融领域的应用创新，推进机器人安全值守应用。

中国人民银行已经开始探索基于大数据、人工智能等技术的穿透式监管方法，加强跨行业、跨市场交叉性金融产品的监管，提升金融风险甄别、防范与化解能力；健全与监管科技发展相匹配的金融监管体系；推动金融科技安全产业健康发展。①

2. 银行业、保险业金融科技相关政策

2018年1月17日，中国人民银行《关于改进个人银行账户分类管理有关事项的通知》（银发〔2018〕16号）公开发布，明确规定在现有个人银行账户基础上增加银行账户种类，将个人银行账户分为Ⅰ类银行账户、Ⅱ类银行账户和Ⅲ类银行账户，进行银行账户的分类管理。其中，Ⅱ类、Ⅲ类银行账户可以通过基于主机卡模拟（HCE）、手机安全单元（SE）、支付标记化等技术的移动支付工具进行小额取现，进一步发挥银行账户在小支

---

① 黄震，中国互联网金融安全课题组．中国互联网金融安全发展报告2018［M］．北京：中国金融出版社，2019.

付领域的作用，以满足社会公众日益增长的多样化、个性化支付需求。

2018年4月1日，中国人民银行于2017年12月27日印发的《条码支付业务规范（试行）》正式生效。根据该规范，对个人客户的条码支付业务进行风险防范能力分级，并分别依据A、B、C、D四个等级进行限额管理，如风险防范能力达到D级，即使用静态条码的，同一客户单个银行账户或所有支付账户单日累计交易金额应不超过500元。

2018年4月27日，中国人民银行发布《关于规范金融机构资产管理业务的指导意见》（银发〔2018〕106号，也称资管新规），厘清了金融科技在资产管理领域的边界，如明确运用人工智能技术开展投资顾问业务应当取得投资顾问资质，非金融机构不得借助智能投资顾问超范围经营或者变相开展资产管理业务。同时，要求金融机构为投资者单独设立智能管理账户，充分提示人工智能算法的固有缺陷和使用风险，对于数据利用深度不够等人工智能算法模型缺陷或者系统异常，导致羊群效应，影响金融市场稳定运行的，金融机构应当及时采取人工干预措施，强制调整或者终止人工智能业务。

2018年5月2日，人民币跨境支付系统（二期）全面投产，与一期项目相比，二期项目延长了运行时间，实现了对全球各时区金融市场的全覆盖，同时在实现全额结算模式的基础上引入定时净额结算机制，进一步便利跨境资金结算。

2018年9月4日，由中国人民银行数字货币研究所与中国人民银行深圳市中心支行共同发起的"湾区贸易金融区块链平台"在深圳正式上线试运行。企业在该平台上可进行应收账款、贸易金融等多种场景的贸易和融资活动。同时，平台为监管机构提供了贸易金融监管系统，实现了对平台上各种金融活动的动态实时监测。

2019年10月12日，北京银保监局发布《关于规范银行与金融科技公司合作类业务及互联网保险业务的通知》，规范辖内银行与金融科技公司合作类业务及互联网保险业务，促进银行保险机构加强风险管控和合规管理。

（四）部署地方和银行、保险公司试点

随着金融科技的迅猛发展，北京、杭州、贵州、深圳、赣州、海南各地方纷纷开展金融科技的试点工作。设立试验区和产业园激发了当地的金融科技产业的活力，有效带动了区域金融科技的发展。

1. 银行金融科技试点：成立银行系金融科技子公司

银行系金融科技子公司是指商业银行控股或持股的以金融科技为主要业务的子公司。随着国家对金融监管的加强，互联网金融正在告别野蛮生长，而遭遇挑战的商业银行已不再焦虑与恐惧，逐步实现从被动防御到主动进攻，除了联姻 BAT 等互联网巨头，多家商业银行都在加大自身对金融科技的投入，从而提升综合实力和科技创新能力。为了促进自身金融转型、满足市场科技服务需求、应对金融科技公司竞争，多家商业银行开启了成立金融科技子公司的大幕。2018 年 4 月，中国建设银行的全资子公司——建信金融科技落户上海陆家嘴。建信金融科技是国有控股大型商业银行设立的第一家银行系全资金融科技子公司，是银行内部科研力量市场化的结果。在定位上，建设银行将建信金融科技称为“赋能传统金融的实践者、整合集团资源的链接者及推动银行转型的变革者”，足以见得建设银行对金融科技的高度重视。对比互联网金融科技公司，银行系金融科技子公司最大的优势在于对金融行业运营、业务、监管理解更为深刻。同时，集团化优势能给予其更多金融资源。

金融科技子公司是商业银行布局金融科技的先行军。截至 2019 年底，已有 10 家银行成立金融科技子公司，其中 7 家为股份制商业银行，3 家为大型商业银行（见表 2 –2）。

表 2 –2　我国银行系金融科技子公司①

公司名称	成立时间	注册资本	母行名称	母行属性
兴业数字金融服务（上海）股份有限公司（兴业数金）	2015 –12	5 亿元	兴业银行	股份制商业银行

① 根据公开资料整理。

续表

公司名称	成立时间	注册资本	母行名称	母行属性
上海壹账通金融科技有限公司（金融壹账通）	2015－12	12 亿元	平安银行	股份制商业银行
招银云创（深圳）信息技术有限公司	2016－02	0.5 亿元	招商银行	股份制商业银行
光大科技有限公司（光大科技）	2016－12	1 亿元	光大银行	股份制商业银行
建信金融科技有限责任公司（建信金科）	2018－04	16 亿元	建设银行	国有控股大型商业银行
民生科技有限公司	2018－05	2 亿元	民生银行	股份制商业银行
龙盈智达（深圳）科技有限公司	2018－05	0.21 亿元	华夏银行	股份制商业银行
工银科技有限公司	2018－05	6 亿元	工商银行	国有控股大型商业银行
北银金融科技有限责任公司	2019－05	0.5 亿元	北京银行	股份制商业银行
中银金融科技有限公司	2019－06	6 亿元	中国银行	国有控股大型商业银行

继建设银行、工商银行和中国银行等国有大行之后，交通银行于 2020 年 1 月 16 日晚间发布公告称，其附属子公司交银国际控股有限公司，拟以其下属的交银国际（上海）股权投资管理有限公司为主体，出资人民币 6 亿元发起设立交银金融科技有限公司。交银国际（上海）股权投资管理有限公司出资金额占交银金科注册资本的 100%。

虽然金融科技子公司首要的作用仍然是服务母行，重塑银行架构，应对市场竞争。但其也能帮助银行更好地服务同业，尤其是大中型银行可以将自己的优势经验复制到中小型银行，带动整个金融产业快速发展。

2. 保险公司试点：成立保险产业园

2018 年 8 月，全国首个保险科技产业园落户宁波，通过引进、培育一批功能性保险总部机构、保险科技机构和相关保险全产业链生态，着力打造以互联网保险、保险产品与技术创新孵化器、大数据中心等为特色的保险科技产业生态基地。

2014 年 3 月 12 日，银保监会与北京市共同发布《关于加快推动北京银行保险产业园创新发展的意见》，正式确立北京银行保险产业园为全国银行保险业改革创新的试验田，并给予先行先试政策支持，为北京银行保险产业园科学发展指明了方向。4 月 8 日，中国银保监会、北京市政府相关领导为北京银行保险产业园揭牌，并召开“北京银行保险产业园创新发展座谈会”，对北京银行保险产业园建设发展工作作出了重要指示，指明了发展方向。北京银行保险产业园创新发展座谈会的召开，标志着北京银行保险产业园正式成立，进入发展的快车道。

从保险科技公司数量，保险行业保费规模、保险深度和保险密度来看，北京已经发展成为全国最成熟的区域保险市场。根据《北京市促进金融科技发展规划（2018—2022 年）》，北京银行保险产业园已经成为北京打造银行保险科技产业集群和建设国家级金融产业示范区的重要载体。

三、证监会监管科技规划对金融科技安全发展的部署

2018 年 8 月，证监会正式印发《中国证监会监管科技总体建设方案》，明确了监管科技 1.0、2.0、3.0 各类信息化建设工作需求和工作内容，标志着证监会完成了监管科技建设工作的顶层设计，并进入了全面实施阶段。该建设方案明确了五大数据分析能力、七大类 32 个监管业务分析场景，提出了大数据分析中心建设原则、数据资源管理工作思路和监管科技运行管理“十二大机制”。着力实现的三个目标：一是完善各类基础设施及中央监管信息平台建设，实现业务流程的互联互通和数据的全面共享，形成对监管工作全面、全流程的支持；二是积极应用大数据、云计算等科技手段进行实时数据采集、实时数据计算、实时数据分析，实现对市场运行状态的实时监测，强化市场风险的监测和异常交易行为的识别能力，及早发现、及时处置各类证券期货违法违规行为；三是探索运用人工智能技术，包括机器学习、数据挖掘等手段为监管提供智能化应用和服务，优化事前审核、事中监测、事后稽查处罚等各类监管工作模式，提高主动发现问题能力和监管智能化水平，促进监管模式创新。

证监会监管科技建设将进一步推进证监会信息系统的资源与数据整合，充分发挥科技在监管工作中的作用，有效提升资本市场监管效能，防

范系统性金融风险，切实保护投资者合法权益。[①]

四、国家互联网信息办公室、工业和信息化部、公安部对金融科技安全发展的部署

2018年12月10日，工业和信息化部正式对外公布，已向中国电信、中国移动、中国联通发放了5G系统中低频段试验频率使用许可，这意味着全国范围的大规模5G试验将展开，5G时代已然来临。

2018年6月27日，公安部发布《网络安全等级保护条例（征求意见稿）》，旨在落实《网络安全法》，深入推进实施国家网络安全等级保护制度。

2019年9月27日，为贯彻落实《网络安全法》，积极发展网络安全产业，工业和信息化部会同有关部门起草了《关于促进网络安全产业发展的指导意见（征求意见稿）》，面向社会公开征求意见。

推动以银行、保险等持牌金融机构为主导的金融科技发展规划，有利于金融科技安全发展；加强对金融科技安全发展的规划引导，成为中央监管部门的共识。

第二节　全国各地有关金融科技的规划布局

金融从来都离不开科技，而当下科技对于金融的影响也越发明显，尤其是前沿科技的应用。可以预见，在未来只有掌握了金融科技发展的区域，才更有动力实现产业的新时代蜕变；只有提前规划布局金融科技产业的区域，才能够尽快推进产业生态化发展；只有摸清了金融科技产业发展规律的区域，才能够在新时代竞争中率先享受下一波政策和市场红利，为实现区域经济发展“弯道超车”和产业生态圈建立塑造新势能。

在此背景下，我国的金融科技经历了爆发式的增长。金融科技在地方探索过程中呈现三种类型：第一种类型是传统的金融中心，如北京、上

① 证监会正式发布实施监管科技总体建设方案［EB/OL］．［2019－08－31］．http：//www.csrc.gov.cn/newsite/zjhxwfb/xwdd/201808/t20180831_343433.html.

海，力图把互联网和金融结合起来；第二种类型是互联网金融科技新兴城市，如杭州、深圳在加强引导金融科技的发展，不仅是自发发展，而且是有系统安排的；第三种类型是其他城市希望抢抓金融科技的新机遇，如厦门、广州、成都、贵阳、青岛等城市也纷纷制定金融科技规划，助力区域金融发展。本节我们来分析和梳理一下各地有关金融科技的规划布局。

一、传统金融中心

（一）北京金融科技规划布局

1. 区域优势

北京是全国科技创新中心和国家金融监管部门所在地，也是全国总部型金融机构、全国顶尖大学和科研机构的聚集地，金融要素的集聚与辐射能力突出。此外，北京也是全球创新资源最为密集的区域之一。在知识技术资本和人力资本等创新资源方面拥有领先优势，具有发展金融科技的良好产业基础、资源条件和现实需求。加上中关村高精尖科技公司资源，引领全国尖端技术发展，在大数据、云计算、人工智能、区块链、互联网等金融科技底层技术发展方面具有领先优势，已初步发展成为国内综合优势领先的金融科技创新区域。

2018 年，北京市设立了金融科技与专业服务创新示范区，依托城市副中心北京金融科技国际产业园、房山区北京金融安全产业园、石景山区北京银行保险产业园、丰台区丽泽金融商务区等积极打造各具特色的金融科技创新产业集群。依托金融街和中关村，北京发展金融科技有先发优势，在 2019 年 9 月 19 日发布的第 26 期“全球金融中心指数”（GFCI）报告中，北京在全球金融科技中心城市排名中位列第一，北京金融科技与专业服务创新示范区成为全国金融科技的发展高地。

2. 规划的主要内容和亮点

2018 年 10 月，北京市政府发布《北京市促进金融科技发展规划（2018—2022 年）》，提出打造形成“一区一核、多点支撑”的空间布局（见图 2－5），支持金融科技企业在特定区域和楼宇聚集，加强全面监管，形成“各具特色、互动协同”的北京市金融科技发展格局。其中“一区一核”是指建设北京金融科技与专业服务创新示范区及核心区（西城区、海淀区）；“多点支撑”是指打造各具特色的金融科技创新与产业集群，包括金融科技底层技术创新集群（海淀区）、银行保险科技产业集群（石景山区）、金融科技安全产业集群（房山区）、财富管理产业集群（通州区）。努力把北京建设成为具有全球影响力的国家金融科技创新与服务中心，形成“首都特色、全国辐射、国内示范、国际标准”的金融科技创新示范体系。

在推动金融科技底层技术创新和应用方面，提出重点推动人工智能、大数据、移动互联网、物联网、云计算、区块链等技术，着力推动以密码技术、量子技术、生物识别技术为代表的安全技术发展，支持相关技术在金融创新、生活服务以及城市管理等领域的应用。在培育金融科技产业链方面，支持高校院所基础研究与人才培养，发掘培育底层技术创新企业，构建多层次成果转化促进模式，支持搭建协同创新支撑平台，推动金融科技重大基础设施建设。

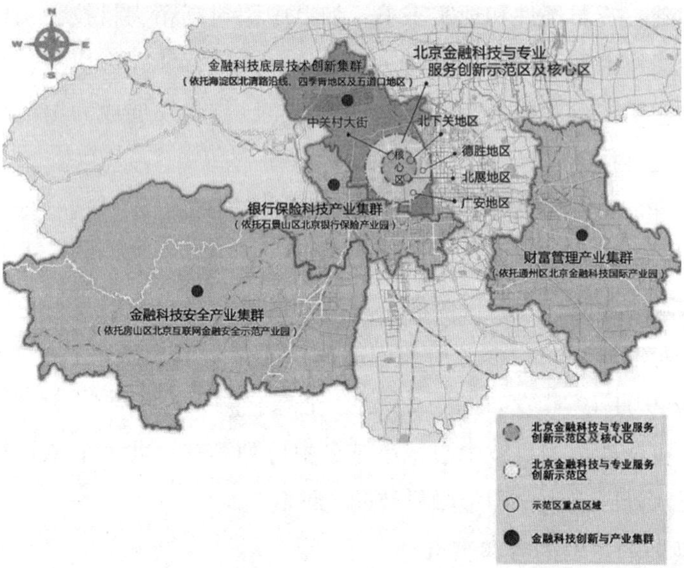

图2－5　“一区一核、多点支撑”示意图①

① 图片来源于网络。

3. 规划的影响和效果

未来北京金融科技产业发展将更加突出重点，集聚现象将更加明显。根据该规划要求，北京将加快技术创新、示范应用落地，抢占金融科技产业发展先机，获取金融科技发展势能；加强平台建设，构筑产业生态圈，加大人才和金融支持力度，优化产业发展环境，构建金融科技产业良好生态，努力把北京打造成为具有全球影响力的国家金融科技创新与服务中心。

（二）上海金融科技规划布局

1. 区域优势

上海是我国商业中心和金融中心，近年来吸引了大量外资金融机构落户发展，是国际著名的外资金融机构聚集区。此外，上海是一个典型的经济服务中心，同时还是一个国际港，为金融科技的发展打下了良好的基础。浦东新区陆家嘴金融贸易区不仅是上海国际金融服务的核心承载区，而且是我国金融服务较完善的区域之一，上海证券交易所在此落户，拥有证券、期货、产权等各要素市场，为上海经济快速发展注入了巨大的活力，也为上海金融科技发展提供了必要的支持。

陆家嘴金融城是上海发展金融科技的发力点之一，与中国银行、中国平安、中国银联、蚂蚁金服、瑞银集团等合作打造“金融科技应用场景创新平台”，促进金融科技企业在支付清算、大数据、云计算、人工智能、智能投顾、智慧合同等领域的务实发展；陆家嘴金融城还迎来了金证、中科金财、英国越蕃（World First）、英国预远（Redington）等一批国内外知名金融科技企业机构，以及建信金融科技、兴业数金、光大云付等传统金融机构设立的金融科技公司集中入驻。

2. 规划的主要内容和亮点

2018 年 5 月，陆家嘴管理局联合业界共同发布 2.0 版“陆九条”，为发展金融科技制定了更加详细的产业规划，推出打造全球最优金融科技生态圈计划，欲将陆家嘴建设成为全球金融科技集聚中心、中国金融科技领先中心和示范中心。

2019年10月30日，中国人民银行上海总部向辖内金融机构印发了《关于促进金融科技发展　支持上海建设金融科技中心的指导意见》（以下简称《指导意见》）。作为贯彻落实《金融科技（FinTech）发展规划（2019—2021年）》（银发〔2019〕209号）以及中国人民银行行长易纲在第十一届陆家嘴论坛上有关金融科技中心建设讲话精神，支持上海市政府做好上海金融科技中心建设的重要举措之一，《指导意见》从打造具有全球影响力的金融科技生态圈、深化金融科技成果应用、加大新兴技术研发、持续优化金融服务、加强长三角金融科技合作共享、提升金融科技风险管理水平、提升金融科技监管效能、加强人才培养和合作交流八个方面提出40项指导意见，旨在助力上海国际金融中心建设和科技创新中心建设联动发展，着力挖掘上海金融科技发展潜能，深度激发金融科技发展活力，提升金融科技赋能实体经济的质量和效率，为把上海建设成为与国际金融中心地位相适应的金融科技中心提供有力支撑。

3. 未来影响

中国人民银行上海总部表示，将以《指导意见》为抓手，加强对金融科技应用创新试点工程的组织领导，推动试点项目横向交流与成果共享，持续深化金融市场科技应用，提升金融科技支撑能力，积极探索金融科技监管创新，助力上海建设成为具有全球竞争力的金融科技中心。

二、金融科技新兴城市

近几年随着互联网经济的崛起，杭州和深圳出现了超级金融科技企业，金融科技产业发展迅速。

（一）杭州金融科技规划布局

1. 区域优势

杭州是中国金融科技的发源地，从早期的支付宝、阿里小贷、余额宝，到现在以蚂蚁金服为代表的一批金融科技领先企业，一直是中国金融科技产业发展中最具创新活力和引领地位的群体，并推动杭州成为中国金融科技领先城市。杭州也是全球金融科技创新实验室、中钞研究院、浙江大学互联网金融研究院、区块链产业园等金融科技产学研平台聚集地，同时有多个金融小镇聚集杭州，金融要素丰富，金融科技呈现良好的发展态势。在北京大学2016年发布的《数字普惠金融指数报告》中，杭州位列数字普惠金融总指数第一名，在五项二级指数中位居支付、征信、投资、保险四项的第一名；在浙江大学发布的《2018全球金融科技中心城市报告》中，杭州位列全球第六名、中国第三名，其中金融科技体验值位列全球城市第一名。作为互联网金融革命的发源地，杭州正在全力建设国际金融科技中心和全国新金融创新中心。

2. 规划的主要内容和亮点

2019年5月30日，《杭州国际金融科技中心建设专项规划》正式发布，对目标定位、主要任务、空间布局及政策支持予以明确。

规划表明，未来3年，杭州将致力于建设国际化的金融科技研发与创新策源地、金融科技基础设施先行区、金融科技产业与应用集聚地、金融科技创新生态示范区、金融科技产业集聚首选地、金融科技政策低洼地，努力建设国内领先、国际一流的金融科技“四地两区”，把杭州打造成为“中国金融科技引领城市”和全球金融科技应用与创新中心。

任务：聚力核心技术、基础设施和重点产业

“核心技术”：大数据、人工智能、金融信息安全技术的研发及应用。

“基础设施”：杭州将率先推进以5G、物联网为代表的“万物互联”基础设施建设，大力支持金融云服务平台建设，全面推进基于大数据的统一社会信用体系建设，加速推动金融科技标准化进程，积极探索风控体系和监管科技。

“重点产业”：将重点支持智能移动支付、数字普惠金融、金融信息系统技术（IT）服务与智能投顾、分布式金融服务等相关领域优势产业及其应用的创新发展，继续保持杭州在移动支付市场的领先地位，积极推动持牌金融机构数字化、科技化转型，形成杭州金融科技产业“技术+市场”的领先优势和面向未来的业态结构，把杭州打造成为国际金融科技产业与应用的集聚地。

布局：一核两轴四路多点

“一核”，就是钱塘江金融港湾规划的钱江财富管理核心区，包括钱江新城和钱江世纪城的金融核心区域。

“两轴”，是指杭州城区范围内的钱塘江金融港湾和城西科创大走廊的规划空间。

“四路”，是对两轴空间的细化，具体是指城西科创大走廊区域范围的文一西路、西溪路沿线，钱塘江金融港湾规划范围的钱江路（之江路）和江南大道（奔竞大道）沿线。

“多点”，是指集聚于“两轴”“四路”及散布于各区域的重点金融科技集聚园区、众创空间。

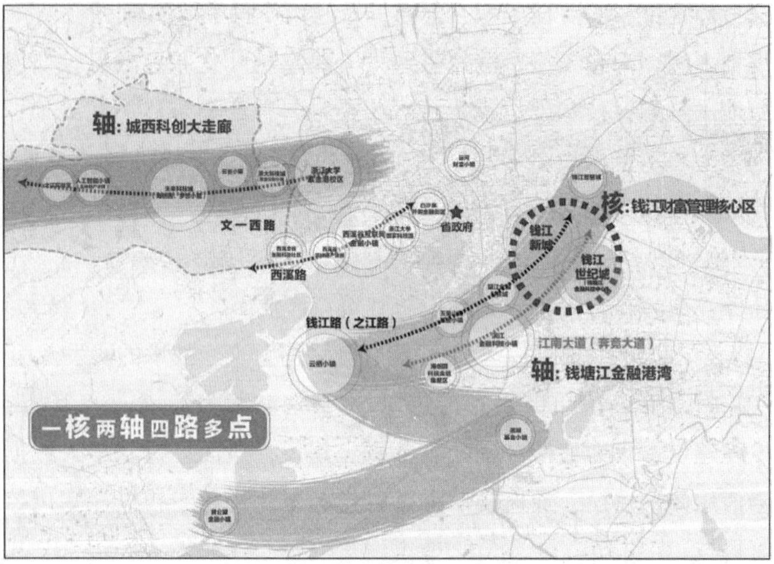

图2－6　杭州金融科技中心规划布局①

支持：打造金融科技政策“低洼地”

通过政策持续加码，杭州国际金融科技中心建设也有明确目标：力争到2022年底，打造10家以上国际知名的金融科技领军企业，产业增加值达到1200亿元以上，金融科技人才集聚持续保持领先态势，推动杭州主要

① 图片来源于《杭州国际金融科技中心建设专项规划》。

金融机构体系化、规模化运用金融科技，基本形成具有领先研发创新能力、一流基础设施支撑、完善产业链服务的金融科技产业生态体系。

（二）深圳金融科技规划布局

1. 区域优势

深圳是我国第一批科技和金融结合的试点地区，早期成立了金融科技服务中心，并于2012年创建了国内第一个“深圳市科技金融联盟”，有效促进了深圳金融资源与科技资源的融合发展。从生态上来看，深圳市区位优势显著，是连接香港和内地的桥梁，也是深圳证券交易所所在地，拥有以华为、腾讯等为代表的优质ICT企业。互联网金融崛起之时，支撑着金融业的发展。浙江大学发布的《2018全球金融科技中心城市报告》显示，深圳市已经成为七大全球金融科技中心城市之一。在产业方面，深圳市互联网银行/保险产业位居全国第一，传统金融科技化同样位居全国第一：深圳市互联网银行累计放贷量行业占比63.86%，位居全国第一，其中微众银行占半壁江山；在体验上，深圳市金融科技使用者占比86%，位居全国第二。此外，深圳的金融科技企业主要聚集于南山区和福田区，各类机构云集、高新技术产业园集中，具备金融与科技融合发展的现实需求和有利条件。

2. 规划的主要内容和亮点

早在2017年，福田区便率先出台《关于促进福田区金融科技快速健康创新发展的若干意见》和《关于促进福田区金融科技发展的扶持措施（试行）》，该政策成为我国地方政府首个发布的金融科技专项政策。该政策围绕“大力发展金融科技业态”“加大对金融科技的扶持力度”“营造良好的金融科技发展环境”“建立金融科技风险防控体系”，以及“落实保障”等方面，出台促进金融科技发展的多项措施。计划在五年内将福田区建设成为具有国际影响力的金融科技中心。

与此同时，福田区还联合深圳证券交易所率先发布“香蜜湖金融科技指数”。该金融科技指数覆盖分布式技术（包括区块链等）、互联技术（电子及网络支付）、金融安全等领域，是国内首个金融科技指数，现已覆盖沪深两市，共包含 84 家金融科技上市公司。

为进一步夯实福田区在金融科技领域的优势，福田区政府还将华超大厦打造为“湾区国际金融科技城”，作为载体提供近 2.5 万平方米的空间，吸引金融科技企业入驻，助力入驻企业做大做强，把湾区国际金融科技城建成有影响力的金融科技产业集群。此外，福田区还引进了由平安科技主导运营的平安加速器，与国际知名加速器 Sparklab 合作，积极推动建设“平安金融 + 科技加速器”战略，首期招募全球 10 家优秀创新创业企业，有 6 家公司拟落地福田，推动了福田金融科技产业创新升级。同时，建立覆盖产业发展全生命周期的产业“基金群”体系，鼓励天使投资、创业投资、股权投资，加大对不同阶段科技型企业的支持力度，在福田区逐步形成金融科技产业创新创业生态圈。①

2019 年 2 月，《粤港澳大湾区发展规划纲要》发布，在第六章第三节中提到，“支持深圳市建设保险创新发展试验区，推进深港金融市场互联互通和深澳特色金融合作，开展科技金融试点，加强金融科技载体建设”。在第十章第一节也提到，“加强深港绿色金融和金融科技合作”。从以上规划内容可以发现，深圳市成为粤港澳大湾区金融科技布局中的核心区域。

未来深圳将依托大湾区建设的重要时机，在金融科技领域重点发力，支持引导金融机构探索人工智能、大数据、区块链、云计算等技术在全国金融领域的应用，抢占金融科技的制高点。

三、期望抓住金融科技新机遇的其他城市

随着中国金融科技的爆发式增长，除北京、上海、杭州、深圳几大金融科技引领城市外，厦门、广州、成都、贵阳、青岛等城市也纷纷在金融科技领域布局发力，希望抓住金融科技的新机遇，助力区域金融发展。下面主要梳理厦门、广州、成都、贵阳、青岛的金融科技发展情况，并呈现相关政策。

---

① 深圳市金融科技生态圈初步形成［EB/OL］.［2019 - 11 - 01］. https://mp. weixin. qq. com/s/pptXEgZtPXhZitSbOlO - Sg.

（一）厦门

厦门不仅地处国家自主创新示范区的核心地带，而且属于自由贸易试验区，兼具海峡两岸、“一带一路”等多种地方特色。具有发展金融科技的基础条件和区域性优势。

2016 年 5 月，厦门市获批科技部、人民银行、银监会、证监会和保监会联合认定的“全国促进科技和金融结合试点城市”。近年来，厦门市加快金融改革创新，探索科技资源与金融资源结合的新机制，不断开拓科技与金融相互促进、共同发展的良好局面。

2019 年 9 月，厦门市委市政府正式发布《关于大力建设金融强市打造金融科技之城的意见》，多措并举推动建设区域性金融中心。

（二）广州

广州地处珠三角经济区，金融生态环境良好，致力于推进国家创新中心城市建设和国际科技创新枢纽建设，为金融科技发展提供了良好的基础。广州的金融科技企业以互联网保险、网络借贷、互联网支付、消费金融等细分业态为代表，具有一定的规模和影响力。但广州并没有出现具有代表性的金融科技企业，产业集聚效应相对较弱。未来广州将积极把握广东自贸试验区和粤港澳大湾区的战略脉动，结合自身优势，构建粤港澳大湾区金融全产业链，实现其在金融科技领域“立足华南、走向全国”的进一步突破。①

2019 年 1 月广州市人民政府发布《关于支持广州区域金融中心建设的若干规定》，对支持金融科技发展的企业予以奖励。

（三）成都

成都定位于西部金融中心，近年来其金融业综合实力不断跃升，吸引了大量高端人才和金融资源，云集了阿里云、中国银联、中金认证、通联

---

① 杨涛，贲圣林，杨东，宋科．中国金融科技运行报告（2019）［M］．北京：社会科学文献出版社，2019.

支付、惠泽科技等领先团队，形成了金融科技底层技术和金融科技各应用领域生态圈。

2018年3月，成都市人民政府发布《关于进一步加快建设国家西部金融中心的若干意见》《建设西部金融中心行动计划（2017—2022年）》。力争到2022年，将成都建成立足四川服务西部、具有国际影响力的国家西部金融中心。为进一步加快西部金融中心建设，2018年10月，四川省人民政府发布了《四川省科技金融发展规划（2018—2020年）》，提出走四川特色的科技金融发展新路径，到2020年基本建成具有国际影响力的科技金融创新中心。

（四）贵阳

贵阳是科技金融试点城市之一。贵阳的大数据产业发展生机勃勃，设立了全国首个大数据交易所，推出了全国首家众筹金融交易所，创建了防控金融风险“大数据模式”，助力形成了互联网金融、大数据交易、移动金融、众筹金融、科技金融等新兴业态。在省、市政府的指导下，贵阳重点发展大数据内容中心、服务中心、金融中心和创新中心，其大数据产业已跑在全国前列。

为加快推进全市金融业发展，贵阳编制了《贵阳市科技金融与互联网金融发展规划（2014—2017年）》，并规划建设贵阳互联网金融产业园，着力吸引和带动互联网金融企业落户贵阳，全力打造互联网金融企业聚集区，致力将贵阳建设成为西部科技金融创新城市和互联网金融创新城市。

（五）青岛

青岛金融科技的发展同样迎来了期许，成为财富青岛建设中的重要一环。青岛先后成功举办了首届金家岭金融科技高峰论坛、中国区块链高峰论坛等活动，引进了赛迪（青岛）区块链研究院、国家金融与发展实验室青岛实验基地、腾讯（青岛）金融科技实验室、中国区块链生态联盟等重点项目，在崂山首发并落地运行了全球首个区块链产业沙盒“泰山沙盒”和200条“崂山链”。争取在三年内将崂山区打造成为有区域影响力的金融科技中心，成为国内金融科技研发核心区、总部聚集区、企业孵化区、创新政策试验区。

2018 年初，金家岭金融区推出《青岛金家岭金融区建设三年行动计划（2018—2020 年）》，提出打造金融科技先行区，强化金融与科技双轮驱动。通过金融科技助推财富管理行业发展，打造全国知名的“金融科技先行先试区”。

全国各地金融科技创新风起云涌，争相引导规划金融科技发展，对于金融科技安全发展有重要支持。全国各地的金融科技规划各有特色，书中提到的只是代表，新兴城市还在不断更新变化。

第三节 其他有关机构和部门进行的规划布局

一、成立行业协会，推动金融科技行业自律和标准化发展

（一）中国互联网金融协会

2015 年 6 月，中国互联网金融协会成立。中国互联网金融协会是由中国人民银行会同银监会、证监会、保监会等国家有关部委组织建立的国家级互联网金融行业自律组织。中国的监管者通过协会对监管政策的指引和监督执行，来与金融科技部门打交道。针对目前金融科技所带来的一系列新机遇、新挑战，协会正按照国家治理体系和治理能力现代化的总体要求，努力建立完善法律约束、行政监管、行业自律、机构内控、社会监督“五位一体”的多层次金融科技治理体系，加强金融监管部门以及中央和地方监管的统筹协调。

其主要实施了以下工作：一是加强数据统计，为穿透式监管提供数据统计支撑。自 2016 年起，协会制定了《互联网金融统计制度》（非金融企业部分），开发、上线了互联网金融统计监测系统（一、二期），陆续向从业机构采集数据。二是加强风险监测预警，为穿透式监管提供及时的风险信息。鉴于互联网金融领域网贷行业风险问题突出的现象，协会重点开展

了网贷行业风险监测预警，依托统计数据采集渠道，自主开发了互联网金融风险预警系统，重点关注从业机构基本信息、股东信息、资产负债利润信息、业务经营信息、产品异常信息以及项目逐笔投资融资信息六类数据。通过利率期限、杠杆、资产、平台运营、诚信、技术安全和正面信息7个维度，设定23项异常平台判别规则和风险阈值，筛查形成异常平台名录。三是加快集中式登记披露平台建设，为穿透式监管提供全面核查信息。协会在认真研究大数据、云计算、智能合约、区块链等新技术的基础上，充分吸收监管科技的相关理念和技术，抓紧推进集中式登记披露平台建设。该平台建成后将提供监管部门统一监测和社会公众统一查询的入口，可实现相关产品全生命周期监测和穿透式监管。四是加强行业标准体系建设，为穿透式监管奠定标准化基础。自正式成立以来，协会按照“顶层设计”和“急用先行”相结合的思路，在国家标准化管理委员会的支持下，在金标委的指导下，牵头成立金标委互联网金融标准工作组，全面承担起互联网金融标准化工作职责，发布团体标准管理办法，启动互联网金融标准体系研制工作，推进国家首批标准化服务业试点，发布实施网贷信息披露标准，起草制定互联网消费金融信息披露标准，迈出标准化工作坚实的第一步。①

中国互联网金融协会的成立，搭建了信用信息共享平台，通过自律管理和会员服务，规范从业机构市场行为，保护行业合法权益，推动从业机构更好地服务社会经济发展，引导行业规范健康运行。

（二）中国人民银行金融科技委员会

中国人民银行金融科技委员会成立于2017年5月，该委员会致力于做好国内金融科技发展战略规划和政策指引，加强金融科技工作的信息共享和协调，密切关注金融科技发展的动向和潜在风险，以提升人民银行金融科技工作的履职能力和水平。该委员会在开展金融科技研究，推动金融科技应用试点，推进金融科技标准的研究，探索金融科技创新管理机制上为

① 陆书春．发挥行业自律作用助力金融科技穿透式监管［EB/OL］．［2017－06－28］．http：//www. fcmag. com. cn/index. php？ m＝content&c＝index&a＝show&catid＝10&id＝210.

推动金融科技的发展与引导金融科技正确运用发挥了重大作用。

（三）中国通信学会金融科技委员会

2019年4月，中国通信学会金融科技委员会成立，目的是通过探索5G和新一代信息技术在金融行业的创新应用，推动政产学研资跨界合作交流与跨学科创新研究，建设金融科技创新智库，搭建金融科技跨界交流合作平台。委员会本着“开放、共享、合作、创新”的原则，共建跨行业、跨学科协同创新机制，通过委员会载体，凝聚金融机构、科技企业、科研院所等多方资源，发挥各自优势，推动“政、产、学、研、资”跨界合作交流与跨学科创新研究，成为国家级金融科技创新智库和高水平金融科技创新咨询、人才培养及国际交流与合作基地，为政府有关部门宏观决策和政策制定，为金融、科技等相关企业提供支持和服务。

二、成立国家级风险分析研判机构，助力金融科技风险防控

国家互联网金融安全技术专家委员会成立于2016年，是由工业和信息化部指导，联合“一行三会”等金融监管机构，依托国家互联网应急中心成立的专门针对全国互联网金融风险的分析机构。成立至今，发布了包括行业动态月报、巡查公告、行业研究报告、监测报告等在内的95条行业报告。

该委员会以“凝聚行业专家智慧，倾听行业声音；发挥中心技术优势，善用‘互联网+’思维；研究互金安全技术，维护互金行业安全；推进互金资源共享，促进互金行业发展”为宗旨，全力打造“国家互联网金融安全风险技术研究的智库、国家互联网金融安全技术交流的平台”，广泛邀请业内知名专家，涵盖政府、科研院所、企业等多个行业。按照国家相关部门要求，对互联网金融风险分析技术平台建设提出建议；负责组织有关专家，接受国家相关部门的咨询，从安全技术角度对我国互联网金融风险控制等提出建议；接受国家相关部门委托，对国家互联网金融安全技术标准、规划提出意见和建议；对国际国内互联网金融安全技术问题进行跟踪和超前性研究；积极促进政府、科研院所、企业等机构间的交流，开

展互联网金融安全技术发展合作研究，支持全国各地金融办。

三、教育部、高校及深圳证券交易所加强金融科技专业人才培养

金融科技作为新兴行业，发展潜力巨大。但与行业快速发展不相适应的是，金融科技专业人才来源有限，专业培养体系不完善，加上面临来自其他领域人才的激烈争夺，中国正面临金融科技专业人才短缺的困境，市场上金融科技人才缺口进一步扩大。随着未来金融科技进入结构优化期，对人才的专业性、复合性、实战性要求会更高，市场对适应金融科技行业发展的专业人才需求更加旺盛，人才培养建设需走向专业化、体系化道路。

（一）教育部批准同意设立金融科技专业课程

教育部在“关于政协十三届全国委员会第一次会议第 1497 号（社会管理类 126 号）提案答复的函”中提到：教育部高度重视专业设置与经济社会发展的紧密结合，积极引导高校以社会需求为导向，根据经济社会发展对金融科技人才的需求，优化专业设置，加快紧缺人才培养。2018 年初，经审批同意，上海立信会计金融学院设置了全国第一个金融科技专业。2019 年，中央财经大学获教育部批准设立金融科技专业。教育部表示将继续鼓励和支持有条件的高校按照专业设置规定，根据国家和区域经济社会发展需要，自主设置金融科技专业；以发布实施《金融学本科专业类教学质量国家标准》为契机，推动开设相关专业的高校结合办学定位、服务面向和人才培养目标要求，修订专业人才培养方案，深化教育教学改革，提升教学水平，培养高素质金融科技人才。

（二）中央财经大学设立金融科技系，推进相关课程建设

高校是金融科技人才培养的主力军，面对社会经济发展对金融科技人才的迫切需求，2017 年中央财经大学金融学院经过充分调研与论证，率先成立了国内第一个金融科技教学机构——金融科技系，推进相关课程的建设，并积极组织申报金融科技专业。探讨从本科阶段开始培养具有良好经

济理论基础和信息互联智能基础，了解国内外金融科技应用前沿，富有创新、进取精神和较强的从事金融科技领域实际工作能力的高层次、应用型、复合型金融科技精英人才。

2019 年，金融科技专业获批后，中央财经大学金融学院初步形成了金融学为主体、金融工程和金融科技为两翼的专业学科体系。“一体两翼”，三个专业协同发展、相互支撑又有所侧重的格局，符合并体现金融发展对人才的需求趋势。

中央财经大学金融学院以此为契机，加强新设专业建设，以经济社会发展需求为导向，调整优化人才培养结构，不断提升专业内涵，突出专业特色，提高人才培养质量。

（三）深圳证券交易所设立高校奖学金，加强金融科技人才培养

2018 年深圳证券交易所在北京举办高校奖学金签约仪式，覆盖北京大学、清华大学、北京航空航天大学等在内的全国 14 所世界一流大学和一流学科建设高校，主要面向信息技术专业大学生。深圳证券交易所党委副书记、监事长杨志华表示，近年来，金融科技发展迅速，极大地推动了金融业务模式的创新变革，金融科技人才的重要性愈发凸显。在高校设立奖学金，可以借助高等院校人才培养基地的优势，强化金融科技人才发掘培养，鼓励优秀人才脱颖而出，对促进全行业金融科技创新发展具有积极意义。下一步，深圳证券交易所将与各高校进一步加强沟通交流，逐步拓展合作领域，共同夯实我国资本市场人力资源和信息技术基础，为落实党的十九大关于促进多层次资本市场健康发展的重要决策部署作出更多贡献。

四、知名高校设立金融科技科研院所，助力金融科技可持续发展

（一）清华大学金融科技研究院

2017 年 12 月，清华大学发起设立金融科技研究院，与蚂蚁金服、阿尔山金融科技公司分别组建金融科技联合实验室和区块链技术联合中心。研究院在以下几个方面开展工作：第一，金融科技相关法律的研究；第二，人工智能、大数据和区块链等技术与金融领域全面融合的研究；第

三，金融监管科技的研究；第四，金融科技创业企业的孵化。作为交叉类科研机构，清华大学金融科技研究院将依托四个学院在各自领域领先的科研水平，为金融科技行业提供前瞻性研究和实践指导，致力于发展成为跨学科研究平台、政策建言平台、交流合作平台和创新孵化平台，为持续推进中国金融科技的健康稳定可持续发展贡献力量。

（二）中国人民大学金融科技研究所

2018 年 12 月，中国人民大学金融科技研究所正式成立。研究所的研究方向有四个：第一，深入研究金融科技涉及的相关行业：支付结算类、存贷款与资本筹集类、投资管理类和市场设施类。第二，跟踪研究金融科技与传统金融业的融合问题，特别是与银行业、证券业以及保险业的融合。第三，对金融科技的监管问题进行持续跟踪研究，特别是将国内外的监管经验与我国实际相结合。第四，重点关注人工智能、区块链、大数据、云计算等基础技术的发展和应用研究。

研究所与北京市共建大数据与金融科技实验室。该实验室运用大数据技术，聚焦金融大数据的价值提炼，推动科技与金融深度融合，力求在理论研究与关键技术上取得突破，并形成具有重要影响力的学术论文或研究报告。具体包括但不限于资产管理与智能投顾、交易预警、大数据风控、社会信用评估、区块链与数字货币、监管科技等关键行业、关键领域、关键技术的开发与研究。通过该实验室的建设为科技金融学科建设和北京市科技创新中心建设提供重要的智力支持和思想保障。

（三）中国互联网金融创新研究院

2015 年 6 月，中国互联网金融创新研究院成立。研究院是以金融时报社、中央财经大学金融法研究所以及在中国境内注册的主要互联网金融企业为主体，并与从事互联网金融研究的知名专家学者共同组成的专业研究咨询机构。研究院定期召开高峰论坛、研讨会及其他专题会议，研讨互联网金融行业的相关问题，打造中国互联网金融行业发展权威智库；开展联谊活动，交流会员单位在互联网金融业务发展方面的经验，开展互联网金融行业信息统计、整合及发布，建立互联网金融行业数据库；加强与互联网金融实务界、学术界以及政府部门的交流，为政府部门、互联网金融企业提供关系行业发展的意见和建议；普及互联网金融知识；搭建互联网金融企业与银行、证券、保险、信托、法律、税务、媒体等机构的业务整合平台，互联网金融供需信息发布与对接，为企业平台和地方融资项目提供专业的咨询和指导服务；创办互联网金融网站，加强信息交流和定期发布互联网金融调研及研究报告。除此之外，研究院还将协助政府部门或相关组织制定、完善行业管理制度、从业资质等标准，并组织推进标准的宣传、贯彻和实施。

此外，北京大学发起设立了金融科技研究中心、区块链研究中心；中国科学院大学发起设立了金融科技发展中心；中国社会科学院发起设立了国家金融与发展实验室等。为发展金融科技提供了坚实的人才储备和技术发展基础。

加强规划引导的前提是对金融科技的发展进行演进规律的总结和未来趋势的分析，从技术、市场、监管三个层面，多方参与、系统构架、统筹安排、协同发展。行业自律是金融科技安全发展的重要途径，人才培养是金融科技可持续发展的基石。

第三章　金融科技安全发展的技术保障

金融科技的发展是建立在新一代科技促进金融产业革命基础上的，因此探索金融科技的安全和可靠发展需要以新一代科技在金融领域的应用和融合作为技术保障。当前，以5G通信、物联网、大数据、云计算、区块链、人工智能等为标志的新一轮科技革命方兴未艾，人类社会正在从信息化走向数字化和智能化。伴随着新技术在金融领域的应用融合和拓展，科技对于金融的作用被不断强化，金融科技的发展也在不断深化。根据艾瑞咨询的评估，2018年我国金融机构技术资金投入达2297.3亿元，其中投入以大数据、人工智能、云计算等为代表的前沿科技的资金为675.2亿元，占总体投入的29.4%。从金融机构技术资金投入结构来看，支付业务因其受众最广、交易最高频的特性投入占比最高。到2022年，预计中国金融机构技术资金投入将达到4034.7亿元，其中前沿科技投入占比将增长到35.1%。随着新科技在金融业的应用蓬勃兴盛，金融安全的同步拓展和加强应是金融科技安全发展的应有之义。本章将对新一代科技及其在金融领域的应用进行梳理分析，并进一步探讨金融科技安全发展的技术保障。

第一节　信息通信安全的技术保障

在众多学界和业界专家所描绘的未来愿景中，新一代科技革命和产业革命将带来社会生产生活方式的巨变。在集中概括为智能互联网的未来社会中，移动通信技术将成为泛在的物联网、大数据以及人工智能的结合点、枢纽以及操控装置[①]。本节将在探析新一代信息通信技术发展及其在金融领域应用进展的基础上，探讨保证金融科技安全性和可靠性所需重点关注的一些技术领域。

一、移动互联网和5G通信

互联网等信息通信技术的发展是第三次工业革命的主要标志，其通过计算机网络使不同的设备相互连接，加快信息的传输速度并拓宽信息的获取渠道，促进各种不同的软件应用的开发，极大地改变了人们的生活和学习方式。而现代移动信息通信以1986年第一代通信技术（1G）的发明为标志，经过编码数字化、信号传输和能耗的新技术应用和数据高速传输的通信标准（解决方案）的不断升级，上网速度和网络覆盖能力得到大大提升，人类开始真正进入移动互联网时代。尽管相关的技术还没有完全定型，但是新一代移动通信的基本特征已经明确，人类将进入一个把移动互联、智能感应、大数据、智能学习整合起来的智能互联网时代。而具备超高速、超低迟延、多数同时连接三大基本特征的5G标准将是新一代移动通信技术的不二选择。

1. 5G性能优越

在5G时代，移动互联的能力将突破传统带宽的限制，同时时延和大量终端的接入能力得到根本解决，这将从根本上突破信息传输的能力，从而能够把物联网、大数据和云计算等的能力充分发挥出来，并整合这些能力形成以用户为中心的信息服务生态系统。

与4G标准相比，5G标准在速率、流量密度、连接数密度等方面性能更优。根据IMT－2020的总结（见表3－1），5G在流量密度、能效指标上是4G的100倍，在连接密度、时延、用户体验速率等指标的性能上是4G性能的10倍，在移动性、谱效、峰值速率等指标上的性能也显著优于4G。

① 季卫东．技术与网络：5G影响社会法治的双重维度［J］．探索与争鸣，2019（9）．

表 3-1 5G 与 4G 关键指标对比

关键指标	流量密度	连接密度	时延	移动性	能效	用户体验速率	谱效	峰值速率
4G	100 Gbit/s/km^2	0.1 M/km^2	10 ms	350 km/h	1 倍	10 Mbit/s	1 倍	0.6 Gbit/s
5G	10 Tbit/s/km^2	1 M/km^2	1 ms	1 ms	100 倍	100 Mbit/s	3 倍	20 Gbit/s

资料来源：IMT-2020，光大证券研究所。

2. 四大应用场景

根据5G 制定组织 3GPP 的定义，5G 主要有 eMBB（Enhanced Mobile Broadband）——3D/超高清视频等大流量增强移动宽带业务；mMTC（Massive Machine Type Communication）——大规模物联网业务；uRLLC（Ultra-Reliable Low-Latency Communications）——无人驾驶、工业自动化等需要低时延、高可靠连接的业务。具体依据华为发布的《5G 时代十大应用场景白皮书》，VR/AR 应用、车联网的无人驾驶、智能制造的机器人自动化、智慧能源的馈线自动化、无线医疗、无线家庭娱乐的超高清视频、联网无人机、社交网络的全景直播、个人 AI 辅助、智慧城市中的视频监控十类场景代表了 5G 的基本愿景。

3. 5G 的商业化

回顾移动信息通信技术发展历程，每一代移动通信技术从起步、成熟到被下一代所替代的周期基本为十年。5G 最终的商用时间需要重点关注三个因素：5G 国际标准的制定形成、各国政府的推进计划、各大运营商的商业规划。目前，5G 国际标准由 3GPP 组织负责制定，由国际电信联盟（ITU）最终敲定。根据 ITU 发布的 5G 推进时间表，最终标准有可能将于 2020 年 10 月 ITU 第 36 次会议上最终确定。负责讨论制定方 3GPP 的标准化方案分为三个阶段。其中用于非独立和独立组网的 R15（R8、R9 为 LTE 标准，R10、R11 为 LTE-A 标准，R13 为 LTE-Pro 标准，R15 为 5G 标准）NR NSA 和 R15 NR SA 标准已经冻结。R15 主要能满足 5G 三大应用场景中的 eMBB 和 uRLLC，R16 则能满足全部的 5G 场景。根据 3GPP 的 5G 标准推进时间表（见表 3-2），R16 预计将于 2020 年 3 月完成提交给 ITU 并最终确定。

表 3－2　5G 标准推进时间表

标准阶段	细分阶段	细分差别	冻结时间	区别
Rel15	Early	R15 NR NSA（非独立组网）	2018 年 3 月	聚焦 5G 三大应用场景中的 eMBB（增强型移动宽带）场景和 URLLC（低时延高可靠）场景
	Main	R15 NR SA（独立组网）	2018 年 9 月	
	Late	解决 5G 核心网与 5G 基站、4G 基站双连接的问题	2019 年 6 月	
Rel16			2020 年 3 月	满足 eMBB、URLLC、mMTC（海量机器连接）全部 5G 场景

资料来源：3GPP，太平洋证券。

根据目前各国发布的 5G 商业化进展，2019 年 5G 正式进入商业化阶段。其中，韩国三大运营商在 2018 年 12 月 1 日就在韩国部分地区推出 5G 商用服务。美国则紧随其后，AT&T 于 2018 年 12 月 21 日在美国 12 座城市推出移动 5G 服务。中国也处于 5G 商用的第一梯队。2019 年 6 月，工业和信息化部向中国移动、中国电信、中国联通、中国广电四家企业颁发 5G 牌照。2019 年 11 月 1 日，中国移动正式推出国内首个 5G 商用套餐。2019 年 7 月 31 日，日本总务省正式发放商用许可证，同年 5 月，在华为的助力下，英国电信运营商 EE 开启了欧洲首个商用 5G 信号。

4. 中国、美国将成为 5G 主导者

根据市场咨询公司 IHS Markit 发布的《5G 经济：5G 技术如何影响全球经济》，中国和美国对于 5G 的投资将遥遥领先于其他国家，因而主导 5G 建设。预计中国和美国的 5G 投资分别约占全球 5G 投入的 24% 和 28%。除中美两国之外，日本、德国、英国、韩国和法国也是 5G 投入的主要国家，世界其他地区的 5G 投入总占比仅为 23%。

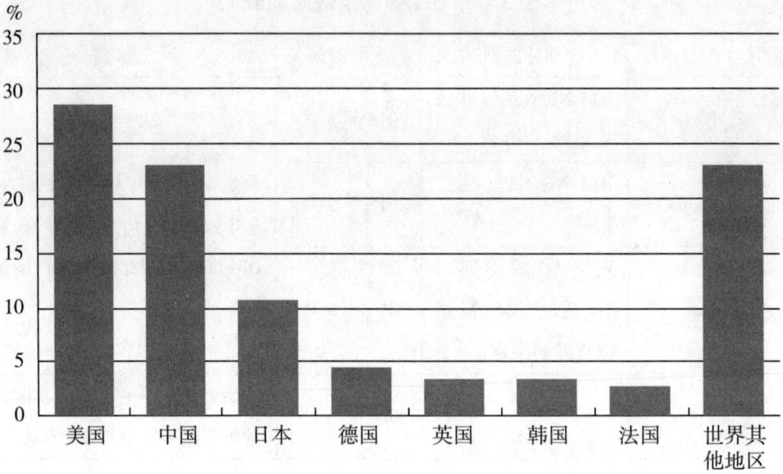

图 3-1　2020—2035 年 5G 价值链开发与资本性支出份额均值

（资料来源：HIS，光大证券）

二、APP 应用终端

移动互联的本质是移动的，它的终端不再只是物理上几台固定的电脑，而是包括所有移动产品终端。智能手机的出现打破了时空限制。作为移动通信的终端，除了手机，iPad、智能手环等产品也层出不穷。

经过长达十多年的发展，中国整体网民的增长已经由电脑端网民增长转移到移动端网民增长，中国移动互联网覆盖率逐年上升。到 2019 年 8 月，中国的移动互联网用户规模虽然增速在放缓（见图 3-2），但其总规模已惊人地超过了 11.3 亿人。

移动互联网在金融领域的应用，集中表现为网上银行和支付结算 APP 的发展，通过移动支付功能逐渐打开市场，然后渐次发展更多负债端、资产端等功能和业务。这一阶段也被业界普遍称作金融科技 2.0 阶段。放眼世界，金融科技发展正步入科技重塑金融业态的金融科技 3.0 阶段，即通过大数据、云计算、区块链、人工智能等新兴核心技术改变传统的金融信息采集来源、风险定价模型、投资决策过程、信用中介角色，解决传统金融发展痛点。但即使大数据征信、智能投顾等代表性金融科技 3.0 阶段应用也需要以移动客户端为载体来完成信息通信和收集。

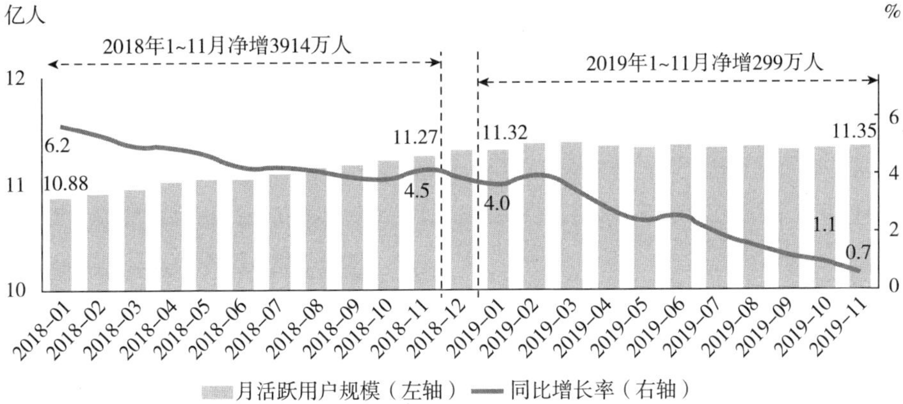

图 3-2 中国移动互联网月活跃用户数

（资料来源：QUEST MOBILE TRUTH 中国移动互联网数据库 2019 年 11 月）

移动互联网的发展在金融领域的应用主要靠移动通信负责提供相应的技术支持和信息服务、客户通过运营商提供的 APP 等客户端通道来实现的。我国金融科技的发展由网络支付入手，逐步扩展到手机银行汇款、贷款等业务。2010 年以来，网络支付一直维持着高速增长的态势，其中，第三方互联网支付的年均增速基本都维持在 50% 以上；而第三方移动支付，在 2013 年以后，年均基本都维持在 100% ~300% 之间。从发展趋势看，移动端无疑已经超过互联网端，成为网络交易首选的支付手段。

自从移动支付崛起，阿里巴巴、腾讯等互联网企业以场景为入口、以金融科技为旗帜，大肆攻城略地，一时间，传统银行都没反应过来。不过，事情似乎正在发生变化，如图 3-3 所示，过去一年，虽然互联网企业在交易笔数、小额支付上仍旧占据优势，但是网上银行 APP 用户量暴增了 1 亿人，前几大银行用户量也都在 5000 万人往上，交易金额更是地位稳固。另外，银联云闪付的出现，也成了一条“鲇鱼”，2018 年 12 月月活跃用户已经达到 4164.9 万人，同比增长了 289.9%。值得注意的是，银行机构在移动支付交易金额方面仍然占据主导地位，非银行机构则更多地体现了其高频、小额的零售支付业务特征。

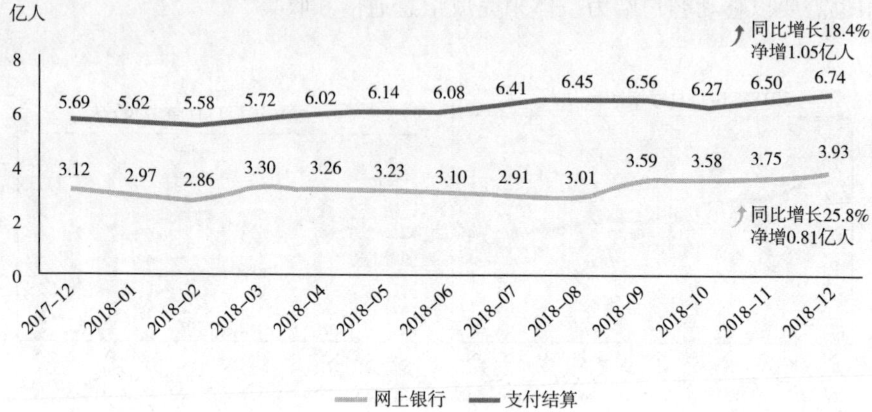

净增（万人）	6429	9016	1751	1327	279	566	1046	87
同比增长（%）	9.8	25.1	26.8	22.7	6.0	15.5	45.1	5.9

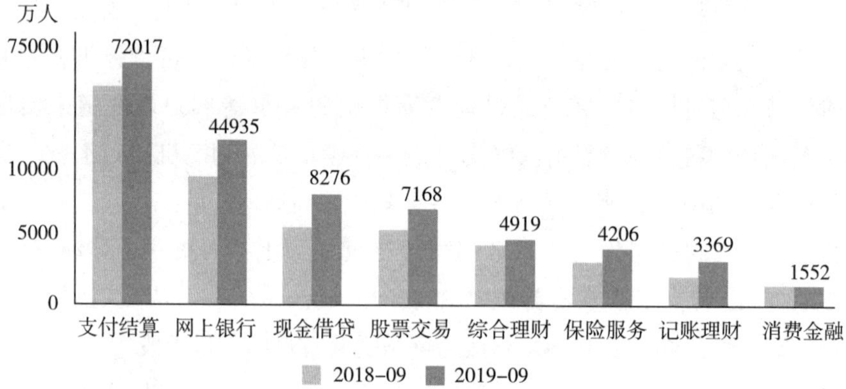

图3－3　网上银行APP和其他支付结算APP月活跃用户规模

（资料来源：QUEST MOBILE TRUTH中国移动互联网数据库2019年9月）

具体来看，受限于消费场景以及用户支付习惯，网上银行下沉业务区域的用户覆盖率低于发达地区，但仍有较大发掘空间。第三方独立支付工具依然在快速增长，如支付宝在巨大体量下仍保持20%的用户增长，云闪付的用户量在签到红包、转账红包、生活缴费满减等各类优惠活动的支撑下快速增长。

未来的金融APP将是产品创新、业务拓展、战略转型的重要平台，所有的渠道、所有的连接点，都应该与金融APP打通，以实现线上、线下服务的无缝连接，并以此构建起新的金融形态。就这个意义上讲，展望未来，未来的金融 APP 可能有以下几个发展的方向。

一是科技应用加速，移动端功能不断拓展。随着全球进入科技发展爆发期，新技术新手段不断向各个行业渗透，金融业也不例外。在移动端，人脸识别、指纹识别、语音识别等技术悉数登场，凡是在登录、注册、开户、贷款、更换设备等关键交易时，都会实时开启人脸识别或指纹验证功能辅助校验客户身份，配合实时反欺诈策略和安心账户主动式交易控制措施。另外，还有些机构将生物识别技术应用于金融 APP 登录、转账等环节。在其登录、转账、缴费、充值中新增面部及指纹识别。这一更新降低了冒名登录、资金盗用的风险，从而保障用户使用安全。新的技术手段的应用不仅体现在提高金融安全方面，还体现在提高用户使用效率方面。部分金融 APP 还支持人脸识别自助注册，客户无须前往网点办理，在家中即可通过移动端开通并使用金融功能。在产品创新方面，很多机构甚至开始引入外部供应商提供 AI 算法为用户提供智能投顾服务。

二是回归金融本源，完善应用场景。在注册用户数量已然很庞大的背景下，移动端下一步发展的重点是提高 APP 的黏性和活跃度。而黏性与活跃度的提升，不仅仅在于加大营销力度和功能的扩展，还需要不断完善移动端的场景。过去几年中，各家金融 APP 都纷纷丰富各种应用场景，包括缴费、购物、电影票、机票、资讯服务等。其基本思路就是增强黏性，希望全面覆盖生活场景，从而将用户牢牢黏在移动端，进而提高活跃度。

三是进一步实现专业化、差异化发展。自 2015 年开启强金融监管周期，监管政策的全面收紧使得非银金融机构“跑马圈地”式的发展模式不再可持续，未来结合自身优势、发展差异化业务将成为新的增长点。不同金融机构各有优势，客户群体也有所不同，因此，不同类型的机构应该充分把握自己的特点，根据客户的需求，将基因融入移动端，做出自己的特色。

三、物联网

物联网，即万物相连的互联网。物联网的本质是互联网，基础是通信网；物联网将客户端之间的连接，延伸和扩展到了任何物品与物品之间。狭义来讲，物联网作为一种信息技术，目前已基本成熟；普遍谈到的物联网，更多的是指广义的物联网，是一个新兴产业。它被广泛认为是未来信息通信技术的更高形态。涉及广和应用宽是其最主要特征，意味着物联网的愿景实现需要众多产业链环节相互协调，从而能应用于几乎所有行业。

第一，芯片是物联网的“大脑”。低功耗、高可靠性的半导体芯片是物联网必不可少的关键部件之一；物联网芯片既包括集成在传感器/模组中的基带芯片、射频芯片、定位芯片等，也包括嵌入在终端中的系统级芯片——嵌入式微处理器（MCU/SoC 片上系统等）。目前，我国的芯片设计水平相对偏弱，但封装测试具有规模优势。预计我国与物联网直接相关的芯片市场将实现较快增长，2020 年达 589 亿元，较 2016 年增长 353%（见图 3－4）。

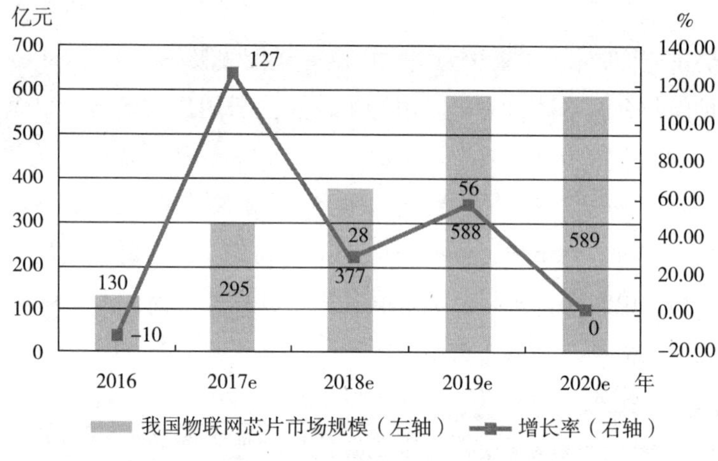

图 3－4　我国物联网直接相关的芯片市场规模预测

（资料来源：中信建投证券研究发展部）

第二，传感器是物联网的“感知器官”。传感器是用于采集各类信息（如压力、温度、流量、位置等）并转换为数字信号的器件，广义上包括敏感元器件、RFID、定位设备、摄像头、测量表计等。目前，全球传感器市场主要由海外公司主导，如 TI、ST、博世、飞思卡尔等，我国传感器企业与海外仍有较大差距，国内约 70% 的份额被外资企业占据；预计 2020

年我国物联网直接相关的传感器市场将达 248 亿元，较 2016 年增长 328%。

图 3-5 中国物联网直接相关的传感器市场规模

（资料来源：中信建投证券研究发展部）

第三，通信模组是物联网的“躯干”。通信模组是将芯片、存储器、功放器件等集成在一块线路板上，并提供标准接口的功能模块，各类终端借助通信模组可以实现通信功能，是联网的关键器件。通信模组主要包括蜂窝类通信模组（2/3/4/5G、NB-IoT/eMTC 等）和非蜂窝类通信模组（WiFi/蓝牙/LoRa 等），蜂窝类通信模组年出货量正由千万级快速提升至亿级。

第四，通信网络是物联网的“通道”。物联网接入网包括蜂窝通信网和非蜂窝通信网，前者包括 2/3/4/5G、NB-IoT/eMTC，后者包括 WiFi、蓝牙、ZigBee、LoRa、SigFox、电力载波等。此外，物联网还包括 RFID（如 ETC/NFC）、二维码等，前者是无线电磁波连接，后者属被动式标签。蜂窝物联网需要由电信运营商建设，适用于移动状态下需随时随地联网或固定状态下不方便布设非蜂窝网的物联网场景，该类物联网终端需要使用 SIM 卡/eSIM 卡。目前，蜂窝物联网占比约 10%，以 2G 为主，非蜂窝物联网占比约 90%，以 WiFi/RFID 为主。2018 年蜂窝物联网发展超预期，从我国蜂窝物联网连接数来看，2015—2018 年净增量分别为 0.39 亿人、

0.65 亿人、1.83 亿人、3.77 亿人，呈加速态势，预计 2019 年中国物联网连接数将达 54 亿人，增长 76%。

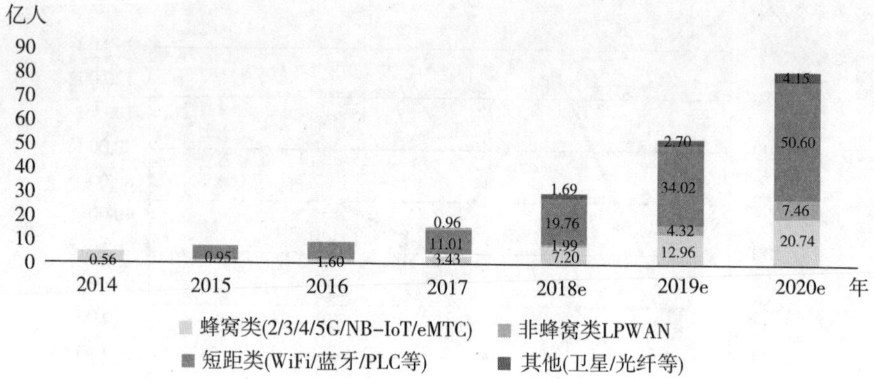

图 3-6　中国物联网连接数

（资料来源：运营商公告，Machina Research，中国产业信息网，中信建投证券研究发展部）

第五，平台可实现物联网的“云管理中心”。物联网平台作为设备汇聚、终端管理、应用开发、数据分析等的承载，向上为应用开发、系统集成提供 PaaS 服务，向下对终端进行“管、控、营”，包括开放式云平台、连接管理平台（CMP）、应用使能平台（AEP）和垂直行业设备管理平台（DMP）。其中，开放式云平台是底层平台、平台的平台。CMP 主要用于电信运营商物联网用户管理，目前已可以通过分成较好地盈利。AEP 和 DMP 仍处于布局阶段，未来成长潜力大。AEP 和 DMP 既可以是两个平台，也可以是一个平台的两个功能模块，提供方包括互联网企业、终端商、运营商等。

第六，操作系统是物联网软硬件的“神经系统”。操作系统（Operating System，OS）是管理和控制物联网硬件和软件资源的程序或系统软件，类似智能手机的 IOS、Android，是直接运行在“裸机”上的最基本的系统软件，其他应用软件在操作系统的支持下才能正常运行，因此往往是巨头的天下。目前，发布物联网 OS 的主要是巨头公司，如谷歌、微软、华为、GE、苹果、阿里等。OS 如谷歌的 Brillo、微软的 Windows10 For IoT、华为的 LiteOS、GE Predix 等。

第七，智能终端是集成了传感器和通信功能，可接入互联网并实现特定功能或服务的智能设备，包括智能音箱、智能车载设备、可穿戴设备、智能表计（水表、燃气表）等；按照面向的购买客户来划分，智能硬件可以分为 To B 类和 To C 类。To B 类有 B 端付费，如车载前装 T – BOX、无线 POS 机、智能水表等；To C 类有 C 端付费的消费电子（可穿戴设备、智能家居）、车载后装设备等。智能终端种类丰富，因其具有“入口”特性，所以目前竞争激烈，提供商可以是传统设备商，也可以是互联网企业或创业公司，大家纷纷布局。

第八，集成应用是整个物联网生态的“落地”。物联网集成应用包括系统集成、解决方案、行业应用、增值服务等。物联网集成应用服务一般面向大型客户或垂直行业，如政府的智慧城市、水务公司的智慧水务、工业物联网、智慧医疗等。系统集成商可以帮助客户解决各类设备、子系统间的接口、协议及安全等问题，确保客户得到一站式的解决方案；集成商须熟悉相关行业，跨行业较难，因此不同行业的集成商各有生存空间。

目前，有关物联网的未来愿景更多在于描绘智能家居、工业物联等领域，金融领域的应用尚有待进一步发掘，但可以肯定，不断增长、深化的金融 APP 势必为未来的金融物联网打下坚实的基础。

第二节　金融数据安全的技术保障

金融是经济运行机制中数据化程度最高的领域之一，金融系统可以说是以价值计量作为核心的资金融通系统。金融数据一旦出现失真、泄露等风险，将会极大地影响信息质量与传播效率，从而成为造成金融安全隐患的症结所在。本节将在金融科技 3.0 时代、信息通信技术发展到移动互联阶段所产生海量数据的基础上，探讨金融数据的相关技术及安全技术。

一、大数据

（一）基本概况与发展现状

大数据是指无法在一定时间范围内用常规软件工具进行捕捉、管理和处理的数据集合，是需要新处理模式才能具有更强的决策力、分析发现力和流程优化能力的海量、高增长率和多样化的信息资料。

业内普遍接受IBM关于大数据的“4V”特征。其一是数据量大（Volume），2018年全球新产生的数据量为33ZB，中国产生了7.6ZB，美国产生了6.9ZB，超过人类有史以来所有印刷材料数据总量。其二是数据类别多（Variety），包括结构化数据、半结构化数据、非机构化数据。其三是数据价值密度低（Value），原数据本身价值低，需要深度挖掘。但通过对大数据的分析，能够获取相关性的分析结果。这将是对通常获取少量数据进行因果关系分析结果的巨大转变。其四是数据时效性强（Velocity），大数据往往以数据流的形式动态、快速地产生，具有很强的时效性。

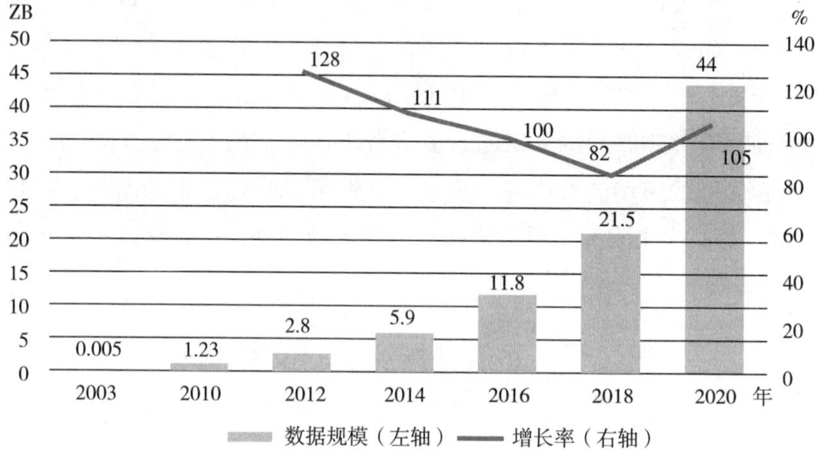

图3-7　全球产生数据规模

（资料来源：IDC，CNNIC，华辰资本整理）

其在中国的发展历程可以划分为探索期、市场积累期和高速发展期三个阶段。探索期为2009—2011年，大数据产业在中国出现，并且逐步受到市场关注，典型大数据产品及服务相继上线，互联网企业则率先将大数据应用落地。2012—2013年为市场积累期。随着大数据概念的普及，企业用户不断提升，资本市场高度关注，大数据企业上市，具有数据资产的企业谋求转型。同时，由于大数据市场技术成熟度不足，市场开始第一轮洗牌，同质化较强、技术成熟度弱、商业模式不清晰的大数据产品及服务经营困难，市场认可度低。在转型中，持续出现新商业模式、新产品、新服务，但效果不明显，仍待市场检验，细分市场开始出现。2014 年至今迎来大数据高速发展期，大数据市场上几种典型的商业模式得到市场验证，新产品、新服务具有稳定的刚性市场，细分市场逐渐走向差异化竞争。

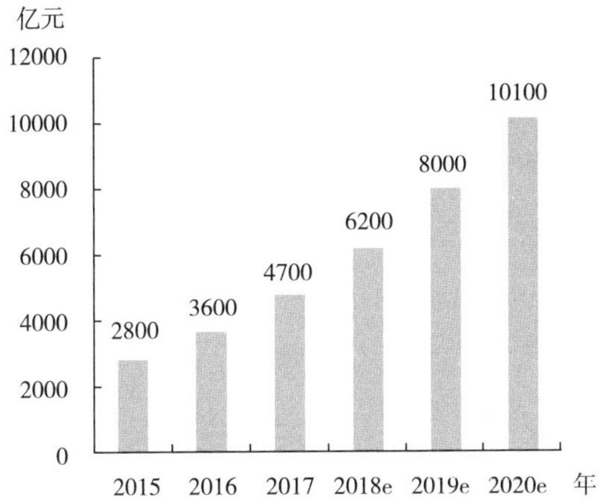

图 3 –8　中国大数据市场产值

（资料来源：《大数据白皮书（2018）》，中国信息通信研究院，国联证券研究所）

（二）相关产业板块

从数据的生产到最终数据的应用，大数据行业可以大致分为六个板块。每个环节的背后均囊括了不同类型的公司或业务范围，并且在不同的情形下还有更多的细分分类。此外，在产业中有些业务包括上述六个板块中的多个部分，但是简化来看，这六个板块是大数据行业的核心内容。

其一是数据源，包括物和人的各种相关信息，各个企业产生的外部、内部信息。随着信息技术的提升，数据源的范围仍会不断扩张。比如，可穿戴设备的出现使人体体征数据的收集得以实现，人体体征成为重要的数据源。其二是数据获取，根据数据源的不同，数据的获取方式呈现出多样性。比如，利用传感器将物理信息转化成电信号从而完成数据化采集，通过软件接口获取信息流数据，以及集成化的数据化解决方案的构建获取数据等。其三是数据存储，在获取数据之后，经过数据传输，然后进行存储和读取。这个环节中，除了涉及传输中的通信业务之外，主要是以数据中心（IDC）为核心的业务建设。另外，云计算在相当程度上，为数据的存储提供了更为便捷的方式，是对数据存储到数据应用方面的极大促进。其四是数据交流，由于数据知识的多样性，在企业获取其能力圈内数据之后，通过交易、合作、共享等方式与其他企业进行数据的交流，从而完善自身的数据储备。其五是数据分析。数据的分析动作包括数据清洗、数据整理、数据关联分析等方面。广义的数据分析存在于数据应用的每一个环节。其六是数据应用，大数据的应用主要是结合行业来展开，在应用过程中又将产生新的数据作为数据源的一部分，从而形成数据流闭环。

从行业来看，中国大数据应用在金融行业占比最大达到16%，其次是通信行业（15%），零售行业占比为14%，政府占比为13%。例如，阿里巴巴获取了交易信息之后，开始对用户进行信用评级，推出芝麻信用，以及后续的阿里小贷等金融业务。当数据种类和数量到了一定规模之后，大数据的应用场景会远远超过最初的收集目的。

表3－3　大数据行业应用对应的典型应用场景

应用类别	典型应用场景
电力行业	预测电网负载扰动的可能性和发生的地点
交通行业	预测拥堵和事故在特定时间和地点可能发生的概率
环保行业	根据不同地点的废物排放，预测将来发生生物化学反应产生污染的可能性
银行业	预防客户流失、防范信用卡违约风险
电信业	预防客户流失、快速占领市场、欠费预测
公检法	网络信息挖掘、舆情监控与预测、网民个性分析

资料来源：华辰产业研究院。

互联网技术的发展，使大数据风险控制在金融行业得到了较为广泛的应用。目前，许多金融机构都在各自的风险控制体系中加入大数据处理技术，以提高风险控制系统的准确度和性能。大数据风控是基于大数据技术的风险控制和风险提示，我们将在第五节中进一步展开分析。风控的核心方法在于通过对相似群体的相关数据的分析，用机器学习建模的方法来评估用户违约率。互联网金融企业的风控模式主要分为两种，一种是利用已有的大量数据独立建立风控模型和信用评级体系，这种模式一般出现于阿里巴巴、京东商城等拥有海量用户数据的大型平台；另一种是通过第三方平台共享数据来获得信用评级和风险控制服务，这种模式多应用于中小金融机构。

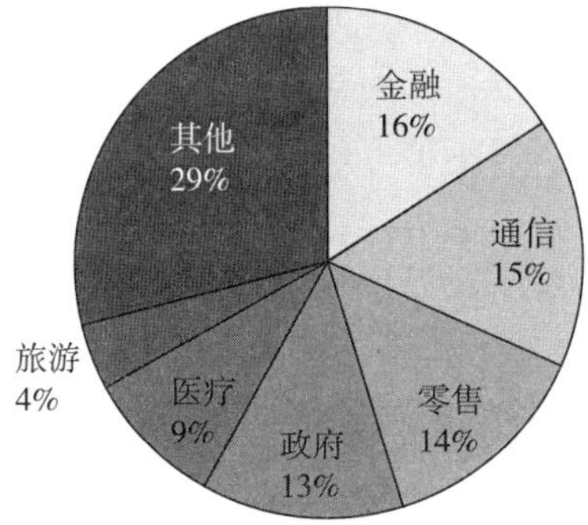

图 3－9 中国大数据行业应用收入规模占比

（资料来源：《大数据白皮书（2018）》，中国信息通信研究院，国联证券研究所）

二、个人隐私、个人信息保护

由于数据库审计、风险评估等用户和数据安全保障的技术边界，在激烈的市场竞争中，金融企业为了多抢客户，过度收集个人信息、擅自披露个人信息甚至出于商业利益非法买卖个人信息，这在大数据应用最大市场的金融领域更是常见。互联网金融损害金融个人信息安全的表现形式五花八门，包括黑客侵袭、病毒木马攻击、系统漏洞、诈骗网站、假冒网站、垃圾诈骗短信等，个人金融信息屡受侵害，如各种类型的互联网金融业态、各种交易媒介形式频繁发生的恶性信息泄露事件。大数据时代的到来又使得各家网络企业对数据的渴求度极高，加速了数据的流通和泄露。

目前来看，从技术角度解决数据流通中权属、合规性、安全性等问题的探索卓有成效且富有潜力。基础数据的流通只存在数据供给方和数据需求方两类角色，数据从供给方通过一定手段传递给需求方。然而，数据权属和安全问题在直接传送中不能得到妥善解决，需要在流通中完成数据确权、控制信息计算、个性化安全加密等一系列相关安全保障工作。

安全多方计算和区块链是近年来用于保障数据流通安全的两大技术框架。由于给企业带来价值的往往是对数据进行加工分析而非数据本身，因此对数据需求方来说，本身不必触碰数据而能同时完成对数据的加工分析是可以接受的。安全多方计算技术框架就能实现这一点。其围绕数据安全计算，通过独特的分布式计算技术和密码技术，有区分地、定制化地提供安全性服务，使得各参与方在无须对外提供原始数据的前提下实现了对与其数据有关的函数计算，解决了一组互不信任的参与方保护各自隐私的协同计算问题。区块链技术中多个计算节点共同参与和记录，相互验证信息有效性，既可以对数据进行辨伪，又提供了数据流通可追溯性。

三、云计算、分布式存储等

随着云计算的发展，云计算服务正日益演变成为新型的信息基础设施，全球云计算市场规模总体呈稳定增长态势。2018 年，以 IaaS、PaaS 和 SaaS 为代表的全球公有云市场规模达到 1363 亿美元，增速达 23.01%。未来几年市场平均增长率在 20% 左右，预计到 2022 年市场规模将超过 2700 亿美元。我国公有云市场同样保持高速增长。2018 年我国云计算整体市场规模达 962.8 亿元，增速达 39.2%。其中，公有云市场规模达到 437 亿元，相比 2017 年增长 65.2%，预计 2019—2022 年仍将处于快速增长阶段，到 2022 年市场规模将达到 1731 亿元；私有云市场规模达 525 亿元，较 2017 年增长 23.1%，预计未来几年将保持稳定增长，到 2022 年市场规模将达到 1172 亿元。

随着云计算产业的不断成熟，云网融合服务能力体系逐渐形成，并向行业应用延伸。云网融合的服务能力是基于云专网提供云接入与基础连接能力，通过与云服务商的云平台结合对外提供覆盖不同场景的云网产品（如云专线、SD－WAN），并与其他类型的云服务（如计算、存储、安全类云服务）深度结合，最终延伸至具体的行业应用场景。当前，云网融合服务能力体系已经形成，主要包括 3 个层级。

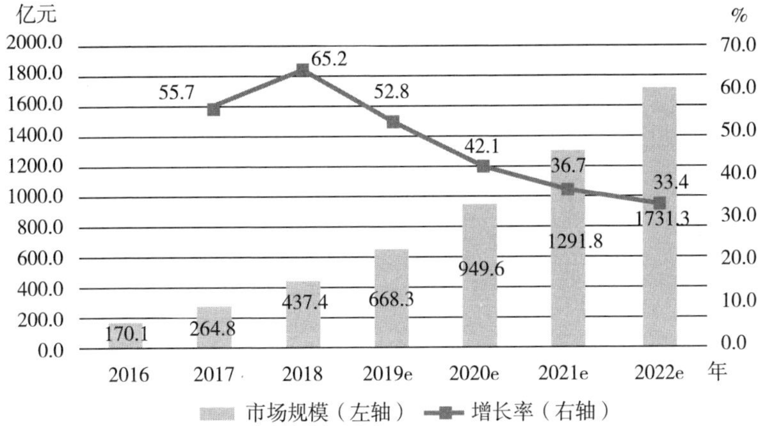

图 3－10　我国公有云市场规模及增速

（资料来源：中国信息通信研究院，2019 年 5 月）

（1）最底层（Iaas）为云专网。云专网为企业上云、各类云互联提供高质量高可靠的承载能力，是云网融合服务能力的核心。云专网由底层基础运营商网络和上层 overlay 网络共同组成，其中基础运营商网络需要在光缆资源、数据中心数量、POP 点数量、云连接节点、光纤基础设施等网络资源上做到全方位的覆盖，以提供端到端的服务质量保证，同时上层 overlay 网络大量引入 SDN 与 NFV 技术，以保证网络的灵活性和拓展性。

（2）中间层（PaaS）为云平台提供的云网产品。中间层包括云专线、对等连接、云联网、SD－WAN 等云网产品，这些都是基于底层云专网的资源池互联能力，为云网融合的各种连接场景提供互联互通服务。其中，云专线提供本地计算环境与云资源池互联能力，对等连接提供同一云服务商的跨地域资源池互联能力，而云联网和 SD－WAN 则聚焦于多云互联、企业组网等场景。在这一层次中，分布式存储、计算等技术起到了关键作用。在云计算环境下，呈数量级提升的数据和用户请求，无一不对数据的储存性能和安全性提出更高的要求。为解决这些问题，分布式储存技术在云计算平台上得到了广泛的应用和发展。分布式储存技术的发展主要经历了本地式缓存、分布式缓存系统、弹性缓存平台以及弹性应用平台等阶段。中心管理平台负责大规模整体数据分析、深度学习训练、大数据存储，同时对分布式云节点进行管理；分布式云节点负责小规模局部数据轻量处理、小数据存储、数据采集与实时控制、快速进行决策等动作。

（3）最上层（SaaS）为行业应用场景。基于云专网与和云网产品的连接能力，并结合其他类型的云服务，云网融合向具体的行业应用场景拓展，并带有明显的行业属性，体现出“一行业一网络”，甚至“一场景一网络”的特点。其中，上层行业的应用场景主要包括教育、医疗和能源等领域，如在线教育、挂号预约、智慧电网等，金融领域的云计算产业尚有待发展。

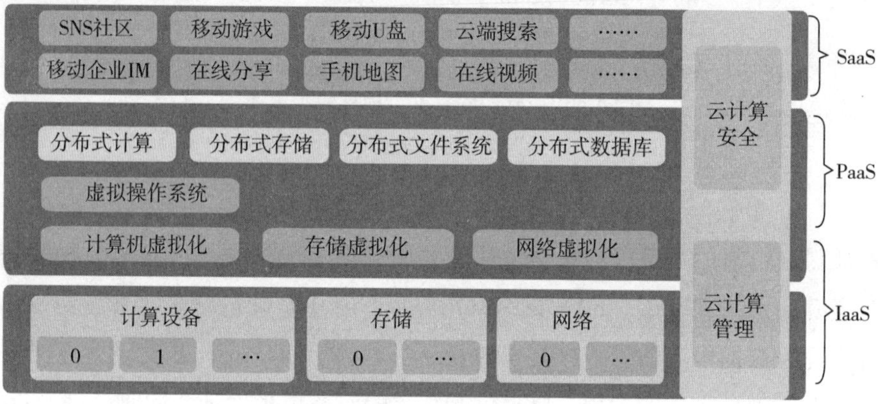

图3-11　云计算架构图

（资料来源：东兴证券研究所）

随着我国云计算应用的日益普及，用户不再仅仅考虑“如何上云”，而更关注“如何安全上云”，受近些年云安全事件频发的影响，用户对云上的安全需求越发迫切。国内云安全市场形成了以云主机安全为核心，网络安全、数据安全、应用安全、安全管理和业务安全为重要组成部分的格局，其中针对数据安全的技术产品主要为保障云上数据存储、传输和使用的安全性。主流技术产品包括数据加密服务提供云上数据的加解密功能，支持弹性扩展，以满足不同加密算法对性能的要求。云数据库审计提供云数据库的监控与审计功能，能够监测异常操作、SQL注入等风险问题，实现云上数据的高效安全防护，帮助用户满足合规性要求。未来，金融数据安全上云也将借鉴同样的防护方法。

四、区块链

（一）四大特征

区块链最初的目的是进行去中心化的分布式记账，即要求参与交易的各方（各节点）共同记录和维护同一个账本，意味着各节点都保存账本的完整副本，并能够检验账本的正确性。因此，我们可以认为区块链是由多个具有记账功能的节点以维护一个特定账本的完整记录为目标而协同工作的分布式系统。从传统的复式记账法到多点分布式记账，能够实现实时清结算而无需金融中介，构成了区块链创新的核心特征。

从传统中心化的账户体系到公私钥体系是区块链技术的第二大特征。以比特币（BTC）为例，其是一个分布式对等账本。一个加入 BTC 网络的用户可以生产任意个成对的公钥和私钥。私钥由用户保存，不可泄露给他人。私钥可以用于对消息签名，签名不可伪造，并且是可以通过私钥对应的公钥验证的。密码学保证了这种签名具有以下特点：（1）有效性。如果用户用私钥签名了一条消息，那么其他任何人使用私钥对应的公钥和消息原文来验证签名，该签名可被验证是否有效。（2）不可伪造性。如果没有掌握某个私钥，就无法对一条之前该私钥没有签过名的消息生成一个签名，并且使它可以被公钥验证为有效。也就是说，仅仅掌握了公钥是无法伪造相应私钥的签名的。在实际情况中，找到公钥对应私钥的代价通常非常巨大，以至于我们认为这是“无法完成的”。在 BTC 的世界中，公钥代表节点的身份。地址通常是公钥经过数次哈希（Hash）处理得到的字符串，与公钥存在对应关系。地址也被用于标识一定数量的比特币的归属，而无须通过存储于第三方的账户密码进行验证。

从传统各自存储的数据库到每个区块存储前一区块的哈希值式的链式存储，使得所有数据之间互相牵制、不可篡改，这构成了其第三大特征。区块（Block）是一个精心设计的数据结构，它包含两部分。第一部分是一个哈希指针，它包含上一区块的哈希值，可以表明自己上一个区块的信息。第二部分是一个 Merkle 树，它的叶节点是被打包进该区块的所有交易的哈希值，非叶子节点则是根据它的两个子节点计算出的哈希值。通过

Merkle 各节点的哈希可以方便地验证该区块内所有交易的完整性。这样的一个个区块由哈希指针连接组成的"链"被形象地称为区块链。

从需要第三方见证的手动执行到智能合约是其第四大特征。传统的手动合约执行需要双方信任彼此会履行协议，或第三方见证人来保证合约执行。而区块链场景下，合约双方无须相互信任或有见证人，只要满足合约条件即能通过代码自动执行。

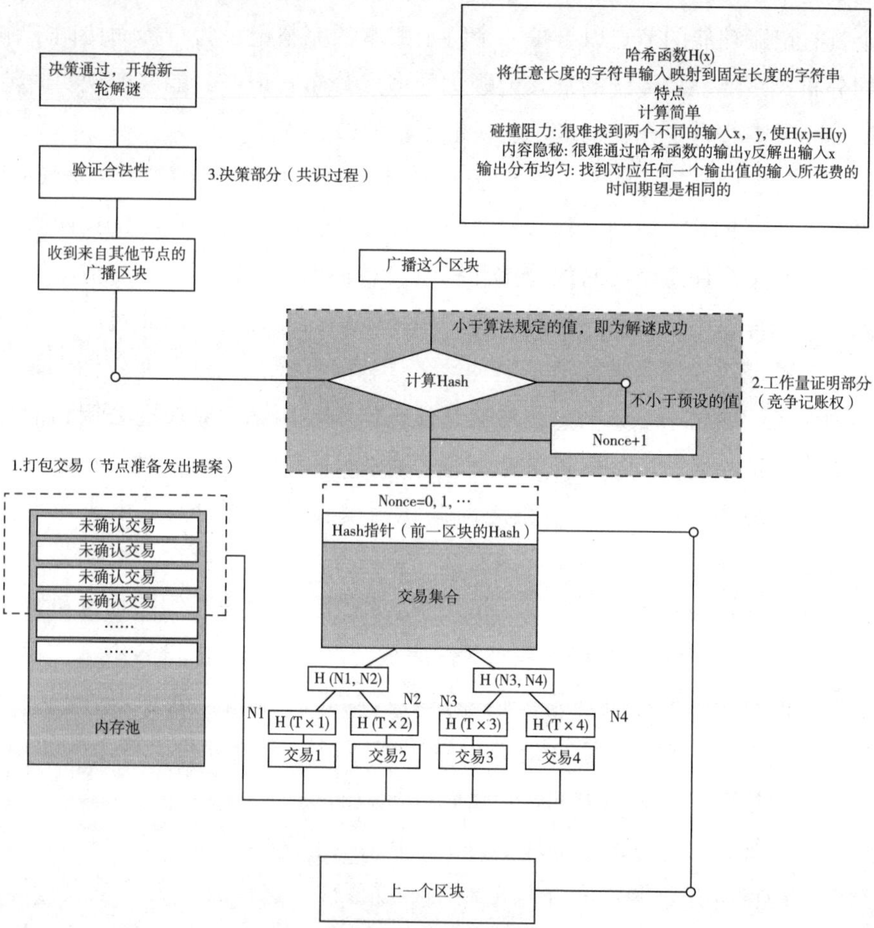

图 3-12　比特币架构

（资料来源：通证通研究院）

（二）金融领域的应用

区块链技术具有五个方面的作用，从而对于金融数据安全的创新保障方案具有重要的意义。一是其能解决多方之间安全共享数据的问题，从而促进数据共享；二是通过把多方的多次流程合一，以优化业务流程；三是降低多方信任成本，从而降低运营成本；四是建立多方的奖罚机制，保障生产要素更高效流动，这将有利于提升协同效率；五是实现各方的链上互信，有助于建设可信的体系。

在多方协作的场景里，“区块链+金融”可以用来共享风控信息，跟踪合同等关键数据，进行资产交易和信息传递，涉及供应链金融、跨境支付、资产管理、保险等诸多细分领域。较热门和有代表性的有中小企业融资难问题、银行风控和政府部门监管难等问题。

区块链技术应用于信贷ABS领域是信贷融资的一大创新。信贷ABS需要记录资产和债权状态及信息，区块链技术的使用可以有效防止资产池及其他相关信息的篡改，可以贯穿发行前、发行中、投资后全环节，保证产品信息的真实性和及时性。2018年6月，交通银行正式上线业内首个区块链资产证券化平台“聚财链”，迈出了区块链技术应用于资产证券化领域的重要一步。2018年9月，交通银行作为发起机构的交盈2018年第一期个人住房抵押贷款资产支持证券成功发行，项目规模93.14亿元，该期项目是市场首单基于区块链技术的信贷ABS项目。预期未来将有更多的“信贷ABS+区块链”产品的推出，推动信贷ABS市场的发展。

五、数据治理

对于拥有重要数据资产的政府部门或企业，其对数据资产的保护，涉及数据安全治理方面，或多或少都有实践，只是尚未体系化、标准化。面对大数据兴起带来的挑战，为了促进大数据治理的发展和变革，目前业界比较权威的“大数据治理”定义是：大数据治理是广义信息治理计划的一部分，它通过协调多个职能部门的目标来制定与大数据优化、隐私与货币化相关的策略。数据治理技术就是在数据治理的过程中所用到的技术工具，当前主要形成了 Hadoop 和 Spark 两大应用较为广泛的数据处理框架。

数据处理框架按所处理的数据形式及得出结果的时效性分类，可分为批处理系统和流处理系统。批处理主要操作大规模数据集，包括将大任务分解为小任务，分别在集群中的节点上并行计算，可根据中间结果重新组合数据，再计算和组合最终结果。而流处理则是对由连续不断的单条数据组成的数据流进行计算，强调的是处理结果的时效性。典型的批处理框架是 Apache Hadoop，典型的流处理系统是 Apache Storm，还有一种是同时具备批处理及流处理能力的混合系统，如 Apache Spark。其中，Hadoop、Spark 是应用较为广泛的两种框架。

Apache Hadoop 是首个在开源社区获得极大关注的大数据处理框架，由 Apache 基金会于 2005 年秋作为 Lucene 的子项目 Nutch 的一部分正式引入。后来 Hadoop 发展成能够为分布式数据提供各种服务的运算架构。Hadoop 的核心设计是 HDFS（Hadoop Distributed File System）和 MapReduce。HDFS 是一种分布式文件系统层，可对集群节点间的存储和复制进行协调；MapReduce 是适合海量数据处理的编程模型，其基本思想是“分而治之、然后归约”，可将大任务分解为多个小任务并行执行，其工作分 Map（映射）、Reduce（归约）两个阶段：Map 函数可理解为初略归类、分解任务，包括加载、解析、转换、过滤数据；Reduce 函数可理解为精简结果得到最终结果，负责把分解后多任务处理的结果汇总起来，处理的是 Map 输出的一个子集。Hadoop 一出现就受到众多大公司的青睐，同时也引起了研究界的普遍关注。随后，一系列围绕 Hadoop 的开源技术得到开发，生态不断丰富。Hadoop 具备拓展性、容错性和高效性等优点，更为重要的是其成本低。在这之前，大数据功能通常只能从商业软件供应商处依靠专门的硬件获取，而开源的 Hadoop 使数据存储和处理能力——这些本只有像谷歌或其他商用运营商类公司才具备的能力——在普通商用硬件上也得到应用，大大降低了使用大数据的先期投入，并且具备了使大数据接触到更多潜在用户的潜力。

Apache Spark 是专为大规模数据处理而设计的快速通用的底层引擎。以 Spark 为核心的生态圈，最底层为分布式存储系统，如 HDFS、AWS S3、

Hypertable 或其他格式；资源管理采用 Mesos、YARN 等集群资源管理，或 Spark 自带的独立运行模式及本地模式。同时，基于其基础平台 Spark 又扩展了一系列组件，主要包括支持交互式查询的 Spark SQL、实时数据处理的 Spark Streaming、机器学习的 MLlib、图计算的 GraphX、统计分析的 SparkR 等，各种程序组件并成软件栈与 Spark 核心 API 高度整合，可用来完成各种大数据处理，充分体现了 Spark “one stack to rule them all” 的理念。例如，Spark SQL 是 Spark 的结构化数据处理模块，可以看作分布式 SQL 查询引擎。Spark Streaming 为 Spark 提供流处理能力。Spark 在设计之初也只用于批处理，为适应流处理模式，微批次（Micro – Batch）概念应运而生，其原理是把一小段时间内的接入数据作为微批次来处理，极大地重用了核心模块（Spark Core），但延时比 Storm 等专用流处理框架高。Spark MLlib 是 Spark 对常用的机器学习算法的实现库，包括相关的测试及数据生成器。MLlib 目前支持四种常见的机器学习问题：二元分类、回归、聚类、协同过滤，以及一个底层的梯度下降优化基础算法。

第三节　人工智能安全的技术保障

人工智能是社会发展和技术创新的产物，是促进人类进步的重要技术形态。人工智能发展至今，已经成为新一轮科技革命和产业变革的核心驱动力，正在对世界经济、社会进步和人民生活产生极其深刻的影响。对世界经济而言，人工智能是引领未来的战略性技术，全球主要国家及地区都把发展人工智能作为提升国家竞争力、推动国家经济增长的重大战略；对社会进步而言，人工智能技术为社会治理提供了全新的技术和思路，将人工智能运用于社会治理中，是降低治理成本、提升治理效率、减少治理干扰最直接、最有效的方式；对日常生活而言，深度学习、图像识别、语音识别等人工智能技术已经广泛应用于智能终端、智能家居、移动支付等领域，未来人工智能技术还将在教育、医疗、出行等与人们生活息息相关的领域里发挥更为显著的作用，为普通民众提供覆盖面更广、体验感更优、便利性更佳的生活服务。本节将分析人工智能技术的最新进展及其在金融领域的应用。

一、新一代人工智能技术进展

当前，人们普遍接受了人工智能尚处于弱人工智能阶段（见图3-13）的现实。而以现有的技术在实体经济中寻找落地应用场景成为核心要义。这一阶段较成熟的技术以语音识别、图像识别、人机交互、智能搜索和预测性维护为主要应用场景。人工智能之所以能成为新一轮科技革命的主要推动力，是因为与“互联网+”类似，它可以与各行各业相结合，全面改造提升产业效率，使传统行业焕发新的增长潜力。

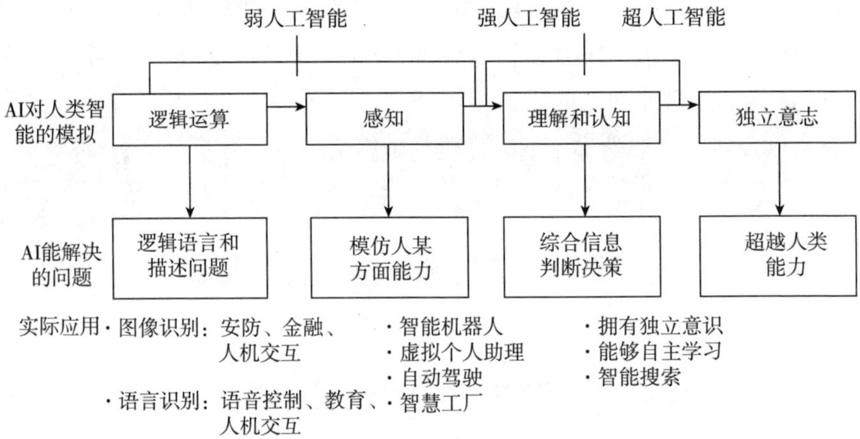

图3-13　人工智能的发展阶段

（资料来源：王广宇. 新实体经济［M］. 北京：中信出版集团，2018）

目前，人工智能技术与传统行业经营模式及业务流程产生了实质性融合，智能经济时代的全新产业版图初步显现，预计2019年人工智能市场规模近40亿美元（见图3-14），其中，安防和金融领域市场份额最大，工业、医疗、教育等领域具有爆发潜力。

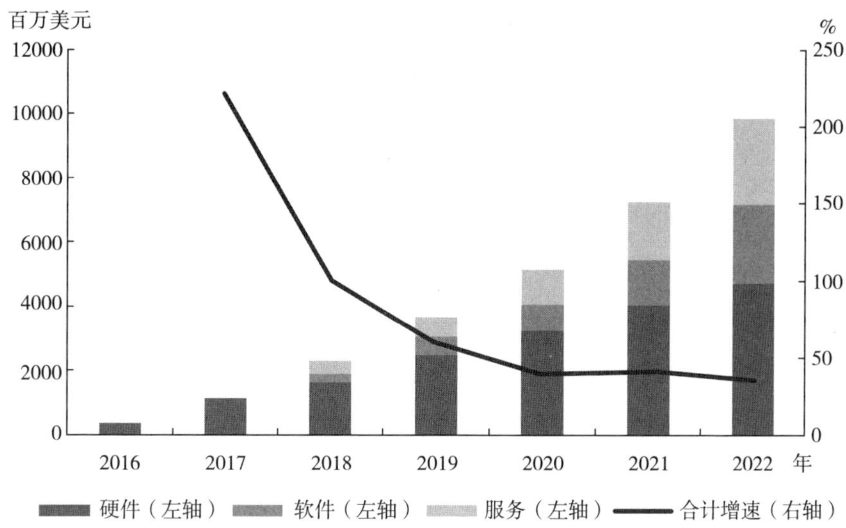

图 3－14　中国人工智能市场规模

（资料来源：IDC，民生证券研究院）

2018 年，中国人工智能相关公司总数达到 2167 家。人工智能企业可划分为基础层、技术层和应用层三类，基础层以 AI 芯片、计算机语言、算法架构等研发为主；技术层以计算机视觉、智能语音、自然语言处理等应用算法研发为主；应用层以 AI 技术集成与应用开发为主。根据中国新一代人工智能发展战略研究院的调研数据，中国人工智能企业多集中在应用层、技术层、基础层企业占比相对较小，占比分别为 77.7%、17.9%、5.4%；从技术类型分布来看，涉及机器学习、大数据、云计算和机器人技术的公司较多，整体分布相对均匀。

根据基础建设和价值空间两大维度对人工智能赋能的十大实体经济进行分析。总体而言，金融、营销、安防、客服等场景在 IT 基础设施、数据质量、对新技术的接受周期等 AI 发展基础条件方面表现较优，而在当下市场规模、行业发展增速、解决方案落地效果和政策导向等诸多因素的影响下，安防、金融、教育、客服等场景将产生较高的商业化渗透和对传统产业提升程度。其余产业中，制造场景由于基础建设复杂、数据获取难度较大，且实际智能应用仍较为边缘化，AI 应用短期内渗透释放难度较大；医疗、零售、交通等场景随着 AI 技术与场景核心痛点匹配度上升、产品逐渐完善，未来将激发更大价值；农业因为技术基础、商业模式、购买能力等问题，目前AI的赋能作用尚不明显，有待未来探索。

二、AI在金融领域的应用

AI对金融行业的赋能主要以传统金融机构、互金公司和AI公司为载体，中小型金融机构表现尤其活跃，银行业务仍是核心场景。“AI+金融”应用场景大致包括八个方面：（1）智能投研：上市公司研报、公告关键信息分析；智能财务模型搭建与优化；投资策略规划与报告自动生成。（2）智能营销：线上社交渠道智能获客；线下活动透视分析获客；销售报表自动生成智能分析。（3）智能理赔：智能辅助拍摄、远程精准定损；理赔材料信息快速提取、智能审核；维修方案、价格、年保费信息实时推送，快速赔付。（4）智能风控：信贷审批、额度授信；信用反欺诈、骗保反欺诈；异常交易行为、违规账户侦测；风险定价、客户关联分析。（5）智能投顾：个人理财产品策略咨询；股票配置、基金配置、债权配置、交易执行、投资损失避税。（6）智能客服：7×24小时机器人客服；取代传统菜单式语音+人工客服模式；金融机构网点分流引导式服务机器人。（7）人证比对：通过终端硬件产品进行人脸抓取，与后台数据库进行比对，确定开户人身份，简化操作流程，降低风险概率。（8）智能催收：客户画像、评分模型、智能互动工具等改变了传统人工催收的互动和决策方式。

以“AI+金融”应用的一大亮点智能风控为例。金融行业数字化建设较早，以银行业最具代表性，沉淀了大量金融交易、客户信息等数据，并且能积极接受新兴技术，有较高的市场认知环境，比较适宜AI算法模型训练和应用。传统银行业务在处理数据方面比较依赖专家经验，系统应用的算法对人工数据标注有较高要求，在高并发事件中难以保障用户体验和准确性，对于一些标签以外，较为隐晦的欺诈行为没有拦截能力，而应用深度学习的算法可以根据因果数据自行训练出适合的模型，在海量实时交易过程中能做到高覆盖、少拦截、高准确率的风险把控。据某股份制银行的实际应用情况，AI风控系统可以在1万笔交易中，仅拦截80～120笔就能达到整体80%的欺诈拦截准确率，而传统应用则需要拦截上千笔交易才能达到，在大幅降低成本的情况下提高了银行业务的执行效率。

据艾瑞咨询统计，2018年中国传统金融机构科技投入约为1604.3亿元，较2017年增长10%，其中包括硬件和软件的AI相关投入约占10.4%，为166.8亿元，较2017年增长42.9%。保守估计，到2022年，中国传统金融机构科技投入将突破3700亿元，AI相关投入占比将达到15.6%，超580亿元（见图3－15）。银行业是AI相关应用的主要投入方，占比为70%，大部分通过外部采购方式获取AI服务，其中对基础设施层投入占60%，在AI应用层投入占40%，约39亿元，硬件部分（以AI摄像头和人证比对机为主）占三分之一，软件部分（以精准营销和智能风控平台为主）占三分之二。

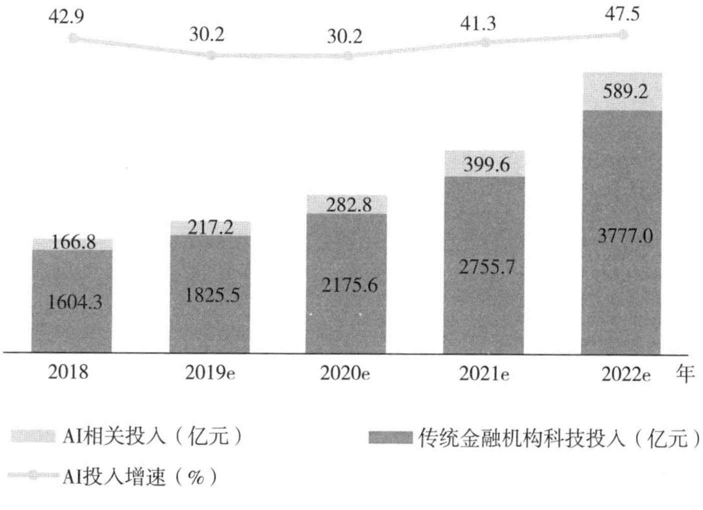

图3－15 中国金融机构AI投入情况

（资料来源：艾瑞咨询）

三、代表性企业与产品

首先是底层技术积累较深的巨头企业。百度是中国AI技术积累最深的代表性公司，而百度大脑是百度AI的核心技术引擎。自2016年启动开放至今，百度大脑AI开放平台已开放178项AI技术，开发者规模持续快速增长并突破120万人。目前，百度大脑形成了全面领先的AI开放能力集合和完备的AI开发平台矩阵，帮助生态合作伙伴及客户成长为AI创新企业，共享AI生态链广阔的商业空间。

其核心产品之一的飞桨是集深度学习训练和预测框架、模型库、工具组件、服务平台等于一体的开源深度学习平台，拥有超大规模深度学习并行训练能力，并推出了全流程、全类型的高性能部署和集成方案。作为国内领先的自主研发、功能完备、持续更新的开源深度学习框架平台，飞桨已开源70多个经过真实业务场景验证的官方模型，涵盖视觉、NLP、语音和推荐等AI核心技术领域，受到了合作伙伴的广泛认可，已在多个场景落地。

微软人工智能的相关能力主要由Microsoft AI平台及Office 365、Azure、Dynamics 365等产品组成。Microsoft AI平台包括基础架构、服务和工具三部分，主要输出人工智能底层技术。在产品及应用方面，Azure提供基础架构能力赋能合作伙伴，内嵌AI技术的Office 365产品助力现代办公效能提升，Dynamics 365为企业内部管理与客户关系维护的智能化升级带来了诸多便利。截至目前，微软已与中国移动、华为、腾讯、小米等知名企业建立了合作关系，为其提供相关AI技术及解决方案。

一些新兴AI科创企业代表如云从科技、玖富数科集团也推出了AI相关产品并得到市场广泛认可。云从科技成立于2015年4月，是一家孵化于中国科学院重庆研究院的计算机视觉领先企业。云从科技明确提出人工智能产业化有理论研究、场景验证、产品落地、平台赋能、生态整合五个阶段，在此战略认知下，云从科技打造了核心技术闭环，从技术方向上覆盖图像识别、语音识别、NLP和机器学习全领域，从技术层次上可通过各类具体算法与智能平台输出“感知—认知决策”的多维能力，为行业合作伙伴提供完整的、触及商业核心环节的解决方案。云从科技已建立金融、安防、交通等AI行业平台，与传统产业深度融合，相关产品与解决方案被广泛应用。其中，在金融领域提供以人脸识别为核心的人证核验、人脸大数据画像、鉴身方案、智能网点营销、智能风控建模等服务。总行身份验证平台中标率高达79.6%，日均比对2.16亿次，服务14.7万个网点。

2019 年 9 月 23 日，纳斯达克上市公司玖富（Nasdaq：JFU）旗下公司研发了语音监控质检实体商用机器人——小易机器人，这是一款语音质检领域的 AI 产品。小易机器人能够帮助解决企业客服人员管理盲区，帮助企业提升客服的服务指标和服务体验，打造“有心的机器人”，推动科技创新，迈入智能新时代。小易机器人的功能主要体现在实时监控 + 语音质检，助力金融服务场景提升客服体验上。经数据测试，小易机器人的质检效率相比人工质检高出 20 倍左右。目前，小易机器人的业务领域涵盖基金、债券、保险、银行、信托等金融行业，以及运营商、航空、婚恋、房地产等行业的客服业务，项目服务区域覆盖国内 28 个省级行政区域，国外业务也拓展至泰国、新加坡、印度尼西亚、印度、越南等地区。

第四节　身份识别安全的技术保障

身份识别技术是移动互联网、大数据、云计算和人工智能等新科技在金融领域得以安全应用的前提条件。有了安全可靠的身份识别技术，金融 APP 得以通过移动端为客户提供各式汇、贷、付等业务，金融部门也能够及时采集到实时海量的大数据，进而运用云计算和人工智能等新技术提供智能化的金融服务。加强对于用户身份的识别和验证，是金融科技应用的条件，也是金融科技的重要组成部分。本节将阐述包括加密技术、验证技术和生物识别技术等相关身份识别技术的发展概况，并分析其如何对金融科技的安全发展提供技术支持。

一、加密技术

随着信息技术的不断发展，数据逐渐成为政府、企业与个人的重要资产，其发掘、存储、处理与使用变得越发重要，逐渐产生了隐私性需求。数据科学的发展使数据的应用场景不断扩展，相应的合作也开始涌现，隐私性问题也随之而来。例如，企业可能需要使用合作方的数据以形成某种判断或结果，而合作方并不愿意将自己的数据完全交给他人，企业同样不希望自己的查询条件或分析方法被合作方得知；使用云计算资源时，使用者也希望自己的数据和运算方法能够保密，然而现实中却不得不将内容全部上传，从而面临泄露的风险。随着云计算和区块链的发展，隐私计算的需求越发涌现，这一结合了密码学和计算科学的前沿领域再次受到了大家的关注。

当代密码学起源于 1977 年，Ron Rivest、Adi Shamir 和 Leonard Adleman 发明了非对称式加密（又称公开密钥加密）算法 RSA。RSA 利用了目前计算机分解素因子运算难度的不对称性，设计了公钥用于加密、私钥用于解密的公钥加密体系，私钥不会出现在数据传输环节，极大地提高了加密数据传输的安全性。RSA 算法发表于 1977 年 4 月 3 日，犹太民族的逾越节，如摩西出埃及一般，人类的加密技术突破了长期以来的瓶颈，到达了新的阶段。

1978 年 Ron Rivest、Leonard Adleman 和 Michael L. Dertouzos 提出了同态加密问题，并在同年提出了满足乘法同态的算法 RSA。在此之前，密码学研究关注的都是数据在存储和传输过程中的静态安全，而同态加密问题的提出将加密技术的研究从静态引向动态，是理论上的巨大革新，也开创了隐私计算的先河。经过学界的不断研究和发展，以全同态计算、安全多方计算和零知识证明为代表的隐私计算取得了一定的成果，也成为密码学研究的三种前沿技术方向。

（一）全同态加密

非对称式加密保证了数据存储与传输的安全。非对称式加密算法产生成对的公钥与私钥，公钥用于加密数据，私钥用于解密对应公钥所加密的数据。在上面的例子中，数据接收方只需对发送方公开公钥，发送方使用接收方的公钥加密数据，接收方收到后使用私钥解密。整个加解密过程中双方不需要交换有关私钥的信息，因此安全性非常高。全同态加密是相对基础性的隐私计算技术，潜在应用范围较广。全同态加密技术实现了密文的直接运算，解决了计算合作中的隐私问题。通过全同态加密，计算资源的需求方可以将涉及隐私的数据以密文状态发送给云服务器或计算公司等非可信的第三方并完成计算，不需要担心任何的信息安全问题。

其缺点在于现有的解决方案效率损失较大，尚不能大规模应用于商业。目前，已经有一些算法相比 Gentry 最初的算法有了一定程度的改进，如 Smart 等人提出的 BGV 算法放弃了 Bootstrapping 而采用换模技术与私钥交换技术，一定意义上取得了突破，是目前效率最好的全同态加密算法。但是，从绝对性能来看，当前全同态加密算法的效率还是非常低的，同样的运算所消耗的计算资源大约要比明文高 6 个数量级。因此，全同态加密仍是一种处于研究和实验阶段的技术，尚不足以进行商业应用。未来，全同态加密技术的落地一方面有赖于更高效率算法的出现，另一方面也将受惠于设备计算能力的提高，可能将从关键性数据开始逐步应用，最终扩展到更多的计算场景。

（二）安全多方计算

安全多方计算解决了如何在参与计算的各方不泄露自身输入且没有可信第三方的情况下安全地计算约定的函数并得到可验证结果的问题。例如，两名富翁可以各自加密自己的财产状况 X 和 Y 作为输入，通过特定的算法，双方可以得到可信的 X 和 Y 的比较结果，但无法获知对方的财产情况。安全多方计算的主要目的是解决互不信任的参与方在保护隐私的前提下协同计算的难题。

除了结果的正确性和输入的隐私性外，安全多方计算协议还要保证参与方之间的公平性，即计算结果只能所有人都得到或都得不到，以应对攻击者可能的提前终止行为。安全多方计算的局限性是效率较低；无法保证参与方输入的真实性。此外，其也无法阻止参与方恶意构造输入，并从结果推测其他人的输入。

（三）零知识证明

零知识证明，是证明者在不透露隐私数据的情况下，向任意第三方证明自己确实拥有特定数据的算法，分为交互式和非交互式两种。零知识证明算法具有以下特性：一是完备性，如果证明方和验证方都是诚实的，证明方确实拥有特定的数据，那么验证一定通过。二是稳定性，如果证明方没有拥有特定的数据，那么诚实的证明方几乎不可能通过验证。三是零知识性，在验证过程结束后，验证方不会得到任何有关于数据的信息。

（四）应用前景

随着技术的不断发展，云计算、区块链乃至分布式计算网络逐渐走入了人们的视野，人们对数据安全的重视为隐私计算的应用提供了迫切需求。隐私计算在安全云计算、分布式计算网络和加密区块链三个方向都有较广的应用前景。

云计算服务不可避免地牺牲了隐私性，目前在使用云计算服务的过程中，用户数据以明文的形式存储在云服务提供商处。数据会不可避免地被云计算提供商获取，此外云端服务器上的数据仍然也有可能被内鬼和黑客获取。隐私计算可以让数据在云计算过程中保持加密状态，避免被服务提供商和其他第三方获取，极大地提高了云计算过程中的数据安全。

分布式计算网络是云计算的高级形态，利用个体广泛的计算资源，形成分布式的运算网络。随着个人计算设备性能的提高和互联网节点接入数的增加，网络计算能力的冗余越来越多。人们闲置的手机、计算机等设备能够通过分布式计算网络重新被有效利用。随着通信技术的不断发展，网络的带宽逐渐提高让分布式计算网络的建立从理论逐渐走向现实。隐私计算为分布式计算网络提供了信息安全的保证。

区块链可以提供可信的分布式记账，极大地降低了信任成本，但面临链上数据可验证和隐私性的两难。对数据隐私的担忧限制了智能合约的应用范围。隐私计算使隐私数据上链成为可能，并且同样通过区块链技术确保其可验证性。

二、验证技术

随着互联网的不断发展，越来越多的人开始尝试在线交易。然而病毒、黑客、网络钓鱼以及网页仿冒诈骗等恶意威胁，给在线交易的安全性带来了极大的挑战。调查机构调查显示，2018 年美国由于网络诈骗事件，使得银行和消费者遭受的直接损失总计达 24 亿美元，平均每位受害者付出了约 1200 美元的代价。

层出不穷的网络犯罪，引起了人们对网络身份的信任危机，如何证明“我是谁”及如何防止身份冒用等问题又一次成为人们关注的焦点。目前，计算机及网络系统中常用的身份认证方式主要有以下几种：用户名/密码方式、智能卡认证、动态口令、USB Key 认证等。

用户名/密码是最简单也是最常用的身份认证方法，是基于“what you know”的验证手段。每个用户的密码都是由用户自己设定的，只有用户自己才知道。只要能够正确输入密码，计算机就认为操作者是合法用户。实际上，由于许多用户为了防止忘记密码，经常采用诸如生日、电话号码等容易被猜测的字符串作为密码，或者把密码抄在纸上放在一个自认为安全的地方，这样很容易造成密码泄露。即使能保证用户密码不被泄露，由于密码是静态的数据，在验证过程中需要在计算机内存中和网络中传输，而每次验证使用的验证信息都是相同的，很容易被驻留在计算机内存中的木马程序或网络中的监听设备截获。因此，从安全性上讲，用户名/密码方式是一种极不安全的身份认证方式。

智能卡是一种内置集成电路的芯片，芯片中存有与用户身份相关的数据，智能卡由专门的厂商通过专门的设备生产，是不可复制的硬件。智能卡由合法用户随身携带，登录时必须将智能卡插入专用的读卡器读取其中的信息，以验证用户的身份。智能卡认证是基于“what you have”的手段，通过智能卡硬件不可复制来保证用户身份不会被仿冒。然而由于每次从智能卡中读取的数据是静态的，通过内存扫描或网络监听等技术还是很容易截取到用户的身份验证信息，因此还是存在安全隐患。

动态口令技术是一种让用户密码按照时间或使用次数不断变化、每个密码只能使用一次的技术。它采用一种叫作动态令牌的专用硬件，内置电源、密码生成芯片和显示屏，密码生成芯片运行专门的密码算法，根据当前时间或使用次数生成当前密码并显示在显示屏上。

基于 USB Key 的身份认证方式是近几年发展起来的一种方便、安全的身份认证技术。它采用软硬件相结合、一次一密的强双因子认证模式，很好地解决了安全性与易用性之间的矛盾。USB Key 是一种 USB 接口的硬件设备，它内置单片机或智能卡芯片，可以存储用户的密钥或数字证书，利用 USB Key 内置的密码算法实现对用户身份的认证。基于 USB Key 身份认证系统主要有两种应用模式：一是基于冲击/响应的认证模式，二是基于 PKI 体系的认证模式。

三、生物识别技术（指纹、声控、人脸、虹膜）

传统的身份认证技术，一直游离于人类体外，有关身份验证的技术手段一直在兜圈子，而且兜得越来越大、越来越复杂。以“用户名 + 口令”方式过渡到智能卡方式为例，首先需要随时携带智能卡，其次容易丢失或失窃，补办手续烦琐冗长，并且仍然需要出具能够证明身份的其他文件，使用很不方便。

直到生物识别技术得到成功的应用，才真正回归到了对人类最原始生理性的贴和，并通过这种终极贴和，回归给了人类“绝对个性化”的心理感受，与此同时，还最大限度地释放了这种“绝对个性化”原本具有的，在引导人类自身安全、简约生活上的巨大能量。

生物识别技术主要是指通过可测量的身体或行为等生物特征进行身份认证的一种技术。生物特征是指唯一的可以测量或可自动识别和验证的生理特征或行为方式。生物特征分为身体特征和行为特征两类。身体特征包括指纹、掌型、视网膜、虹膜、人体气味、脸型、血管纹理和 DNA 等；行为特征包括签名、语音、行走步态等。目前部分学者将视网膜识别、虹膜识别和指纹识别等归为高级生物识别技术；将掌型识别、脸型识别、语音识别和签名识别等归为次级生物识别技术；将血管纹理识别、人体气味识别、DNA 识别等归为“深奥的”生物识别技术。

指纹识别、虹膜识别、人脸识别最近几年在手机等移动终端上持续更迭，单机价值大幅提升，新款 iPhone 生物识别价值量甚至在 15 美元以上，其背后的驱动在于移动互联网个人对于安全性和认证便捷性的需求。目前，生物识别的价值才刚刚被发掘，未来 5G、云计算、区块链和物联网应用的兴起，对于更复杂、更便捷环境下的身份识别将提出更高的要求，行业有望迎来强势周期的成长。

（一）场景多样化和便捷化驱动生物识别升级

虽然智能手机在2013年以后增长放缓，但是生物识别在iPhone5S推出指纹解锁以后才拉开成长的帷幕。从手机解锁到线上线下支付，伴随着强烈的安全需求，生物识别已与日常生活密不可分。持续高速增长的移动支付市场，成为以指纹为代表的生物识别主战场，根据艾瑞咨询数据，2017年国内第三方移动支付规模120万亿元，指纹识别渗透率达57%。

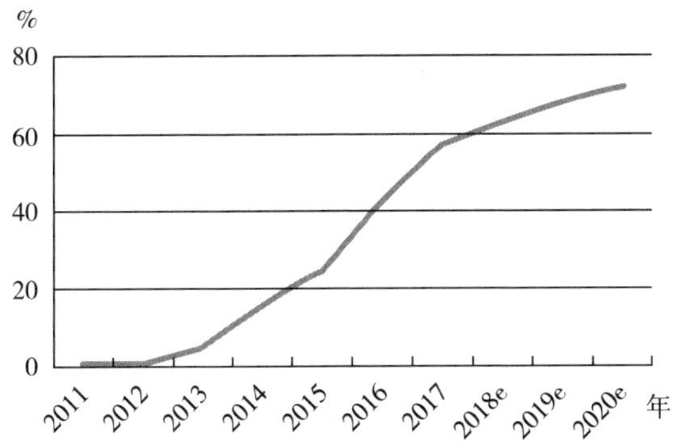

图3－16　支付解锁带动指纹识别渗透率快速提升

（资料来源：旭日显示与触摸，东吴证券研究所）

随着移动互联网时代应用持续增加，生物识别的场景越来越多，消费者也需要更加便捷的识别方式，带动生物识别技术持续升级，屏下指纹识别、虹膜识别、人脸识别等大放异彩，单机价值实现大幅提升，新款高端手机甚至在15美元以上。根据中研网数据，2017年全球生物识别市场规模大约为172亿美元，指纹识别、人脸识别、虹膜识别占比分别为58%、7%、6%。

（二）指纹识别升级需要更强大软硬件一体化的支持

总结指纹识别技术的演进历史，是从电容指纹到屏下指纹。电容指纹是通过检测手指与Sensor之间的电容信号得出指纹图像，距离过远信号会大幅衰减，所以电容指纹Sensor一般外置，上面加一个Cover，如果采用

Underglass 方案则会对玻璃减薄。由于识别环境简单，采集电位信号后生成的是黑白图像，清晰、稳定，对指纹算法的要求并不高，进入门槛较低，大部分芯片设计厂商采取和第三方算法厂合作的模式进入。同时，芯片的 Die Size 可以不断做小，且不影响辨识度，从而持续降低芯片成本。但是，其在应用上的局限性较大，主要用来解锁和支付。

屏下指纹主要包括光学指纹和超声波指纹两种。光学指纹经过两代更迭，技术成熟度高。Sensor 较为简单，芯片成本低，但是识别时干扰较多，需要算法和硬件设计高度配合，以及 OLED 产能配套完善。而超声波屏下指纹还没有成熟产品出货，Sensor 制造难度大，芯片成本高。其算法相对简单，但需要柔性 OLED 配套。光学和超声波未来都可以实现大面积区域的识别，体验要优于电容指纹。

超声波指纹识别技术于 2015 年由高通正式推出，由于超声波最大的难点在于穿透性，比如刚性 oled 封装层氮气、LCD 背光模组等都是穿透的障碍，所以超声波指纹目前只能搭载柔性 OLED。同时，超声波指纹 Sensor 使用压电材料（AIN、PVDF 等）通过 MEMS 工艺制造，然后需要与 CMOS 工艺的 ASIC 电路键合，难度非常高，压电材料和制造工艺成本都非常大，从而影响其推广。我们预计屏下超声波指纹模组价格在 15 美元左右，未来有望先在高端旗舰机中小批量应用。

（三）人脸识别算法、设计难度进一步提升

电容、屏下指纹获取的都是指纹图像，其应用也局限于解锁和支付。相比之下，3D Sensing 获取的是 3D 人脸图像，信息量丰富，应用场景也更为广阔。根据 Yole 数据，3D Sensing 应用市场规模 2023 年将成长至 185.2 亿美元，2017—2023 年复合增速为 44%，消费、汽车、工商业为其主要应用领域。

终端厂商中，苹果最执着于人脸识别，技术储备也最为丰富，三款新机和 iPad Pro 都搭载了 3D Sensing，我们判断苹果正不断充实自己的人脸库，目的是构建在智能家居、智能汽车等领域的闭环生态。在智能家居领域，门锁可以通过人脸打开，娱乐系统可以通过人脸以及手势控制；在智

能汽车领域，通过刷脸上车、登录车载系统，语音控制空调、查询油耗，行车过程中可以监测疲劳驾驶，带来完美的驾驶体验。

生物识别应用并不局限于手机的日常支付解锁。中长期来看，5G、云计算、大数据、IoT、区块链等行业的快速发展，以及对安全性和便捷性的高要求，将带动生物识别行业穿越周期，迎来黄金成长。

第五节 金融风险防控的技术保障

风险控制是指风险管理者采取各种措施和方法，消灭或减少风险事件发生的各种可能性，或者减少风险事件发生时造成的损失。充分运用各种科技防控金融风险，在我国防控金融风险攻坚战中发挥了重要作用，对保障金融科技安全发展起到了重要作用。

金融风险防控主要包括安防、风控、信用、监测等方面，本节从上述领域的科技进展着手，分析其在金融领域的最新应用。

一、安防科技

（一）安防科技发展现状

安防是随着现代社会安全需求应运而生的产业，是社会公共安全体系的重要组成部分，只要社会上还有犯罪和不安定因素存在，安防行业就会存在并发展。安防统属于电子行业的范畴，是对现代计算机技术、集成电路应用技术、网络控制与传输技术和软件技术的综合利用。金融行业是安防监控的重点行业，金融安防的发展在推动整个安防行业发展中发挥了重要作用，金融行业也因安防监控的守护变得更加安全。随着安防监控在金融领域的应用密度越来越大，金融市场需求也随之扩大，原有安防系统满足不了市场需求，金融安防系统升级成了大势所趋。

前瞻产业研究院发布的《中国安防行业市场前瞻与投资战略规划分析报告》统计数据显示，截至2017年底，中国安防企业约为2.1万家，行业总收入达到6016亿元左右，年均增长14.4%。预测在2020年我国安防行业总收入将突破 8000 亿元，达到 8212 亿元左右。按业务构成划分，2017 年，安防产品总收入约为 1800 亿元，占比为 30%；安防工程总收入为 3730 亿元，占比为 62%；报警运营服务及其他收入约为 480 亿元，占比为 8%。

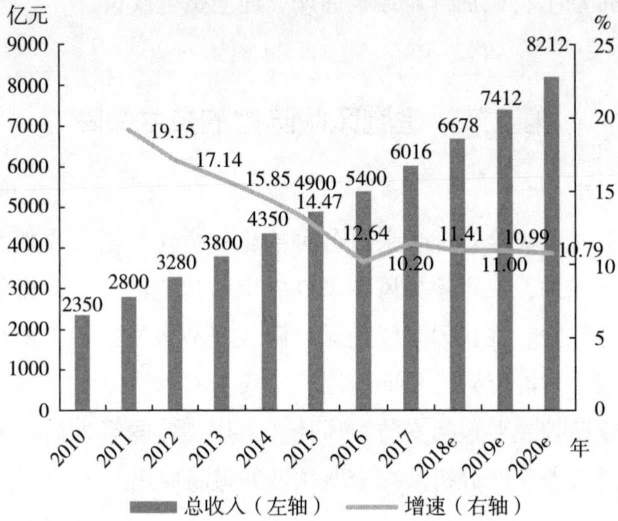

图 3－17　中国安防产业总收入及增速

（资料来源：前瞻产业研究院，万和证券研究所）

2016 年后，随着网络传输深度学习算法和芯片性能的提升，安防行业在经历了模拟监控、数字监控、高清监控后，开始步入“看得懂”的智能化时代，人工智能赋能安防，各类基于人工智能技术的垂直应用不断涌现。视频监控系统前后端均实现智能化，前端“智能化”，后端“云化”，并逐渐演变为“边缘节点”“边缘域”“云中心”三个层次，云边融合的产业生态圈成为安防系统正在发生的新趋势。

我国安防产业保持了 10 年以上的高速发展，2017 年市场规模达到 6200 亿元，年复合增速为 16%。目前我国安防产业结构中，视频监控占据 50. 6% 的份额，其余出入口控制、实体防护、智能家居、防盗报警及平台分别占据 14%、13. 7%、10. 2%、8% 及 3. 5%。

安防产业的相关产业链主要分为上游、中游、下游和终端应用四个部分。上游为关键零部件、芯片和算法，主要包括图像传感器、光学镜头、芯片和算法公司。其中芯片为主要技术壁垒，多为国外厂商所垄断。中游主要为安防设备，负责匹配上游组件和下游需求，提供整体的产品和方案。下游主要为具有项目资源且技术壁垒较低的销售渠道商、项目集成商、工程建设服务商和运营服务商，负责安防产品的销售和整体项目集成与运营。终端应用领域落地到政府、具体行业和居民家庭，踏入全民安防的时代。

目前上游的安防科技正在不断革新。首先，芯片在产业链中扮演着最核心的角色。视频监控系统中从图像信号处理、视频编解码、视频存储到 AI 智能分析，每项技术的发展都需相适配的芯片硬件紧密结合，只有这样，才能充分发挥整个系统的功效。目前 ISP、IPC SoC、DVR SoC 和 NVR SoC 四类芯片均已实现了较大程度的国产化替代，主要厂商有华为、海思、富瀚微、中星微等。随着智能化与安防行业紧密结合，各种类型的 AI 芯片正快速向安防监控各环节渗透，但高性能 AI 芯片仍以国外为主导。AI 芯片主要囊括三大类：一是经过软硬件优化可以高效支持 AI 应用的通用芯片，如 GPU 方案。二是侧重加速机器学习（尤其是神经网络、深度学习）算法的芯片，这也是目前 AI 芯片中最多的形式，如 FPGA、ASIC 方案。三是受生物脑启发设计的神经形态计算芯片，称为类脑芯片，通过模拟人脑运行机制设计。比如 IBM 的类脑芯片 TrueNorth 就是基于脉冲神经网络。但受限于脑科学的发展水平，目前还很难研制出通用的类脑芯片，市场上的类脑芯片一般只是部分吸取了人脑特点的专用处理芯片。

AI 芯片的目标在于“训练”和“推断”。其中云端聚集训练和推断双重功能，通用 GPU，特别是 NVIDIA 系列 GPU 芯片方案是目前 AI 训练领域应用最广泛的平台。GPU 芯片擅长并发计算，适合图形运算，上市快，通用性强，但存在成本、效率、功耗三方面的瓶颈。当前安防监控领域最主流的深度学习芯片方案是 GPU，基本被英伟达掌控，国内的 GPU 芯片方案尚无较大进展。但考虑到 GPU 方案存在成本、效率、功耗三方面的瓶颈，针对推理阶段来讲并非最佳选择。随着智能计算的不断前移，不少安防产业链企业着重开发 FPGA/ASIC 智能芯片，如深鉴科技的DPU芯片（FPGA）、北京君正的NPU协处理器（ASIC）、寒武纪的AI服务器芯片（ASIC）等，这些芯片在不同程度上解决了行业痛点，应用前景广阔。

关键零部件包含图像传感器芯片、光学镜头和存储器等组件。光学镜头已基本实现了国产化，具体厂商有舜宇光学科技、联合光电等企业。图像传感器和存储器还主要依赖国外进口。存储主要有前端存储、后端集中式存储和云存储三种，主要的存储技术和解决方案领导厂商为国外的西部数据和希捷科技。图像传感器目前正处于CMOS全面替代CCD的阶段，国外索尼、三星和豪威三大巨头的市场占有率达到了72%，国内的CMOS传感器厂商有思比科、格科微等，产品主要用于中低端消费类电子领域，与国外厂商还存在一定的差距。

（二）AI在安防领域的应用

人工智能与安防相结合能够实现对数据的实时跟踪、关联分析，达到对异常现象的检测处理和对危险事件的提前预警。具体应用场景集中在公安、交通、金融等领域，主要体现在视频结构化、生物识别技术和物体识别应用上。

视频结构化即视频数据的结构化处理，就是通过对原始视频进行智能分析，采用时空分割、特征提取、对象识别、深度学习等处理手段，提取出关键信息，并进行文本的语义描述，组织成可供计算机和人理解的文本信息或可视化图形信息，从而实现视频数据向有效情报的一次转化。

生物识别技术是指利用人体固有的生理特征和行为特征来进行个人身份鉴定的技术，人脸、指纹、虹膜三种识别方式是目前较广泛的生物识别方式，这其中人脸识别预测到2020年将达到42.8亿元（中商产业研究院估算数据）。

物体识别是判定一组图像数据中是否包含某个特定的物体、图像特征或运动状态，在特定的环境中解决特定目标的识别。目前物体识别能做到简单的几何图像识别、人体识别、印刷或手写文件识别等，在安防领域主要应用于车牌识别。

（三）金融安防

众所周知，金融行业因其职能的特殊性、敏感性，直接影响着社会安全与稳定，从货币制造到流通发行，从金融交易到数据处理，从业务流程控制到交易人员安全，每一个环节都存在非常高的风险隐患。

安防科技的最新进展在金融领域的应用包括智能硬件 + 软件构建的综合信息管理平台、入侵报警、出入口控制、语音对讲、视频监控等。

为应对突发事件，银行安全保卫工作已不能再局限于守护押运，也难再用“三防一保”加以概括，建立与业务经营和生产紧密关联的“大安全”管理体系，是银行风险管理与内部控制的重中之重。银行安防工作已从传统型向智能型转变延伸。以华夏银行为例，商业银行正在强化技术手段，实施“两步走”：一是加强预防预警，加强和厂家及工程商的合作，向科技要警力、在效率上下功夫。二是非现场管理，银行从实现智能化管理和非现场指挥考虑，把监控中心的潜能和作用挖掘出来，如报警监控联网平台、自助银行大门“远程锁闭功能”，都是通过远程实行硬控制，发挥其作用。

入侵报警近些年发展的一个明显特征是设备实现 IP 化，由前期单一的电话线等模拟线路传输发展成支持以太网传输、GPRS 无线传输等多种网络传输技术。同时在应用上提供二次开发接口，形成产品形态趋于一体化发展的态势。由单一的报警主机设备发展成提供智能报警平台相关的产品，其中部分厂家还推出了带视频功能的报警主机，并支持可视化的入侵报警系统产品。

出入口控制系统近些年的一个明显特征是趋向 IP 化发展，众多厂家不断推出支持以太网传输的相关设备，同时也引入了众多新技术，如指静脉技术、视频生物识别技术、RFID 技术、智能技术、移动互联技术等，使得现在的出入口控制系统更加智能化、可视化、人性化。

语音对讲系统近些年主要的变化是 IP 语音对讲系统逐渐取代了传统的模拟语音系统，实现将视频融入 IP 对讲，形成可视化对讲系统，如自助银行中的语音对讲系统。

视频监控是安防监控可视化中管理的核心，其投资在整个金融安防产品中占有较大份额。结合近些年的视频监控发展的分析，可以总结为“高清化”“网络化”“智能化”。高清化指的是支持高清的前后端设备快速应用，网络化指的视频监控的IPC、NVR、解码设备等使用网络型的设备使用量快速上升，而智能化指的是视频设备逐渐向智能化发展，具备智能功能的视频监控设备越来越多。

二、风控科技

风险管控是金融市场的核心，我国金融产业的发展表现出很强的信贷驱动属性，各类以新技术支撑的智能风控产品服务已成为重要支撑工具。金融科技产业经历了电子化、信息化、网络化、移动化时代，随着机器学习、自然语言处理、知识图谱等技术的发展，各类智能金融应用出现，金融科技已步入智能阶段。

智能风控是智能化技术手段在金融领域的重要应用，通过构建智能风控管理体系，突破以人工方式进行经验控制的传统风控局限性，其主要体现在技术和应用两个层面。其中，在技术层面，智能化技术综合运用了互联网、大数据、人工智能、云计算、区块链等新科技手段，达到业务流程的智能化转型。在应用层面，通过构建智能风控体系，提高金融机构业务效率和安全性，在有效降低风险事件发生概率和损失的前提下，扩展业务覆盖人群，完善业务流程，降低风控成本，实现贷前、贷中、贷后全链条自动化，还可以促进风控管理差异化和信贷业务人性化。下面对贷前、贷中和贷后三个阶段中所应用的前沿技术进行分析。

（一）贷前风控

贷前风控是整个信贷流程的基础，直接影响信贷业务质量。智能化手段的运用通过将非结构化的数据与线下客户建立联系，在实现自动化的同时提高效率。贷前风控主要包括审核、身份认证、反欺诈、征信和授信五大环节。

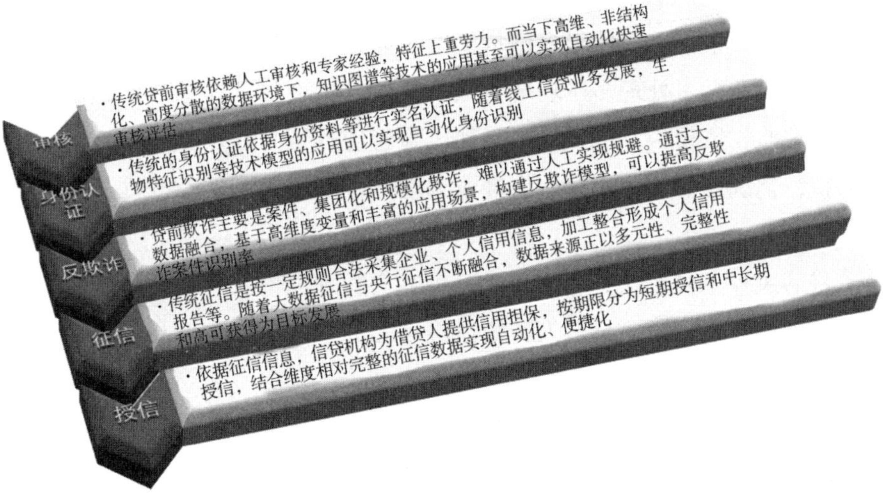

图 3－18　贷前风控流程

（资料来源：亿欧智库）

（二）贷中风控

贷中风控能够实现对在线交易进行仿冒和欺诈识别，对借款人进行实时管控，有效防范和控制欺诈交易等风险威胁。实时监控的依据来源于实时监测的渠道数据，由于互联网数据具有更新频率快、反馈及时等优点，因此大数据接入可以协助借贷方实现动态监控、异常行为预警（多头借贷行为监控、还款能力指标异常预警及还款意愿交叉识别）等风控流程。

智能化手段可以对信贷交易进行风险判定，借助以借款人为核心关系的人际关系网络，通过对借款人的交易行为、还款行为、设备使用行为等各方面关键信息项的交叉侦测，提前发现风险，进行预警并对借款人账户进行实时管控。贷中风险控制主要包括信用评分、风险定价、审批、交易监控和交易反欺诈五大环节。其主要应用了以大数据为基础构建的信用评分模型、定价模型自动化审批、机器学习构建反欺诈模型等技术手段。

（三）贷后风控

作为信贷管理的最终阶段，确保贷款安全、案件防控和业务管理质量往往取决于贷后风控的精细化程度。以往的贷后风控措施依赖于人工操作，成本高回报小，因此很多信贷机构在贷后布局投入较小。

利用机器学习处理多维弱变量数据，可以精准估计违约风险，制定风险管理策略、风险偏好、风险限额和风险管理政策与程序，通过自动监控策略执行情况及时优化调整，提升业务端风险管理体系的有效性，打造信贷风控闭环。

贷后风控主要包括贷后监控、存量客户管理和催收三大环节。主要应用的技术有扫描信用、贷款人新增风险动态监控、贷款人信息变更以及智能化、科技化、合规化催收产业。

案例一：百融云创小微线上智慧风控系统

针对小微信贷业务全生命周期，百融云创小微线上智慧风控系统将风控模式由单点风控提升为整体风控，层层把关，涵盖贷前（反欺诈、准入策略、信用评估）、贷中（额度、期限、利率）、贷后（实时预警、人工智能与智能催收）风控周期，由普惠资产方（平台方）、科技赋能方、资金方三方分别对客户独立进行风险评估。多方独立模型对借款人风险进行多重甄别、交叉验证，使对借款人的风险判别更全面、精准，提升风控质效，以满足小微企业等普惠领域获得优质高效的金融产品和服务的需求（见图3－19）。

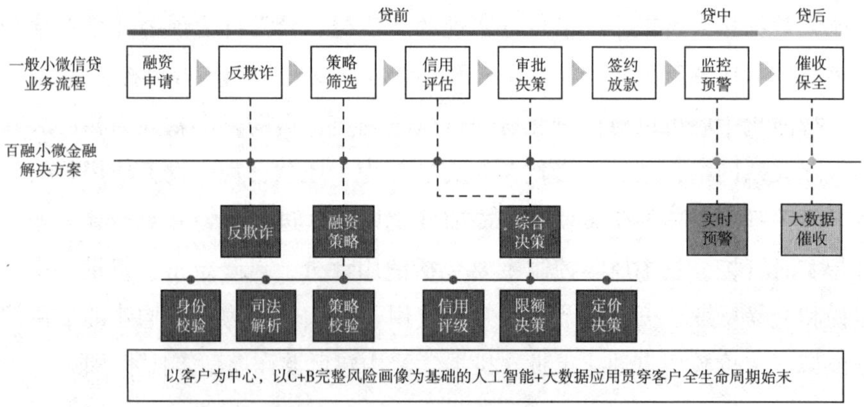

图3－19　小微线上智慧风控系统流程

案例二：沅启融安基于图数据库和图计算技术的信用卡反团伙欺诈项目

针对银行等金融机构所面临的外部欺诈形势严峻复杂，欺诈行为呈现产业化、多样性和高科技等特点，沅启融安“基于图数据库和图计算技术的信用卡反团伙欺诈项目”，利用国际领先的图计算和无监督机器学习技术解决信用卡业务审核中遇到的团伙欺诈问题。

信用卡团伙欺诈案例中多数是由中介机构代客户通过网上渠道或智能终端申请办卡，在包装虚假信息成功办卡后，再组织申请人统一领卡，规避银行的亲访亲签。在信用卡申请数据审核时，银行内部传统的关系型数据库需要利用多个表结构来存储各类数据，这种数据存储方式并不适合于处理大规模数据的内在关联关系。而图数据库和图计算技术更适合于分析海量信用卡申请数据中的内在关联关系，从而可以有效分析信用卡申请中存在的团伙欺诈风险。通过把大规模信用卡申请数据以图的形式进行存储，并利用图查询和图计算算法研究和解决信用卡反团伙欺诈问题。

项目具体算法流程如图 3－20 所示。

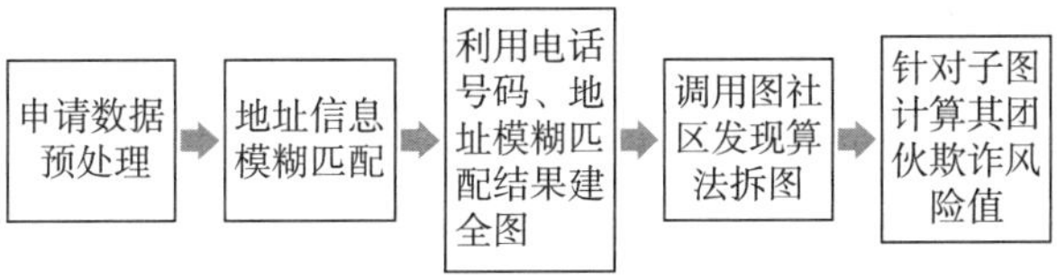

图 3－20　项目具体算法流程

项目中解决的技术难题：

（1）大规模图数据的清洗和建图过程。亿级顶点数和十亿条边，对图计算技术的性能要求非常高。

（2）利用信用卡申请中的电话号码和地址信息建图。针对犯罪团伙地址信息填写的不同写法，需要研究和实现一个较为可靠的地址模糊匹配算法，而此项工作需要外部数据以及自然语言处理（NLP）方面的算法支持。

（3）在未知团伙的情况下，利用图计算中的社区发现算法（如标签传播算法、Louvain 算法等）针对全图进行多级拆图，找到可能的欺诈团伙。

（4）针对已经划分好的子图，利用某些已知的规则为其团伙欺诈风险进行评分，并验证结果的准确性。

沅启融安图计算与反欺诈系统的实施可以帮助银行调整信息化建设的思路，由原来完全基于关系型数据库的IT发展方式过渡到关系型数据库和图数据库协同发展的新方向，以更好地满足互联网大趋势下市场对金融机构智能风控的发展要求。

此外，沅启融安反欺诈系统在金融行业防风险、反欺诈方面的成功应用，可以广泛推广到其他金融领域中。例如，协助监管部门进行反洗钱相关的资金流向分析和资金交易管理，通过对已知洗钱案件的交易关系网络梳理，来锁定和重点监控与已知案件具有特征关联关系的特定人或机构的交易行为和交易网络，协助监管部门主动筛查洗钱团伙，提升工作效率和监管水平。

三、信用科技

作为金融市场的核心，信用市场不可避免地受到金融科技的影响。我们认为信用科技是金融科技范畴下一个高度专精的领域，其以信用为核心，以科技为手段，帮助领先的信用服务商借力互联网、移动通信、人工智能（AI）、区块链、云计算和大数据等新兴技术的高速发展，打造新一代的信用基础设施、信用服务和信用交易市场。例如，越来越多的评级机构与征信机构将大数据分析与历史经验相整合，通过对其客户的行为、财务、业务等数据进行分析，进一步提升其评级与信用报告的准确性。信用科技改变了以往信用风险识别、评级及定价的方法。随着科技赋能信用风险管理，现有的信用业务模式将以更低的成本、更高的效率获得提升。

从信用产业的视角看，信用和风险管理的本质是解决信息不对称问题，信息流高效传递才能更好地促动资金流的高效运转。从信用风险管理的流程看，可以把风险管理分为三步——风险的识别、披露和缓释。下文围绕上述三个方面探讨信用科技在金融领域的应用。

第一步是风险的识别。本轮互联网大数据技术、金融科技等技术迅速普及之前，不论是企业主体信用还是个人信用的风险识别更多地依赖线下的尽调走访、资料收集和信用专家的经验判断，传统的风险识别方式受制于区域、获客、成本等因素在解决信息不对称问题上仍有很大的提升空间。这也正好给2013年以来互联网大数据技术提供了极大的施展空间，新技术的出现在客户的低成本获取、更多维度信息的挖掘以及更完善的风控模型三大领域极大地解决了中小微企业和个人客户信用评估过程中的信息不对称问题。

第二步是风险的披露。在风险准确识别的基础上，如何使风险能够快速、高效地传递，规避道德风险是信用风险管理的另一重点。区块链技术具有的去中介信任、防篡改、交易可追溯等特性能够在很大程度上规避信息披露过程中的道德风险问题，保证交易各方能够公平、高效地获取信息。

第三步是风险的缓释。有一点很明确，科技本身的价值在于高效广泛获客和低成本风控，但并不能改变风险本身，更不能消灭风险，信用风险是客观存在的。那么在借助科技的力量进行风险识别和风险披露的基础上，我们还要回归到传统的金融领域，借助金融工程的手段去缓释风险，比如担保、资产证券化、违约互换等。其中会较多地利用风险管理的经验积累去进行金融产品的设计。但未来借助机器学习、人工智能等技术去优化传统的金融工程模型值得研究和探讨，近期金融科技和金融模型的融合实践表明未来这块将有很大的信用挖掘价值。

归纳而言，信用科技是借助大数据、机器学习、人工智能、区块链等技术接入信用风险管理的三个不同层次，并结合信用风险管理的经验积累，更高效地解决信息不对称问题，驱动信用评估的智能化、模块化，驱动未来金融的发展。

信用科技的一大主要应用就在于征信领域。当前已经形成以中国人民银行的公共信用信息征信系统为主、市场化征信机构为辅的多元化格局。至2019年5月底，人民银行征信系统收录自然人9.6亿，覆盖率已达69%。

随着大数据的发展，征信数据所包含的领域和来源越来越广，大量个人的征信数据得以采集，与传统个人征信数据互补，有效提升了数据的多元性和可获得性，满足了网络贷款的个人征信需求。大数据征信技术提升征信效率主要体现在大数据技术能捕获传统征信没有覆盖到的人群，满足了没有进入传统征信范畴但有贷款需求的人群；其数据维度广，有利于全面评估信息主体的信用风险；另外，其应用场景丰富，信用评估时效性高，可以减少信息不对称。

案例三：天创信用企业闪贷智慧服务平台在银行的探索与应用

针对江苏泗阳农村商业银行在业务开展中面临的新客营销难、贷前调查难、贷时审批难、贷后检查难、专家团队培养难、业绩提升难“六难”问题，天创信用联手江苏泗阳农村商业银行联合打造了“企业闪贷智慧服务平台”。借助金融科技，采用“数据 + 业务”双重驱动，降低业务成本，提升业务效益。通过营销智慧化、调查规范化、审批智能化、管理科学化的信用科技运行流程（见图 3 – 21），完成了平台业务模式的快速上线及长期高效运营。

图 3 – 21　信用科技运行流程

平台搭建的具体流程如下：

（1）汇数据。建立企业大数据平台，汇集各方数据，打破银行和中小企业间的数据壁垒，化解信息孤岛，实现对中小企业现有碎片化、多元化数据的管理与整合。

（2）建体系。构建中小微企业信用评价体系，通过大数据分析及机器学习算法构建反欺诈策略、信用评估模型等，实现贷款全流程的智能风控支撑。

（3）搭平台。建立企业闪贷智慧服务平台，将上述企业汇集的数据及企业信用评估的风控策略融合到业务应用各环节，实现中小企业信贷业务的进件、审批、签约、放款、贷后、保后、逾期、代偿、用款等环节的线上全流程支撑及业务管控。

在技术运用上，平台基于全流程数据驱动，通过数据源交叉核对、本福德定律、勾稽关系检验确保数据真实性；LR、SVM、xgboost 等有监督算法保证模型区分能力；细分行业无监督 AHP 核密度算法保证模型稳定性，通过差异化风险定价、智能推荐、审批、调额策略、催收模型，保证全流程风险可控。

近年来，中小企业在我国经济运行中扮演着重要的角色，在促进经济发展过程中不可或缺，然而中小企业融资难仍然是一个世界性难题。中小企业存在规模小、无固定资产抵押、无法提供有效信用担保等问题，其中信用缺失问题最为突出。包括中小企业与政府关系中的信用缺失、与金融机构关系中的信用缺失，以及与消费者之间的信用缺失，要解决这些问题，核心是中小企业信用体系建设。

案例四：道口贷应用金融科技探索中小企业信用融资新模式

为更好地为中小企业发展提供金融服务，有效解决中小企业融资难的问题，2014 年底，清华大学五道口金融学院互联网金融实验室将研究成果转化创建了道口贷平台。该平台以金融科技为支撑，逐渐打造出中小企业基于应收账款、依托互联网进行直接融资的融资新模式。这一模式最鲜明的特点是，彻底打破了传统金融机构主要依托抵押担保作为对中小企业授信依据的做法，真正利用金融科技手段实现风险定价和风险分散，注重企业应收账款在中小企业信用评价中的地位和作用，赋予中小企业信用融资以全新的时代内容，实现了依托金融科技手段消除“信用歧视”、服务中小企业的目标。

平台基于应收账款的中小企业融资新模式，处处体现着金融科技发展的成果。通过金融科技手段的应用，平台实现了传统信用数据的互联网化，这些数据包括行业分析、财务数据分析以及企业及控制人征信数据分析。通过发挥金融科技的作用，可实现对供应链上下游管理数据、品牌影响力、实际控制人社交网络数据以及企业家精神的精准分析和把握。这对创新风控管理模式、加强风险管理控制发挥了重要的作用，不仅可以有效增强金融机构的风险定价能力，而且可以对企业产生强大的约束作用，增大企业违约成本，促使企业认识到“一次违约，势必终身受累”。

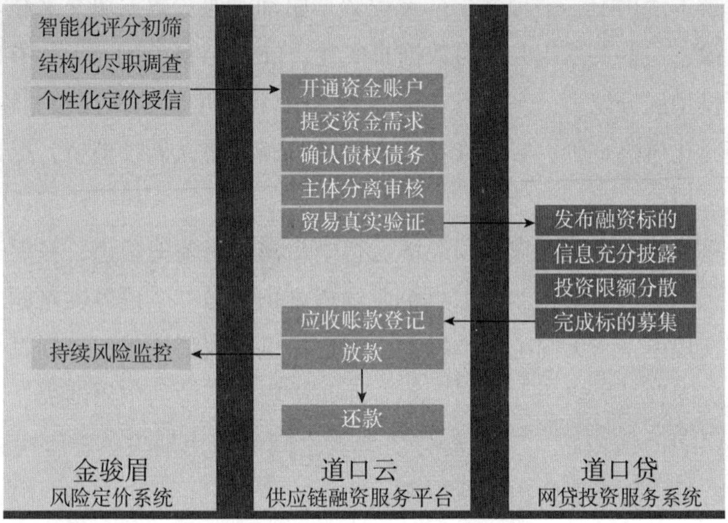

图 3-22　中小企业信用融资模式

道口贷应用金融科技发展成果，打造中小企业信用体系，为有效加快我国中小企业信用体系建设提供了参考路径。

四、监测科技

金融监测主要是指国家或政府对金融活动的运行状况和管理过程所进行的宏观层面的监督、测定、计量、分析和评估。2019 年 9 月 6 日，人民银行正式发布《金融科技（FinTech）发展规划（2019—2021 年）》。在提升金融业风险防范能力方面，该规划提出，组织建设统一的金融风险监控平台，引导金融机构加强金融领域 APP 与门户网站实名制和安全管理，增强网上银行、手机银行、直销银行等业务系统的安全监测防护水平，提升对仿冒 APP、钓鱼网站的识别处置能力。构建跨行业、跨部门的风险联防联控机制，加强风险信息披露和共享，加大联合惩戒力度，防止风险交叉传染，实现风险早识别、早预警、早处置，提升金融风险整体防控水平。金融监测系统，则是分别反映上述内容的指标体系和一整套数据处理方法形成的调控信息系统。

由于传统金融监管成本高、不具有可持续性，为了及时有效识别、防范和化解金融风险、整治金融乱象，必须引入高科技手段实现监管全覆盖。应用新科技金融监测服务平台亟待构建，它将防范化解系统性金融风险化被动为主动，实现科学防范，早识别、早预警、早发现、早处置。当前，随着金融科技步入 3.0 时代，以及大数据、人工智能等技术的发展，风险信息来源分散、风险预警提示不集中，指标、数据碎片化等问题有了新的解决方法。

相关科技在金融风险监测领域的应用主要包括两个方面：一是交易大数据统计模型，该模型能有效统计动态高频、碎片化的企业交易等信息；二是风险预警模型，其运用人工智能算法能囊括多维指标因素，利用大数据等信息化手段，广范围、多维度收集信息，监测动态，实现更为精准的预警。此外，运用人工智能手段可以提供更为科学的决策参考，辅助管理部门提升监管效能。这两大模型的结合又能为相关金融科技企业提供风险预警、防控服务，引导、督促企业合规经营。

充分运用各种科技防控金融风险，在我国防控金融风险攻坚战中发挥了重要作用，保障了金融科技安全发展。

第四章　金融科技安全发展的市场应用

第一节　持牌金融机构纷纷布局金融科技

在监管趋严、规范发展的大背景下，金融科技的应用主力逐步由新兴科技企业转向持牌金融机构。2019 年 8 月，中国人民银行发布《金融科技（FinTech）发展规划（2019—2021 年）》，进一步明确了金融科技以持牌金融机构为主体，持牌金融机构在依法合规前提下发展金融科技，有利于提升金融服务质量和效率。持牌金融机构是金融科技应用的重要主体。承担着优化金融发展方式，筑牢金融安全防线，进一步增强金融核心竞争力的重要使命。[①] 金融科技的核心是利用现代科技成果优化或创新金融产品、经营模式和业务流程，借助先进技术简化供需双方交易环节，降低资金融通边际成本，推动金融机构在盈利模式、业务形态、资产负债、信贷关系、渠道拓展等方面持续优化，不断增强核心竞争力，为金融业转型升级持续赋能。[②] 业界的解读为：金融的归金融，科技的归科技。

一、持牌金融机构的界定

顾名思义，持牌金融机构需要满足两个要件：一是持有金融牌照（金融许可证）；二是金融机构。

---

① 中国人民银行印发《金融科技（FinTech）发展规划（2019—2021 年）》［EB/OL］.［2019－06－21］. 中国政府网，http：//www.gov.cn/xinwen/2019－08/23/content_5423691.htm.

② 中国人民银行印发《金融科技（FinTech）发展规划（2019—2021 年）》［EB/OL］.［2019－06－21］. 中国政府网，http：//www.gov.cn/xinwen/2019－08/23/content_5423691.htm.

有必要从已有标准和文件出发，对“持牌”的范畴进行梳理（见表4－1）。根据我国监管部门出台的各类文件，其中所称持牌，主要是指由人民银行、银保监会、国家外汇管理局等中央金融监管机构（简称“一行两会一局”）发放牌照的金融机构。这不包括地方金融监管机构或其他部门（如商务部）以批文或其他许可的形式发放的许可（见图4－1）。

表4－1　各类持牌金融机构金融许可证及主管部门

牌照类型	监管部门	发放时间	主营业务
银行	银保监会	—	储蓄、信贷
保险	银保监会	1998 年	财险、寿险、万能险
券商	证监会	1998 年	证券承销、保荐、经纪、证券投资
信托	银保监会	1984 年	各类信托业务
第三方支付	中国人民银行	2011 年	大致包括货币汇兑、互联网、移动电话、固定电话支付、银行卡收单等几大类
公募基金	证监会	1998 年	公募基金、机构业务
基金子公司	证监会	2012 年	类信托业务
基金销售	证监会	2001 年	发售基金份额
基金销售支付	证监会	2010 年	基金销售支付结算业务
期货	证监会	1993 年	期货交易

对比2014年中国人民银行组织开展全国银行业《金融机构代码证》发放的单位范围，结合全国金融标准化技术委员会2014年9月发布的《金融机构编码规范 JR/T 0124—2014》，行业标准将金融机构分为八个大类（见图4－1）。

不难看出，近五年来，我国对于金融监管和金融风险防控越来越重视。为加强金融监管协调，2017年7月14日，在北京召开的全国金融工作会议宣布设立国务院金融稳定发展委员会。2018年3月17日国务院机构改革方案公布，中国银行业监督管理委员会和中国保险监督管理委员会进行了职责整合，组建中国银行保险监督管理委员会。原归属于中国银行业监督管理委员会和中国保险监督管理委员会的拟订银行业、保险业重要法律法规草案和审慎监管基本制度的职责被划入中国人民银行。与此同时，金融机构的范围在逐渐收窄。

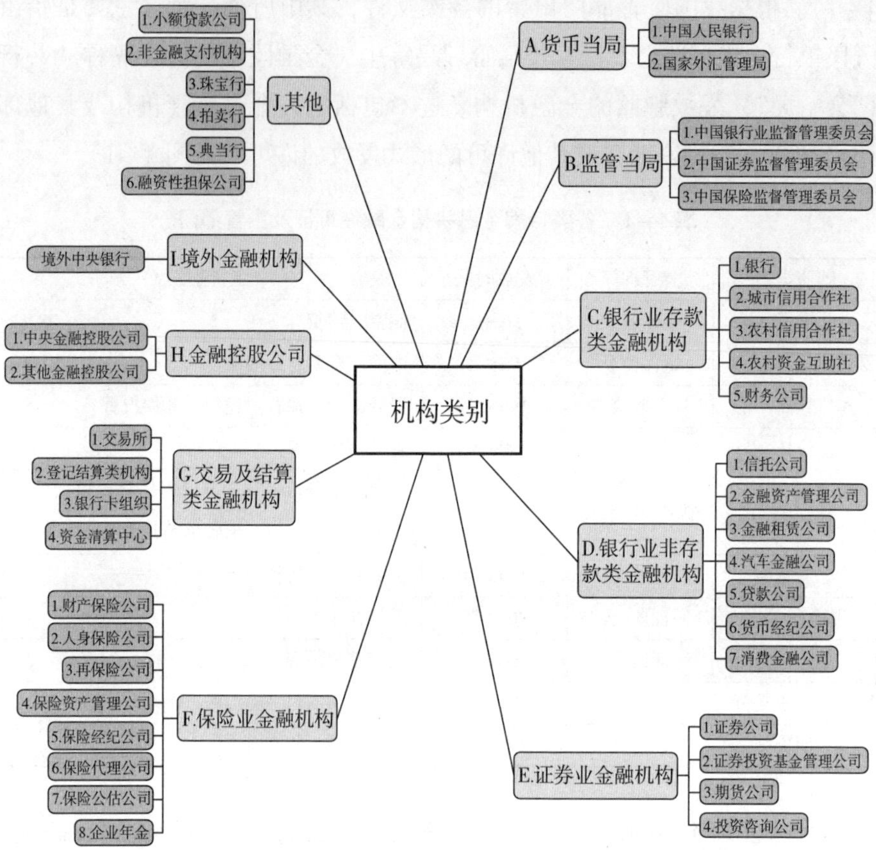

图 4-1 《金融机构编码规范 JR/T 0124—2014》金融机构分类

二、银行业金融科技的应用

在持牌金融机构中，银行业是金融科技的推动者和领跑者。2019 年 6 月 13 日，中国人民银行行长易纲在第十一届陆家嘴论坛上提到，未来全球金融行业的增长点必然在金融科技领域，而国际金融中心竞争的焦点也在金融科技。根据毕马威《2018 金融科技脉搏》的统计，2018 年全球资本在金融科技领域的投资总额达到 1118 亿美元，较 2017 年增长 120.1%。[①]

2019 年 2 月，中国银行业协会发布《商业银行稳健发展能力“陀螺”（GYROSCOPE）评价蓝皮书》，[②] 该蓝皮书公布了“2018 年中国银行业 100 强榜单”。榜单显示，2018 年，进入 100 强榜单的商业银行包括 6 家大型银行、12 家全国性股份制商业银行、63 家城市商业银行和 19 家农村商业银行。其中大型银行中排名最高的建设银行体系智能化得分为 90.80 分。从中国银行业协会发布的评价体系排名不难看出各家银行对金融科技重视带来的成效。2019 年 4 月，随着各家银行 2018 年的业绩报告陆续出炉，金融科技的热度再一次提升。在多家银行的年报中，金融科技成为高频词汇。招商银行、建设银行均提及超 60 次。[③] 而从 2019 年 9 月披露的 2019 年上半年整体业绩情况看，上市银行整体业绩改善，不乏营收、盈利双位数增长。银行积极拥抱金融科技实现数字化转型已然成为未来金融发展的大势所趋。

1. 六家大型商业银行密集布局金融科技

2019 年 9 月公布的银行业金融科技战略布局显示，银行业整体对金融科技投入在不断加大，几乎所有上市银行均在半年报中提出加强科技赋能，六家大型商业银行均公布了其金融科技战略（见表 4－2），“宇宙行”工商银行更是直接提出要“科技立行”。银行业对金融科技的整体态势为加大投入，保持全国性银行领跑的态势。

---

① 侯鑫，尹振涛．银行金融科技子公司潮起［J］．金融博览，2019（7）：20－21.

② 2018 年中国银行业百强榜单发布［EB/OL］．［2019－03－01］．经济参考报，http：//money.people.com.cn/n1/2019/0301/c42877－30951713.html.

③ 金融科技成银行年报高频词汇［EB/OL］．［2019－04－09］．中国经济网，http：//finance.eastmoney.com/a/201904091091824848.html.

表4-2 六家大型商业银行金融科技应用措施、布局与生态①

序号	银行	科技布局	金融科技应用措施	应用场景
1	工商银行	布局金融科技“五大板块”和“七大技术创新平台”。 全面推进场景、客户、平台、产品、模式、机制、系统、运营“八位一体”建设	组建金融科技部，优化组织结构，加强科技与业务的融合。 整合数据中心和产品研发中心，在业内首家成立业务研发中心。 设立金融科技子公司——工银科技有限公司，推动金融科技“增量”发展，深耕B端和G端客户，广惠C端客户。 全面推进智慧银行信息系统（ECOS）。 实施e-ICBC 3.0互联网发展战略。 优化科技组织架构，实施科技管理转型工程，试点敏捷研发、灵活快速投产等	民生服务、公共事业、医疗教育、文化娱乐、衣食住行等领域。 “一部、三中心、一公司”的金融科技生态布局
2	建设银行	“TOP+”战略： T代表科技驱动 O代表能力开放 P代表平台生态 +代表包容创新的机制和文化	发布包括人工智能（AI）、大数据、互联网、物联网、生物识别及其他等七大类，包括金融场景应用、大数据营销、风险管理等21项的金融科技项目需求。 首家推出公有云平台，提供包括金融服务、行业应用、智能风控在内的各类应用服务（SaaS）以及平台服务（PaaS）、基础设施服务（IaaS）和各类解决方案	针对B端、C端、G端痛点，积极构建平台生态，并将开放的金融能力（O）嵌入平台
3	中国银行	“1234-28”战略： 以“数字化”为主轴，搭建两大架构，打造三大平台，聚焦四大领域，重点推进28项战略工程	启动15个项目群，93个重点项目。 企业级业务架构与技术架构两大架构的同步建设，形成双螺旋驱动，实现价值链下的业务流程、数据、产品、体验组件化，共同驱动中国银行数字化发展。 打造云计算平台、大数据平台、人工智能平台三大技术平台。 聚焦四大领域：业务创新发展、业务科技融合、技术能力建设、科技体制机制转型	构建以体验为核心、以数据为基础、以技术为驱动的新银行业态

① 部分参照玖富研究院发布的《国有六大行金融科技战略大揭秘》。

续表

序号	银行	科技布局	金融科技应用措施	应用场景
4	农业银行	金融科技创新三年行动，按照“互联网化、数据化、智能化、开放化”的思路，再造一个线上农业银行	推进核心业务系统由“封闭的单体架构”到“开放的分布式架构”的升级。 加快金融科技创新应用步伐，不断提升产品创新能力和客户服务能力。 推进大数据服务体系建设，提升经营管理精细化水平。 加固关键敏感系统、运维自动化、灾备实战化、信息安全体系化等多个角度，防范、控制生产运行与信息安全两大风险	通过科技赋能助推数字化产品创新、数据整合与应用、风控模式适应性改造、线上、线下和远程全渠道融合
5	交通银行	“新531”工程。 推进29个重点项目，实现科技引领全行发展。 “186”战略。 “科技赋能”为八大战略措施之一	搭建人工智能、知识图谱和大数据等平台，将金融服务与业务场景深度结合。 依托“互联网+”，基于区块链技术的资产证券化平台，创新推出“快易贴”等产品。 成立线上金融业务中心，着力打造金融科技平台，推进大数据、移动互联和人工智能等技术应用。 重点打造手机银行APP、买单吧APP等。 信息科技投入在全行营收中的占比要从目前的5%左右，逐步提升到10%以上	加大产业链金融在建筑、医疗、零售、汽车和现代农业等重点行业的推广
6	邮储银行	差异化竞争战略——以零售金融驱动数字化转型	加大对云计算、区块链、大数据、人工智能、生物识别等领域的技术研发与应用。 调整组织架构、建设互联网金融平台、场景布局。 成立消费金融子公司。 “互联网金融+农村电商”“互联网金融+速递物流”“互联网金融+跨境电商”等业务创新模式。 与电商平台、互联网平台等跨界合作，打造O2O金融生态圈。 与外部互联网公司金融科技合作，开展技术研发，推进数字金融业务的发展	围绕产业金融和消费金融两大场景主线，基于手机银行、微信银行、电子银行等多种服务形态，构建互联网金融云平台

2. 股份制商业银行金融科技的应用

科技的变革使得银行服务模式也不断升级，从渠道为王到平台为王，再到生态为王的时代。[①] 从中国银行业协会发布的“陀螺”（GYROSCOPE）评价体系排名中可以看出，在金融科技投入方面，排名前5的银行金融科技投入占总营收的比例均达到了2%以上，平安银行和光大银行的金融科技投入占总营收的比例分别为2.98%和2.71%，按照两家银行2017年的营收计算，其金融科技投入分别约为31亿元和25亿元。

表4－3　股份制商业银行金融科技的应用情况

序号	银行	科技布局	金融科技应用措施
1	招商银行	推进迈向3.0阶段的经营模式升级	零售金融3.0数字化转型。招商银行两大APP月活跃用户行业领先。 推动传统交易银行业务向产业互联网升级，构建开放式全场景的企业移动服务平台
2	平安银行	推进AI Bank体系建设	聚焦平台能力建设：打造银行私有云、数据中台、AI中台、分布式PaaS云平台。 启动开发运维一体化（DevOps）和安全开发生命周期（SDLC）项目。 智慧托管、智慧风控、智慧财务。 布局开放银行，对外输出金融服务能力
3	中信银行	科技	完成总行信息技术管理部、软件开发中心和数据中心内部组织架构、整合和优化，全面推进数字化转型。 推进AI金融服务平台“中信大脑”，上线20多个营销模型，开发银行项目接入21个合作方
4	兴业银行	打造安全银行、流程银行、开放银行、智慧银行	开放银行场景拓展与生态互联，F端成熟一个开放一个。推动建设第三方开放银行。 打造“业务＋数据”双轮驱动。 推进人工智能、大数据、区块链等金融基础服务平台建设，探索5G、物联网等新技术。加快敏捷开发模式的复制与推广

① 杨兵兵．从渠道到平台到生态时代赋予电子银行新职能［EB/OL］．［2018－12－14］．https：//baijiahao.baidu.com/s？id＝1619821116228874779&wfr＝spider&for＝pc.

续表

序号	银行	科技布局	金融科技应用措施
5	民生银行	做科技金融的银行	加快科技平台建设，打造新供应链金融平台。 “数据＋技术”双轮驱动，大力发展直销银行、小微线上微贷等业务。 加强科技、网络金融与业务的协同
6	浦发银行	打造一流数字生态银行	探索实践 API Bank 开放银行专营路径，打造虚拟“数字人”服务，新成立数据驱动等三个联合创新实验室，扩容科技合作共同体至 22 家

3. 中小商业银行金融科技的应用

我国中小商业银行主要可以分为三类（根据《巴塞尔协议Ⅲ》）：第一类是 12 家全国性股份制商业银行；第二类是 100 多家城市商业银行；第三类是在农村金融体制改革中，部分经济发达的县（市）组建的农村商业银行。本部分重点就后两类即城市商业银行和农村商业银行的特点、数字化转型过程中面临的痛点和难点，以及金融科技应用的特点进行分析。

《中小银行金融科技发展研究报告（2019）》① 关于城商行及农商行的报告显示，大部分中小商业银行仍未形成成熟完整的数据管控体系。27%的中小商业银行缺乏公司级数据规范，数据多头管理，部门数据互通靠自发或人工传递；46%的中小商业银行初步搭建公司级数据管理体系和基础规范，但应用尚未下沉到业务，数据互通程度不理想；18%的中小商业银行初步建立数据管理体系和管控工具，进行了平台整合，各部门基本落实公司数据规范体系；9%的中小商业银行实现有效数据治理，数据管理体系完善，全面实现大数据应用。

在经济增速换挡、监管趋严的新环境下，中小商业银行的服务空间区域性限制和监管区域性要求，与金融科技和网络的无界限特征形成鲜明的对比和反差，使其应用金融科技的动力和路径均有别于全国性商业银行。

从市场层面，中小商业银行具有的区域性特点也成为其比较优势，如

---

① 中小银行金融科技发展研究报告（2019）：数字化转型告别大而全，转向小而美［EB/OL］.［2019－04－29］. 中国电子银行网，https：//www. cebnet. com. cn/20190429/102568746. html.

拥有天然的地缘性优势，贴近地方企业，对当地经济贡献较为显著，因而与地方政府关系密切。在获取信息上具有地缘、人缘、时效三重优势等。但在经济环境下行趋势下，中小商业银行在负债端吸储难度加大、资产端面临压力。除了面临客户需求快速变化的挑战，还存在获客场景缺失等问题。大型银行在零售业务和企业贷款业务上的下沉趋势，也对中小商业银行造成了一定威胁。

从技术层面，随着金融科技大潮兴起，互联网巨头借助科技优势与金融迅速结合，将越来越多的线下用户转移至线上，在一定程度上抢占了中小银行零售市场份额。中小商业银行受制于资本、人才、科技等因素，在数字化转型过程中面临诸多掣肘。

从监管层面，监管政策一方面限制了中小商业银行的经营地域范围，使得城商行、农商行的信贷业务受到了不同程度的区域限制；另一方面则不断强调中小银行“服务小微、继续下沉”的责任与职能。

基于此，在经济增速换挡、监管趋严的新环境下，中小商业银行的金融科技发展，逐渐探索出一条深耕区域、走差异化的“小而美”精细化道路，以适应当前挑战和未来发展趋势。①

4. 银行业布局金融科技的主要方式与路径

银行业布局金融科技的方式以独立研发和跨界合作两种模式为主，主要采取以下三种路径。

一是成立银行系金融科技子公司，自主内部研发同时兼具对外输出，此种路径在技术人才资源充足的大型银行中已经成为趋势；2019 年，银行布局金融科技子公司速度明显加快。北京银行成立北银金融科技有限责任公司；工商银行通过附属机构设立工银科技有限公司；中国银行通过附属机构设立中银金融科技有限公司。华夏银行的龙盈智达（深圳）科技有限公司等先后成立。加上此前的兴业银行、平安银行、招商银行、光大银行、建设银行、民生银行六家银行所成立的金融科技子公司，截至 2019 年

① 《中小银行金融科技发展研究报告（2019）》发布　六大建议助力中小银行数字化转型［EB/OL］.［2019－07－16］. http：//www. financialnews. com. cn/zgjrj/201907/t20190716_164011. html.

6 月末，已经有 10 家银行陆续成立了金融科技子公司[①]。

二是通过投资并购科技公司快速获得科技赋能，这种方式在国外已成为趋势，如美国的富国银行，而国内仍在尝试。

三是选择与互联网巨头或头部科技型公司合作，比如浦发银行联合华为等设立六大创新实验室，携手微软等成立科技合作共同体。互联网公司拥有成熟的互联网前沿技术，且能为银行提供电商和社交等流量场景，因此银行与互联网公司联合能够探索出基于互联网场景化的金融服务，极大地增加消费者的黏性，拓展线上获客通道。这种模式也是目前中小商业银行布局金融科技的首选。其主要基于以下因素：

一是与垂直细分领域的科技公司和部分拥有海量用户与场景的平台合作，可以充分利用这些公司在过去多年的服务过程中形成的数据积淀、行业经验和流量优势。

二是中小商业银行尤其是城商行、农商行，因其服务于地方经济，风控经验与管理有一定局限性，随着分支机构发展的多元化，不确定性风险加剧，引入大数据风控技术，将第三方金融科技公司的数据获取、模型构建与传统城商行的客群信息进行补充优化，改变了银行原有基础信息维度单一、缺乏个性化的弊端；同时，可利用数据深度加工技术，建立风险预警模型，优化投后管理系统，用科学化的风险管理方式提高不同区域经营中的风险抵御能力。

科技的发展改变了传统金融业态与生态体系，然究其本质，资金融通、信用创造和风险管控的内核并未改变。无论是成立金融科技子公司，还是与科技企业合作，安全与风险管理都是银行业应用金融科技最为关心的问题。随着金融市场参与者多元化程度加深、数据维度日趋复杂等因素带来的行业监管难度大幅提升，加上互联网技术的广泛应用对金融风险隐蔽性、突发性、传染性和负外部性的放大作用，金融科技在带来高速运行效率和创新商业模式的同时，其隐藏的系统性风险也不容小觑。尤其对于体量较小、基础设施薄弱的中小城商行而言，在发挥金融与技术合力的同

① 银行系金融科技子公司增至 10 家 金融科技输出激战正酣［EB/OL］.［2019－07－26］. 人民网，http：//m. people. cn/n4/2019/0726/c141－12994790. html.

时，应警惕金融科技风险，尽快建立技术、市场、监管协同发展框架下的金融科技安全运行与管理规范，健全提前干预、主动防范的有效措施及能力，实现健康可持续发展。

三、保险行业金融科技的应用

保险行业作为金融业的重要产业之一，在金融科技浪潮的推动下，正与互联网、大数据、云计算、区块链、物联网等新兴技术进行深度融合。在金融科技的驱动下，我国传统保险公司正在加速布局“数字化转型”，从渠道、产品、技术和理念四个方面，借助科技实现整个交易流程的重塑。

1. 全球保险行业金融科技应用状况

随着金融科技热潮在全球范围内的持续升温，高盛、美银、花旗等多家美国投行已经投资了数十家金融科技公司。据麦肯锡统计，在过去几年里，国外大约有数百亿美元资金流向了金融科技领域。保险科技（Insurance Technology）作为金融科技的一个细分领域，也受到广泛关注。根据波士顿咨询公司统计，全球保险科技公司 2017 年初就已经达到 1700 家①（见图 4－2）。

毕马威发布的“2018 全球金融科技 100 强榜单”② 显示，保险科技行业已经成长为金融科技的重要分支领域，2018 年共完成 13 笔 1 亿美元的交易。尽管保险科技总体交易量从 103 亿美元下降到了 57 亿美元，但在 2018 年仍然有超过 240 笔保险科技交易。保险科技发展的区域性日渐明显，美国已经逐渐成长为重要的保险科技市场，较为著名的保险创企 Oscar、DevotedHealth、Root 和 Hippo 等多家机构均获得近 1 亿美元的投资。美国联合健康集团（UnitedHealth Group）、美国怡安集团（Aon Corporation）、美国维朋公司（WellPoint）等国际领先的保险机构也已在云计算、

---

① 赵军，萎杰，赵啤．保险行业金融科技创新现状及战略思考［J］．中国保险，2017（5）：16－19.

② 毕马威．2018 年全球保险科技实现快速发展［EB/OL］．［2019－02－20］．中国电子银行网，https：//www. cebnet. com. cn/20190220/102552028. html.

大数据、车联网、人工智能、可穿戴设备等领域开展了金融科技的探索和创新实践，并取得积极的成果。

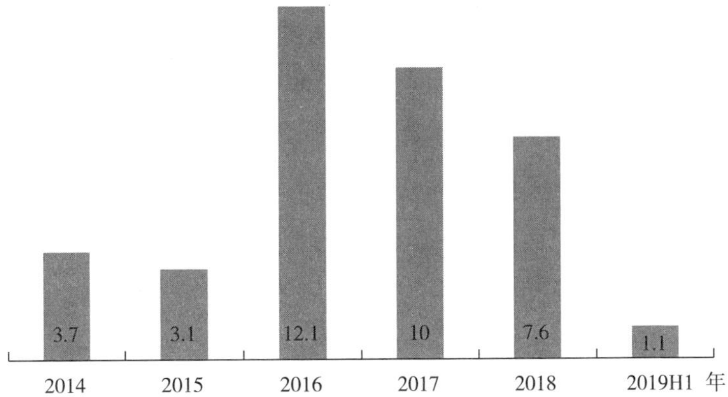

图 4－2　全球保险科技投资状况（单位：亿美元）

《2019 年全球保险科技报告》[①] 发布的未来保险市场的发展蓝图（见图 4－3），预测保险业将朝着数字化、开放式和富有创造力的方向发展。

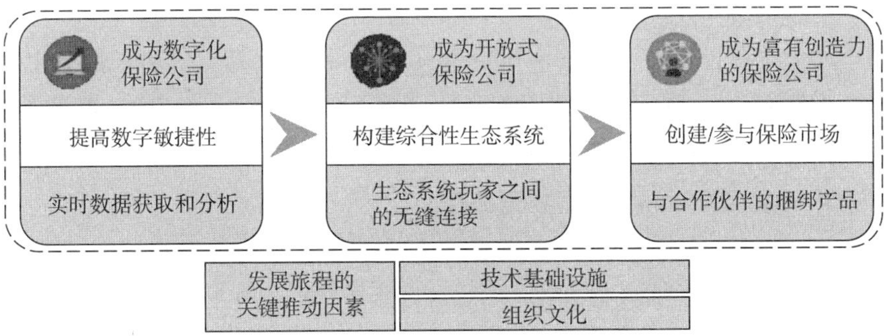

图 4－3　未来保险市场发展蓝图

① 凯捷 & Efma. 2019 年全球保险科技报告［EB/OL］.［2019－10－17］. 亿欧，https://www.iyiou.com/p/115591.html.

2. 我国保险行业金融科技应用

中国金融科技应用与发达国家并无太大差距，某些领域甚至具有领先优势。从2019年4月我国上市保险公司公布的2018年年报中不难发现，"数字化""金融科技"已成为关键词。

"保险+科技"的主要融合方式有：

一是传统保险机构设立金融科技子公司，或通过并购或投资科技公司等方式实现数字化转型，以科技新动能反哺保险主业。

二是保险机构通过与头部科技企业合作，从渠道、产品、技术和理念四个方面进行数字化转型和流程重塑，时机成熟时再设立科技子公司。

三是自带流量和科技元素的大型科技公司如BATJ等，通过参股保险公司实现保险与科技的融合，如"三马"联手设立的众安在线财产保险公司，以及中华保险集团联手蚂蚁金服成立的农联中鑫科技服务有限公司。

前两种主要体现在传统保险机构+科技，后一种偏向于科技+保险。实践中，为适应市场的快速反应需求，上述几种模式常常并行不悖。

在科技风起云涌的当下，科技已成为保险公司进一步壮大的新引擎。据不完全统计，15家持牌保险机构投资了48家科技类子公司（14家传统险企投资45家+众安在线投资3家），全行业布局在50家以上；其他类背景的保险科技创业公司达200余家。①

3. 传统保险+科技主要布局路径

公开资料显示，传统大型保险机构数字化转型大多数从早期的电商、在线模式起步，逐渐发展到金服、金科模式，再到产业园、孵化器模式。其中电商模式的典型代表为国寿电商，国寿电商目前有三大平台，包括综合销售、数据经营管理、创新服务平台。在线模式比较典型的是太平洋保险在线，目前已投资信息科技类、汽车产业类、医疗科技类等至少9家细分领域科技公司。人保集团布局的金融科技平台人保金服是保险系金融科技子公司为母公司提供技术支持的典型。中国平安的金融科技布局则包括电子商务、医疗健康科技、智能科技等超过10家子公司（见表4-4）。

---

① 刘敬元. 15家险企成立48家科技子公司，保险业金融科技还能怎么玩？［EB/OL］.［2018-07-13］. 券商中国，https://www.iyiou.com/p/76752.html.

表4－4　传统保险机构金融科技布局与应用

序号	公司	科技平台	保险科技应用
1	中国人保	人保金融服务有限公司	提出“智·慧人保”战略。提供一站式的“支付＋营销＋金融”服务。 合作设立“保创空间”保险科技孵化加速器。“区块链＋”实现全生命周期管理
2	中国人寿	中国人寿电子商务有限公司	提出“科技国寿”战略。“数字化平台＋智能服务＋运营服务”；加速布局区块链；建设国寿科技园，将在医疗健康、智慧城市、云计算、大数据等业务领域整合科技资源和业务资源
3	中国太平洋保险	太平洋保险在线服务科技有限公司	打造人工智能保险顾问并注重协同。 打造拳头产品“阿尔法保险”，科技助力跨板块业务协同
4	中国平安	平安科技（深圳）有限公司、深圳壹账通智能科技有限公司	“金融＋生态”驱动保险业转型；重点布局于人工智能、区块链、云服务等；应用于“金融、医疗健康、汽车、房产、智慧城市”五大生态圈
5	新华保险	新华世纪电子商务有限公司	语音识别等人工智能科技的客服“智小新”开始通过公司网站、掌上新华和微信自助服务等通道为客户提供在线咨询服务
6	中国人寿保险	中国人寿电子商务有限公司	国寿“新一代”工程，加快推进从人力驱动向人力与科技双轮驱动转型
7	中华联合保险	农联中鑫科技服务有限公司	中华保险集团联手蚂蚁金服成立首家农业科技公司，主要提供“互联网＋融资＋保险＋农业供应链”一体化创新服务
8	众安保险	众安信息技术服务有限公司	提供保险信息化解决方案，将技术和场景连接，推出生态云服务平台安链云

4. 保险＋科技的主要类型及应用场景

普华永道2017年全球金融科技应用保险业受访者调查结果显示（见图4－4），保险业应用金融科技的主要场景排名前三的分别是大数据分析、移动技术和机器人流程自动化。而2019年5月中国保险资产管理业协会执行副会长兼秘书长曹德云认为，保险资产管理市场运用金融科技主要应用在人工智能、大数据和区块链三个领域。

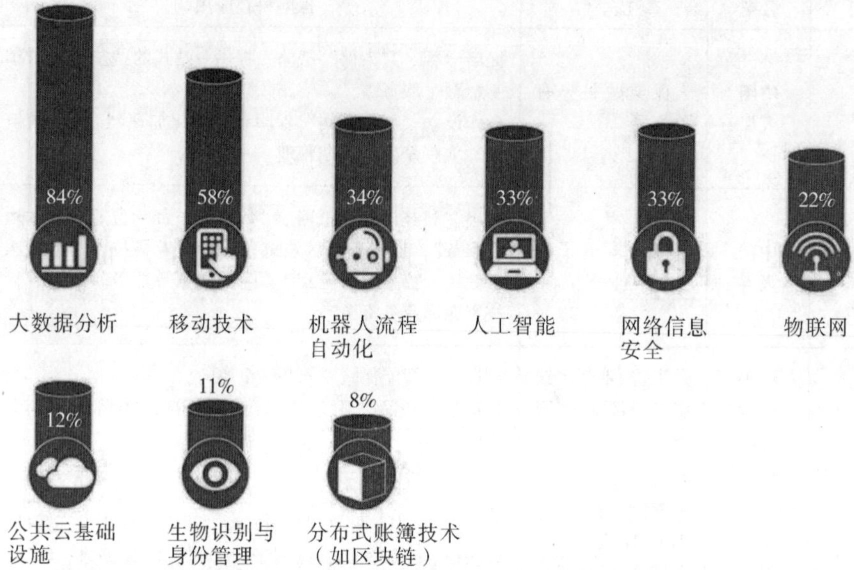

图4－4　保险业应用金融科技主要类型

《2019年全球保险科技报告》显示，70%的保险公司和90%的保险科技公司愿意相互合作（见图4－5）。

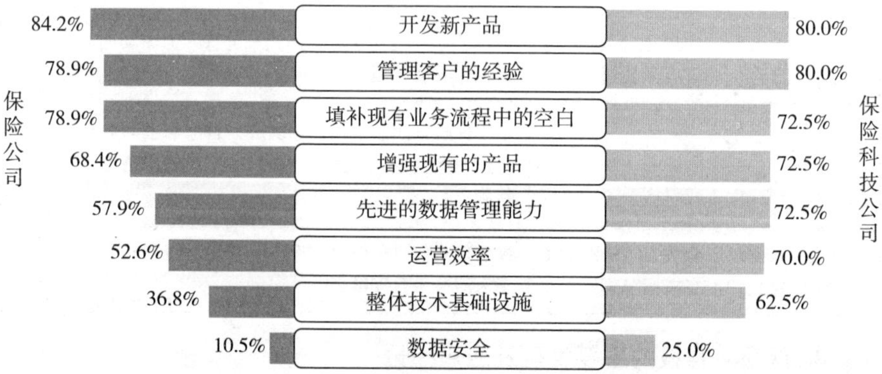

图4－5　保险公司与保险科技公司合作可获得的能力

四、其他持牌金融机构金融科技的应用

1. 基金业金融科技的应用

随着金融与科技的深度融合，国民投资理财的需求不断增加，基金行业未来的投研、风控、服务内容与方式也面临重大变革。2018 年 12 月，证监会发布《证券基金经营机构信息技术管理办法》，[①] 允许证券基金经营机构设立信息技术专业子公司，明确信息技术监管安排，推动行业加大信息技术投入，提升竞争力。支持经营机构应用信息技术提升服务效能。强调了数据的治理，包括对数据的安全、数据的保密、数据的隔离、数据的收集等一些具体的要求。2019 年初发布的《中国基金业金融科技发展白皮书 2019》对公募基金市场金融科技应用的背景、现状，以及金融科技应用的未来趋势进行分析，同时，分析了公募基金行业在营销、投顾、风控、投资等方面借助大数据、人工智能、互联技术、分布式技术等升级或创新产品、应用、服务模式及生态环境等方面面临的挑战，并对基金业数字化运营升级提出了如下建议：[②]

（1）基金公司需加强数字化运营基础要素能力。用户数据的精细化管理对指导产品、服务创新以及精准营销具有重要意义。因此，基础技术能力、统一的数据管理、全方位的风险控制体系逐渐成为基金公司制胜的关键，也是实现全面数字化经营的基础要素，例如，天弘基金通过大数据、人工智能等前沿科技的研究，助力投资，用互联网改造信息获取方式，利用更广泛的数据源，更直接、更深度地渗透到各行业大数据体系，利用自身的数据信息优势和算法模型优势，降低投资风险，帮助用户获得长期较好的回报。博时基金搭建全面风控架构体系、南方基金构建数据中心等动作不断，预示着其正加速向数字化经营之路迈进。

---

① 证监会正式发布《证券基金经营机构信息技术管理办法》［EB/OL］．［2018 - 12 - 21］．证券时报网，http：//www. cs. com. cn/tzjj/jjdt/201812/t20181221_5907571. html.

② 易观．中国基金业金融科技发展白皮书 2019［EB/OL］．［2019 - 01 - 08］．https：//www. useit. com. cn/thread - 21843 - 1 - 1. html.

（2）基金公司数字化运营需要借助生态各方的力量。基金公司在基础技术能力、数据管理、用户洞察、数字创新等方面的能力有限，第三方平台、核心技术服务方、数据管理方、信息服务等均在不同方面形成对基金公司各项能力的补充，助力机构实现数字化运营，从而真正读懂用户。有数据表明，截至2018年底，天弘余额宝规模为1.13万亿元，持有人户数为5.88亿户，较2017年新增客户1.14亿户，增幅为24%。天弘余额宝2018年共为投资者赚取收益509亿元，平均每天赚1.39亿元，累计已为客户赚取收益超1700亿元。①

2. 证券业金融科技的应用

（1）证券+科技常用技术

作为整个金融产业价值链的核心枢纽，证券业在金融科技所带来的巨大变革中具有自身的业务应用逻辑和场景选择。② 金融科技强力介入财富管理领域，势必会给券商财富管理业务及投资者的行为带来巨大的变化，并由此带来证券业的巨大变革。证券业比较常见的金融科技应用场景是人工智能和区块链技术。回顾我国证券业的发展历程，提效降本始终是一条重要主线。

（2）证券+科技主要应用场景

在证券业，金融科技的应用场景主要有以下几种：

①智能投顾。在证券业，受投资者利润最大化目标的驱动，智能投顾（Robo-Advisor）成为金融科技与传统证券业深度融合而产生的新金融服务模式。美国金融业监管局（Financial Industry Regulatory Authority，FINRA）认为智能投顾是一种新型的在线财富管理服务，且具有“一对多”的特性，边际服务成本可以忽略不计，能降低服务成本。据美国在线新闻平台Business Insider估算，智能投顾将在2020年占据全球财富管理市场的十分之一，规模高达8万亿美元。

---

① 天弘余额宝货币市场基金2018年年度报告［EB/OL］．［2019-06-21］．http：//www.thfund.com.cn/notice_list.

② 王文杰．金融科技及其在我国证券业的应用场景探究［J］．湖北经济学院学报，2018（2）：49-51.

②投研管理。投资研究是券商的传统业务，人工智能设计出的自动报告生成系统代替传统编制招股说明书等固定格式的文档的“低水平重复”工作，为券商投研领域带来巨大改变。人工智能批量完成相关文档工作，背后的关键是自然语言处理及光学字符识别（Optical Character Recognition，OCR）技术。

③量化交易。基于人工智能技术下的量化投资可以拓宽数据维度和处理大数据的能力。采用现代统计学和数学的方法，借助人工智能的自然语言处理、知识图谱等技术，以执行指令交易代替手工操作，可以规避人性弱点，克服认知偏差、情绪波动等问题。

④资产证券化。区块链技术在资产证券化市场的应用包括过程清晰度提升、处理时间缩短、成本降低和安全性提高。

⑤投行业务。区块链技术涉及的关键点包括时间戳、信息的不可篡改，通过区块链的时间戳可以记录数据，上市和上市后的披露信息可确保真实传递，不会在信息传递过程中被恶意编辑修改，且数据可验证、可追溯。

金融科技在改变证券业的同时也积累着不少问题和风险。如曾经火爆疯狂的ICO（Initial Coin Offering，首次公开募币）涉嫌变相非法集资被我国监管层紧急叫停。可见，金融科技带来的技术创新也对传统金融监管提出了挑战。在金融科技时代，金融监管者需要提升监管技术，重构金融监管模式，从而真正落实第五次全国金融工作会议所强调的“将防控金融风险放到重要位置，牢牢守住不发生系统性风险底线，加强金融监管，防范和化解金融风险”的目标。

3. 信托业金融科技应用

信托公司拥有货币市场、资本市场与实业投资三张牌照，能够满足超高净值客户的各类资产偏好，是做大类资产配置的良好平台①。金融科技的高效便捷与信托的灵活性完美契合，使得信托业务范围更加广泛，所面对的客户群也不再局限于高净值客户，而是向着长尾客户发展。

---

① 刘光祥．信托业的合规与转型［J］．金融博览（财富），2018（7）：72－74.

与基金业类似，如何运用金融科技手段更加了解客户、以客户为中心，为客户提供全方位的金融服务，也是信托公司需要解决的一个问题。目前，全国68家信托公司均在运用科技手段提升内部管理、发展业务及拓展客户，逐步从科技支撑转向科技引领。已有部分信托公司开始拥抱金融科技，例如，外贸信托、渤海信托、陆家嘴信托等开展了普惠金融业务；万向信托将区块链技术应用到保管箱业务；中航信托将人工智能运用到资产配置平台。

在市场方面，截至2019年第二季度末，全国68家信托公司资产规模为22.53万亿元。相比2018年第四季度末，受托资产呈下降态势。刚性兑付的打破，使信托产品吸引力下降，渠道销售难度加大，且在新的监管环境下，在原信托业务结构中占比较高的银信通道业务和信政业务将面临进一步萎缩，从而带动信托资产规模继续收缩。

在监管方面，2018年4月，《关于规范金融机构资产管理业务的指导意见》（资管新规）提出了严控风险的底线思维，就是要减少存量风险、严防增量风险。2018年，银保监会信托部向各银保监局下发《信托部关于加强规范资产管理业务过渡期内信托监管工作的通知》，该文件明确了过渡期内信托业务监管工作的基本原则，被认为是资管新规的“信托细则”。但在内容上仍存在细化的空间，未来银保监会大概率还会出台内容更具操作性、适用期限更久的“信托新规”。

2019年2月，为对标资管新规相关要求，监管部门正抓紧制定信托行业相关监管规定，公开资料显示，《信托公司资金信托管理办法》已结束对各省级银保监局的征求意见阶段。征求意见稿主要包括五点（见图4－6），其中的两点核心内容：一是信托有望获得公募牌照。公募信托门槛降低至1万元，将信托拉平到与基金和银行理财相同的起跑线上。二是信托产品可负债，相当于提升信托产品流动性。信托业可利用资金信托具有直接融资的特点高效服务实体经济，在补充传统金融薄弱环节中发挥重要作用，深化金融供给侧结构性改革。

金融科技（FinTech）步入“深水区”，信托作为金融业的重要组成部分，在金融科技的作用下，也逐步融入人们的日常生活中。资管科技有望成为金融科技的又一个突破点。作为资管行业的重要子板块，信托行业在制度红利、业务范围、专业能力以及创新意识方面具有较强的竞争优势。虽然相比于银行和保险行业，信托业在金融科技应用方面属于“后来者”，但通过加大对金融科技人才建设、系统建设等方面的投入，可实现降本增效，发挥出后发优势。

核心内容之一	信托产品包括公募与私募，可以面向不特定社会公众发行公募信托产品，认购起点1万元
核心内容之二	固收类证券投资信托产品，允许以卖出回购方式运用信托财产
核心内容之三	业绩报酬提取频率不得超过每六个月一次，且不得超过基准收益的60%
核心内容之四	投资者首次认购私募信托产品必须面签，并且设置24个小时的冷静期
核心内容之五	创设信托产品新的分类，资金信托分为资金融通型信托和资产配置型信托

图 4－6　《信托公司资金信托管理办法》征求意见稿核心内容

信托业金融科技应用的主要方式：短期来看，信托机构在 APP 前期建设及后期维护阶段偏向于与外部科技公司合作，先借助成熟科技提升自身能力，但长期看，信托公司将逐渐加大科技投入建设自主研发能力，掌握核心技术，由“借船出海”升级到“造船下海”。①

五、第三方支付行业金融科技的应用

自 2011 年 5 月起成为金融行业“正规军”后，第三方支付伴随着移动互联网的发展，借助金融科技得到飞速发展。易观发布的《中国第三方支付综合支付市场季度监测报告 2019 年第一季度》② 报告显示，2019 年第一季度中国非金融支付机构综合支付业务的总体交易规模近 60 万亿元，达 589575.1 亿元人民币（见图 4－7）。在整体交易规模和服务 C 端用户方面，支付宝与财付通（含微信支付）合计占比高达 92.65%。在服务 B 端

① 抢人、砸钱、建设 APP，信托也要“FinTech”［EB/OL］．［2019－08－19］．国际金融报，http：//finance. sina. com. cn/roll/2019－08－19/doc－ihytcitn0155102. shtml.

② 易观．中国第三方支付交易规模近 60 万亿元　巨头继续聚焦线下［EB/OL］．［2019－06－27］．中国电子银行网，https：//www. cebnet. com. cn/20190627/102583178. html.

用户方面，尤其在支付数字化领域，以易宝支付为代表的其他第三方移动支付，正通过深耕行业细分领域，在各自的细分领域依旧有较强的话语权。

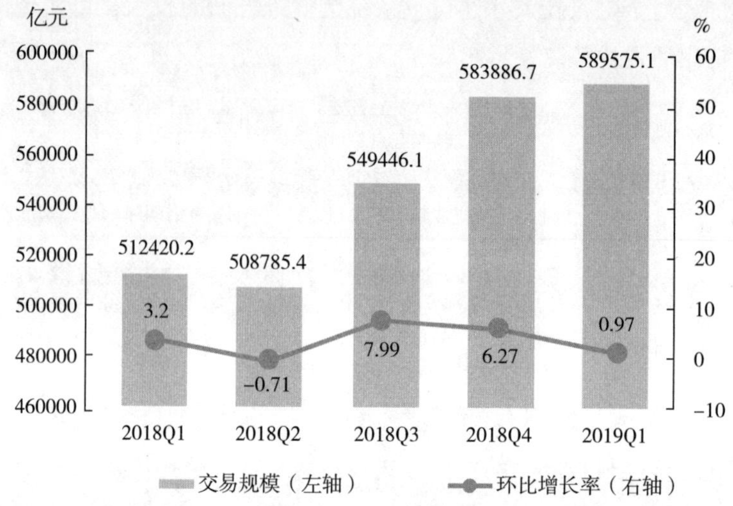

图 4-7　中国第三方支付综合支付市场交易规模

注：以上数据根据厂商访谈、易观自有监测数据和易观研究模型估算获得，易观将根据掌握的最新市场情况对历史数据进行微调。

第三方支付行业的发展已进入转型发展的深水区。政策监管的趋严以及技术的不断革新，使得第三方支付也日臻完善，随着刷脸支付技术的出现，支付对于硬件、通信、识别技术提出了更高要求。在“一带一路”等扶持政策的推进作用下，越来越多的中国企业开始与国际接轨，支付国际化成为新常态，跨境收付款成为新刚需。未来，中国支付企业在全球的市场占有率将逐步提升。

人民银行发布的《金融科技（FinTech）发展规划（2019—2021 年）》从各个方面确定了中国金融科技的发展大方向和重点任务。这对整个行业而言无疑是新的机遇，而支付作为金融科技的重要构成部分，该发展规划更是以“加大科技赋能支付服务力度”的单独条目将其列为重点任务之一，提出利用人工智能、云计算、大数据等技术优化移动支付技术架构体系，推动条码支付互联互通，探索人脸识别线下支付安全应用等具体目标。

六、准金融机构金融科技的应用

近年来，随着金融创新和金融监管体系的不断完善，准金融机构范围和领域在扩展，除了金融机构行业标准提到的几类机构之外，还包含融资担保公司、区域性股权市场、融资租赁公司、商业保理公司、地方资产管理公司等机构。[①] 在监管方面，自 2017 年全国金融工作会议对金融重新定位之后，各级地方政府迅速调整监管方向，把防范金融风险放到了首要位置。虽然融资租赁公司、商业保理公司和典当行等准金融机构划归为银监会监管，但最新监管政策明确，小额贷款公司、融资担保公司、区域性股权市场、典当行、融资租赁公司、商业保理公司、地方资产管理公司 7 类金融机构和辖区内投资公司、农民专业合作社、社会众筹机构、地方各类交易所（“7 +4”类机构）的日常监管和风险处置由地方金融工作部门负责。具体监管职能包括资本监管、行为监管和功能监管。

1. 网络小贷

通过网络平台开展小额贷款业务是网络小贷公司最重要的特征。自 2015 年 7 月人民银行等十部门发布的《关于促进互联网金融健康发展的指导意见》首次提出“网络小额贷款”概念后，江西、江苏、重庆、广州等地已陆续出台专门的网络小贷监管规定，以规范网络小贷的发展。有的地区虽未出台专门的网络小贷监管办法，但在发布的网络小贷相关规定或通知中已明确支持开展网络小贷业务，如上海、北京中关村、浙江、沈阳、福建自贸区等。还有些地区虽然未明确小贷公司可以开展网络小贷业务，但从实践来看，已经有部分获批设立的网络小贷公司，如黑龙江、哈尔滨、海南等。

2. 担保行业金融科技的应用

金融科技在担保行业的应用主要体现为两方面：一方面，金融科技为助力解决小微企业融资难题进行了有益的探索和尝试。例如，担保公司和金融科技公司以及保险公司合作，通过与海关的支付平台对接数据，建立

① 参见《重磅！商业保理公司等金融机构已正式划转至深圳市金融办监管》。

基于大数据风控的中小企业授信模型，为进口企业提供了纯信用的线上借款交税服务，真正实现了商业化可持续运作的关税担保业务。通过科技赋能，在风控、效率和成本上为担保机构差异化服务小微企业提供了思路。另一方面，科技助力担保行业提升风险管理能力。随着监管水平的不断提高，监管政策的逐步统一，担保业务的监管红利在逐渐消失。担保行业应用金融科技提升担保业务的风险识别能力、风险控制能力、风险处置能力，进而提高业务整体效率和降低成本，成为担保行业可持续发展的最佳途径。

此外，在金融科技快速发展的背景下，面对新的市场环境，担保公司需要根据企业规模、行业特点和差异化的经营战略，重新构建更科学、更有效的风控体系，优化内部考核机制，完成蜕变和成长，以适应新的经济形势和竞争环境。担保行业以风控体系的平台化、流程化和数据化为导向，借助金融科技重建公司业务架构、管理架构和人才架构。

3. 典当行业金融科技的应用

风险控制是典当业一个永恒的研究课题。近几年，典当行业的资本规模、人才和技术都迅猛发展。典当企业的业务范围也从传统的动产质押典当业务，拓展到房地产、财产权利等新兴领域；服务对象由居民个人发展为以中小微企业为主、城乡居民及流动人口为辅；经营机构也朝着连锁化、品牌化方向不断发展。面对行业发展带来的机遇和挑战，信息技术也逐步进入典当行业，主要用来提高企业自身经营管理水平，特别是高速发展带来的风险控制管理，已成为典当行业与时俱进的发展要求。

典当行业金融科技应用主要是用户风险的识别，在典当物的管理和风险识别方面，主要有当户档案影像化管理、典当物品数据化管理、登记簿电子化管理等；在人的风险识别方面，人工智能技术、人脸识别、生物识别等技术也已在典当行业开始应用；在过程控制角度方面，区块链技术也逐步得到应用。

4. 保理行业金融科技应用

商业保理是一整套基于保理商和供应商之间所签订的保理合同的金融方案，包括融资、信用风险管理、应收账款管理和催收服务。数据显示，截至2019年上半年，全国保理公司有1.2万家。

中国的保理市场分为两类：银行保理市场和商业保理市场。银行保理由银保监会负责监管，商业保理在2018年4月20日以前由商务部负责监管。2018年5月14日，商务部发布《商务部办公厅关于融资租赁公司、商业保理公司和典当行管理职责调整有关事宜的通知》,[①] 通知称以上公司和典当行的监管职责，已于2018年4月20日由商务部正式划归中国银行保险监督管理委员会。

保理+科技的应用场景主要为两方面：一是借助金融科技提质增效，如2019年9月10日，前交所保理资产供应链1-50号资产支持专项计划获深圳证券交易所审核通过，储架规模100亿元，产品采用“N+N”创新结构。二是利用大数据、人工智能和区块链等技术对业务风险进行识别与防范，包括欺诈风险、信用风险和操作风险。前交所上述计划要做到“不固定核心企业，不固定增信方案，不固定保理商，不固定品分层”，如何做到多而不乱，如何厘清每笔资产的对应关联关系，以及资产规整、资金归集都是非常复杂的工作，没有金融科技在背后的支持是无法真正实现的。

在监管方面，2019年11月，银保监会向各地方金融监督管理局下发了《中国银保监会办公厅关于加强商业保理企业监督管理的通知》[②]（银保监办发〔2019〕205号），业界普遍认为保理公司将面临一轮大洗牌，保理业务将面临重大调整。

从技术、市场、监管协同发展的角度看，保理机构在借助科技的力量搭建平台时应考虑到兼容性和拓展性，留一个“口子”供监管随时接入，至于具体形式，是数据库接口还是区块链节点，“因地制宜”。

七、持牌金融机构金融科技应用的监管措施与风险防控

金融科技的应用以持牌金融机构为主导，有利于金融科技安全发展，

---

① 商务部办公厅关于融资租赁公司、商业保理公司和典当行管理职责调整有关事宜的通知［EB/OL］.［2018-05-14］. https：//www. sohu. com/a/231525135_120862.

② 中国银保监会发布《关于加强商业保理企业监督管理的通知》［EB/OL］.［2019-10-31］. 中国政府网，http：//www. gov. cn/xinwen/2019-10/31/content_5447282. htm.

也便于金融监管部门进行指导和规范。随着以银行、保险为代表的持牌金融机构与互联网科技加速融合，合作领域和规模不断扩大，在带来相关业务规模提升的同时，也出现了一定的风险隐患：如基础设施、网络安全、业务系统、数据安全、应急处理等科技风险；① 部分银行机构相关业务发展不够审慎，风险控制和合规管理不足，在金融科技环境下，诸如区块链、大数据等技术的发展，对许多金融交易的习惯与方式进行了重构，传统的金融立法难以有效界定并进行监管，在一定程度上存在合规性风险；② 此外，还有从业人员突破执业登记范围办理业务、管理责任划分不清、信息披露不全等操作风险，③ 侵害了金融消费者权益，影响行业发展和市场秩序。④

2019 年 10 月 12 日，北京银保监局印发《关于规范银行与金融科技公司合作类业务及互联网保险业务的通知》⑤，旨在深入整治市场乱象，引导银行保险机构回归本源、专注主业。其中，该通知要求银行加强合作机构管理，对银行机构明确提出“严禁与以金融科技之名从事非法金融活动的企业开展合作”“严禁与以‘大数据’为名窃取、滥用、非法买卖或泄露客户信息的企业开展合作”等五个“严禁”，切实加强商业银行合作机构管理。

北京银保监局对辖区内银行、保险机构与金融科技公司合作进行规范⑥。规范的对象金融科技公司是指通过输出技术或提供场景，与银行业金融机构在营销、获客、风控、运营等领域开展合作的企业。

北京银保监局针对银行 + 科技提出五个“严禁”，切实加强商业银行

---

① 李明．浅析金融科技在信托业务中的应用场景及风险防范［J］．时代金融，2018（12）：32－36.

② 张宏伟．金融科技创新发展的机遇与风险防范［J］．北方经贸，2018（2）：105－108.

③ 田宏．新时代信托股份有限公司信托业务风险管理研究［D］．呼和浩特：内蒙古财经大学，2014：14－18.

④ 五严禁！北京银保监局：要求银行加强金融科技合作管理［EB/OL］．［2019－10－12］．http：//baijiahao.baidu.com/s？id＝1647181075635103738&wfr＝spider&for＝pc.

⑤ 北京银保监局关于规范银行与金融科技公司合作类业务及互联网保险业务的通知［EB/OL］．［2019－10－12］．中国银行保险监督管理委员会官网，http：//www.cbirc.gov.cn/beijing/ybjhDocPcjgView/D9A805B601734BD2B8D5E756AC71C1E4/26.html.

⑥ 参见 2019 年 10 月 12 日北京银保监局印发的《关于规范银行与金融科技公司合作类业务及互联网保险业务的通知》（京银保监发〔2019〕310 号）。

合作机构管理。具体包括：（1）合作机构准入应报总行审批，严禁未经授权开展合作；（2）严禁与以金融科技之名从事非法金融活动的企业开展合作；（3）严禁与虚构交易背景或贷款用途，套取信贷资金的企业开展合作；（4）严禁与以非法手段催收贷款的企业开展合作；（5）严禁与以“大数据”为名窃取、滥用、非法买卖或泄露客户信息的企业开展合作。

金融监管部门频频推出的监管文件，结合了互联网和大数据时代下的新形势与新特点，对金融机构和准金融机构有关业务明确监管要求，并注重规范产品营销推介和信息披露，强调客户信息安全保护，有利于引导金融机构建立起与外部风险隔离的“防火墙”，更好借助互联网技术提升金融服务质效，也有利于维护金融消费者合法权益，营造健康和谐的金融消费环境。

2019 年 10 月 16 日，市场监管总局、人民银行联合发布《金融科技产品认证目录（第一批）》《金融科技产品认证规则》（见表 4－5）。公告称，为更好地满足金融行业发展与监管需要，市场监管总局、人民银行决定将支付技术产品认证扩展为金融科技产品认证。

表 4－5　《金融科技产品认证目录（第一批）》

序号	产品种类	产品范围描述
1	客户端软件	支持支付业务（包括处理订单）的移动终端客户端软件，包括移动终端客户端程序、支付控件、软件开发工具包（SDK）等
2	安全芯片	支持移动支付业务开展的安全芯片，是指构成金融行业安全载体的具有中央处理器的集成电路芯片
3	安全载体	支持移动支付业务开展的基于安全芯片运行的安全单元以及承载安全单元的介质，如 SIM 卡、SD 卡、eSE、inSE 等
4	嵌入式应用软件	支持移动支付业务开展的、运行于安全单元（SE）内嵌入式系统软件之上的嵌入式应用软件
5	银行卡自动柜员机（ATM）终端	一种组合了多种不同金融业务功能的自助服务设备，持卡人可利用该设备所提供的功能完成存款、取款等金融服务
6	支付销售点（POS）终端	基于图像识别、近场通信、集成电路卡、磁条等技术，支持支付交易数据读取与处理，具备信息加密保护功能的商户端专用机具

续表

序号	产品种类	产品范围描述
7	移动终端可信执行环境（TEE）	基于硬件和软件结合的移动终端可信执行环境（TEE），包括与TEE安全功能应用相关的硬件（SoC平台及相关硬件资源）、固件及相关软件（可信执行环境操作系统、可信虚拟化层等）和安全使用指引，不包括可信应用（TA）、客户端应用（CA）和富执行环境（REE）
8	可信应用程序（TA）	基于TEE实现特定金融应用的可信应用程序
9	条码支付受理终端（含显码设备、扫码设备）	具有条码展示或识读等功能，参与条码支付的商户端专用机具，包括显码设备和扫码设备。其中，显码设备是指具有条码展示功能的专用设备；扫码设备是指识读条码并且向后台系统发起支付指令的专用设备，包括但不限于带扫码装置的收银机、POS机终端、自助终端等
10	声纹识别系统	提供声纹识别服务的服务器端系统（可包含移动终端客户端可执行文件或组件等）
11	云计算平台	云计算平台包括金融业各机构自建、自用、自运行的私有云和供金融业各机构共享使用的团体云

《金融科技产品认证规则》明确了金融科技产品认证依据、认证模式、认证标志等相关条目，对金融科技产品的适用范围、认证依据、认证模式、认证单元划分、认证委托、认证实施、认证证书、认证标志、认证责任、认证细则和金融科技产品认证标志管理要求等做了详细的要求。

第二节　金融科技研发企业的赋能实践

一、BigTech 公司技术赋能

1. BigTech 公司技术赋能 1.0 阶段

2019 年，有关大科技公司（BigTech）与金融相关的讨论一度成为热点。在“2018 全球金融科技（北京）峰会”上，人民银行国际司司长朱隽和研究局局长徐忠同时就 BigTech 发表主题演讲。他们认为，BigTech 提高了金融体系效率，但也带来了不公平监管和监管套利现象，由此对金融

稳定提出了挑战。2019 年 2 月 14 日，金融稳定理事会（FSB）发表了题为《金融科技和金融服务市场结构：市场发展和潜在的金融稳定影响》（*FinTech and market structure in financial services: Market developments and potential financial stability implications*）的研究报告，重点探讨了 BigTech 对金融市场的影响，引起了广泛关注，并推动 BigTech 迅速成为各界讨论的焦点。

在世界经济论坛（WEF）、巴塞尔银行监管委员会（BCBS）等国际组织的描述和概念界定中，BigTech 是指具有数字技术优势的全球性大型技术公司，通常直接面向 C 端用户提供搜索引擎、社交网络、电子商务或数据存储和处理等 IT 平台，同时也为其他公司提供基础设施服务。国际清算银行总裁 Agustín Carstens 认为“BigTech”一词指主要从事数字服务而不是从事金融服务的现有大型公司。[①] 具体而言，国外企业如苹果、谷歌、脸书和亚马逊（“GAFA”公司），国内企业如百度、阿里巴巴、腾讯和京东（“BATJ”公司）等。

大型科技公司（BigTech）受到关注的原因之一是其作为科技赋能金融的重要科技提供者，其本身也涉足金融。大型科技公司因其与生俱来的互联网基因，其技术赋能分为两个阶段。第一个阶段（1.0 阶段）主要表现为技术 + 市场驱动下的内部赋能。由于大型科技公司（BigTech）具有强大的、成熟的客户网络体系，为满足市场需求的变化而逐步将业务拓展到支付、基金、信贷、保险、银行、资产管理等多个金融领域，在技术和市场的双轮驱动下，其技术赋能往往从集团内部开始，这也是大多数大型科技公司涉足金融的早期阶段。为了满足合规性，大型科技公司（BigTech）往往会通过申请或并购的方式取得相应的金融牌照。目前我国规模较大、持有金融牌照较多的 BigTech 主要有阿里巴巴、腾讯、京东和百度，其金融业务覆盖银行、证券、保险、第三方支付、征信、小贷公司、基金销售等（见表 4 - 6）。

---

① Agustín Carstens. BigTech 发展原因、对金融中介的影响以及公共政策带来的新挑战［J］. 张伟，译. 金融会计，2019（5）：7 - 13.

表4-6 我国代表性BigTech取得金融许可证情况一览①（截至2019年10月）

牌照	阿里巴巴	腾讯	京东	百度
组织形式	蚂蚁金服	分散在微粒贷等多个事业群	京东数科	度小满金融
银行	网商银行（持股30%）	微众银行（持股30%）	无	百信银行（持股30%）
证券	华泰证券（持股3.25%）	中金公司（持股4.95%）、富途证券（持股38%，香港证券交易牌照）	无	无
保险	国泰产险（持股51%）、信美相互（持股34.5%）、众安保险（持股13.54%）、阿里健康保险公司（未获批）	和泰人寿（持股15%）、众安保险（持股10%）、香港英杰华（持股20%）	京东安联财险（持股30%）	百安保险（参股）
基金	天弘基金（持股51%）	无	无	无
信托	无	无	无	无
小贷公司	重庆蚂蚁小微小贷、重庆蚂蚁商诚小贷	财付通网络金融小贷	重庆两江小贷、重庆京东同盈小贷、北京京汇小贷、上海京汇小贷、西安京汇小贷	重庆百度小贷、上海百度小贷
基金销售	蚂蚁基金销售	腾安基金销售好买财富（参股）	肯特瑞财富	百盈基金销售

① 蔡文德．BigTech涉足金融领域的影响、风险分析及对策建议［J］．金融科技时代，2019（8）：44-48.

续表

牌照	阿里巴巴	腾讯	京东	百度
保险中介	上海蚂蚁韵保保险代理、杭州保进保险代理	微民保险代理（微保）	天津津投保险经纪、天津元丰保险公估	联保龙江保险经纪
征信	芝麻信用（个人征信试点）、微众税银（参股）、百行征信（参股）	腾讯征信（个人征信试点）、百行征信（参股）	恒先君展企业征信	百誉信征信
保理	商融保理、商诚保理	联易融（参股）	邦汇保理、方博恒立保理、方博同信保理	无
交易所	天金所（参股）、网金社（参股）	厦门国金（参股）	合众金交、天津滨海京元众筹交易中心	百金交
消费金融	包银消费金融（间接参股）	无	无	哈银消费金融（参股）
汽车金融（参股）	易心、花生好丰、美利丰金融	优信、易鑫、狮桥	大搜丰	优信、易鑫、灿谷

值得关注的是，虽然BigTech的数字经济规模已在全球有目共睹，也在很多领域取得金融牌照，但是在金融领域的份额依然很小。根据国际清算银行（BIS）的报告，目前金融科技信贷仅占银行信贷的0.8%。目前BigTech更多的是为传统金融机构提供数字金融科技赋能服务。

2. BigTech公司技术赋能2.0阶段

如果说大型科技公司（BigTech）技术赋能金融的第一个阶段是技术+市场的驱动，在2.0阶段，则主要是技术、市场和监管三者协同作用的结果。随着大型科技公司技术日趋成熟，技术能力大于集团内部需求，具备向外输出的能力。而此时外部需求又尚未得到满足，大量传统金融机构正寻求相对成熟的技术进行数字化转型。随着我国金融强监管信号的进一步明确，尤其是资管新规和《关于加强非金融企业投资金融机构监管的指导意见》的颁布，大型科技公司（BigTech）技术赋能金融回归科技本位，纷纷将技术对外开放，向外部传统金融机构赋能。

以BATJ为代表的BigTech正在通过在金融领域的拓展，将1.0阶段的内部赋能与2.0阶段的外部赋能作为获得可持续竞争优势和价值创造的主要驱动力。比如，与中小商业银行推出合作助贷的模式。在该模式中，BigTech基于其庞大的客户群体，利用线上大数据、云计算、人工智能等信息技术，分析每个客户的还款能力，并将自己掌握的客户资源推荐给中小商业银行，为一些无法获取客户有效信用信息的中小商业银行提供优质的客户资源，开创了合作三赢的局面。一些BigTech发起设立银行，服务中小微企业。如阿里巴巴通过旗下的蚂蚁金服发起设立的网商银行，腾讯发起设立的微众银行。国际清算银行（BIS）发布的《大科技公司及金融中介结构变化》的工作论文，通过分析阿根廷和中国的借款人情况，发现获得过BigTech信贷支持的公司更具创新性和盈利能力。京东数字科技宣布已同中信证券、景顺资管（Invesco）、华夏基金、华能贵诚信托等境内外13家资管机构签订战略合作协议。这一过程，本质上是技术通过与金融融合赋能金融机构，金融机构获得技术赋能后，实现技术与市场协同有效缓解小微企业融资难问题，服务实体经济的典型路径。

除了赋能传统金融机构提质增效，BigTech也通过技术输出，赋能监管机构创新，实现对行业的风险监测，创新监管。广州市金融局前后分别与阿里巴巴的蚂蚁金服和腾讯签署金融风险防范预警相关的战略协议。天津市金融局以蚂蚁风险大脑科技监管平台助力地方金融监管和科技创新，进行实时风险识别预警和证据链溯源，做到早发现、早预警、早处置。①

正如人民银行国际司司长朱隽指出的，大型科技公司参与金融和传统银行并不是相互排斥的，事实上，其发展也为金融业提高效率提供了难得的契机。传统金融业和BigTech开展合作，提供创新型的服务，实现互利共赢。目前在中国，工商银行、农业银行、中国银行、建设银行已经分别与百度、阿里巴巴、腾讯和京东达成战略合作。

除了技术的进步、市场的引导外，金融科技的安全发展还需要监管的适当引导，金融稳定委员会（FSB）也将研究“大科技公司进入金融服务

① 天津市金融局与蚂蚁金服合作，引入蚂蚁风险大脑提早识别风险［EB/OL］.［2018-07-23］. 人民网，http://tj.people.com.cn/n2/2018/0723/c375366-31846169.html.

的潜在影响”作为2019年的工作重点。长远看，只有技术、市场、监管协同发展，才能实现各方各安其位、守正创新、相互赋能，实现科技赋能金融的效果。

3. BigTech金融科技赋能过程中的风险管理

随着整个产业互联网的崛起，BigTech通过金融科技业务嵌入各个场景，在B端、C端都扮演着越来越重要的角色。但是，如何在产业和体验升级的同时管控风险，也成了另外一个值得思考的命题。[①]

金融科技在全球范围内已是一个普遍发展趋势。在这个过程中也体现了移动通信、云计算、大数据、人工智能、区块链技术对金融行业的影响。而金融科技的影响已经从支付、身份管理、征信、信息安全等金融设施领域开始，并深入风险管理、金融资源配置等核心业务环节。

FSB新任主席Randal K. Quarles公开表示，大型成熟技术公司进入金融服务领域可能引发许多新风险，其中一些可能涉及金融稳定性。但他进一步强调，通过引入新的方法、更多的信息管理和降低处理成本，金融科技可以潜在地减少金融波动和脆弱性。德国和法国也正在酝酿出台新的制度，监管大科技公司从事金融活动，并扶持欧洲本土的支付和金融科技公司的发展，成为欧盟范围内监管部门的先行者和推动者。

二、垂直细分领域科技公司赋能实践

2019年，美国对华为5G颁布禁令，中美贸易战场由进出口关税深入延伸到高新技术层面，各行各业都倍感压力。与此同时，国内政策导向、市场变革与消费主体和模式的升级换代、消费渠道多元化等各项挑战，让中国的科技企业面临前所未有的机遇与挑战。在现代化的数字型社会建设当中，除了BigTech（大型科技公司），还有一些以创新数字技术为核心的高新技术企业。科技企业，凭借其过硬的技术实力、对行业的深刻理解和市场的精准分析，通过与场景结合，在垂直细分领域深耕，给出了各具特色的科技赋能中国方案。

---

① 洪偌馨. BigTech是什么？为何引起央行高度关注？[J]. 商讯，2018（11）：112-114.

案例一：玖富数科从场景赋能到生态赋能

从战略维度上，2018 年底，玖富数科在业内率先宣布将科技赋能“T. E”（Tech Enabling）作为核心战略，旨在以产品化流量、场景、数据和 AI 算法的科技能力，向合作机构全面开放进行科技输出：对银行、保险、证券、基金等金融机构进行科技赋能，通过赋能金融机构共同推动数字普惠金融的实现。同时，推进消费金融科技在金融机构的普及，提升金融机构的大数据风控、生态场景搭建以及人工智能机器学习等综合科技能力。

自实施 T. E 科技赋能战略以来，玖富数科在创新技术建设上不断投入，科技人员占比超过 70%，旗下数字科技团队专注于云计算、人工智能、机器学习、NLP 等创新技术领域，研发出了包括火眼分、彩虹评级、水立方智慧增长引擎、智能风控系统、智能外呼、智能语音分析、反欺诈系统等多款 AI 产品，相关模型、算法已申请多项专利。打造国内首个自主研发的端到端、一体化、全流程的智能数字科技赋能平台——“玖富金融云”，并以“植入式金融工具、超级连接器”等属性加以强化，推出玖富数字普惠开放平台，赋能场景方与金融机构。

公开数据显示，截至 2019 年，玖富集团已累计服务 70 多家银行总行，为近万家银行分支行及网点提供业务咨询与信息技术服务，培训了超过 36 万名银行理财师，帮助银行机构完成从传统业务交易型向服务营销的数字化转型。

玖富的科技赋能注重把企业纯粹在模式、销售上的创新，变为科技内生的创新发展。一方面，与被赋能机构合作，共同孵化、创新产品和服务，进一步打造技术支撑能力。另一方面，应根据业务类型及定位，通过大数据、区块链等技术应用，切入了细分领域，打造金融科技生态圈。

2018 年，玖富数科集团提出全面发展战略——T. E（Tech Enabling）科技赋能，旨在将公司多年的技术沉淀和行业积累，全面输出到金融机构与实体企业。以用户、场景、数据和 AI 算法为四大核心生产要素，促进区域金融科技交流与合作，共建金融科技生态系统，以打造全域赋能的数字科技开放平台为目标。2019 年玖富数科成功登陆纳斯达克，在科技赋能战略下持续发力，旗下数字普惠开放平台正式升级为“玖富超级大脑”，并推出海外版本，与同期发布的金融云、超级数字钱包形成“三位一体”的科技赋能模式（见图4-8）。

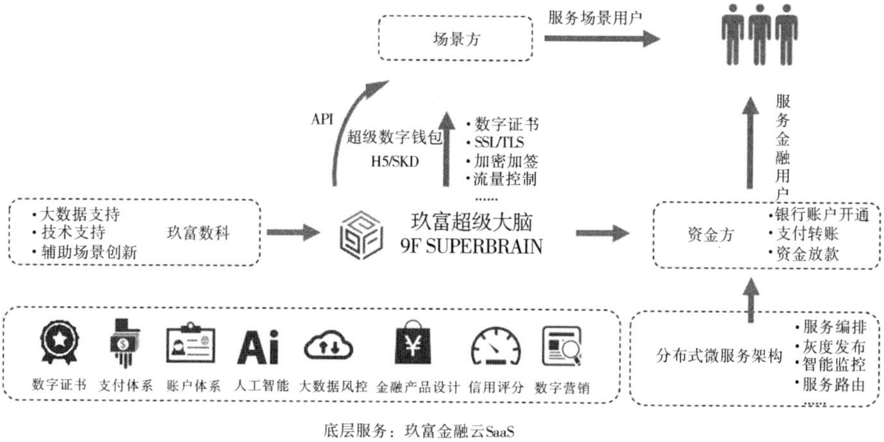

图4-8　玖富数科三位一体产品体系赋能示意图

基于场景、产品、技术、合作的生态赋能体系，最终形成可提供差异化、创新型数字金融解决方案的3A（Account、AI、API）智慧数字工厂。在上述三位一体产品体系中，超级数字钱包充当了金融机构与场景的价值连接器，金融云作为核心中台SaaS服务，而超级大脑则作为对外赋能科技的开放平台连接消费者、场景和资金方。该生态赋能体系已经在与美图秀秀、通联支付、花生日记、国美金融、平安金融壹账通、中信信托等机构开展合作的应用实践中，通过赋能金融机构和场景伙伴，惠及小微企业和消费者。玖富T. E科技团队在云计算、人工智能、机器学习、NLP、区块链等创新技术领域进行科技赋能。

玖富T. E科技团队向春秋航空提供风控平台建设、风控运营、方案设计等技术支持，围绕研发、运维、商务、战略四大方面，全力支持春秋航空“智慧消费产品”体系网的建设。公开数据显示，该平台上线不足半年，已服务约20万人次，服务对象包括个人用户和企业用户，为行业开拓出一条科技赋能航旅场景、跨界合作成效显著的典型路径。

案例二：友信智能风控赋能小微企业实现深度 KYC

中小企业融资难问题，一直被称为“麦克米伦缺口”。“互联网+普惠信贷”的核心是风险管理。相较于传统信贷风控所需变量，大数据时代的风险判定所依据的变量数据具有多元化和非结构化的特征。智能风控平台能够高效处理庞大的数据信息，提升风险控制能力，进而提升普惠金融服务效率。

友信旗下人人贷智能风控平台，为经营性信贷、消费金融等场景，对借款人的欺诈行为、还款能力、还款意愿等进行实时跟踪与判断。目前，该平台已实现秒级审核，每小时评估事件峰值可达 8.3 万件，每日评估事件峰值高达 98 万件。其流程主要包括反欺诈和信用评估两大步骤：反欺诈主要是判断借款申请者是否出于骗贷等恶意动机，以快速、精准地识别出疑似欺诈人群。信用评估环节，主要利用 CNN、随机森林、XGBoost 等算法，为不同信用水平的申请者进行差异化定价，从而将整个信贷周期的不良率控制在低水平。

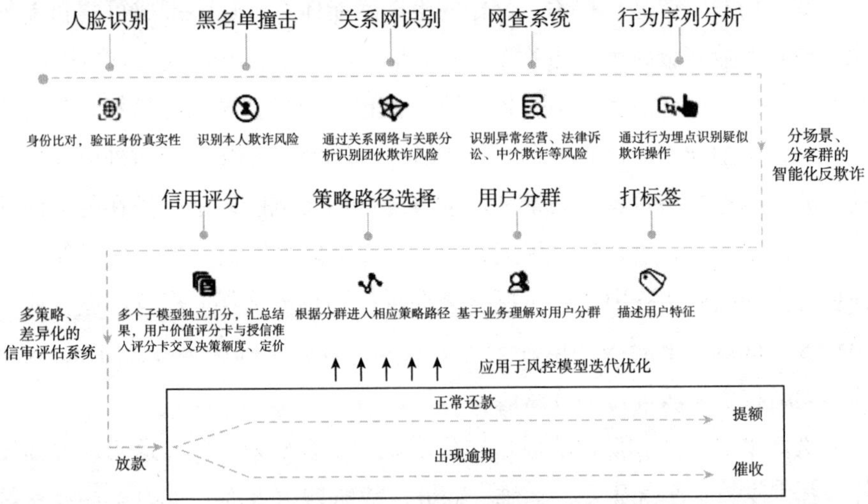

图 4－9　智能风控流程

反欺诈关系网系统：对客户数据进行匿名化操作，从单一或多维度关联关系进行风险研判。根据拓扑关系以及风险标签，自动挖掘欺诈团伙；判断关系网上节点与风险节点之间的距离及关联方式，计算风险传播到该节点的可能性大小；高效率发现多维度特征，为策略人员提供模型特征。

多维度拓扑关系度量：通过从关系网中查找与指定用户具有强关联关系的其他用户，并对用户间的关系的紧密程度进行排序，生成关联用户列表，为贷后提供失联修复的支持等，并进行实时欺诈风险查询、生成用户的社交关系特征和画像。经过多次迭代，用户关系网数据呈现指数级增长，2019 年已达到 12.5 亿节点、60.1 亿条边。

镜像验证：一旦涉及风险特征变量和风险模型的变更，便自动触发镜像验证，确认变更是否为策略人员主动变更，减少人为操作失误引起的系统不稳定。

流量实验：流量实验包含镜像流量实验和比例切分流量实验。其中，镜像流量实验指系统只做计算不做处理，实现在不对实际运行业务进行更改的情况下对实验流量进行评测分析。

独立监测模块：该监测模块可同时实现流量监测、效率监测、数据监测、决策结果监测、异常检测和模型效果监测。

Optimus 大数据计算平台可提供实时处理、分析数据功能，以对新产生的增量数据（数据流）实时进行处理和分析，从而将结果用于风控决策当中，有助于及时发现和识别新产生的潜在风险因子。

平台构建了从数据收集到数据处理，从数据处理到数据分析，最后将分析结果用于实际业务中的大数据作业流程。针对每天流入的增量数据，平台可以实时进行流式处理和分析，处理耗时最短只有 20 毫秒。这种实时数据处理能力有助于在业务层面及时发现隐藏的风险因素，从而提高风险识别的准确性和及时性。

用户画像描述及行为分析能力建立在海量数据维度的基础上，人人贷智能风控平台通过分析结构化和非结构化等各类数据，实现对小微企业主客群更加全面、充分和详尽的分析，更加深度地“了解你的客户”（KYC）。

在深度 KYC 的基础上，帮助客户进行多个方向探索。比如，贷前阶段可进行精准营销，降低获客成本；贷中阶段为不同的借款客户设置不同的额度与放款利率，根据实际情况，做到千人千面，提高用户体验；而在反欺诈领域中，画像技术可与聚类算法相结合，通过梳理用户群体，分析恶意用户的行为特征，对特定群体的用户，采取针对性的风控策略。

案例三：百融“产业+科技+金融”的创新风控模式

在产业场景端，百融提供的科技助力基于产业的供应链金融，有效提升了整个产业场景的服务价值，促进其垂直整合方面。在金融机构端，通过科技实现大数据赋能、资产化赋能、平台赋能（见图4-10）。百融金服平台通过产品设计、营销获客风控服务，多方对接碎片、细分业务场景，帮助资产方匹配合适的多元资金方参与其中。在营销获客方面，产业平台通过精准营销模型分析，形成平台客户画像，筛选出匹配客户金融需求的金融产品，实现了由大水漫灌到精准滴灌的营销。在作业模式方面，采用线上+线下复合作业模式，通过客户整合与数据收集使参与合作的各方均得到收益，同时也提高了服务渗透率和人群触达率。百融这一“产业+科技+金融”的创新模式打破了“数据孤岛”，唤醒了不同体系中的数据价值，有效解决了普惠金融人群因结构性数据缺乏或不足导致的风控难度高的问题。

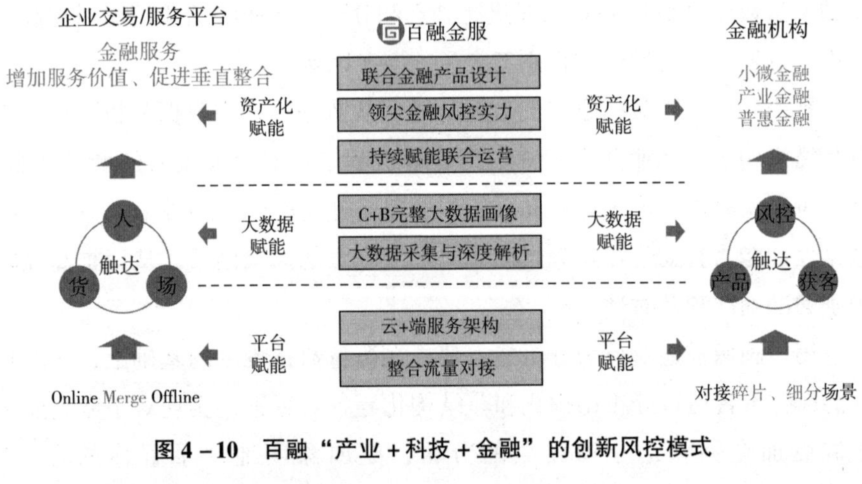

图4-10　百融“产业+科技+金融”的创新风控模式

三、技术赋能安全发展的代表性案例

1. 技术赋能安全发展

随着技术与金融的深度结合，金融风险也日趋复杂，单纯依靠传统手段已无法满足合规以及监管工作的需要。监管技术的相对滞后性也增加了监管负担。监管科技致力于依靠大数据、云计算、人工智能、区块链等技术构建科技驱动型监管体系。[①] 英国金融市场行为监管局于2015年提出“监管科技”概念，即“采用新型技术手段，以满足多样化的监管要求，简化监管与合规流程的技术及其应用；主要应用对象为金融机构”。京东研究报告[②]将监管科技分为两大类型，即运用于监管端的监管科技（SupTech）和运用于金融机构合规端的监管科技（CompTech），后者被简称为合规科技。其中，企业用于应对监管合规性审查的称为合规科技，用于企业内部防控风险的又可称为风险科技。

2. 国外合规科技代表性案例

目前，已经有不少公司在CompTech业务布局。英国的合规科技公司CUBE就是其中的典型代表。这家只有94名员工的公司，为180个国家的全球一线和二线银行和金融公司提供服务，帮助企业自动跟踪全球监管数据，并根据合规风险的监管变化来提示警报。

美国的Ayasdi公司、Compliance. ai公司，澳大利亚的Identitii公司，德国的targens GmbH公司也都是全球范围内合规科技公司的代表。就整体规模而言，《CompTech：监管科技在合规端的运用》指出，目前全球范围内的合规科技公司近250家，这一市场仍在持续扩大。合规服务作为企业服务的重要组成部分，正受到前所未有的重视，合规科技有望开拓一片新的蓝海。

总部位于英国伦敦的FundApps是一家基于亚马逊云（AWS）云端的投资合规管理服务的公司。FundApps的服务主要包括持仓限额监测（Position Limits）与持股信息披露（Shareholding Disclosure），帮助资产管理公司与对冲基金等实时追踪相关的政策指令变化，自动生成提醒或报告，从而减少相关领域的合规成本与人力成本。一方面，FundApps对接相关的律师事务所，每日收取政策变动信息，并将该文本信息整理转化为算法和代码；另一方面，基于云端，FundApps通过API收取客户每日的持仓数据（Positions

① 杨东．监管科技：金融科技的监管挑战与维度建构［J］．中国社会科学，2018（5）．

② 京东金融研究院．CompTech：监管科技在合规端的运用［R］．

Data)，在进行分析后通过 E－mail 向用户返还审查结果。用户可以再进一步登录 FundApps，以查看具体的审查结果和相关的条例解释等（见图 4－11）。

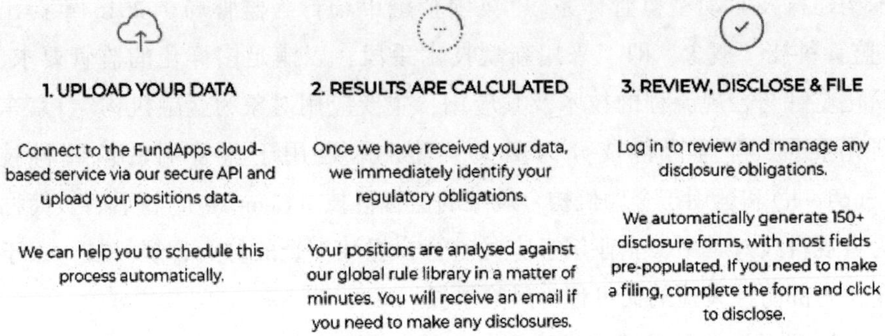

图 4－11　FundApps 基于云端的合规科技服务

3. 我国监管科技赋能实践

2019 年，随着《网络安全法》的落地，监管部门对于个人信息保护的关注越来越高。中央网信办、工业和信息化部、公安部、市场监管总局四部门曾联合发布公告，明确对于个人信息保护不力的企业要进行处罚甚至吊销营业执照。在监管的一系列检查行动中，多家通过爬虫技术开展大数据信贷风控的公司因为个人信息保护不力而被查处。

在这种背景下，如何有效发现业务侧的欺诈风险，而又不侵犯个人隐私就变得格外重要。

案例四：梆梆金服不依赖个人信息的移动威胁感知系统

系统参考 ASA 安全服务体系，基于前端 SDK 与后台大数据计算进行设备可信检测，检测当前设备是否为模拟器等风险设备，计算当前设备的设备指纹，防止一机多用；进行系统可信检测，检测系统是否 root/越狱，检测是否篡改硬件特征信息，检测是否篡改定位信息；进行应用可信检测，检测应用是否被篡改，检测是否被 hook 攻击，检测是否被注入攻击。针对真人真机（黑产团伙利用白户数据，由人工操作在还款周期前批量申请借款，速度慢、成本高）、假人真机（黑产团伙使用群控系统配合接码平台批量申请借款，速度快、成本低）、假人假机（黑产团伙使用模拟器配合接码平台批量申请借款，速度最快、成本最低）等多种技术欺诈场景进行有效发现与防御。

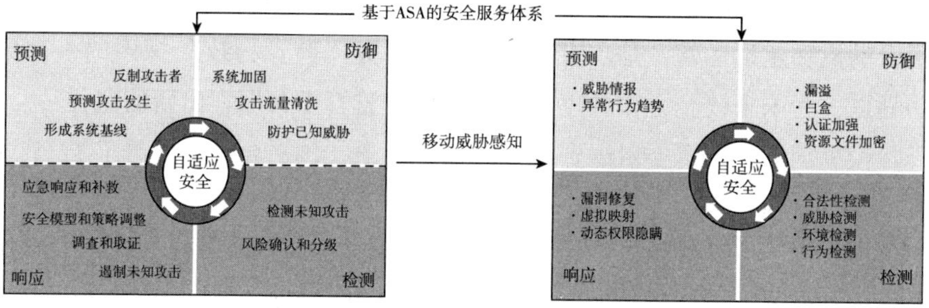

图 4-12　基于 ASA 的安全服务体系

以某互金平台为例，系统上线 3 个月累计检测到模拟器访问 20000 余次、辅助外挂（模拟点击等）1000 余次，设备硬件篡改次数累计超过百万。

在这些威胁信息的辅助下，互金平台拦截群体作弊行为，有效地减少了业务损失，同时在分析过程中不涉及用户个人信息，符合当前对于个人信息保护的要求。

4. 科技赋能地方金融监管

在科技赋能地方金融监管方面，BBD 数联铭品国资国企监管平台取得了阶段性成果。

案例五：贵阳市国有企业大数据监管平台

贵阳市国有企业大数据监管平台是由数联铭品（BBD）联合三家贵州国企合资成立的混合所有制政企数据服务企业：贵州基石大数据科技有限公司（以下简称基石数科），是基于大数据应用理念和手段，以解决监管机构的传统痛点为己任而打造的。基石数科定位于以大数据为手段，为各级国资委及相关监管机构定制打造以各类国有资本、国有企业及其下设各事业团体、各级子公司分公司、职能机构为对象的大数据监管应用产品平台。

在贵州省国资委指导下，基石数科联合多方政企按照“正念为先、先易后难”要求，突出问题导向、需求导向，利用大数据、云计算打造事前预警、事中监管、事后处置的大数据国企监管平台。2016 年 12 月贵阳市国有企业大数据监管平台正式上线运营，作为数联铭品（BBD）与政企合作共建的大数据国资国企监管平台的首个阶段性成果与创新试点项目，该平台的成功建设运营，是政府监管机构对国资“监管科技”探索的一次成功尝试，为未来政企合作共建新一代大数据监管平台探索出新的路径。

根据国务院国资委对国资国企的监管要求，该平台设置部署了12个业务模块，分别是企业定位、企业监管、企业分析、流程管控等；通过这12个模块的部署，数联铭品（BBD）成功实现通过一个平台对企业多个层次数据的监管，同时还可以促进国企内不同行业的资源共享、数据共享、交叉验证，国资监管真正实现了有数可依、有据可凭、有迹可循。

例如，在企业定位模块，贵阳国企大数据监管平台按照监管要求，将国企分为功能类、竞争类、金融类和公益类四个类别；不同的类别适用于不同的监管和考核标准。通过该平台，初期阶段覆盖了15家贵阳市属国有企业，包含199家子公司，资产规模达8554亿元，平台会对每日诉讼情况、舆情事件等多维度信息进行监控，并实时进行数据可视化展示。平台运营近两年后，贵阳市国有企业大数据监管平台已经在动态尽职调查、风险防控、企业征信评分、企业绩效考核、舆情监测等领域已取得了显著成效。

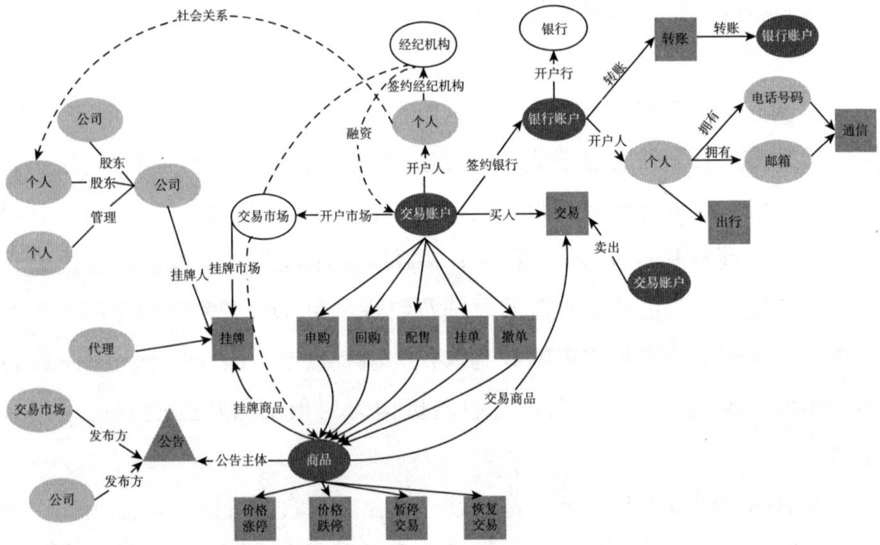

图4-13　BBD多维数据的动态知识图谱分析和建模

在该平台建设的成功经验上，数联铭品（BBD）同基石数科也在尽全力将贵阳国企大数据监管平台打造成对国资国企进行事前预警、事中监管、事后处置的可复制、可借鉴、可推广的大数据监管示范平台；令人鼓舞的是，2017 年 5 月，数联铭品（BBD）连同基石数科成功将平台的成功经验推广至昆明市国有企业大数据监管平台建设项目中去，获得了昆明大数据平台的建设合同，并于次年 7 月成功上线投入使用。未来，数联铭品（BBD）将持续努力将项目建设得来的宝贵的“贵阳模式”“昆明经验”推广到更多地方政府监管机构去，为国资国企“监管科技”的发展与建设贡献自己的力量。

当前国家为加强金融监管的要求，对地方政府压实属地监管责任，各地面临的金融风险的形势和传统监管手段存在诸多不足。为解决这些不足，金融科技公司在科技赋能地方金融监管方面进行着积极的探索。

案例六：金信网银金融风险监测预警平台

金信网银公司研发的以“冒烟指数”为核心技术的金融风险监测预警平台、“7 +4”地方金融监管平台以及涉众型经济预警研判平台等创新应用，系统性解决了地方监管机构面临的“发现难、研判难、决策难、控制难、处置难”的痛点，通过运用大数据、云计算、人工智能等技术手段，针对金融监管应用场景打造了金融监管 AI 中台，通过“冒烟指数”等创新产品，实现了发现风险、固化证据、判断趋势、及时干预、联合打击以及后期维稳等工作，推动金融风险治理由传统被动监管、粗放监管向主动监管、精准监管和协同监管模式转变（见图 4 –14）。

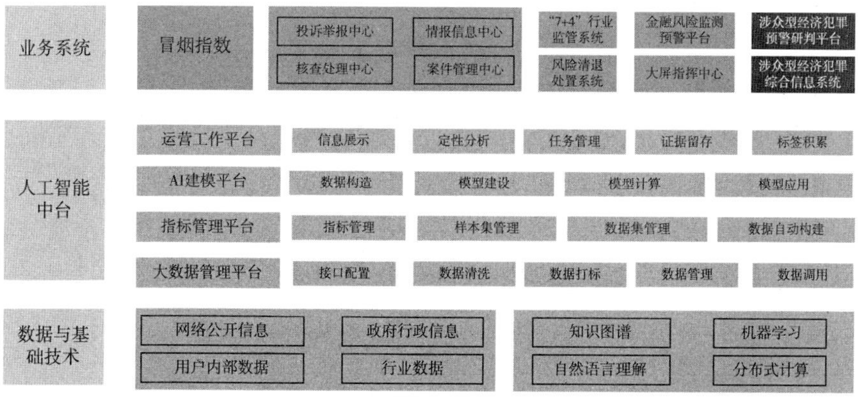

图 4 –14　以“冒烟指数”为核心技术的监管科技产品架构

北京市金融监管机构在国内最早应用监管科技提升监测效能：应用金融风险监测预警平台，形成市区“两级联动”；应用“冒烟指数”，排除输入性金融风险；服务地方金融监管，形成“行刑联动”。

合规科技、风险科技和监管科技的进步，不仅能对金融科技的超前发展起到更强的风险防范作用，也对金融科技的安全发展具有极大的促进作用。随着数据的不断丰富，监管市场参与者们会不断发现新的监管思路和方法，不断拓展合规科技的应用，节省金融机构合规成本，降低违规风险，监管当局也能借助监管科技实时分析监测数据，及早发现问题，实现低成本、可持续的有效监管。

第三节　第三方机构金融科技服务拓展

金融科技安全发展除了金融机构、监管机构、科技企业等参与方之外，还有众多第三方机构的参与。金融科技的快速发展，对金融科技的信息技术安全提出了更高的要求和标准。因此，非银行支付、征信机构、外汇管理机构、金融交易所等作为第三方参与机构，在建设金融科技安全发展体系中起着连接器作用，是防范系统性金融风险的重要环节，也是金融科技安全发展体系的重要组成部分。[①]

一、支付清算

1. 中国银联

中国银联（China UnionPay）成立于 2002 年 3 月，是经中国人民银行批准设立的中国银行卡联合组织，总部位于上海，性质类似于国外的 Visa 或者 Master 等银行卡组织。截至 2019 年 9 月，中国银联已成为全球发卡量最大的卡组织，全球网络覆盖 176 个国家、5600 多万家商户、460 多万台

① 武旭川，刘学．浅谈金融科技信息技术安全三个重要体系的建设［J］．债券，2017（8）．

ATM，在58个国家和地区发行了近80亿张银联卡。① 中国银联不仅是一家金融企业，也是一家科技企业，是金融科技推动金融服务创新的结果。

中国银联的核心使命包括：（1）建设和运营银联跨行交易清算系统（CUPS）（见图4-15），并以该系统为依托，推广统一的银行卡标准规范，为商业银行、特约商户、持卡人提供便捷银行卡支付收单业务。（2）实现各银行系统间的互联互通和资源共享，保证银行卡跨行、跨地区和跨境的使用。（3）联合商业银行，创建银行卡自主品牌。

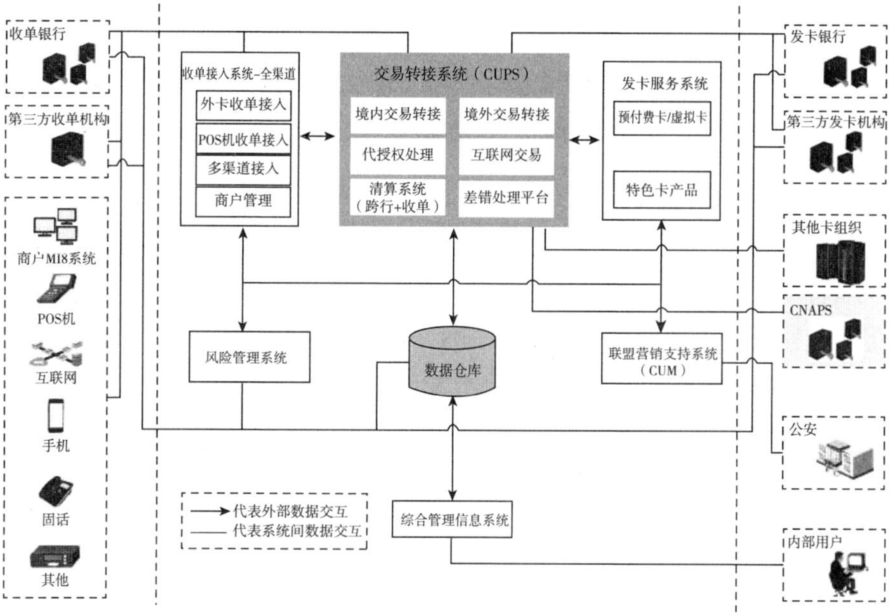

图4-15 CUPS的系统架构及银联网络总体拓扑架构

2019年10月，在第六届世界互联网大会上，中国银联携手60余家机构联合发布了全新智能支付产品——“刷脸付”。“刷脸付”涉及的相关各方，包括中国银联、商业银行、收单机构、商户、服务厂商、安全评估机构等机构，构建了一个“科技+场景+金融机构+金融消费者”的生态体系，标志着支付产业进入智能金融时代。

① 让中国银联卡刷遍全球［EB/OL］.［2019-09-29］. 人民网.

2. 中国网联

近年来，随着金融科技的飞速发展，非银行支付已形成规模，出现了快速支付系统。非银行支付系统大多脱胎于互联网或电子商务巨头所构建的“数字生态体系”[①]，即以支付账户为载体，利用互联网技术向消费者提供虚拟账户呈递电子账单并完成账单的支付。因此，各家支付无法实现互联互通。另外，非银行支付连接多家银行系统，变相开展跨行清算业务，加大了金融风险隐患。因此，2017 年 8 月，中国人民银行从顶层设计上，由中国支付清算协会按照市场化方式组织非银行支付机构以“共建、共有、共享”原则共同参股出资，成立网联清算有限公司（NetsUnion Clearing Corporation，NUCC）[②]，以提升支付清算基础设施，特别是银行部门的快速支付服务，引导银行支付与非银行支付发展方向保持趋同，也有利于更好地保护金融消费者的利益。中国金融科技安全发展基础设施有了银联和网联两个支柱。银联转接线下支付，网联转接线上支付。网联的出现，是人民银行基于技术、市场、监管协同发展的目标，补足金融科技安全发展清算基础设施的重要举措。以境内基于银联卡的交易为例，消费者、商户、支付机构、银行各主体的资金流和法律关系如图 4 – 16 所示。[③]

四方模式下处理的交易所关联的银行账户，必须基于银行卡清算机构所授权发行的相关品牌的银行卡，并且遵循“谁的品牌谁转接”的原则。

---

① 赵鹞. 支付体系分野与网联发展［J］. 中国金融，2017（16）：90 – 91.

② 2017 年 8 月 4 日，中国人民银行支付结算司发布了《关于将非银行支付机构网络支付业务由直连模式迁移至网联平台处理的通知》（银支付〔2017〕209 号），在支付市场引起了广泛的关注和激烈的讨论。

③ 周昕. 第三方支付 | 网联一统江湖，是否名正言顺？［EB/OL］.［2018 – 09 – 09］. https：//baike. baidu. com/tashuo/browse/content？id = 3b843d6afe5dd70e5b245fbd & lemmaId = 20592660 & fromLemmaModule = pcBottom.

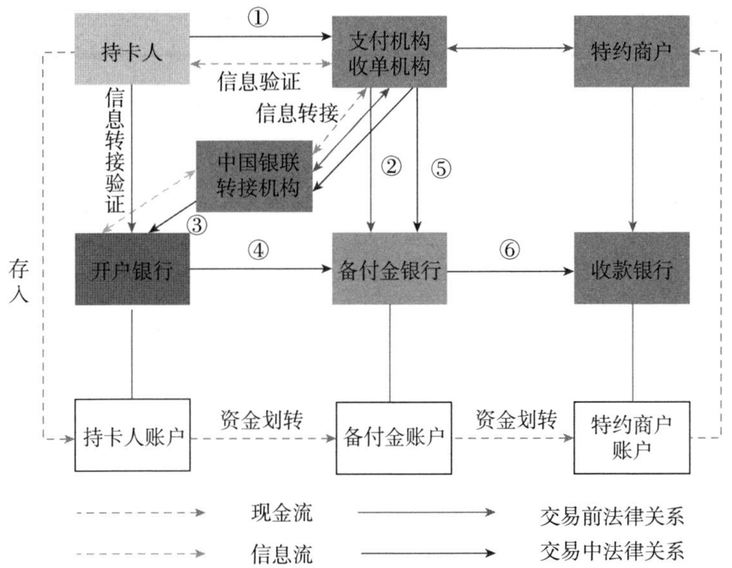

图 4－16　消费者、商户、支付机构、银行各主体的资金流和法律关系

二、征信系统与征信技术

1. 人民银行征信中心

如果把征信系统比作金融信息的高速公路，各种金融信贷机构/平台可以理解成各种交通工具，金融科技是油门，风控是刹车。“要想富，先修路”，征信是金融科技安全发展的基础性工作。

我国征信体系的起步以 2006 年人民银行征信系统设立为标志。2018 年以前，人民银行征信中心是国内唯一一家官方征信机构，其系统名称是国家金融信用信息基础数据库。人民银行征信中心还是全球唯一的一个集个人征信系统、企业征信系统和人民银行信贷登记系统（服务于央行监管）功能于一身的征信机构。

人民银行征信中心的定位是非营利、非市场化的国家事业单位。由于金融市场环境或自身属性等原因，人民银行征信系统同时也存在一些问题。首先是整个金融市场服务不完善，金融信贷服务供给不足，覆盖的人群和企业非常有限。其次是服务的对象仅限于持牌金融机构，对于没有受到监管的新金融机构，人民银行征信中心按照规定无法提供服务。最后是体制方面的问题。这种非营利、非市场化的定位会导致其无法高效率地运行，从而无法提供更多的征信服务。其更深层次的原因是人民银行征信系统作为国家金融信用信息基础数据库，可以采集数据，能够生成最基本的征信产品——信用报告，但是期望其能够像美国三大个人征信机构一样，每年能研发出上百个征信产品是比较困难的。①

2. 百行征信

百行征信作为第一家拿到个人征信牌照的机构，引起国内外的广泛关注，很多大数据公司和金融科技公司也想加入百行征信。百行征信有它的明显优势：第一，具有一定的社会公信力，它有央行背景，这一点对于开展个人征信这样具有公共属性的服务来说是得天独厚的优势，也是民营征信机构无法比拟的。第二，很多领域的专业化征信服务目前处于缺失状态，百行征信未来业务的开展有很大空间。第三，百行征信的企业定位会让其在市场化的道路上走得更远。

百行征信的未来仍存在很多挑战，期待其在金融科技安全发展体系中发挥未来新金融基石的作用。

3. 全国信用信息共享平台

全国信用信息共享平台是2015年底由国家发展改革委牵头建设、国家信息中心承建的全国信用信息共享平台，该平台已初步建成并上线运行。②

国家发展改革委正联合工业和信息化部、公安部、民政部等多个部门建设二期工程，将进一步扩大覆盖面、完善技术标准。

全国信用信息共享平台对社会信用体系建设主要做了以下几方面工作：

一是发布“诚信之星”。弘扬诚实守信，营造信用为本、履约践诺的社会风尚。

二是加大信用信息归集力度。截至2018年12月9日，累计归集各类

---

① 刘新海．百行征信与中国征信的未来［J］．清华金融评论，2018（11）．

② 国家发展改革委：鼓励第三方信用服务机构开展市场化信用评价　完善社会信用体系建设［EB/OL］．［2019－09－17］．财经网，http：//news.10jqka.com.cn/20190917/c613979356.shtml.

信用信息300亿条。“信用中国”网站公示行政许可和行政处罚等信用信息超过1.4亿条。

三是深入推进失信联合惩戒。会同60多个部门签署43个信用联合奖惩合作备忘录，截至2018年11月底，全国法院累计发布失信被执行人名单1258万人次，累计限制购买飞机票1644万人次，限制购买动车高铁票538万人次，有339万名失信被执行人主动履行义务。

四是加快重点领域专项治理。积极配合中央文明委开展诚信缺失专项治理工作，取得阶段性成果。涉及生态环境、金融专项治理、拖欠劳动报酬、电信诈骗、虚开发票骗税等专项治理领域发布严重失信行为人名单。

五是探索部分领域公共信用综合评价应用。组织国家公共信用信息中心、大数据机构，对2.8万余家城镇涉天然气企业公共信用状况开展综合评价。

全国信用信息共享平台的建设和推广，能促进各类社会主体的信用状况公开透明、可查可核，实现多部门、跨地域、跨领域信息联享、信用联评、守信联奖、失信联惩的共享机制，使守信者一路绿灯、失信者处处受限，有利于建立以信用为核心的新型监管和社会治理方式，在金融领域，与人民银行征信系统相互补充，奠定金融科技安全发展的基石。

三、外汇交易中心、票据交易所

1. 票据交易所

2016年12月8日，人民银行牵头各商业银行参与的上海票据交易所正式开业。作为全国统一票据交易平台，其具备票据交易、登记托管、清算结算、信息服务等功能。票据交易所按照股份制公司的模式组建，采用类银联模式，由各家银行、上海清算所等共同出资持股。

在全国性票据交易所成立以前，在人民银行和银监会整顿规范票据业务的政策号召下，部分经济较发达地区也着手建设地方性有形市场。例如，2016年4月30日前海金融资产交易所票据系统上线；5月20日京津冀协同票据交易中心股份有限公司在北京市工商行政管理局登记成立，正式取得营业执照；同年5月，湖北省政府批准设立的武汉票据交易中心开业运营。

传统票据市场也存在如下痛点：一是信息不对称。线下票据市场大且太分散，各个地区分布不均，小微企业难以将票据变现。从持票方到贴票方，中间会经过3~5层票据经纪人，每层都要加收手续费。二是流转过程中的信誉缺失。买卖双方达成交易后，会面临“先给钱还是先给票”的交易欺诈，即付款后未拿到票，给了票未收到款。三是行业知识流通闭塞。就算是金融业，懂票据的人很少，仅有的可能是银行从业人员（见图4－17）。

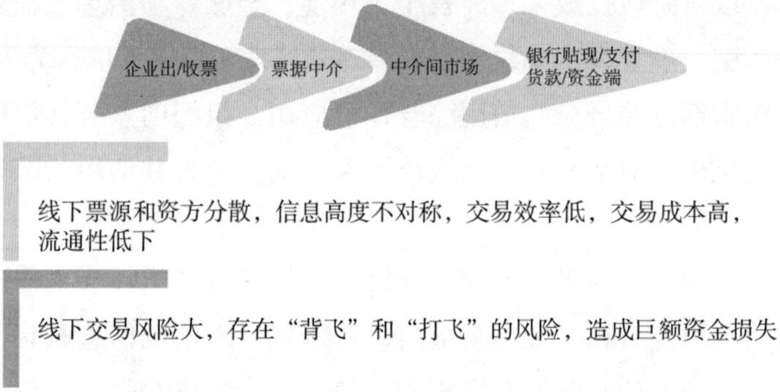

图4－17　传统线下票据流通环节的问题与风险

在全国票据交易所出现以前，为解决传统票据市场的痛点，票据市场也出现了如“票金所”等P2B或B2B等方式连接票据供需两方的票据交易平台，对于消除信息不对称和交易欺诈发挥了积极的作用。全国票据交易市场的建立，将有助于规范票据市场运行，降低系统性风险。除了促进形成统一的行业运行规则外，将有助于实现监控交易行为和建立信用评级机制，打造良好的信用约束环境，提升监管执行力度。

无论业务形式发生怎样的变化，金融科技在其中发挥的作用都越来越重要。徐忠、姚前（2016）认为票据作为一个集交易、支付、清算、信用等诸多金融属性于一身的非标金融资产，市场规模大、参与方众多、业务复杂，是区块链的一个极佳应用场景。① 它能有效解决票据的真实性、划款即时性等问题，同时可有效降低票据交易主体或者中介机构违规操作

① 徐忠，姚前．数字票据交易平台初步方案［J］．中国金融，2016（17）：31－32.

风险。

2. 外汇交易中心

中国外汇交易中心暨全国银行间同业拆借中心，为中国人民银行直属事业单位，成立于1994年4月。其主要职能是：提供银行间外汇交易、信用拆借、债券交易系统并组织市场交易；办理外汇交易的资金清算、交割，负责人民币同业拆借及债券交易的清算监督；提供网上票据报价系统；提供外汇市场、债券市场和货币市场的信息服务；等等。

中国外汇交易中心在应用金融科技方面一直紧跟时代的步伐：1994年4月推出外汇交易系统，1996年月1月启用人民币信用拆借系统，1997年6月开办银行间债券交易业务，1999年9月推出交易信息系统，2000年6月开通“中国货币”网站，2001年7月试办本币声讯中介业务，2001年10月创办《中国货币市场》杂志，2002年6月开办外币拆借中介业务，2002年10月受托运行黄金交易系统，2003年6月开通“中国票据”网，推出中国票据报价系统，初步建成了交易、信息和监管服务三大平台，在支持人民币汇率稳定、传导人民银行货币政策、服务金融机构和监管部门等方面发挥了重要的作用。

2017年，中国外汇交易中心新增信用违约互换市场，支持报价、成交及行情查询；交易工具信息新增参考实体信息查询，可查询参考实体及其默认参考债务、主体评级等信息。[①] 2019年8月26日，在新一代外汇交易平台 CFETS FX2017 推出外币对期权交易。

2019年，中国外汇交易中心加快推进银行间市场业务场景与金融科技的融合，[②] 5月举办了第一届“银行间市场金融科技创新大赛”，聚焦“交易风险管理”“交易策略支持”“监管科技”“交易后流程优化”“网络安全”“客户关系管理”“基础公共服务”等领域。对于 Facebook 推出的数字货币计划 Libra（天秤币），国家外汇管理局总会计师孙天琦也非常关

① 中国外汇交易中心．新增中国外汇交易中心：新增信用违约互换市场［EB/OL］．［2016－11－17］．环球网．

② 中国外汇交易中心第一届银行间市场金融科技创新大赛来袭［EB/OL］．［2019－05－10］．中新网，http：//www. xinhuanet. com/money/2019－05/10/c_1124477060. htm.

注，表示Libra跨境自由，必须纳入我国外汇管理整体框架。

四、黄金交易所、商品期货交易所

1. 黄金交易所

上海黄金交易所是经国务院批准，由中国人民银行组建，于2002年10月30日成立，专门从事黄金交易的国家金融要素市场，交易量连续10年位居全球场内黄金现货场所之首。截至2019年3月末，上海黄金交易所有会员261家，其中金融类会员29家，是我国唯一合法从事黄金交易的国家级市场。上海黄金交易所的建立，与货币市场、证券市场、外汇市场等一起构筑成我国完整的金融市场体系。

自2015年上海黄金交易所批复浙商银行开通交易专户以来，浙商银行积极参与贵金属市场交易，成为首批黄金询价期权隐含波动率曲线报价团试点成员、首批白银询价市场远期价格曲线报价团成员、Au（T+D）合约流动性服务商，荣获上海黄金交易所“2018年度竞价市场流动性特别贡献会员”“2018年度询价市场创新产品贡献奖”“2018年度询价市场最具成长力机构”称号。本次入会，是浙商银行进一步提高贵金属市场参与程度、提升贵金属产业链服务水平的重要里程碑。

2016年4月，上海黄金交易所成功推出“上海金”定价交易业务和“上海金”人民币基准价。这是中国黄金市场价格形成机制变革的重要举措。它为黄金相关衍生品提供了一个更加反映中国市场供求的定价基准，促进了黄金市场产品创新，为市场参与者提供了更多元的风险管理工具。2017年4月，迪拜黄金与商品交易所正式推出“上海金”黄金期货合约，成为中国定价标准全球适用的有益尝试和首次突破。

2019年6月13日，中国人民银行行长易纲在陆家嘴论坛上表示，人民银行将全力支持上海黄金交易所与芝加哥商品交易所进行合作，在芝加哥商品交易所推出以“上海金”为基准的衍生品。①

---

① 上海黄金交易所将与芝加哥商品交易所合作推出“上海金”衍生品合约［EB/OL］.［2019-10-31］. https：//www.360kuai.com/detail? cota=4&kuai_so=1&url=9a7713c3d26a32cee.

2. 商品期货交易所

商品交易所也称商品期货交易市场，是一种有组织的商品市场，是大宗商品进行现货及期货买卖的交易场所。

全球范围比较著名的从事期货商品期货交易的交易所有芝加哥商品交易所（CBOT）、芝加哥商业交易所（CME）、纽约期货交易所（NYMEX）、纽约商品期货交易所（COMEX）、伦敦金属交易所（LME）等。

中国的商品期货交易所包括郑州商品交易所、上海期货交易所、大连商品交易所。

期货市场通过标准化合约交易的恰恰是市场的波动。因此，在金融科技飞速发展的今天，商品交易所交易也在不断创新。2017 年 12 月芝加哥商品交易所推出比特币期货，芝加哥期权交易所也推出了比特币期货，促使监管部门开始研究如何监管虚拟货币领域的交易。2018 年初，美国商品期货交易委员会（CFTC）宣布和英国金融行为监管局（FCA）签署合约，双方承诺携手利用彼此的金融科技项目——LabCFTC 和 FCA Innovate 为金融科技初创公司提供支持。

第四节　金融科技人才发展的支持保障

金融科技创新的主体离不开金融科技人才，同时金融科技人才也是金融科技运行与职能实现的重要支撑（朱培莹，2015）。在现况下，金融科技在世界经济中不断壮大，正在为经济的发展提供着无穷的力量，因此，大力发展金融科技业，建立高素质的金融科技人才队伍迫在眉睫，是当前刻不容缓的一个重要任务。

2019 年 8 月，中国人民银行印发《金融科技（FinTech）发展规划（2019—2021 年）》，把“加强人才队伍建设”作为重要的战略部署，明确提出：“制定金融科技人才培养计划，深化校企合作，注重从业人员科技创新意识与创新能力培养，造就既懂金融又懂科技的专业人才，优化金融业人员结构，为金融科技发展提供智力支持。”

中国金融科技产业在蓬勃发展的同时，也面临众多挑战，人才的培养就是其中的关键点（陈心颖，2017）。金融科技人才不仅是指懂得编写代码或者操作设备的技术人员，也包括能够将技术用于金融业务场景促进业务提质增效的业务人员，还包括具备技术思维，能够把握行业趋势，引领潮流发展的领导者（见图4-18）。通过对金融科技人才需求的分析研究，制定出金融科技人才认证体系和培养路径，可以为金融科技蓬勃发展提供源源不断的新型人才，对金融科技安全发展具有战略意义。

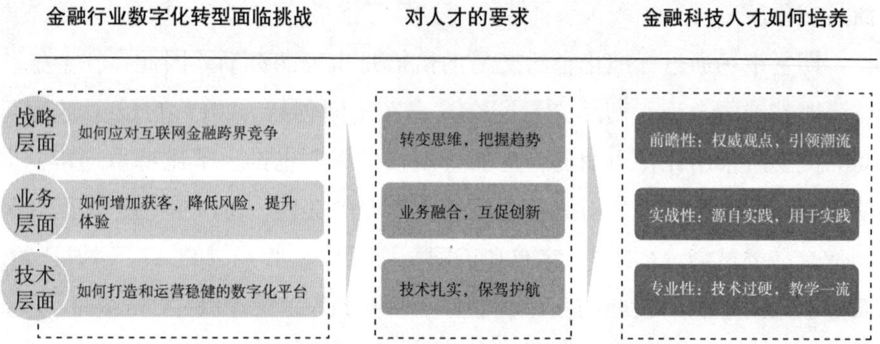

图4-18 数字化转型对金融科技人才的要求

一、高校金融科技人才培养

金融科技的兴起对金融市场以及金融人才培养带来相当大的冲击，对金融从业人员提出更高的要求，也间接影响了高等院校对金融专业人才培养的方式。

传统人才培养存在的问题是培养方式相对滞后。在传统的人才培养模式中，大多以“通识教育+专业教育+个性化发展”为主线，以专业教育为核心，通识教育课程和个性化发展课程一般是由学校或教育部主管部门确定。专业课程也是由高等学校专业教学指导委员会制定，根据学科专业教学质量国家标准进行。这种结构化的人才培养模式滞后于行业的发展，尤其是金融科技的发展。

课程设置缺乏创新机制，专业课程包括理论课、实践教学、毕业论文3个部分。完成理论学习和实践教学后，毕业生必须撰写一篇毕业论文。

由于地方高等院校教学资源有限，一般只注重理论课教学，对于专业实验、专业实习、专业实训等内容重视不够，不能实现应用型人才的培养目标。

传统人才培养模式大多只在本专业内交流学习，缺少跨专业、多学科以及校际交流，影响了金融学专业人才视野的开阔。在金融科技发展和“双一流”建设中，金融学专业人才培养需要突破专业界限，实行跨专业、多学科交流以及国际间学科交流，有助于培养创新型金融人才。

近两年，中国的高校已开始着重培养金融科技人才，清华大学、北京大学、中国科学技术大学、中央财经大学、中国人民大学、上海交通大学等数十所高校陆续开设了金融科技或人工智能等相关学院或专业。清华大学五道口金融学院成立了互联网金融实验室，举办“金融科技案例大赛”和“金融科技方向博士生学术论坛”，举办“中国金融科技学术年会”，促进学术交流。中央财经大学法学院早年在法学院设立了金融法研究所，2017 年 9 月，金融学院在国内高校中率先成立金融科技系，以金融科技人才培养为导向，以金融科技学术前沿问题研究为支撑，打造人才培养、理论研究、创新引领的金融科技教育平台和开放型智库平台。西南财经大学设立了金融科技国际联合实验室。中国人民大学深圳研究院主办了“金融科技领军人才计划”。上海高级金融学院 2018 年 5 月与美国宾夕法尼亚大学沃顿商学院建立了长期战略合作关系，并在此后围绕着金融管理、金融科技等重点热点开设了相应的课程。

二、各金融机构人才培养与引进

在金融科技战背景下，“砸钱争抢人才”的金融企业正陷入昂贵的战斗之中。有金融机构拟以近千万年薪挖角一位金融科技技术领军人，但综合衡量后得出的结论仍是“挖不动”。全球招聘顾问公司 Michael Page 在《2018 中国金融科技招聘趋势》中称，国内金融科技人才总缺口达 150 万人，若统计内地三四五线中小城市的人才需求，真实数据将远超于此。交通银行 2019 年上半年加大金融科技的投入，推出了“金融科技万人计划”，目前全集团新增加 1200 人，并启动了金融科技管培生计划，还将市场化地引进市场上的高端人才。互联网银行纷纷“求贤”，前海微众银行、浙江网商银行、四川新网银行等互联网银行正在按照自身的定位和特点，不断网罗信息技术类人才。从岗位人员需求数量看，技术研发类、技术服务支持类、技术运营类这三大直接与技术相关的岗位分别拟招聘71人、11人、13人，合计95人，占前海微众银行目前社招总人数的60%。浙江网商银行对外放出包括金融产品经理、企业信贷产品运营、贷后风险管理专家等在内的至少24个招聘职位，类别涉及商业型、产品运营、决策科学、结算服务、资金管理等。四川新网银行发布的58个职位中有一半职位属于IT类，涉及大数据架构设计、信息安全开发、业务测试分析、反欺诈策略分析等。

三、科技企业金融科技人才培养

人才缺口巨大的金融科技企业显然已经等不及几年后的院校毕业生，也加入了金融科技专业人才培养队伍。如华为金融科技人才培养服务。华为结合强大的技术实力和丰富的人才培养经验，提出金融科技人才培养服务解决方案（见图4-19），以满足金融科技人才培养新需求。

图4-19 华为金融科技人才培养体系

通过调研访谈、能力建模、差距分析等方式帮助金融客户梳理科技人才学习需求，为客户提供量身打造的学习方案，通过对金融行业技术应用案例深度解析，帮助金融机构各级主管和业务骨干开阔眼界，转变思维，把握趋势，提升商业洞察力，促进业务创新。同时，基于华为认证体系和欧盟 e－CF 标准（European e－Competence Framework），为金融客户提供 ICT 相关岗位能力建模，帮助管理部门建立自己的科技人才标准，为金融科技人才能力评估提供参考标准。此外，阿里巴巴、腾讯、京东、易宝等企业纷纷设立企业大学，金融壹账通选择联手量化对冲基金 Two Sigma 及全球著名的沃顿商学院开展“金融科技新星”的短期高强度培训计划，直接为自己以及外部金融机构输送实战人才。

四、行业组织对人才资质的管理与培训

行业协会是连接政府、企业以及职业院校的纽带与桥梁，作为政府与学校之间的一种中介组织。从校企合作、产学研合作视角分析行业组织或协会的作用，它是职业教育与行业联姻的立足点，代表市场和生产部门的力量参与职业教育的管理与决策。

行业协会在德国、澳大利亚、英国、瑞士、美国等职业教育发达国家发展得比较成熟。以行业协会为桥梁，可以构建学校与企业的双赢机制、促进信息交流、构建互动平台。

中国银行业协会 2019 年 5 月举办了“首期金融科技师认证培训班”。协会还与建行大学、深圳大学及香港科技大学在新金融人才产教融合联盟第一次理事会上签署了《中国银行业“金融科技师”认证合作备忘录》。协会承诺坚持“产教融合、复合培养、能力提升、问题导向”的认证培训原则，用创新的方法培养“懂业务、懂技术、懂产品”并具备合规底线的金融科技人才。

中国互联网协会互联网金融工作委员会也定期组织会员单位进行业务和合规性培训。北京市互联网金融行业协会定期组织行业人才培训，并与北京金融安全产业园每月举行金融科技主题沙龙活动。行业协会成为政府、企业的桥梁，共同促进金融科技安全可持续发展。

五、各地方政府对金融科技人才的争夺与支持

从2017年西安推行人才、户籍、创新创业三大新政，深圳、厦门、天津等各地方政府纷纷加入激烈的“抢人大战”中。

以深圳市为例，支持金融科技人才发展的主要措施包括以下几个方面：一是创立金融科技专项奖，鼓励金融科技成果转化应用，在市金融创新奖框架下增设“金融科技”专项奖，每年奖金总额高达600万元，鼓励金融科技成果转化及应用。二是创新金融人才培养体制，探索多元化培养实践模式。积极鼓励高校人才培养工作与深圳市产业需求对接，创新人才培养模式，提高人才培养质量，积极探索多主体参与、多形式实施的金融科技人才培养实践，例如香港中文大学（深圳）已实施多元主体参与人才培养，通过聘请企业导师、安排学生进入金融机构实习、协同行业组织开展夏令营、举办金融科技国际大学生创新大赛等形式，让金融机构、行业组织等共同参与金融科技人才的培养过程，增强学生的实践和创新能力。三是实施重大科技产业专项扶持计划，重点支持区块链产品、量化金融平台与系统、互联网金融服务平台、金融风险管理系统的研发及产业化项目，前瞻性地促进金融科技的发展。

金融科技的安全发展需要人才支持和保障，对于金融科技人才的培养，需要地方政府、高等院校、金融机构、科技企业以及行业协会多方积极协作，通过政策引导、教育培训、资质管理等多种方式共同为金融科技安全发展提供人才保障。

第五章　金融科技安全发展的监管执法

第一节　金融科技的监管政策渐趋明朗

一、金融科技监管政策逐渐出台，监管主基调越发明朗

在 2004 年以前我国实际上已经出现了金融科技的概念，至今，金融科技已走过了 1.0 阶段（金融 IT 阶段）和 2.0 阶段（互联网金融阶段），发展进入了 3.0 阶段。在良好政策环境与资本的支持下，以智能技术为代表的第四次工业革命浪潮中，人工智能、物联网、5G 以及生物工程等新技术将与金融产业更加深度融合，推动金融创新继续深入发展。但是，金融创新往往会制造金融风险。

因为金融创新活动产生的风险不可知，导致监管滞后，当发现风险时风险已经产生。普华永道的数据显示，P2P 网贷近年来频繁爆雷——根据第三方数据，截至 2019 年 8 月，涉及停业及问题平台数累计达到 5914 家，涉及贷款余额达到 2142.8 亿元；还有许多股权众筹也跑路频发。这让我们不得不反思，科技在助推金融业边界迅速扩张的同时，是否也打开了潘多拉魔盒？实际上，金融科技作为一把双刃剑，关键在于如何使用，金融科技风险大规模聚集并不必然意味着金融科技有问题，就应该对其“一刀切”。究其原因，我国金融科技发展的上半场主要聚焦于市场的开拓，通过技术研发与在金融行业中的应用，构建金融科技产品和平台，开拓广泛的市场，在效率与安全的平衡中，偏向于效率一头。许多企业在追求效率的时候，忽视了风控的科技投入，一味追求市场的扩张，最终牺牲了安全，就会引发大规模的爆雷。不论是平台爆雷还是跑路频发，这些跨领域风险和交叉风险，既是对大型互联网金融平台的挑战，也是对中小型创业

公司的挑战，更多的还是对于国家现有金融监管体系的挑战。

对于成长进程中的金融科技，很难提前给出非常明确的监管规则。尤其是对金融科技的监管并非只是对新技术的监管，而是对其应用于金融业的监管，本质上是金融监管，更要谨慎。所以在金融科技发展的上半场，监管政策并不明朗，更多的是市场引导下的一种自发探索。近几年互联网金融市场蓬勃发展，我们较为清晰地看到了金融科技带来的确定性好处，也看到了其隐含的多种多样的风险。这些风险多来源于金融科技本身的金融属性，并且风险强度较大。

在金融科技发展的下半场，国家将为金融科技发展创造良好的政策环境，同时，依法、从严、全面监管，严格防控金融风险也将是目前和未来很长一段时间我国金融监管的主基调。2017 年 2 月，习近平总书记在中央财经领导小组第十五次会议上反复强调防控金融风险的重要性，同时对加强监管协调和宏观审慎管理提出了更高要求。习近平总书记提出，要防范和化解系统性风险，及时弥补监管短板。党的十九大报告再次提出，“健全金融监管体系，守住不发生系统性金融风险的底线”。这些重要讲话都明确了严监管的主基调。

在严监管主基调的指引下，金融科技风险势必是监管重点，从一系列国家监管政策的出台以及监管工作的部署中可见一斑，本书按照政策出台的时间顺序对目前金融科技监管政策做了梳理，如表 5－1 所示。

表 5－1　金融科技监管政策及工作部署

发布时间	发布机构	名称
2016 年 11 月 7 日	全国人民代表大会常务委员会	《中华人民共和国网络安全法》
2018 年 10 月 25 日	中关村科技园区管理委员会、北京市金融工作局、北京市科学技术委员会联合发布	《北京市促进金融科技发展规划（2018—2022 年）》
2018 年 12 月 19 日	互联网金融风险专项整治工作领导小组办公室、P2P 网贷风险专项整治工作领导小组办公室联合发布	《关于做好网贷机构分类处置和风险防范工作的意见》
2019 年 2 月 18 日	中共中央、国务院	《粤港澳大湾区发展规划纲要》

续表

发布时间	发布机构	名称
2019 年 5 月 30 日	杭州全市金融工作会议暨打造杭州国际金融科技中心推进大会	《杭州国际金融科技中心建设专项规划》
2019 年 6 月 24 日	工业和信息化部	2019 年第一批行业标准制修订项目计划
2019 年 7 月 1 日	国家互联网信息办公室	《电信和互联网行业提升网络数据安全保护能力专项行动方案》
2019 年 8 月 8 日	国务院办公厅	《关于促进平台经济规范健康发展的指导意见》
2019 年 8 月 8 日	全国信息安全标准化技术委员会	《信息安全技术　移动互联网应用程序（APP）收集个人信息基本规范（草案）》
2019 年 8 月 22 日	中国人民银行	《金融科技（FinTech）发展规划（2019—2021 年）》
2019 年 9 月 22 日	中共厦门市委、厦门市人民政府	《关于大力建设金融强市打造金融科技之城的意见》
2019 年 9 月 24 日	工业和信息化部	2019 年第二批行业标准制修订项目计划
2019 年 10 月 12 日	北京银保监局	《北京银保监局关于规范银行与金融科技公司合作类业务及互联网保险业务的通知》
2019 年 10 月 22 日	最高人民法院、最高人民检察院、公安部、司法部	《关于办理非法放贷刑事案件若干问题的意见》《关于办理利用信息网络实施黑恶势力犯罪刑事案件若干问题的意见》
2019 年 10 月 26 日	全国人大常委会	《中华人民共和国密码法》
2019 年 10 月 29 日	中国人民银行与市场监督管理总局	《金融科技产品认证目录（第一批）》
2019 年 10 月 30 日	中国人民银行上海总部	《关于促进金融科技发展　支持上海建设金融科技中心的指导意见》

续表

发布时间	发布机构	名称
2019 年 10 月	中国人民银行	《个人金融信息（数据）保护试行办法（初稿）》
2019 年 12 月 25 日	人民银行、银保监会、证监会和外汇局	《关于进一步规范金融营销宣传行为的通知》
2020 年 1 月 14 日	国务院金融稳定发展委员会办公室	《国务院金融稳定发展委员会办公室关于建立地方协调机制的意见》

在全国立法最高层级，主要是以 2016 年出台的《中华人民共和国网络安全法》和 2019 年 10 月出台的《中华人民共和国密码法》作为开展金融监管工作的最高级别的指引，尤其是《中华人民共和国密码法》既立足于保护网络安全也立足于保障国家安全，不得不说是我国保障网络安全建设的巨大立法进展，为我国网络安全发展提供了具有绝对强制力的法律规范指引，也对金融科技的安全发展提出了更高要求。金融科技在进行市场开拓探索和技术创新的同时，必须注重合规发展，对标国家具体法治要求，保护网络信息安全、企业秘密和用户隐私。

在行政规范性文件方面，中共中央、国务院印发《粤港澳大湾区发展规划纲要》，其中，“金融科技”多次在该纲要中出现。不难看出，我国十分重视粤港澳大湾区金融科技发展，既通过发展规划纲要等形式为金融科技发展背书，也利用政策工具防范金融科技发展的风险，对全国金融科技发展都具有指导性作用。另一重要文件是国务院办公厅发布的《关于促进平台经济规范健康发展的指导意见》，其中既包括对市场和技术创新的包容，又包括对监管理念、机制、方式的创新，既尊重了市场的基本规律，有助于确保市场主体活力持续迸发，又通过加强对平台经济监管推动营造公平的市场竞争环境，努力形成市场、技术、监管的协同，打造监管之下的良性市场生态。

金融科技产生时，其主要是通过获客科技、产品科技、交易科技以及平台科技等方面的发展，通过技术创新与技术应用为金融行业带来全价值链优化，逐渐使金融科技在金融领域占据了重要席位；同时，面向市场，即通过面向企业和消费者偏好，通过技术创新和技术应用不断满足需求侧的要求，在企业和消费者的广泛选择下，金融科技越发蓬勃发展，并且逐渐成为服务金融产业发展的手段。出于既要尊重市场基本规律，激发创新活力，又要防范金融风险，维护金融稳定安全发展的考虑，我国对金融科技的监管政策陆续出台，监管态度逐渐明朗，监管目标和监管重点也更加清晰，消除了金融科技发展的不确定性，有利于行业健康发展。

二、从中央到地方全面实施多元化政策工具

中国人民银行作为我国防范和化解金融风险、维护金融稳定的重要机构，在促进我国金融科技发展、加强金融科技监管、防范和化解金融风险、维护金融稳定方面作出了巨大的努力。

中国人民银行金融科技（FinTech）委员会始终坚持以“守正、安全、普惠、开放”的原则发展金融科技。中国人民银行营业管理部于2019年12月23日正式启动北京市金融科技创新监管试点工作。中国人民银行2020年工作会议在部署工作中再次强调加强金融科技研发和应用，贯彻落实金融科技发展规划，建立健全金融科技监管基本规则体系，做好金融科技创新监管试点工作。

中国人民银行对金融科技发展保持一边应用一边监管的态度，既通过出台金融科技发展规划，布局金融科技发展的方向和主要任务，也通过规划对金融科技的发展提出监管要求，保障安全监管。同时，中国人民银行将金融科技应用于优化信贷流程和客户评价模型方面，解决目前金融业面临的迫切难题，为实体经济服务，又应用监管科技来提升自身金融监管的能力和水平，坚守防范风险的底线。中国人民银行对金融科技相关的重点工作部署，标志着金融科技的发展将从上半场市场开拓转向了下半场风险防范，在金融科技发展下半场，金融科技的发展更加注重回归金融服务实体经济的本质，对标监管政策，发展合规科技、风控科技、安全科技等。

根据2019年重点工作部署，2019年8月22日，中国人民银行印发了《金融科技（FinTech）发展规划（2019—2021年）》。作为我国第一份指导金融科技发展的全面规划，它具有非常重要的现实意义，基本确定了未来我国金融业发展的方向和基本内容，是我国未来三年金融科技发展的纲

领性文件，对推动和指导我国金融业科技发展将起到重要作用，也将为我国金融科技发展迅速步入快车道并处于安全运行轨道奠定坚实的基础。①

此外，2019 年 10 月 29 日，中国人民银行与市场监督管理总局联合发布公告，将金融科技产品纳入国家统一推行的认证体系，并发布认证目录及认证规则。通过为金融科技产品建立统一的认证标准，对金融科技产品种类进行明确认定，实行统一的认证标志管理，最终对获证的金融科技产品实行监督，可将所有获得认证的金融科技产品置于国家的监管之下，也能对新出现的金融科技产品进行规范引导，从而有效地防范金融科技产品带来的风险。

2019 年 10 月，中国人民银行向部分银行下发了《个人金融信息（数据）保护试行办法》初稿，待征求意见结束后将正式对外发布。虽然该办法只是规范性文件，但至少是目前个人金融信息保护法律相对不完备状态下的政策进展，也是对金融科技如何利用和保护已经获取的金融消费者个人信息提出的新要求。我们或许可以期待这一办法将有助于推动我国个人信息保护法的出台，进而对金融科技在保护消费者权益方面提供更加明确规范的引导，进一步提升金融科技合规能力。

2019 年 12 月 25 日，人民银行、银保监会、证监会和外汇局联合制定并发布《关于进一步规范金融营销宣传行为的通知》，主要对现行相关法律、法规、规章及规范性文件中关于金融营销宣传行为的规定进行了系统性梳理，对防范化解重大金融风险攻坚战任务分工关于金融营销宣传行为监管相关要求作出具体部署，并对银行业、证券业、保险业等金融细分行业营销宣传行为一般性特点研究总结后提炼出统一性规范要求。有利于统一金融营销宣传行为监管尺度，解决金融营销宣传行为监管所面临的突出问题，督促市场经营主体严格守法合规开展金融营销宣传活动，对于切实保护金融消费者合法权益、支持防范化解金融风险具有重要意义。

2019 年，除进行全国金融科技规划发展布局和金融科技监管工作落实之外，人民银行上海总部还大力支持上海金融科技发展，探索监管沙盒机

① 莫开伟．全面客观看待央行发布金融科技发展规划之举［J］．杭州金融研修学院学报，2019（10）：5－8.

制，于 10 月 30 日印发《关于促进金融科技发展支持上海建设金融科技中心的指导意见》。该指导意见在第六个方面提到“坚持安全和创新并重，提升金融科技风险管理水平”，在第七个方面提到“有效提升金融科技监管效能”。不难看出，人民银行上海总部在该指导意见中除了大力助力金融科技发展外，还十分注重对金融科技的有效监管，举措中既有对新技术的运用，也有面向金融市场消费者的保护，最终达到提升金融科技监管效能的目标，实现对金融科技风险的创新监管。在市场、技术、监管协同考虑下，上海金融科技行业势必会更加健康有序发展。

在发布金融规划、认证标准、指导意见、规范性文件之外，人民银行各分行还进行了积极的监管行动。2019 年 10 月 30 日，中国人民银行宁波市中心支行向浙江甬易电子支付有限公司连开两张新罚单，先是因“为非法交易提供支付服务，危害支付服务市场；未按规定建立并落实收单银行结算账户管理制度”，后是因“篡改、隐匿交易信息且情节严重，违反清算管理相关规定；未按规定建立并落实收单银行结算账户管理制度”。人民银行对金融科技的监管不是只停留在出台政策工具层面上，也落实在实践中对违法活动的有效的行政处罚上，充分发挥了金融监管机构的职能。行政处罚无疑是对金融科技公司的有效警示，在应用金融科技时必须将合规发展放在首位，自觉维护金融业的健康有序发展，否则必将受到相应的处罚。

在我国，目前已形成了从中央到地方的金融科技规划战略布局。有些省市较早开始了金融科技建设的探索布局与实践，都将金融科技监管作为重要部分。

2018 年 10 月 22 日，北京市印发《关于首都金融科技创新发展的指导意见》，10 月 25 日又发布了《北京市促进金融科技发展规划（2018—2022 年）》，都将合规安全和风险防控作为规划中的重要内容，通过明确金融科技发展过程中的监管理念、规则、方式等，旨在推动北京形成具有影响力的金融科技监管创新示范。此外，2019 年 10 月 9 日，北京市首家金融科技类社会组织——中关村金融科技产业发展联盟的成立，也将正式推动金融科技行业自律发展。

2019 年 5 月 30 日，杭州市正式发布了《杭州国际金融科技中心建设专项规划》，对目标定位、主要任务、空间布局及政策支持予以明确，十分注重对金融科技的监管和对风险的防控。在基本原则中明确强调了“坚持合规安全，实现健康发展。以牢牢守住不发生系统性风险为底线，时刻把握金融科技合规要求与安全边界，完善金融科技监管体系，提升金融风险技防能力，实现规范创新与健康可持续发展”。

2019 年 9 月 22 日，厦门市发布《关于大力建设金融强市打造金融科技之城的意见》，主要有八项内容，其中第七项“打造一流金融营商环境”中提到提升金融监管环境。可见，厦门在打造金融科技之城的措施中，十分重视金融科技创新与安全监管并重，努力营造有助于金融科技创新的监管环境，其对于金融科技创新的包容程度较高，但是五位一体的监管体系也是对金融科技创新合规安全发展的全面要求。虽然目前厦门的金融监管条例还未出台，但是金融科技不可以完全自发无序发展，加强监管是厦门建设金融科技之城十分重要的环节。

国务院金融稳定发展委员会办公室提出建立金融委办公室地方协调机制，无疑将更大地调动中央与地方的积极性和协调性，增强金融监管合力，更好地服务实体经济、防范金融风险、深化金融改革。

三、多部门推动技术规范标准建立

2019 年 5 月 28 日，国家互联网信息办公室会同相关部门研究起草了《数据安全管理办法（征求意见稿）》并向社会征求意见。虽然《数据安全管理办法》最终稿还并未向社会公布，但是透露出了网信办对于数据安全管理的重视。在金融科技领域，用户的数据信息获取更加便捷，数量十分庞大，而且数据背后隐藏着巨大的价值。因为数据连接着用户，是属于用户的个人信息，人民银行向内部发行《个人金融信息（数据）保护试行办法》初稿也是出于同样的考虑，只是人民银行更加立足于金融领域，网信办主要是构筑网络信息安全，但是因为金融科技的底层技术也建立在互联网之上，所以人民银行与网信办的办法无疑都适用于金融科技。

2019 年 5 月和 9 月，工业和信息化部分别公布 2019 年第一批行业标准制修订项目计划和第二批行业标准制修订项目计划。两批行业标准制修订项目计划中，关于网络数据安全标准和金融科技的底层技术总计 83 项，体现了工业和信息化部对网络数据安全和新兴科技的一贯重视，这些行业标准为金融科技的底层技术提供了规范的技术支撑，进一步夯实了我国金融科技的技术基础，有助于推动我国金融科技稳步发展。

国家大数据发展战略加快实施，大数据技术创新与应用日趋活跃，产生和集聚了类型丰富多样、应用价值不断提升的海量网络数据。因此，着眼于数据过度采集滥用、非法交易及用户数据泄露等数据安全问题，做好电信和互联网行业网络数据安全管理，2019 年 7 月 1 日，工业和信息化部办公厅印发《电信和互联网行业提升网络数据安全保护能力专项行动方案》，开展网络数据安全保障工作，全面提升电信和互联网行业网络数据安全保护能力。

大数据技术是金融科技发展的重要底层技术之一，工业和信息化部做好电信和互联网行业网络数据安全管理不仅是对大数据技术的监管，也是对建立于大数据基础之上的金融科技发展的要求，能够产生海量数据的金融科技也必须坚持维护数据安全与进行数据开发利用并重，依据《电信和互联网行业提升网络数据安全保护能力专项行动方案》的重要任务对标自身数据安全管理能力，满足网络数据安全制度标准，符合合规性评估，提升数据安全应急管理能力，做好数据安全风险防范。

2019 年 8 月 8 日，全国信息安全标准化技术委员会组织起草了《信息安全技术移动互联网应用程序（APP）收集个人信息基本规范（草案)》，其内容立足于目前 APP 无边界、强制性读取和收集个人信息的问题，除了明确强调金融借贷应用中收集个人信息的要求，最后对 APP 收集个人信息的基本要求注定将为未来的各种金融类 APP 划定基本的操作边界，严格把控金融科技对个人信息的无边界收集，从源头上做好对金融科技获取数据的边界管理，保护好用户的个人信息。

2019 年 10 月 22 日，最高人民法院、最高人民检察院、公安部、司法部发布《关于办理非法放贷刑事案件若干问题的意见》；同日生效的还有《关于办理利用信息网络实施黑恶势力犯罪刑事案件若干问题的意见》，确立了依法严惩利用信息网络实施犯罪的黑恶势力的惩罚标准。两份意见的出台对非法网贷平台和利用信息网络实施黑恶势力犯罪敲响了警钟，被划为刑法规置的对象，无疑是最为严厉的惩罚。我们也更加可以看出严监管趋势下，应用金融科技必须重视合规发展，否则只能是昙花一现，走向末路。

从中央到地方，各个金融科技监管有关方面的监管政策纷纷出台，既包括法律，也有规范性文件，还有金融科技规划、指导意见、标准等多样的政策工具，其中不乏行政处罚和刑罚处罚措施，“所有的金融活动都必须纳入监管”的要求得到一一落实，我国对金融科技监管政策渐趋明朗，监管措施和监管重点也越发明确，有助于消除金融科技发展的不确定性，促进行业健康发展，营造良好的金融发展环境。

第二节　金融科技的推广应用备受重视

近些年来，金融业务相互交织，错综复杂，大数据、云计算、人工智能等技术已经深度嵌入金融领域，金融市场的繁复程度远超以往。在其助推下，金融业务呈现出去中心化、去中介化等特点，带来了新的风险场景和风险特征的叠加，给金融监管带来了很多新的问题。面对此种情况，金融科技成为防范化解金融风险的新利器，各方主体纷纷以此来提高监管合规能力或提升监管效率，由此对解决诸如信息不对称等问题以及降低成本、改进用户体验等方面，均具有重要意义。

快速发展的金融科技催生监管科技的出现，以科技应对科技成为全球金融监管的普遍共识。互联网、大数据、人工智能以及区块链等新科技，将强有力地提升金融监管的质量和效率。狭义的监管科技仅仅指金融机构内部的合规程序通过使用科技的辅助手段变得更加有效和高效，广义的监管科技还包括为了与金融行业的电子化发展同步，监管机构对技术创新加以利用。[①] 在这里采用广义的监管科技范畴，监管科技的具体表现形态分为两个部分，即运用于监管端的监管科技（SupTech）和运用于金融机构合规端的监管科技（CompTech）。因此在金融监管的整个框架内，监管科技的市场参与主体包括监管部门、金融机构和第三方监管科技服务机构（监管科技公司）。监管部门向金融机构提出监管要求，协商创新监管数据采集方法和统计分析方式，同时给予监管科技公司专业指导，达成监管共识，金融机构可向监管部门和监管科技公司开放共享监管要求的数据接口。监管科技公司搭建监管科技平台，并为金融机构提供技术服务。监管科技产业应依托监管部门、金融机构、第三方监管科技机构的通力合作，营造良性发展环境。[②]

一、监管机构

目前金融监管受到了前所未有的重视，一方面，监管主体渴望获取更加全面、更加精准的数据；另一方面，监管部门面对金融机构报送的海量数据，需要借助科技提高处理效率和监管效能。由此，监管部门可利用科技手段，将监管政策转换为数字化、标准化的“机器可读”程序语言，为金融机构提供各种监管应用程序接口，实时获取监管数据，利用云计算、大数据等技术实现对监管数据自动化、集中化的聚合分析，判断监管风险点，监测监管合规性，有效提高监管效率。

（一）中国人民银行

2017 年，人民银行成立金融科技委员会，旨在加强金融科技工作的研究规划和统筹协调。同时，人民银行积极强化监管科技的应用实践，利用大数据、人工智能、云计算、区块链等技术丰富金融监管手段，提升跨行业、跨市场交叉性金融风险的甄别、防范和化解能力。

自 2016 年起实施宏观审慎评估体系（Macro Prudential Assessment,

---

① 杨东．监管科技：金融科技的监管挑战与维度建构［J］．中国社会科学，2018（5）：69－91，205－206.

② 程军．监管科技的应用与发展［J］．金融电子化，2017（7）：14－17.

MPA），每季度采集商业银行等金融机构的诸多数据指标和风险报告，加强对金融机构的事中监测和事后评估。2019年4月，全国政策性、国有控股、股份制及地方性商业银行共计220家完成了数据填报工作，在人民银行总行科技司的领导下，沈阳分行利用大数据、人工智能等新兴技术，建立了银行业网络安全指数，从而形成多维度、多视角的银行业网络安全"画像"，为银行业网络评估与监管提供科学依据和决策分析，丰富监管科技手段，提升金融风险防范能力。① 2019年10月28日，在首届"外滩金融峰会"上，中国人民银行科技司司长李伟表示，人民银行正积极探索构建监管科技的应用框架，建立健全金融科技监管基本规则体系，打造中国版监管沙盒，为数字化转型营造良好的环境。同年12月5日，人民银行宣布推出金融科技创新监管试点。在人民银行的指导支持下，北京市在全国率先启动金融科技创新监管试点工作。监管科技方面，北京开展的试点主要运用大数据、人工智能等技术，提升洗钱、欺诈、非法集资、信贷逾期、资金盗用等风险预警和处置能力。2020年1月4日，人民银行营业管理部向社会公示2020年第一批6个金融科技创新监管试点应用，这意味着中国版监管沙盒有了实质性进展。

（二）中国银行保险监督管理委员会

为提高银监会对银行业金融机构现场检查的力度和效果，银监会于2012年开发了"检查分析系统"（EAST系统）报送端，要求商业银行落实数据标准化推动工作，并按规定时间和要求完成数据报送，旨在有效提高报送效率和报送质量，实现银行统一数据质量监控。2017年3月30日，银监会下发了《银行业金融机构监管数据标准化规范》，进一步推进EAST系统应用，监管数据标准化规范（EAST）进入3.0时代。

EAST系统在实际应用过程中成效显著，查出了商业银行大量疑点数据，挖掘出一些隐藏的问题。EAST系统在检查商业银行执行国家政策方面也取得了一定成效，如在支持小微企业方面，监管人员可以利用系统，

---

① 建立网络安全指数，助力监管科技［EB/OL］.［2019-04-30］. http://www.pbc.gov.cn/kejisi/146812/146814/3819647/index.html.

分析小微企业贷款管理现状，识别期限设定、还款方式中的不合理问题，推动商业银行进一步改进小微企业贷款管理，灵活确定贷款期限，完善还款方式，为小微企业提供更好的金融服务。大连银监局曾借助 EAST 系统，根据异常行为排查发现问题，否决 8 名高管任职资格申请，大幅提升监管效率。此外，通过 EAST 系统的应用，银监会还查出了一些银行内部管理方面需要改进的问题，如某商业银行分支机构通过编写小程序，在短时间内通过网上银行办理转账业务 10 万笔，每笔转账金额为 1 分，共计转账 1000 元，以应付总行的考核任务。①

（三）中国证券监督管理委员会

在新时代下，证券交易监管面临着新形势和新要求，目前大数据、云计算、人工智能等新技术蓬勃发展，在金融行业的应用日益成熟，科技监管正发挥越来越大的作用。2018 年 5 月，证监会科技监管专家咨询委会成立，并发布《稽查执法科技化建设工作规划》，旨在建设完善数据集中、数据建模、取证软件、质量控制、案件管理、调查辅助六大工程，全面覆盖证券、期货稽查执法各个环节。2018 年 8 月，证监会正式印发《中国证监会监管科技总体建设方案》，标志着其完成了监管科技建设工作的顶层设计，并进入了全面实施阶段。该总体建设方案明确了五大基础数据分析能力、七大类 32 个监管业务分析场景，提出了大数据分析中心建设原则、数据资源管理工作思路和监管科技运行管理“十二大机制”。截至 2019 年 4 月 26 日，证监会已经发布了约 40 宗违法违规案件。不难发现，对证券违法违规行为快处严罚，科技监管在证券市场监管中正发挥着越来越大的作用。

目前，为了对市场全过程进行有效监管，证监会分别从事前、事中、事后予以全面把控。首先，在事前准入环节，证监会建设了行政许可电子化体系，实现了材料从接收、受理到审核、批复全流程电子化管理，并基于大数据、关联图谱等技术，对申请主体进行全景画像，及时发现申请企业可能存在的潜在风险，使许可批复结果更客观和准确。其次，在事中监

① 单继进．EAST 系统的建设与发展［J］．中国金融电脑，2014（10）．

管环节，证监会加大内外部数据收集力度，辅以各类监测模型，构建全面的风险指标体系，实现对市场主体经营过程和市场总体运行情况的有效监测监控。最后，在事后监管环节，证监会不断提升稽查处罚工作质量，充分利用大数据、人工智能等技术，使线索发现更及时、执法取证更便捷、审理处罚更准确，进而促进整个稽查执法过程公平公正，通过综合施策，有效防范市场风险。

二、金融机构

在新一轮科技革命和产业变革的背景下，金融科技被认为是未来全球金融发展的重要方向，金融行业的数字化转型已是大势所趋。从金融机构的角度而言，合规科技逐步成为数字化转型发展进程中不可或缺的助力器，是防控系统性金融风险的有效手段。[①] 依托大数据、云计算、人工智能、区块链等科学技术手段，持续提升金融机构合规水平，进而从合规端为抵御金融风险提供有力的支持。金融机构可利用金融科技优化内部日常运作方式，积极识别业务风险，提高理解和执行监管法规的准确程度，灵活、快速响应监管要求，持续达成监管合规目标。

（一）银行业

自2008年美国次贷危机爆发以来，全球金融监管长期步入趋严态势，在此背景下，金融机构的合规成本大幅提升，包括对合规人员及合规技术的投入、监管要求的软硬件迭代以及违规处罚费用等方面。只有利用科技手段，银行才能够满足复杂且不断深化的监管要求，降低合规复杂性，增强合规能力，从而降低合规成本、提高运行效率。同时，大数据、人工智能等新技术应用能够帮助商业银行更好地识别风险，降低金融服务成本，为普惠金融服务创造有利条件，还能加强金融精准服务能力，设计提供更个性化的金融服务产品。此外，金融科技的应用能够更广泛地收集、整理和分析金融客户信息，让更多弱势群体进入金融服务范围，有效提升金融

① 刘秋万．以合规科技助力银行数字化转型［J］．清华金融评论，2019（5）：44－46.

服务覆盖能力。

中国工商银行在监管报送数据质量治理方面，为配合监管机构，重点推进 EAST 监管报送、金审平台报送、反洗钱数据报送相关的数据治理。通过成立监管报送治理团队、建设数据监测分析平台、建立问题清单化跟踪机制等措施全力做好监管报送数据治理。在银行同业中首家完成审计历史数据报送；完成 EAST 监管报送数据监测分析平台的建设，部署 827 条业务规则；反洗钱报送数据的补录量由 2 万笔下降到 2500 笔，大幅提升报送数据质量。工商银行于 2019 年 11 月初成立金融科技研究院，在区块链、大数据、人工智能等方面均有应用落地投入使用，如在人工智能方面，人工智能机器学习平台已在智能投顾、智能客服、电子银行交易反欺诈、支付清算报文自动查询查复等千余个应用场景落地。

表 5－2　部分商业银行监管科技的应用

商业银行	应用监管科技技术	应用类型
工商银行	大数据、人工智能、数据分析	通过大数据建模等方法，对已有数据建立对应的风险参数与模型，对相关业务进行实时监控，及时预判并处理风险点，满足监管要求
农业银行	大数据 云计算	视频监控联网系统全面覆盖；报警系统智能升级；反欺诈平台功能提升，重点围绕内外部欺诈风险数据和建设全流程、嵌入式反欺诈系统开展工作；农业银行充分利用云平台、大数据等技术手段，试点推进智慧安保建设，先后研发了“安全风险指数模型”“智能安全保卫管理系统”“安全保卫智能管理 APP”“智慧电气管理系统”等
建设银行	人工智能	利用知识图谱、图计算、行为序列分析等多种智能技术打造反欺诈预测分析平台
交通银行	数据挖掘	通过数据挖掘技术构建风险识别系统和审计系统，根据银行大量的结构化交易数据，分析客户画像，在客户有异常交易时，及时进行风险提醒、排查和控制
民生银行	大数据 云计算 生物识别	与百度云合作“风险预警项目”，利用人工智能、大数据等技术，构建业务行为风险管理和预警系统，实时监测并预判支付、贷款等业务的潜在风险，将虹膜识别技术应用于手机银行话费充值、便民缴费、商城支付等移动支付领域，保障客户支付安全

续表

商业银行	应用监管科技技术	应用类型
兴业银行	大数据 区块链	研发“风控搜”等大数据产品，借助搜索引擎对关注的公司或个人在互联网上的信息进行整合，排查负面舆情；区块链方面的应用有“基于区块链的合同管理”，可防止合同内容被篡改
浦发银行	数据挖掘	针对原银监会建立的“EAST系统”，开发EAST数据处理系统，及时高效地满足监管部门的数据报送要求

（二）证券业

相较于银行业运用科技积极应对合规与风控等问题不断取得突破与发展，证券业的合规之路显得颇为漫长。但近些年国内证券业对金融科技的重视和投入程度也在不断提升，与此同时，证券业发展金融科技的政策环境也在不断完善。2018年12月19日由证监会发布的《证券基金经营机构信息技术管理办法》，就是为引导证券经营机构充分利用现代信息技术手段完善客户服务体系，改进业务运营模式，提升内部管理水平，增强合规风控能力，更好地保护投资者权益和服务实体经济而制定的。

在上海证券交易所设立的几个中期目标及具体任务中，一体化监管平台也在其中。其目的是推动行业数据共享，综合利用舆论检测、异常交易监测等手段，集合众多监管机构形成合力，提高监管全景看穿能力、关联方交易挖掘能力等，减少职能重叠和空缺导致的监管失位，在给监管模式赋予“科技”基因的同时，还能有效突破传统监管的服务瓶颈。通过借助大数据技术，上海证券交易所设立了“公司快览”“风险扫描”和“财报审核”三大模块，从公司基本面、外界关联到内部治理结构、发行产品风险，再到公司生产经营全过程，都将处于有关部门“科技之眼”的监管之下，解决了监管滞后、识别能力较低的问题。在具体应用方面，运用机器学习技术，开展投资者画像研究。投资者画像技术从交易风格、持仓特征、投资偏好、历史监管信息等维度，设计了数百个机器学习的特征指标。该技术以图形化方式，全方位快速展示投资者的长期交易特征，帮助交易实时监控人员准确锁定频繁参与题材股炒作、故意以拉抬打压等手法误导其他中小投资者的异常交易账户。同时，也能够更加主动、高效地发现较为隐蔽的“老鼠仓”交易账户。

（三）保险业

我国是全球第二大保险市场，2018年我国保险业总资产达到18.3万亿元。在这样一个保险大国中，对于运用金融科技和监管科技发展“保险科技”，保险行业也积极进行探索。线上+线下全场景赋能的保险新零售蓬勃兴起，智能风控、智能定损、自动理算、智能核保和智能平台、人工智能等科技正在为保险价值链的各个环节创造出新的能量。通过运用大数据精准画像在数据挖掘、相关性分析、实时跟踪和欺诈侦察等方面进行管理，以此来实现精准管理、风险评估、核保流程自动化、识别高退保风险保单等业务风险。通过构建定价和反欺诈模型，可以有效把握和评估客户承保前、承保中和承保后的风险。

2019年6月25日，中国保险学会与金融壹账通联合发布《2019年中国保险行业智能风控白皮书》，根据保险行业发展趋势，金融壹账通向行业提出“3+1”保险行业智能科技解决方案，不仅涵盖保险营销、风控、运营三大场景，并且首次提出科技赋能产险公司构建车后生态圈，全面帮助保险机构实现转型升级。依托平安30年经验积累，通过全国9大数据采集点，智能闪赔拥有行业最优质的数据库及专业的风险管控，覆盖7万个车型、12万家修理厂、3500万条配件与工时数据，以及六大类3万多条反渗漏规则。同时，通过AI图片识别、“一车一件一厂一价”的大数据精准匹配，可以秒级完成车理赔案件定损，提升效率、降低渗漏及欺诈风险。该解决方案搭建了覆盖98%市场车型、85%定损配件、96%定损工时等的千万级、地域化数据库，配合一整套反渗漏及反欺诈模型，实现车物定损与人伤定损的自动化，目前金融壹账通智能闪赔解决方案已经与超过20家保险公司开展了合作。

三、第三方监管科技机构

第三方监管科技公司能够以数据为基础，以落实监管要求为目标，采用先进技术搭建监管合规平台，为监管部门和金融机构提供降低成本、增质提效的服务。以按揭贷款为例，放贷银行需客户出具存款银行半年流水或存款证明。部分客户为获取超额贷款，往往对相关证明材料作假。如有第三方监管科技机构能对接各商业银行系统，被许可查询相关客户部分信息，那么放贷银行则无须要求客户提供证明，而是直接从第三方监管科技公司购买相应服务。

互联网技术的迅猛发展，不仅给金融行业创造了新的机会和广阔天地，也给监管提出了挑战。而各监管机构迫切需要高效的监管科技手段，面对出现的某些人手不足、资金不足、技术不足的情况，如与第三方监管科技公司联手，便使得种种问题有了解决的可能。

2018 年，成都数联铭品科技有限公司（BBD）中标中央监管信息平台——私募基金监管信息系统机构画像项目，招标人为中证信息技术服务有限责任公司。该研究项目主要依据上市公司公开披露的财务报表、年度报告、招股说明书等数据信息，利用财务分析方法及大数据、人工智能等技术，研究识别上市公司财务状况异常情形，提示财务异常线索，并分析其可能存在的财务异常动机和风险。BBD 通过建立合作机制，探索利用机器学习、深度学习等人工智能、大数据技术，围绕精准识别财务舞弊、财务风险线索等监管痛点，发现上市公司财务异常问题，助力上市公司财务风险预警与监测，提升监管效能。

为了更好地防范金融风险、助力监管发展，受国家委托，国家互联网应急中心于 2016 年建设了国家互联网金融风险分析技术平台原型系统，对互联网金融进行风险监测，该系统能够实现对互联网金融总体情况的摸底、实时监测预警企业异常和违规情况等功能。该系统运行期间监测到的数据定期在国家互联网金融安全技术专家委员会官方网站上披露。如根据官方网站披露，截至 2019 年 12 月底，互联网金融技术平台共发现互联网金融网站 63590 家，最近一周互联网金融活跃用户 1. 61 亿人；发现存在异常的互联网金融网站 25660 家，预警 705 家高危网站；发现互联网金融网站漏洞 1785 个，受到攻击 341. 1 万次。该系统还主动鼓励企业积极接入，不断提高接入数据的质量，提升接入数据在监管中的应用效果，充分发挥接入数据在风险分析中的价值。互联网金融风险分析技术平台建设至今，已经取得了一定成效，有力支撑了监管部门的相关监管工作。

金融是国家重要的核心竞争力，金融安全是国家安全的重要组成部分。国家高度重视防范化解金融风险，同时近年来信息技术蓬勃发展，在此背景下监管科技（RegTech）应运而生。监管科技作为金融科技发展浪潮下的必然产物，在金融科技创新力量不断提升发展的当下，扮演着越来越重要的角色，已成为全球性的发展潮流，其重要性及必要性不言而喻。我国从建立监管科技标准体系、开展监管科技应用试点、监管科技政策衔接等方面，对监管科技展开积极探索，对于金融良好平稳地发展起到了重要的保障作用。因此，在这个过程中，监管必须要注意跟上金融发展的步伐，补齐监管短板，避免监管空白，防范金融风险，形成综合、系统、穿透、统筹的监管大格局。由此，才能为金融经济平稳运行提供有力支持。

第三节　金融消费者权益保护更加严格

金融科技监管政策逐渐出台与完善，金融科技安全发展对于金融消费者的保护也逐渐加强。建立健全适应金融科技发展的消费者权益保护机制，规范和引导金融机构提供金融科技产品与服务，依法加强监督检查，及时查处侵害金融消费者合法权益的行为，对于维护金融科技市场有序运行至关重要。

一、金融消费者保护在金融科技领域更为紧迫

以金融科技为代表的金融创新降低了从事金融交易所要求的专业知识、基础设施等门槛，金融普惠性日益增强，传统上由金融机构提供的金融产品和服务，在金融科技快速发展时代，可以由非金融机构或者个人提供。[①] 金融科技发展在惠及更多群体的同时，对金融消费者的保护提出更

---

① 朱飞．金融消费者保护法律路径再探［J］．西南金融，2018（11）：58－64.

大挑战。从积极方面看，金融科技的发展改善了金融消费者金融服务的可获得性；但是普惠金融也为金融消费者带来了风险，金融风险事件发生后甚至会造成一些群体性事件。[①]

金融消费者权益保护问题突出，在金融科技领域更为紧迫。以网贷为例，民营金融科技公司倒闭风潮频起。本质上不涉及资金融通的科技公司，在提供技术支持的时候，通过各种方式控制客户资金。[②] 如一些网贷公司实质上形成平台资金池甚至自融或者编造假标欺骗金融消费者，在相关政策法规出台以前没有监管先例，导致网贷公司大量涌现，之后大量爆雷倒闭，使金融消费者蒙受巨大损失（对2017年至2020年1月网贷问题平台的整理见图5－1）。

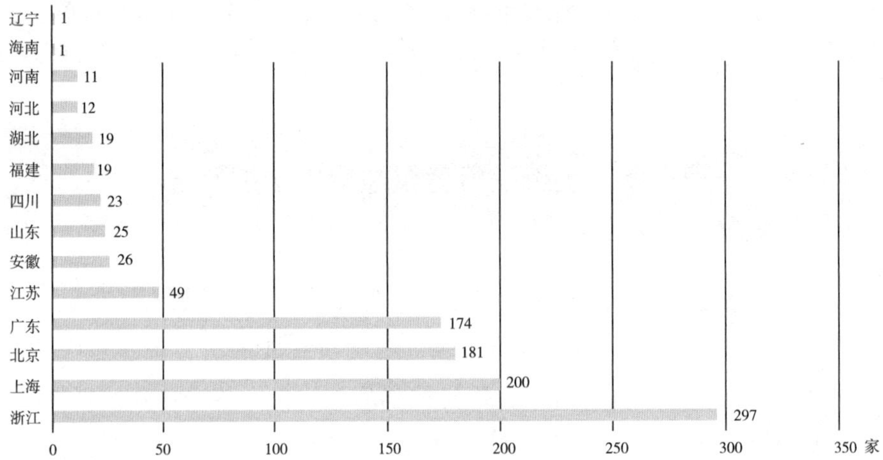

图5－1　网贷问题平台分布

（资料来源：网贷之家）

金融消费者覆盖群体广泛，随着金融科技的发展产生了众多线上消费者，这些金融消费者分散且相较金融机构而言处于弱势地位，如果发生金融风险也无法与金融机构博弈。在网贷平台爆雷后，即使警方介入，能追

① 黄震．“泛金融”时代的弱势金融消费者［EB/OL］．［2020－01－18］．http：//m. people. cn/n4/2017/0314/c141－8567027. html.

② 陈文君．金融科技发展中的消费者保护机制建设［J］．上海立信会计金融学院学报，2019（3）．

回的钱款也寥寥无几，金融消费者很难得到补偿。

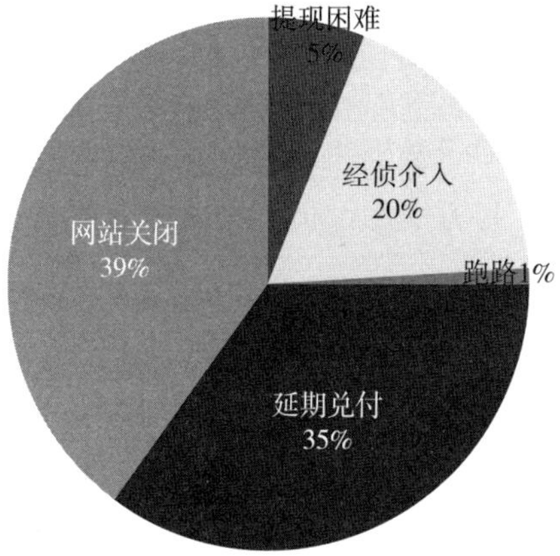

图5－2　网贷问题平台分类

（资料来源：网贷之家）

金融消费涉及金融专业知识，随着金融科技的发展，金融创新多样化，产品科技含量越来越高，人们没有办法再像以前那样仅仅通过感官就能鉴别商品以及服务的好坏，而是越来越依赖商家的宣传，有的甚至迷失在广告的“丛林”里。一个不争的事实就是，企业越强，消费者越弱，在商家的牵引下，消费者的主权地位正在丧失，这带来了许多不确定的风险，法律关系也更复杂。金融消费者权利的实现，除了传统意义上的权利，在互联网的背景下产生了新的权利问题。[①]

技术创新、市场化改革以及金融风险防范两两之间存在协调发展作用机制。[②] 金融科技的底层技术在赋予它范围广、成本低、效率高等优点的同时，也产生了一些制度缺失和监管的空白领域。[③] 国务院以及地方政府出台的规范金融机构行为和市场交易规则的金融行政规范数量增长十分有限，取而代之的是监管机构日益膨胀的行政规章类规范。[④] 金融消费者保护在金融科技领域更

---

① 黄震．互联网金融创新应以消费者为中心［J］．经济研究信息，2014（2）：40－42.

② 王金涛，逯进．技术创新、市场化改革与金融风险防范的协同效应研究——基于耦合机制的实证分析［J］．金融监管研究，2019（8）：69－87.

③ 黄震．互联网金融风险整治的逻辑［J］．中国党政干部论坛，2016（11）：72.

④ 何颖．构建面向消费者的金融机构说明义务规则［J］．法学，2011（7）：96－104.

为紧迫，对于金融科技发展过程中有关数据安全与信息保护也提出了要求。

二、加大金融信息保护力度

金融科技通过获取海量数据，进行挖掘、分析，帮助普惠金融在落实推进过程中降低成本、提升效率。但在金融科技提升效率的同时，需要注重数据安全和信息保护。

（一）数据安全事件频发

大数据时代，大多数金融机构都利用个人的身份信息、账户信息、交易信息、社交信息、兴趣爱好等对其开展数据画像，以此有针对性地、分层次地向其推销产品或服务。但不规范的数据画像或数据画像运用不当不仅容易导致信息主体的隐私权遭到侵害，还可能导致其财产损失。①

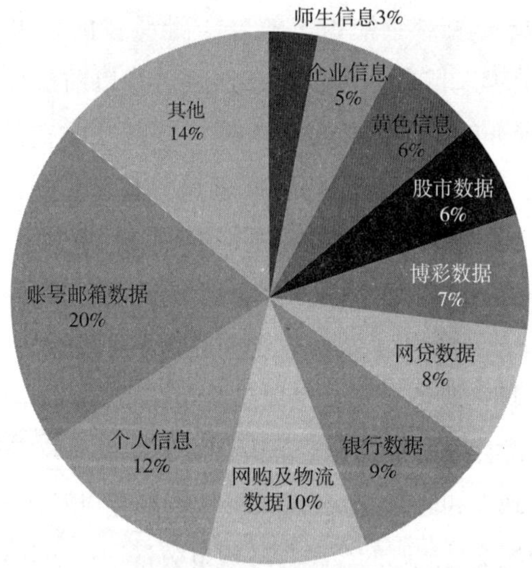

图5-3　2018年暗网中数据交易的情况

（资料来源：《信息泄露：2018 企业信息安全头号威胁报告》）

个人金融信息收集和使用要符合必要和最少的原则，且个人金融信息

---

① 李玉辉，张华，张宝中．数据画像领域个人金融信息保护问题及其对策研究［J］．西南金融，2019（2）：85-91.

收集和使用的目的是出于法律法规、国家监管需要，以及销售金融产品和提供金融服务所需。但实践中，金融机构大多在采集和使用个人信息时违背收集的初衷，出于自身业务发展和经济利益的目的而对金融消费者信息进行过度使用，甚至部分金融机构还将这些信息在金融集团内部共享或提供给第三方使用。在媒体所报道的个人数据泄露与交易中，金融相关数据占很大比重。非法买卖个人数据严重侵害金融消费者的权益，在个人数据泄露与交易中，有关的金融数据包括网贷数据、股市数据、银行数据。

（二）金融信息管理制度及标准规范

针对数据安全与信息保护，制定了一系列管理制度及标准规范，以期切实保护金融消费者信息安全，如表5－3所示。

表5－3　金融信息管理制度及标准规范

名称	要点
《中华人民共和国网络安全法》	不得利用非法手段搜集个人信息，未经允许不得出售他人信息以及与之相应的处罚措施；对个人信息内涵予以进一步界定，将电商、直播、社交、地图等账号密码信息纳入其中；对企业安全措施提出要求，经营者应当在提供服务时有效应对网络安全事件，防范违法活动，以保障网络数据的完整性、保密性并严格保守用户信息
《中华人民共和国电子商务法》	经营者应当在经营活动中明示用户拥有对信息予以查询、更改以及删除的权限，保证用户信息的完整性；主管部门在依法要求经营者提供相关数据时，应当对涉及的个人信息进行保密，不得泄露贩卖以及非法提供给他人；用户在将个人信息提供给经营者后，经营者有义务对个人信息进行保密，不得进行非法处分
《信息安全技术　个人信息安全规范》（GB/T 35273—2017）	针对个人信息收集、保存、使用、委托处理等环节提出要求，落地《网络安全法》的原则性规定
《区块链信息服务管理规定》	旨在明确区块链信息服务提供者的信息安全管理责任，规范和促进区块链技术及相关服务健康发展，规避区块链信息服务安全风险，为区块链信息服务的提供、使用、管理等提供有效的法律依据[①]

① 国家互联网信息办公室发布《区块链信息服务管理规定》[EB/OL].[2020－01－18].http://www.cac.gov.cn/2019－01/10/c_1123971138.htm.

续表

名称	要点
《数据安全管理办法（征求意见稿）》	网络运营者不得以改善服务质量、提升用户体验、定向推送信息、研发新产品等为由，以默认授权、功能捆绑等形式强迫、误导个人信息主体同意其收集个人信息
《个人金融信息保护试行办法（征求意见稿）》	除了依法设立的征信机构之外，未经人民银行批准，任何单位和个人不得从事个人金融信息的收集处理工作，以及对外提供个人征信业务。金融机构也可以通过外包服务开展业务，只是对外包服务的要求更高，金融机构要进行充分调研审查，评估外包服务公司的能力
《信息安全技术　移动互联网应用程序（APP）收集个人信息基本规范（草案）》	为落实《网络安全法》对个人信息保护的相关要求，加快相应标准化工作，全国信息安全标准化技术委员会秘书处组织起草了《信息安全技术　移动互联网应用程序（APP）收集个人信息基本规范（草案）》，明确了移动互联网应用程序收集个人信息时应满足的基本要求，用于规范移动互联网应用程序运营者收集个人信息的行为
《中国人民银行金融消费者权益保护实施办法（征求意见稿）》	金融机构收集、使用消费者金融信息，应当遵循合法、正当、必要原则，经金融消费者明示同意。金融机构不得收集与业务无关的消费者金融信息，不得采取不正当方式收集信息，不得变相强制收集消费者金融信息

一系列的政策法规不仅对于个人金融信息的保护进行了相关规定，还加强了对信用信息主体的权益保护，防范信用信息泄露风险，完善信用信息主体的异议、投诉及责任处理机制，切实保障个人信用信息安全，提升征信市场有效供给和征信服务水平。

三、建立金融消费者保护多元化纠纷解决机制

2015 年 11 月，国务院办公厅印发《关于加强金融消费者权益保护工作的指导意见》，主张建立金融消费者纠纷第三方解决机制，建设包括和解、调解、仲裁和诉讼在内的金融消费纠纷多元化解决机制。我国多元化纠纷解决机制是一种适应我国法治和社会可持续发展的需求、兼顾诉讼与

非诉讼均衡发展的理念与实践。[①]

（一）和解

2019年11月，中国银保监会就《银行业保险业消费投诉处理管理办法（征求意见稿）》公开征求意见，该意见稿主要体现了明确消费投诉事项、规定机构职责、明确投诉处理程序、完善投诉处理体制机制、便民高效化解投诉、强化监管督查和对外披露等特点。[②]

1. 内部投诉机制促成和解

金融机构内部投诉机制，是金融机构在内部设立的针对金融消费者投诉的处理制度，是由专门人员根据内部规定对投诉进行处理的纠纷解决机制，性质上属于和解。[③]2012年，中国银监会印发了《关于完善银行业金融机构客户投诉处理机制　切实做好金融消费者保护工作的通知》；2013年，中国保监会出台了《保险消费投诉处理管理办法》，分别就银行业、保险业的投诉处理工作进行了规范。

2. 外部投诉机制促成和解

2012年4月，保监会全国统一投诉维权热线12378正式开通，接受保险消费者维权投诉以及社会公众对保险市场违法违规行为的举报，这是国内金融监管系统首条开通的维权热线。2013年9月，证监会发布了中国证券监督管理委员会公告〔2013〕35号，宣布开通热线电话12386，负责受理证券期货市场投资者的投诉、咨询和建议。中国银监会的投诉处理工作则主要依据《信访条例》执行，但并未开通全国统一的投诉电话。2014年，人民银行在全国各省市陆续开通了金融消费权益保护咨询投诉电话12363。

根据《2019年消费者金融素养调查简要报告》，面对金融纠纷选择向

① 范愉．多元化纠纷解决机制的国际化发展趋势［J］．人民法院报，2016（7）：1－3.

② 中国银保监会就《银行业保险业消费投诉处理管理办法（征求意见稿）》公开征求意见的通知［EB/OL］．［2020－01－18］．http：//www.moj.gov.cn/government_public/content/2019－11/01/657_3234912.html.

③ 刘思芹，陈威．金融消费纠纷多元化解决机制的层次体系［J］．财会月刊，2018（24）：154－159.

金融机构进行内部投诉的消费者在调研群体中占到72.37%，进行外部投诉的消费者所占的比例也较高，只有少数消费者会向家人朋友求助或不知如何投诉（见图5-4）。由此可见，在发生金融纠纷时，大多数金融消费者会选择合适的方式进行投诉。

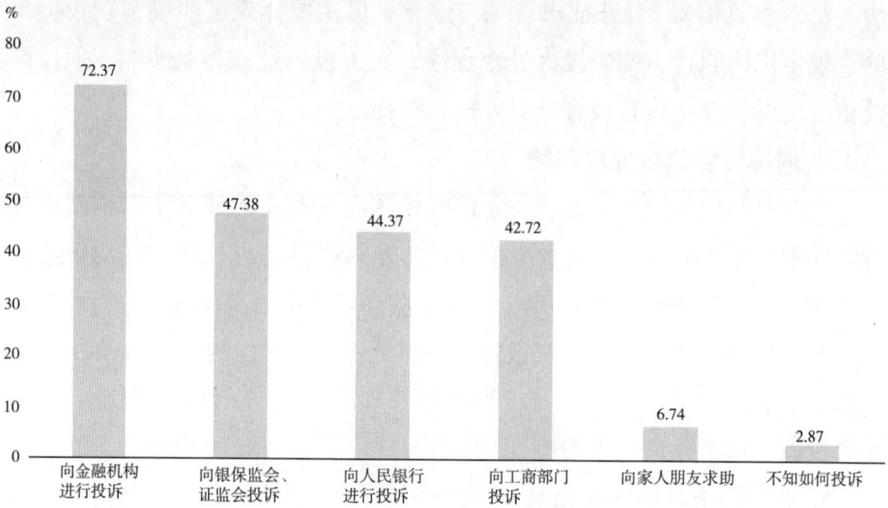

图5-4　对金融纠纷的投诉情况

（资料来源：《2019年消费者金融素养调查简要报告》）

（二）第三方介入非诉处理机制

2019年11月20日，最高人民法院、中国人民银行、中国银行保险监督管理委员会联合印发《关于全面推进金融纠纷多元化解机制建设的意见》，对金融纠纷多元化解机制的案件范围、调解协议的司法确认制度作出规定。

2014年底，在中国人民银行金融消费权益保护局的指导下，我国第一家金融消费纠纷调解中心在上海成立，随后广东、陕西、黑龙江等省市进行了调解中心试点建设。金融消费纠纷调解中心的成立顺应了2015年中共中央办公厅、国务院办公厅联合印发的《关于完善矛盾纠纷多元化解机制的意见》(中办发〔2015〕60号）中对“人民银行要牵头组织金融监督管理机构，建立金融消费纠纷非诉第三方解决机制”的要求，该中心已成为当前我国金融消费纠纷多元化解决机制中的核心部分。2017 年上海市金融消费纠纷调解中心开发建设中国金融消费纠纷调解网。

我国国际经济贸易仲裁委员会发布的《金融仲裁规则》，被视为我国金融仲裁制度发展的里程碑。2007 年 12 月国内首家金融仲裁机构上海仲裁院成立，其后广州、武汉、郑州、重庆、杭州等地先后成立了金融仲裁机构并制定了相应的规则。[①] 在实践中，金融机构在与消费者订立商品或服务合同时，往往采用格式合同的方式约定纠纷以仲裁方式解决，并指定了仲裁机构。[②]

（三）互联网法院、金融法院对金融消费者的保护

以多元化形态实现金融科技背景下金融纠纷的解决需求，建立诉讼与非诉讼机制并存的多元化纠纷解决机制，并采取一定逻辑结构进行整合形成有机体系，[③]是金融消费纠纷对整个社会体制提出的新要求和挑战。其中，互联网法院、金融法院的建立是对于金融科技有关消费者保护所进行的重大创新。

1. 互联网法院

2018 年 7 月 6 日，中央全面深化改革委员会第三次会议审议通过了《关于增设北京互联网法院、广州互联网法院的方案》。2018 年 9 月 7 日，最高人民法院印发了《最高人民法院关于互联网法院审理案件若干问题的规定》，明确互联网法院集中管辖所在市的辖区内应当由基层人民法院受理的特定类型互联网案件。

互联网法院的运转，离不开一个坚实的支撑力量——科技。继承全国智慧法院建设的经验，再经过无数次测试和优化，大数据、云计算、人工智能等技术成果得以集大成于“互联网法院”。自助立案、判决文书自动生成、语音识别系统……构成了互联网法院高效运转的基础。从试运行以

① 刘思芹，陈威．金融消费纠纷多元化解决机制的层次体系［J］．财会月刊，2018（24）：154－159.

② 刘媛．金融消费者法律保护机制的比较研究［M］．北京：法律出版社，2013：47.

③ 杨东．金融消费者保护统合法论［M］．北京：法律出版社，2013：274.

来至 2019 年 9 月 8 日，杭州互联网法院开庭平均用时和审理期限分别节约 65% 和 25%。2018 年 9 月 9 日至 2019 年 8 月 31 日，北京互联网法院共收案 34263 件，当事人遍布全国近 200 个城市。减少当事人出行里程 2987 万公里，节省的纸张可盖成 90 层高楼。2018 年 9 月 28 日至 2019 年 9 月 28 日，广州互联网法院平均庭审时长 25 分钟，25 名员额法官人均结案 1118 件，居全国第一位。①

2. 金融法院

习近平总书记指出，金融安全是国家安全的重要组成部分，是经济健康发展的重要基础。2017 年，中共中央、国务院发布的《关于服务实体经济防控金融风险深化金融改革的若干意见》（中发〔2017〕23 号）明确提出，根据需要设立金融公诉和审判机构，健全涉众型金融纠纷案件诉讼机制，完善行政和解调解、仲裁等多元化纠纷解决机制。2018 年 4 月 27 日，第十三届全国人大常委会第二次会议作出《关于设立上海金融法院的决定》，明确上海金融法院专门管辖上海金融法院设立之前由上海市的中级人民法院管辖的金融民商事案件和涉金融行政案件，管辖案件的具体范围由最高人民法院确定。

之所以要设立金融法院，是因为近年来金融案件数量众多，而金融案件相比较普通案件更加专业化。中国银行业协会发布的《2017 年中国银行业服务报告》显示，2017 年受理的互联网金融类案件同比上升 32%。从案件类型看，信用卡纠纷数量最多，占 60.82%；金融借款纠纷数量次之，占 30.19%。随着金融科技发展，金融创新加快，金融立法滞后于金融市场和技术的发展，提高了金融案件的疑难程度。成立一年多以来，上海金融法院受理案件 6600 余起，涉案总额逾 1100 亿元，在全国首创证券示范判决机制，集中管辖涉科创板诉讼。制定了五年发展规划纲要，积极服务保障设立科创板并试点注册制，举办金融司法国际研讨会，加强金融审判实务研究，并创新了十项工作机制，实现了从无到有的飞跃。

这些新型机构的设立，对于更为高效地解决金融纠纷，促进金融市场

---

① 为什么全球第一家互联网法院诞生在中国？[EB/OL]．[2020 - 01 - 18]．http://finance.ifeng.com/c/7rFAurwL6vx.

稳定，推动金融科技安全发展具有重要意义。

金融科技的安全发展，建立在金融消费者权益得到保障和维护的基础之上。在科技、市场和监管一体化的发展趋势下，[①] 金融科技的发展需要有相应的制度配套措施，不光要有技术创新，更要有制度创新，双轮驱动，才能从技术和制度两个维度加强金融消费者权益保护，更好地支持金融科技行稳致远。金融消费者利益牵涉面广，涉及市场参与者主体最切身的利益，其利益的保护状况是金融系统健康的晴雨表，也是金融运行安全的信号灯，对其保护不力或者法律缺位，会累积风险甚至会引发更大的风暴。

第四节　金融科技亟待加强知识产权保护

一、知识产权：为金融科技持续发展护航

金融科技是在当前科技革命和产业变革背景下技术驱动的金融创新。通过大数据、人工智能、物联网、云计算和区块链等信息技术与金融业务深度融合，金融科技已经成为推动金融转型升级的新引擎。正因为如此，金融科技也是知识产权密集的领域。金融科技的知识产权主要包括金融创新产品和服务的外观设计以及金融创新中的核心技术的专利权、商标权、版权等。

从现代金融的发展到金融科技的崛起历程来看，知识产权越来越成为金融科技发展的重要战略性因素。金融科技发展的必然趋势，也决定了知识产权在国家金融战略中的地位将越来越重要。重视对于金融科技的知识产权保护，对于维护金融安全，增强金融消费者的信心，激发金融科技从业人员的创新活力，提升我国金融科技的国际化影响力具有纲举目张的意义。

---

① 黄震．区块链赋能监管科技未来大有可为［EB/OL］．［2020－01－18］．https：//www.jinse.com/blockchain/212888.html.

首先，金融业务的数据化和网络化决定了知识产权是金融科技安全发展的防护网。移动互联网的诞生使得传统金融从线下转到线上，并随着移动终端的普及快速发展。目前，以微信和支付宝为首的移动支付已经在我国全面开花，以花呗、蚂蚁借款和微粒贷为代表的移动借贷也为人们的短期借款提供了便捷的渠道。越来越多移动化的金融服务也预示着金融业务的电子化，金融交易处理的自动化以及金融市场的网络化正在不断加深。

在我国，金融系统的计算机操作平台、电子支付结算系统以及电子设备的核心技术大部分来自国外进口，我国信息技术发展的对外高度依赖性也决定了金融科技发展过程中金融安全受到一定挑战。国内金融机构以及参与合作建设金融基础设施的科技企业在运用信息技术的过程中如果忽视知识产权的保护就可能陷入知识产权的纠纷从而面临高额的侵权赔偿甚至被迫中止运营。新兴技术是金融科技发展的底层保障，我们在构筑金融科技高台的同时，必须要重视底层技术的安全，要重视金融信息技术的开发和引进，在尊重和保护知识产权的基础上掌握核心技术，构筑起金融科技安全发展的防护网。

其次，金融设施的信息化和科技化决定了知识产权是金融科技创新发展的助推器。近年来，我国金融创新产品层出不穷，同时伪金融创新也越来越多，主要表现在金融产品的设计、结构等方面大同小异，这主要是由于金融科技属于新兴产物，部分金融机构在根据监管部门的要求披露相关信息后遭遇大量的模范和复制，相关的知识产权也因此遭到破坏。从某种程度上来说，我国金融创新的不足部分源于对知识产权保护的重视不够。一方面，我国法律尚未明确认可商业方法的可专利性，国家知识产权局对商业方法专利的授权持谨慎态度，导致以商业方法体现的金融创新成果难以获得知识产权保护，减弱了金融创新的动力。另一方面，国有控股大型金融机构的高级管理人员往往互相调任，使得金融机构的商业秘密实际上处于半公开的状态，加剧了金融服务的同质化，导致金融业知识产权的保护难以为继。①

① 杨才然. 知识产权：金融业核心竞争力的源泉［J］. 金融电子化，2012（4）：49－51，6.

再次，金融科技的发展依赖信息技术等基础设施。只有充分重视知识产权的保护，才是真正对科技人员劳动成果的尊重，才能真正调动科技从业人员的创新热情，不断将金融科技的创新发展推到新高度。在金融科技发展的路途中，保护知识产权就是保护创新。

最后，金融服务的普惠化和国际化决定了知识产权是金融科技长久发展的重要战略。我国金融服务的移动智能化使其触角越来越接触底层社会，特别是以蚂蚁金服为代表的众多金融科技企业大大助推了我国金融服务普惠化的局面。而对于知识产权的保护是维持金融普惠健康发展的重要支撑。同时，当前世界局势复杂多变。以我国为代表的发展中国家的崛起越发成为西方国家意图牵制和制裁的对象。从贸易战到科技战，我国与以美国为首的西方国家的竞争越来越激烈。我国在加快推进企业“走出去”的同时，越来越多的金融企业以及金融科技公司开始积极探索国际化道路。金融领域的竞争也从国内市场走向国际市场。随着金融科技竞争的加剧，知识产权日益成为金融科技竞争战略制高点，对于金融科技的持续稳健发展具有统筹而深远的意义。

总体来说，金融科技的知识产权保护是一个复杂系统的工程，也是一项不容忽视的重要工程。促进金融科技的知识产权保护，事关金融科技的安全发展、创新发展和持续发展。从这点考虑，在推动金融创新和金融科技革命的同时，将金融科技的知识产权保护提到多高的位置都不过分。

二、金融知识产权的发展与演进

知识产权制度不仅是促进技术迭代、推动产业转型升级的“基础设施”，也是培育创新思维、养成创新习惯的文化土壤。我国的知识产权制度因改革开放而生，因改革开放而兴。而我国对于金融行业的知识产权保护的重视开始于2002年《南方周末》披露的“花旗银行抢注专利事件”。自1992年开始花旗银行开始在中国抢注专利，截至2003年3月，花旗银行在中国共申请专利19项，与此同时，美国大通银行也在我国申请了6项专利。此事件被披露后在我国商界和学界都引起了轩然大波，一旦行业核心技术落入外国企业手中，我国传统金融机构包括银行、保险、证券三大行业将在网上银行、保险以及证券服务领域举步维艰。自此我国开始重视起金融业知识产权的保护（见图5－5）。①

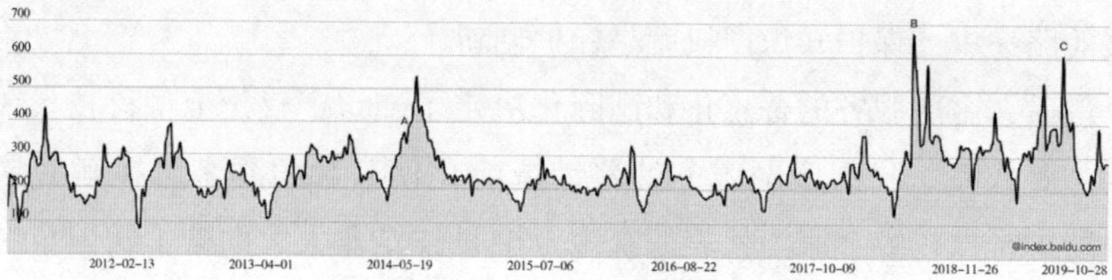

图5－5　近年来我国知识产权百度搜索指数

金融科技本身是科技创新与传统金融业的深度融合。自2014年互联网金融在我国迅速蔓延，至今我国已经成为全球金融科技领域领先强国，我国金融业的知识产权从制度建设到产权数量，涉及的领域都发生了巨变。在科技驱动下金融业的知识产权的增长主要表现在专利权方面。在商标数量上，以工商银行为例，如图5－6所示，从数量的变化上我们可以明显看出近年来工商银行在商标权的重视和保护方面的努力和进步。

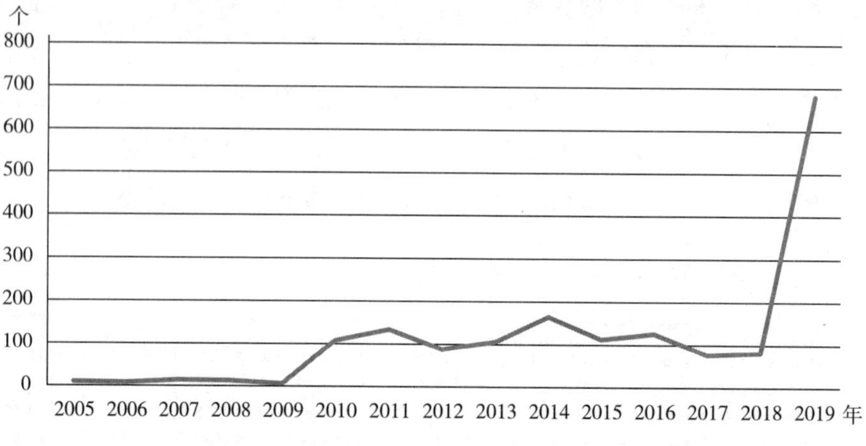

图5－6　2005—2019年工商银行申请商标数②

① 百度指数：知识产权保护［EB/OL］．［2020－01－18］．http：//index. baidu. com/v2/main/index. html#/trend/% E7% 9F% A5% E8% AF% 86% E4% BA% A7% E6% 9D% 83% E4% BF% 9D% E6% 8A% A4？words = % E7% 9F% A5% E8% AF% 86% E4% BA% A7% E6% 9D% 83% E4% BF% 9D% E6% 8A% A4.

② 资料来源：国家知识产权局网，http：//www. sipo. gov. cn/。

在专利申请数量方面，以银行业为例，传统五大国有控股商业自 2010 年以来，各个银行的专利数均有较为明显的增长，特别是 2014 年以后呈现爆发性增长的态势（见图 5－7），这与金融行业融合科技变革具有密不可分的关系。

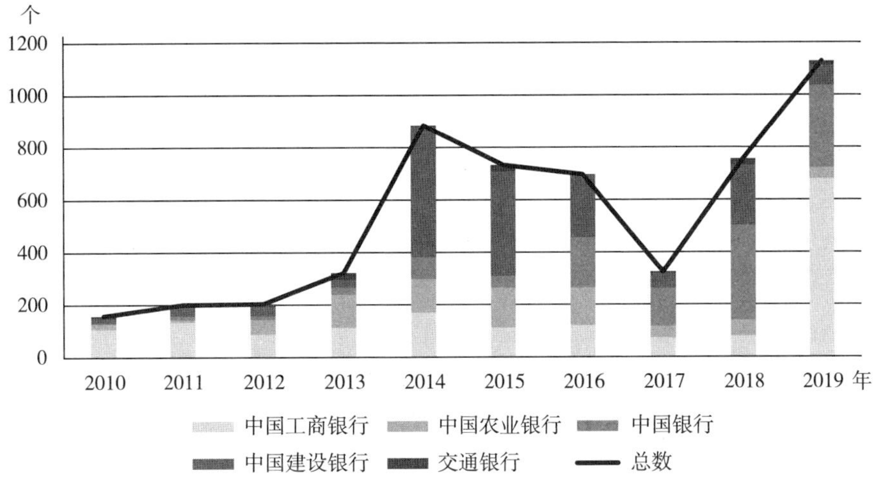

图 5－7　五大国有控股商业 2010—2019 年申请专利数①

在涉及的领域方面，金融知识产权的增长涵盖了银行、保险、证券、基金、信托、支付、征信、消费金融、融资租赁等众多业务单位（见图 5－8）。这些金融服务业务方知识产权的变化大多体现在与其合作的金融科技企业上，具体包括提供综合金融服务的京东数科、蚂蚁金服、苏宁金融、腾讯金融科技等和提供支付、信贷、资管、证券、保险等专项科技解决方案的企业或整体企业集团以及专注于提供大数据、区块链、云计算、人工智能等技术的平台机构。因此，金融科技公司的知识产权变化实际上也能间接反映金融行业知识产权整体的业态变化。比如，京东集团旗下有提供保险科技解决方案的智臻链，提供支付科技解决方案的京东支付，提供资管科技解决方案的京东金融以及提供综合金融服务方案的京东数科。腾讯集团旗下有腾讯金融科技、度小满、财付通、百度智能云、微保等，

① 资料来源：国家知识产权局网，http：//www. sipo. gov. cn/。

阿里巴巴集团旗下有以支付宝、蚂蚁财富、蚂蚁区块链为代表的蚂蚁金服，阿里云等。

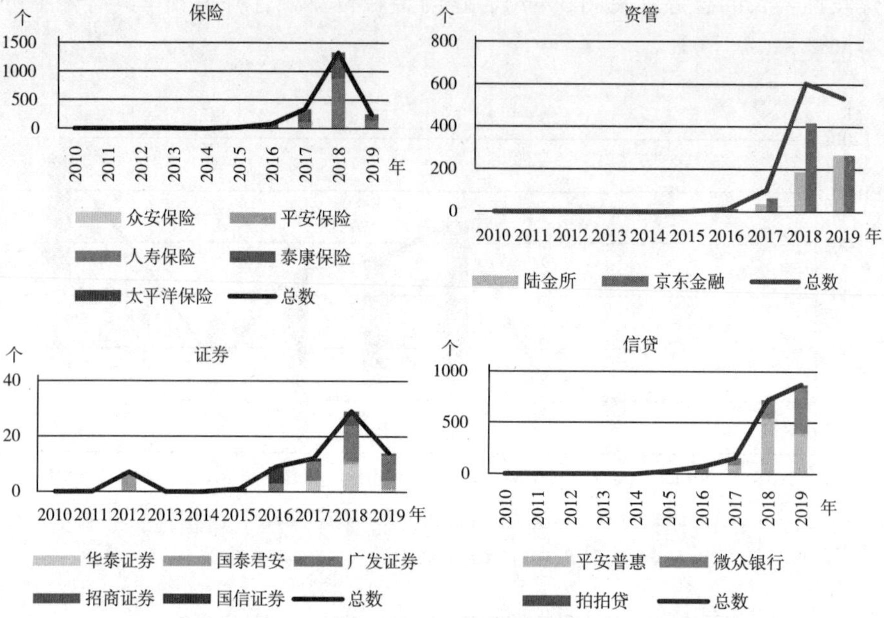

图5－8　2010—2019年保险、资管、证券、信贷各相关组织申请专利数

综上所述，自2002年以来，我国越来越多的学者和企业开始重视起知识产权保护。在金融行业，随着金融科技的大爆发，我国金融业在融合科技变革的同时，相应的知识产权开始呈现爆发性增长的态势。当前全球金融行业知识产权方面，我国已经处于较为领先的地位（见图5－9）。一方面，金融机构自身的专利等知识产权数量不断增长；另一方面，金融机构与科技企业的深度融合既改变了传统金融机构，也催生了一批互联网理财、互联网保险、互联网证券等新型金融企业，金融科技集团公司的知识产权数量的剧增也间接辐射到这些金融业态中，为金融行业安全发展护航。

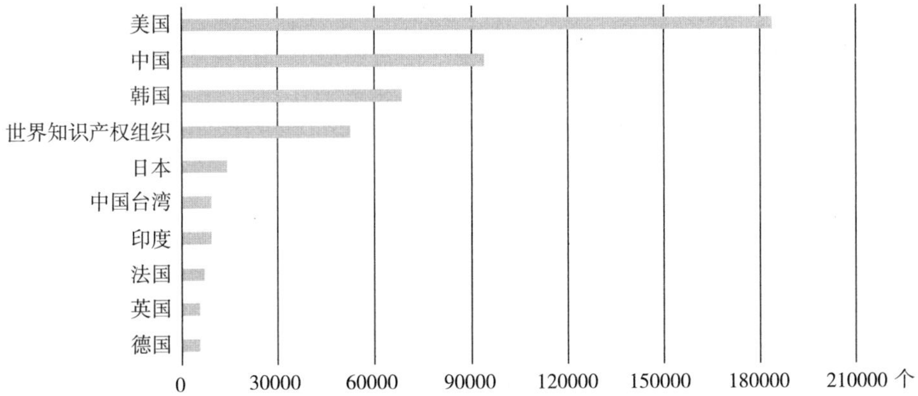

图 5-9 金融知识产权在全球的国家（地区）排名[①]

三、金融科技的知识产权行政保护

没有创新就没有未来。当前，加强金融科技的知识产权保护，不仅是维护金融科技企业合法权益的需要，更是推动国家创新型发展战略的要求。其中，强化行政执法工作对于金融科技领域知识产权的保护意义重大。当前，我国行政机关对于金融科技的保护主要包括对于商业版权的行政执法监管，对违法侵权行为的行政处罚。在维护版权领域，2018 年 3 月，中共中央印发《深化党和国家机构改革方案》，中央宣传部对外加挂国家新闻出版署（国家版权局）牌子，著作权管理工作由中央宣传部负责，这也充分体现了党对知识产权工作的重视。[②] 同时，中国版权局还加强版权执法监管工作，用户对于网站、网络销售平台以及移动智能终端应用软件商店等领域涉嫌侵权盗版的违法行为可实现在线举报和线上投诉。各地版权局对于违法侵权产品强化行政处罚力度，全面落实地方国家机关、企事业单位的软件正版化工作。这些举措对于金融科技领域守住金融安全，防止盗版软件侵权行为和盗版软件泄密事件具有重要意义。

---

① incopat 数据库. 金融知识产权在全球的国别排名［EB/OL］.［2020-01-18］. https://www.incopat.com/advancedSearch/simpleInit.

② 中华人民共和国国家版权局. 2018 年中国版权十件大事［EB/OL］.［2019-11-01］. http://www.ncac.gov.cn/chinacopyright/contents/483/394617.html.

在维护专利权领域，国家知识产权局连同市场监督管理总局依法执权，坚决依法治权，维护我国专利保护制度。据国家知识产权局数据统计，截至2019 年 9 月底，本年各省专利行政执法案件数量就达到 14285 件，主要来自浙江省、江苏省、广东省。各地知识产权局为保护知识产权也积极开展行政执法工作，比如，2019 年 10 月江苏省开展省市县专利联合执法活动，采取指导办案与现场检查相结合的方式，省知识产权局相关人员向执法人员现场讲解检查的程序和方法，检查的重点和要求，检查后违法商品的处置，以及后续案件的处理等，执法人员现场进行检查。2019 年 9 月，湖南省知识产权局入驻湘博会提供知识产权综合服务，具体对开展专利申请、专利缴费、优先审查、专利质押登记和专利维权援助等综合问题提供咨询服务。湖北省市场监管局联合湖北省知识产权局开展打击知识产权违法百日执法行动，要求加强重点领域执法检查、加大优势商标保护力度、严厉查办一批典型违法案件、全面提升执法能力专业水平及健全执法保护长效机制等。

加强知识产权行政执法，是维护健康市场环境的需要，也是促进创新创业的需要，更是实行严格的知识产权保护、构建知识产权大保护格局的重要组成部分。当前我国行政执法对于知识产权的侵权行为已经涵盖了对假冒侵权复制品的查处，对专利等产权纠纷的调解，对侵权行为的处罚。在人才建设层面，就 2019 年各地知识产权局为实现专业的知识产权行政执法队伍建设，积极组织对各地方执法人员的培训工作，这既有利于科学高效执法，也有利于维护权利人的利益。

总体来说，在不断完善制度的基础上，加强知识产权行政执法的专业性，实现行政执法的高效性，构建知识产权保护的市场氛围，为企业创新提供强有力支撑，是保护知识产权的题中应有之义。加强知识产权的行政执法工作也有利于促进金融科技的创新发展，有利于事关金融科技的专利产品、金融服务违法盗版活动的打击。

四、金融科技的知识产权司法保护

加强金融科技的知识产权保护，除了着力营造尊重知识产权的营商氛围，全面完善知识产权保护法律法系，加大强化行政执法外，近年来我国在金融科技的知识产权司法保护方面也取得了一些进步。

为推动实施国家创新驱动发展战略，进一步加强知识产权司法保护，依据《宪法》和《人民法院组织法》，2014 年 8 月底第十二届全国人民代表大会常务委员会通过了《全国人民代表大会常务委员会关于在北京、上海、广州设立知识产权法院的决定》。该决定明确指出知识产权法院管辖有关专利、植物新品种、集成电路布图设计、技术秘密等专业技术性较强的第一审知识产权民事和行政案件以及知识产权法院所在市的基层人民法院第一审著作权、商标等知识产权民事和行政判决、裁定的上诉案件。不服国务院行政部门裁定或者决定而提起的第一审知识产权授权确权行政案件，由北京知识产权法院管辖。同时，知识产权法院的审判工作受最高人民法院和所在地的高级人民法院监督。知识产权法院依法接受人民检察院法律监督。

2014 年 11 月至 12 月，北京、上海、广州先后正式成立知识产权专门法院，自此我国对于知识产权的司法保护揭开新篇章。从 2014 年至 2018 年北上广三大知识产权法院受案数量（见图 5 - 10）可以看出，随着我国创新型产业的发展，民事主体对于知识产权的维权意识正在不断加强，通过专业化审判方式来解决知识产权纠纷越来越成为民众的选择。

在金融科技领域，北京、上海、广州作为我国金融行业发达地区，金融科技的发展势头尤为旺盛。知识产权法院为三地的重大金融科技知识产权纠纷提供了专业化的审判机制，对于维护金融科技发展的智力成果具有重要的司法保障作用。

除此之外，知识产权法院对于金融科技发展的保护作用还体现在专业性法院独有的功能定位上。以上海市知识产权法院为例，除了进行专业化审判知识产权纠纷外，上海市知识产权法院还致力于知识产权纠纷的审判研究。金融科技是科技与金融深度融合的新兴产业，因此容易产生一些新型产权纠纷。对此类案件的审判和研究有利于明晰金融科技智力成果的产权，以此树立审判标杆，发挥以案释法的作用。同时，上海市知识产权法院还积极组织司法交流，充分参与和“中国知识产权司法保护国际交流（上海）基地”的合作，以该基地为平台，努力构建知识产权交流合作长效机制。在当前加快金融科技发展的步伐已经成为各国金融业发展共识的背景下，上海市知识产权法院重视国内外的司法交流有利于我国司法实践在知识产权领域专业化水平的提升和国际司法影响力的加强。除此以外，知识产权法院为专业性司法人才的培养提供了实践基地，这对于我国金融科技知识产权领域的发展具有重要意义。

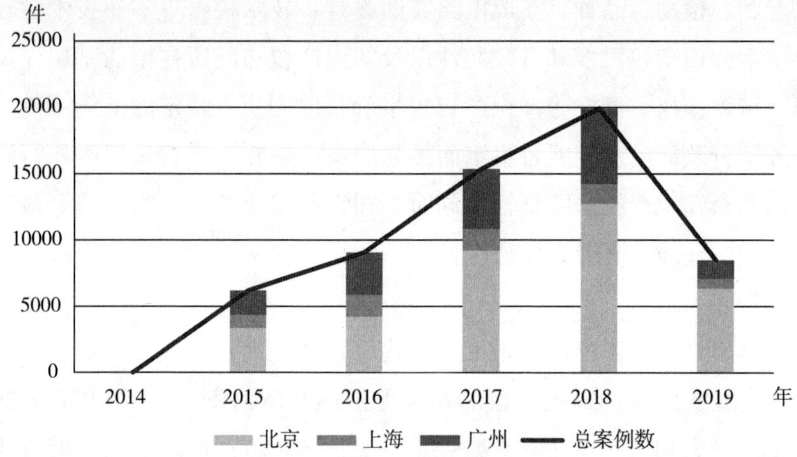

图 5－10　2014—2019 年北京、上海、广州知识产权法院受案数①

在知识产权的司法保护层面，除了上述提到的北上广三大知识产权法院以外，2019 年初，根据《全国人民代表大会常务委员会关于专利等知识产权案件诉讼程序若干问题的决定》《最高人民法院关于知识产权法庭若干问题的规定》，最高人民法院设立知识产权法庭。依据相关法律和司法解释的规定，最高人民法院知识产权法庭主要审理专利等专业技术性较强的知识产权民事和行政上诉案件。此项实践对于金融科技领域技术性较强的知识产权类纠纷解决具有深远意义，有利于充分保护金融科技发展过程中的知识产权，维护金融科技安全，实现我国金融科技领域在国际上的战略性发展地位。

此外，2018 年深圳市人民政府印发《深圳市可持续发展规划（2017—2030 年）》，基于其自身高科技聚集的区域特色，深圳市在规划中明确表示

① 资料来源：无讼网，https：//www. itslaw. com/bj。

要争取设立深圳知识产权法院和国家知识产权局专利审查协作深圳中心。此举也能看出深圳市意图寻求知识产权纠纷专业性审判的态度，以及民众对知识产权保护意识的加强。这对于维护当地金融科技知识产权保护的意义不容小觑。同时，北京和杭州互联网法院的成立有利于促进金融科技领域的知识产权司法保护。

加强知识产权保护是一项系统工程，需要集合各方力量形成保护合力，才能取得事半功倍的效果。2017 年 3 月，国家知识产权局印发《关于开展知识产权纠纷仲裁调解试点工作的通知》，为此，近年来各地方人民法院始终重视加强与知识产权行政管理部门、科学技术行政管理部门以及行业协会等的沟通、交流，加强合作、优势互补，努力构建互联互通的知识产权多元化纠纷解决机制，推动知识产权整体保护水平不断提高。比如，浙江省法院系统积极推动建立专利民事案件诉调对接机制；湖北省武汉市中级人民法院与该市有关知识产权行政部门联合出台建立司法保护与行政执法对接机制的意见，进一步完善知识产权多元化纠纷解决机制；湖南省高级人民法院大力推进国家级长沙经济技术开发区诉调中心建设；山东省法院系统通过加强与知识产权部门和行业协会等的合作，在协同解决知识产权纠纷，加强知识产权保护上形成了全方位覆盖的保护格局；安徽省法院系统加强与公安、工商、文化等行政执法部门的沟通交流，通过定期交流案件审查处理工作简报、共同举办研讨会等方式，努力打造知识产权保护协作平台；新疆维吾尔自治区高级人民法院加强与自治区政府各部门的横向联系，紧紧围绕促进自主品牌建设，构建契合少数民族地区特色的知识产权保护网络；重庆市高级人民法院与市司法局、公证协会共同召开公证保全实务座谈会，研讨提高公证证据的公信力，提高知识产权权利人的维权能力。这些努力为金融科技领域知识产权纠纷能够更为科学高效的解决提供了便捷的渠道。

总体来说，司法是社会公正的最后一道防线。专业性审判机构对于增强案件的审理效率，提高审判专业化水平，实现审理与研究相结合等具有重要意义。知识产权法院的创设与发展对于我国知识产权密集的金融科技领域来说，无疑可以起到加固保护伞的作用。在依法落实法治国家建设过程中，我们也坚信，保护知识产权就是保护创新，而在金融科技领域，保护创新就是保护金融科技的安全发展。

金融科技的产生、发展本身就是一个创造性的过程。金融科技创新产品和服务是无数研发人员的智力成果和精神财富。因此，凝结在金融科技产品上的创造性成果就是金融科技获得知识产权保护的源泉。目前我国的金融科技领域发展已经达到世界领先水平，无论是以知识产权守护金融科技安全发展，以此防控金融风险，还是通过加强对知识产权的保护来维护我国金融科技在世界金融市场的领先地位，我们都应该看清现状，重视起对金融科技领域的知识产权的保护。此外，保护知识产权就是保护创新，保护创新就是激励人才。任何产业，只有守住人才才能守住持久稳健的发展。总之，对于知识产权的保护事关我国未来金融科技发展的命脉，加大对金融科技知识产权的保护是法治国家建设的必然举措，是金融科技发展的必行之路。在当今创新创业风起云涌的形势背景下，构建知识产权保护格局，力图在完善知识产权保护制度的基础上打造行政执法和司法保护两条途径“优势互补、有机衔接”的机制，既要充分挖掘行政执法的功能和作用，明确其权利义务边界，完善行政执法的制度建设，实现依法执法、公正执法、高效执法，也要重视司法保护的完善，积极构建知识产权纠纷多元化解决机制，通过知识产权法院和互联网法院来实现专业审判和高效审判，同时完善仲裁调解机制，真正构建起知识产权保护的大格局。

第五节　金融科技严监管执法成新常态

2017 年，习近平总书记在党的十九大报告中首次提到三大攻坚战——防范化解重大风险、精准脱贫、污染防治，明确防风险居三大攻坚战首位；2018 年，政府工作报告再次强调了其重要性。金融科技严监管已是大势所趋，严监管持续的环境有利于金融科技领域的规范经营、降低风险；2019 年，从中央到地方多部门不断推进执法进程、加大监管力度，有力保障我国金融科技的安全发展。

一、中国人民银行互联网金融风险专项整治工作稳步推进

为规范各类互联网金融业态、促进互联网金融健康可持续发展，国务院办公厅于2016年10月印发《互联网金融风险专项整治工作实施方案》，并成立由中国人民银行牵头的互联网金融风险专项整治工作领导小组，2016年正式成为我国“互联网金融监管元年”，专项整治工作是我国互联网金融监管历程中的重要一环，加速清退不具金融资质的互联网金融机构，使得行业总体风险水平明显下降，[①] 整治工作从2016年至今大致可分为三个阶段。

第一个阶段：2016年4月至2017年3月底。《互联网金融风险专项整治工作实施方案》全面部署安排了互联网金融风险专项整治工作，重点关注了P2P网络借贷和股权众筹业务、通过互联网开展资产管理及跨界从事金融业务、第三方支付业务、互联网金融领域广告等领域，提出严格准入管理、强化资金监测、建立举报和“重奖重罚”制度、加大整治不正当竞争工作力度、加强内控管理和用好技术手段等整治措施，并规定工作验收期为一年。该阶段中政府部门与行业协会风控监管政策密集落地，包括《开展互联网金融广告及以投资理财名义从事金融活动风险专项整治工作实施方案》《互联网保险风险专项整治工作实施方案》《股权众筹风险专项整治工作实施方案》《非银行支付机构风险专项整治工作实施方案》和《网络借贷资金存管业务指引》等重点指导性政策，截至2017年初，公安机关查处的互联网金融案件达1400起，风控能力差、涉嫌违规的互联网金融平台大幅减少，专项整治成效显现。

第二个阶段：2017年6月至2018年6月底。由于第一次为期一年的专项整治效果并未完全达到预期，中国人民银行等十七部门于2017年6月联合印发了《关于进一步做好互联网金融风险专项整治清理整顿工作的通知》以及《关于落实清理整顿下一阶段工作要求的通知》，进一步明确了

---

① 杨楚昕．浅析我国互联网金融监管历程［J］．开封教育学院学报，2019，39（3）：283－284.

清理整顿分类处置程序、取缔类机构处置程序以及清理整顿期间的有关要求，依然重点关注P2P网络借贷、股权众筹、非银行支付和通过互联网开展资产管理及跨界从事金融业务四大业务领域，并新纳入互联网保险业务，计划完成时间为2018年6月底。该阶段中第三方支付作为整治重点，大量机构因违法违规而被处罚，根据《2018年7月非银行支付机构续展决定公示信息》，21家支付机构顺利通过，4家不予续展，根据零壹财经不完全统计，仅在2018年上半年，卡友支付服务有限公司、付临门支付有限公司等33家第三方支付机构就已收到38张罚单，累计注销支付牌照名单已增加到33家，罚款总金额超过4500万元。第三方支付市场面临业务重构和严格的合规考验，行业洗牌不断加剧。

第三个阶段：2018年7月至今。在互联网金融领域风险防范化解任务依然艰巨，适应互联网金融特点的监管体制有待进一步完善的背景下，2018年7月9日，中国人民银行会同互联网金融风险专项整治工作领导小组召开第三次延期的专项整治会议，会议的召开标志着专项整治工作正式迈入第三个阶段。会议指出，该阶段的工作目标是初步建立适应互联网金融特点的监管制度体系，工作内容包括加大统筹部署，完善整治方式，强化整治力度，引导机构无风险退出，开展行政处罚和刑事打击，稳妥有序加速存量违法违规机构和业务活动退出；加强监测预警，遏制增量风险，广泛开展投资者宣传教育；同步推进互联网金融监管长效机制建设，发挥互联网技术在提高金融资源配置效率和金融服务普惠性等方面的积极作用，计划再用1~2年时间完成互联网金融风险专项整治，化解存量风险，消除风险隐患。该阶段陆续出台了《互联网金融从业机构反洗钱和反恐怖融资管理办法（试行）》《区块链信息服务管理规定》《关于加强P2P网贷领域征信体系建设的通知》《金融科技（FinTech）发展规划（2019—2021年）》等政策文件，持续促进金融科技严监管。以第三方支付为例，2019年金融科技从严监管的态势依然保持，监管力度再次升级，罚单规模不断加大，据不完全统计，2019年第三方支付行业收到监管罚单105张，罚没金额合计近1.5亿元，其中不乏百万元级、千万元级罚单，处罚原因主要涉及反洗钱、为非法交易提供支付服务、可疑交易监测不到位等重点处罚领域。①

二、银保监会监管力度持续加大

2018年3月13日，国务院关于提请第十三届全国人民代表大会第一次会议审议国务院机构改革的议案中提出，组建中国银行保险监督管理委员会，依法依规对全国银行业和保险业实行统一监督管理，维护银行业和保险业合法、稳健运行，我国的监管理念由分业监管转向混业监管或综合监管。根据中央机构编制委员会办公室2019年2月发布的《中国人民银行职能配置、内设机构和人员编制规定》，在“一委一行两会”的金融监管体系之下，金融科技行业的监管总体由中国人民银行负责统筹、定调和审慎监管，银保监会负责搭建制度框架和行为监管。为配合互联网金融专项整治工作，银保监会在过去一年中不断加大对银行业、保险业公司在金融科技领域的监管力度。

2019年1月16日，银保监会召开2019年银行业和保险业监督管理工作会议，会议要求，要坚持不懈治理金融市场乱象，进一步遏制违法违规经营行为，有序化解影子银行风险，依法处置高风险机构，严厉打击非法金融活动，稳步推进互联网金融和网络借贷风险专项整治。

2019年4月2日，银保监会发布《关于印发2019年保险中介市场乱象整治工作方案的通知》，指明三项重点任务：一是压实保险公司对各类中介渠道的管控责任；二是认真排查保险中介机构业务合规性；三是强化整治与保险机构合作的第三方网络平台的保险业务。整治对象覆盖保险公司、保险专业中介机构、保险兼业代理机构及与保险机构合作的第三方网络平台。

2019年5月17日，银保监会颁布《关于开展“巩固治乱象成果，促进合规建设”工作的通知》，强调2019年的整治工作要坚持四个原则：一是防风险与稳增长相结合，实现防风险、治乱象和稳增长、调结构的有机

---

① 资料来源：中国人民银行，《经济参考报》（http://www.jjckb.cn/2019-12/26/c_138657730.htm）。

统一；二是削减违规存量问题与遏制违规增量问题相结合，坚持已发现问题整改和新问题查处两手抓；三是强内控与严监管相结合，银行保险机构要落实乱象治理与合规建设的主体责任，各级监管机构要牢固树立法治意识、规矩意识，将严监管长期坚持下去；四是保持定力与把握力度相结合，既坚持对市场乱象的“零容忍”，又主动适应宏观形势变化，把握好节奏力度，严防处置风险的风险。

2019 年 7 月，银保监会下发《中国银保监会办公厅关于推动供应链金融服务实体经济的指导意见》，指出银行保险机构在开展供应链金融业务时应坚持四大基本原则：坚持精准金融服务，以市场需求为导向，重点支持符合国家产业政策方向、主业集中于实体经济、技术先进、有市场竞争力的产业链链条企业；坚持交易背景真实，严防虚假交易、虚构融资、非法获利现象；坚持交易信息可得，确保直接获取第一手的原始交易信息和数据；坚持全面管控风险，既要关注核心企业的风险变化，也要监测上下游链条企业的风险。

2019 年 9 月 30 日，银保监会、中国人民银行联合发布《2019 年中国普惠金融发展报告》，提出研究修订互联网保险业务监管制度，以统一监管规则、防范风险为根本任务，在此基础上探索建立互联网人身险业务分级分类监管制度，进一步规范互联网人身保险经营行为，持续优化互联网人身保险供给机构，防范创新风险。

2019 年 10 月 12 日，银保监会就《中国银保监会行政处罚办法（征求意见稿)》公开征求意见，全文着眼于规范行政处罚程序，提升行政处罚效能，充分保护行政相对人合法权益，对行政处罚案件管辖、立案调查、审理审议、权利告知与听证、决定与执行等内容作出全流程规范，以适应银行保险监管体制改革的需要，加快推进机构改革后银行业和保险业行政处罚程序的统一规范，完善行政处罚工作机制，严肃整治市场乱象，防范化解金融风险。

2019 年 12 月 25 日，银保监会正式印发《关于银行保险机构员工履职回避工作的指导意见》，旨在推动银行保险机构建立健全履职回避制度，建立履职回避长效工作机制，营造主动申报、严格回避、公正履职、强化内控的文化氛围。同时，也有利于进一步完善监管制度建设，强化对银行保险机构员工履职行为的监管。

2019 年 12 月 27 日，银保监会、中国人民银行联合出台《关于规范现金管理类理财产品管理有关事项的通知（征求意见稿）》，从投资范围、投资集中度、流动性、杠杆率等方面对现金管理类理财产品提出具体的监管规定，促进现金管理类理财产品规范健康发展，依法保护投资者合法权益。

在针对银行业、保险业公司的监管政策密集出台的背景下，行政处罚遏制金融科技风险的效果显著。统计数据显示，2019 年全年，银保监会处置不良贷款约 2 万亿元；处罚银行保险机构 2849 家次，处罚责任人员 3496 人次，合计罚没 14.5 亿元；拆解高风险影子银行方面，三年来影子银行规模较历史峰值压降 16 万亿元，[①] 被罚原因涉及非法集资、涉房贷款违规、受贿、内控不到位以及参与骗贷等方面，例如，2019 年，中信银行和中国邮政储蓄银行收到银保监会对银行业机构开出的首批罚单，其中，中信银行因报送数据不真实等 13 项违法违规行为，被合计罚没 2223.7 万元，为 2019 年银行业罚单最高处罚金额。银保监会以强化金融监管为重点，以防范系统性金融风险为底线，始终保持整治金融市场乱象的高压态势，持续加大行政处罚力度，从严打击重点领域违法违规行为，综合运用多种措施保障行政处罚执行到位，确保行政处罚的权威性和严肃性，切实发挥了行政处罚警示、教育及惩戒作用。

三、证监会重点关注智能投顾业务

随着金融科技的发展，传统的财富管理模式发生了很大的变化，通过人工智能、云计算、大数据等高新科技在金融领域开发的智能投顾业务成为新趋势，智能投顾即“智能 + 投资顾问”，是基于人工智能的投资顾问平台、产品或服务，[②] 作为一种新型理财方式对监管机构提出了新的挑战。

相关部门已出台多项法律规范文件，用于监管证券投资咨询机构开展

---

① 资料来源：银保监会，《中国新闻网》（http://www.chinanews.com/cj/2020/01－13/9058504.shtml）。

② 许丽．论智能投顾的法律风险与应对［J］．海南金融，2019（9）：43－50.

投资顾问业务，包括《证券法》《证券、期货投资咨询管理暂行办法》《证券投资顾问业务暂行规定》《证券投资基金销售管理办法》《关于加强对利用“荐股软件”从事证券投资咨询业务监管的暂行规定》等，智能投顾本质上也是一种证券投资咨询业务，早在2016年证监会就开始严格监管智能投顾违规销售基金的行为，2017年4月山西省证监局以“理财魔方”和“拿铁理财”两款理财产品为典型进行严查，理财魔方的交易系统接入了盈米财富基金的购买端口，而拿铁理财，除了有机器人理财的页面之外，还在金融超市的页面显示，其基金销售服务由拿铁理财与上海天天基金销售公司联合提供，相关互联网平台并未取得基金销售业务资格，属于利用智能投顾进行违规销售。

2018年4月28日，中国人民银行、银保监会、证监会和国家外汇管理局联合颁布《关于规范金融机构资产管理业务的指导意见》，以统一同类资管产品监管标准，有效防控金融风险，更好地服务实体经济，该指导意见对智能投顾的准入门槛作出了规定，要求运用人工智能技术开展投资顾问业务应当取得投资顾问资质牌照，非金融机构不得借助智能投资顾问超范围经营或者变相开展资产管理业务，但对牌照的性质、颁发机构尚无明确规定，有待进一步落地。

2019年6月3日，证监会颁布了《证券投资咨询机构执业规范（试行)》，明确提及对智能投顾业务的规定。该规范对咨询机构开展投资顾问业务提出具体要求，指出在可能存在利益冲突的业务之间建立信息隔离墙制度，明确了协会执业检查和对违反规定的机构和人员的自律惩戒措施，明确解释权和实施日期等内容，同时在第二章第六条中提出“通过互联网、自媒体、软件、通信、社交工具等介质向客户提供涉及具体证券投资品种或投资组合的投资分析意见、预测、选择建议、买卖时机建议等，并直接或者间接获取经济利益的经营活动，均属于证券投资顾问业务范畴，应遵守本执业规范等规定”，明确将智能投顾纳入严监管范围。

近年来证监会继续保持高压监管态势，加大检查执法和自律管理的力度，对存在违法违规行为的咨询机构，综合运用行政监管措施、行政处罚以及纪律处分等手段，从严查处和追究有关机构和人员的责任。

四、中央网信办、工业和信息化部及公安部的执法工作持续推进

（一）中共网信办

中央网信办持续加大金融科技安全的专项整治力度。2019 年 1 月 28 日，中央网信办发布了《关于区块链信息服务备案管理系统上线的通告》，宣布区块链信息服务备案管理系统上线运行，对备案主体所从事的区块链信息服务进行登记。根据统计数据，自 2019 年前三季度，全国网信系统依法约谈网站 747 家，警告网站 701 家，暂停更新网站 91 家，会同电信主管部门取消违法网站许可或备案、关闭违法网站 3933 家，移送司法机关相关案件线索 450 条。有关网站依据用户服务协议关闭各类违法违规账号群组 40 余万个。[①] 各级网信部门结合开展“清朗”“网剑”“网上扫黄打非”等专项行动严格执法，会同有关部门依法查处网上违法信息和违法行为，依法查处各类违法违规行为和网站，严厉处置了一批违法违规网站平台。其中，“比特币挖矿”类网站首次出现在中央网信办整治的范围内。根据中央网信办公布的名单，自 2018 年 10 月至今，中央网信办已处置 9800 多个区块链相关自媒体账号，如“金色财经网”“币世界快讯”“深链财经”“火币资讯”等区块链领域自媒体公众号。

（二）工业和信息化部

工业和信息化部积极完善个人金融信息保护体系建设。2019 年 7 月 1 日，工业和信息化部印发《电信和互联网行业提升网络数据安全保护能力专项行动方案》，以解决数据过度采集滥用、非法交易及用户数据泄露等数据安全问题，加快推动构建行业网络数据安全综合保障体系，提出在 2019 年 10 月底前完成全部基础电信企业、50 家重点互联网企业以及 200 款主流 APP 的数据安全检查。2019 年 9 月 19 日，工业和信息化部发布了《关于电信服务质量的通告》（2019 年第 3 号），在 2019 年第二季度，对

---

① 资料来源：中央网信办，http：//www. cac. gov. cn/。

61 家互联网企业和 51 家手机应用商店的应用软件进行检查，发现 32 款应用软件和网站存在未经用户同意收集使用用户个人信息、强行捆绑推广其他应用软件等问题，多款金融类 APP 被点名整改，如腾讯、美团外卖、斗鱼直播等，主要原因为不明扣费、未经用户同意收集、使用用户个人信息等；此外，不良手机应用有效举报 56640 件次，同比下降 55.93%，通过行业自律，12321 举报受理中心联合应用商店对存在问题的 244 款不良手机应用进行了下架处理。①

（三）公安部

公安部加强衔接金融科技领域的行政执法与刑事执法。2019 年 5 月，公安部对公安机关打击和防范非法集资等涉众型经济犯罪工作情况进行了通报，全国公安机关始终坚持以人民为中心的发展思想，紧紧围绕互联网金融领域非法集资等突出犯罪，重拳出击、精准打击。2019 年 11 月 21 日，公安部召开新闻发布会，通报全国公安机关开展“净网 2019”专项行动工作情况，截至 2019 年 10 月 31 日，共侦破涉网案件 45743 起，抓获犯罪嫌疑人 65832 名，捣毁一批为“套路贷”提供技术、数据服务的科技公司，针对互联网企业及联网单位开展安全监督检查 17 万余家次，清理违法有害信息 445 万余条，关闭网络账号 60 万余个，约谈整改相关网站及 APP 3.7 万余家次，行政查处 9.1 万家次。② 其中，善林金融非法集资案规模庞大，影响恶劣，善林金融公司及其法定代表人、实际控制人周某云在未经有关部门批准的情况下，先后在全国 29 个省、直辖市设立 1120 家分支机构，以及“善林财富”“善林宝”等四家线上投资理财平台，先后向 62 万人非法吸收资金共计 736 亿余元，被上海市公安机关于 2018 年 9 月立案侦查。

---

① 资料来源：工业和信息化部，http：//www.miit.gov.cn/newweb/。

② 资料来源：公安部官网，http：//www.mps.gov.cn/。

五、地方金融监管协力推进金融科技风险防范

（一）北京市地方金融监督管理局

北京市地方金融监督管理局积极促进金融科技发展。2018 年 11 月，中关村管委会、北京市金融工作局和北京市科学技术委员联合发布《北京市促进金融科技发展规划（2018—2022 年）》，提出目标是力争到 2022 年底，涌现 5 ~ 10 家国际知名的金融科技领军企业，形成 3 ~ 5 个具有国际影响力的创新集群，开展 10 ~ 15 个重大示范应用项目，形成良好产业生态，为首都“四个中心”建设提供重要支撑，有效助推京津冀协同发展。2019 年 7 月 6 日，互联网金融整治领导小组和网贷整治领导小组在网络借贷风险专项整治工作座谈会上明确了网贷专项整治时间表，随着网贷整治时间表的进一步明确，包括北京、厦门在内的 6 个地方网贷监管试点相关工作迎来实质性进展，结合北京市地方金融监督管理局提出的规划，北京将推动在北京金融科技与专业服务创新示范区探索“监管沙盒”试点和“金融风险管理实验区”，或首先在 P2P 网贷行业中采用“监管沙盒”机制。

（二）深圳市地方金融监督管理局

深圳市地方金融监督管理局明确表明严厉打击网贷失信行为。2019 年 7 月，深圳市地方金融监督管理局发布《深圳市地方金融监督管理局关于加强深圳市网贷行业严重失信行为联合惩戒工作的通知》，指明 P2P 网贷借款人符合逾期超过 6 个月，经合法、必要的催收，且未按要求如实提交财产申报资料情形的，可列入严重失信网贷借款人名单，报送市互金协会，市互金协会筛查后的严重失信网贷借款人名单，报送市地方金融监管局，并移交至百行征信。

（三）湖南省地方金融监督管理局

湖南省地方金融监督管理局审慎对待 P2P 网贷产业。自 2016 年以来，湖南省 P2P 网贷行业一直在进行专项整治，但至今未有一家平台完全合规

通过验收。2019 年 10 月 16 日，湖南省地方金融监督管理局网站发布公告称，根据国家 P2P 网贷整治有关文件精神及《湖南省 P2P 网络借贷风险专项整治整改验收工作方案》《湖南省 P2P 网络借贷机构合规检查工作方案》要求，经各市州现场检查验收，省互金整治办、P2P 网贷整治办等相关部门会商会审，一致认定该省整治名单内纳入行政核查的 24 家网贷机构 P2P 业务均不符合“一办法三个指引”有关规定，对其开展的 P2P 业务一并予以取缔，明确表示不发展 P2P 网贷产业。

（四）四川省地方金融监督管理局

四川省地方金融监督管理局表明取缔全部在四川开展 P2P 业务的网贷机构。2019 年 12 月 4 日，四川省地方金融监督管理局发布了《网络借贷行业风险提示》，称四川省纳入整治范围的 P2P 网贷机构目前没有一家机构业务完全合规，对四川省业务不合规的网贷机构及省外未经许可的网贷机构在四川开展的 P2P 网贷业务，全部依法依规予以取缔，但 P2P 网贷业务的终止，不影响已经签订借贷合同当事人的合法权利和义务。出借人和借款人在网络借贷平台上形成的合法债权债务关系受法律保护，借款人应依法依约履行还款义务。

风险防范是金融科技稳定发展和应用的首要前提，在金融科技严监管的背景下，金融科技才能蓬勃发展，助推金融业转型升级，塑造健康的金融业新格局。近年来各部门自上而下收紧监管政策，密集出台相关法律规定，加速金融科技行业成熟期的到来，随着金融科技监管制度的完善，金融市场结构将进一步转型升级，未来区块链、人工智能和云计算等相关技术的应用落地将更好地服务于整个金融行业。

第六章　监管沙箱：金融科技安全机制的新探索

“监管沙箱”的本质是将风险锁在盒子里，实现了风险防控的前置化和流程化。在创新发行金融科技产品和服务进入市场前增设了一个创新试验和风险测试环境，一是将新技术的风险与外部市场隔离开来，切断风险扩散传导的接口，沙箱内的风险盒内化解；二是提前发现创新理念和项目的风险，及时向监管机构汇报商讨，制定相应的风险预案和化解措施，将风险扼杀在摇篮里；三是可以帮助监管机构在制定针对提供产品及服务的新兴科技的监管方法时，跳出思维定式。简单来说，监管沙箱是一个风险可控的封闭环境，也是金融科技安全机制的新探索之一。在监管趋严趋紧和鼓励金融科技、数字经济健康发展的话语基调下，监管沙箱有助于实现监管刚性底线和柔性边界的协调统一，促进区块链、人工智能、云计算、法定数字货币等前沿技术和产品的合规创新，助力防范和化解金融风险。

第一节　全球监管沙箱探索动态

监管沙箱自 2015 年起源于英国，短短几年时间就风靡全球，被世界各国所关注。各国在监管沙箱的设立理念、运作模式、保障机制等方面既有相同，也有区别。发达国家和发展中国家的监管沙箱在实践中不尽相同，需要结合本国国情和金融科技发展态势综合谋划，避免生搬硬套。

一、西方发达国家监管沙箱探索进展

西方发达国家较早启动了监管沙箱的实验，将监管沙箱作为测试金融

科技创新和监管的试验场所。在真实有限的环境中测试有潜在风险的金融科技创新产品/服务，是平衡金融科技创新与安全的有效机制。

（一）英国监管沙箱

1. 英国监管沙箱发展现状

英国作为老牌金融大国，在金融创新与规范发展方面一直走在前列，英国监管部门金融行为监管局（FCA）提出的“监管沙箱”，是在保护消费者的前提下，简化企业的金融创新审批程序，并通过“无异议函”“个别指导意见”、限定范围内的法律“豁免”或者“限制性授权”（Restricted Authorisation，即范围有限的“行政许可”）等沙箱工具，允许企业在一定范围内测试金融创新活动，监管部门对测试过程进行全程监控，并对结果进行评估，进而判定对金融创新是否给予正式的监管授权以及在更大的市场范围推广。英国监管沙箱的功能在于，它可以帮助企业获得：在一个可控的环境中测试产品和服务的能力；以潜在的低成本缩短进入市场的时间；支持合适的消费者保护措施，以纳入新产品和服务；更好地获得资金。FCA 从 2015 年 9 月开始推出监管沙箱，2016 年正式开始运行，允许企业在市场上与真正的消费者一起测试创新的产品或项目。目前已经过了 5 轮测试，共测试了 108 家企业（第一轮 18 家，第二轮 24 家，第三轮 18 家，第四轮 24 家，第五轮 24 家）。早期迹象表明，沙箱提供了测试的数据，使新产品能够得到测试，减少了将创新想法推向市场的时间和成本，改善了创新者获得资金的渠道，并确保新产品和服务内置了适当的保障措施。①

2. 全球金融创新网络（GFIN）

在金融监管的跨界和全球协同方面，FCA 于 2018—2019 年推动“全球沙箱”的设想落地成为“全球金融创新网络”，并逐渐吸纳了 50 个国家

---

① FCA. Financial Conduct Authority outlines lessons learned in year one of its Regulatory Sandbox [EB/OL]. [2017 - 10 - 20]. https: //www. fca. org. uk/news/press - releases/financial - conduct - authority - outlines - lessons - learned - year - one - its - regulatory - sandbox.

（地区）的监管部门、国际组织和金融机构参与，[①] 推动各国/地区金融监管的跨境合作，同时进一步推动监管科技的国际化合作执法与管理。在GFIN 框架范围内，FCA 吸引了包括中国证监会、中国香港金融监管局、新加坡金融监管局、澳大利亚金融管理局等监管当局订立双边或多边的监管科技战略合作协议。

（二）新加坡监管沙箱

1. 金融科技监管沙箱

新加坡金融管理局（MAS）作为金融科技、监管科技领域中市场的媒介，起着联络、对接的作用。MAS 本着开放合作的态度以及打造智慧金融中心的目标，从 2016 年起开始联合新加坡银行协会等组织举办金融科技周，2017 年参加金融科技周的学术界、金融机构、其他政府机构、服务和软件提供商、初创企业等行业机构、从业人员以及投资者等达到了 5 万人。在近两年的金融科技节周中，监管科技都作为重要的议题被纳入论坛，通过探讨监管科技的风险、技术可行性，从全球挑选 20 家包括从事监管科技的初创企业，为金融服务行业征求的现实问题陈述提供创新的解决方案，并通过资金、人才和政策等支持参与者将解决方案从概念转变为模型。在推动监管科技解决方案从概念走向现实的过程中，探索监管科技合规的实现路径，包括在数据收集、分析、传输过程中运用 RegTech 和 SupTech，以及如何把握好监管、市场、技术之间的关系。

新加坡监管沙箱的准入条件和评估标准是一个亮点，根据 MAS 官网的规定，有以下准入条件：（1）新技术或以创新的方式使用现有技术；（2）申请沙箱的金融服务或解决方案能够解决问题或给消费者和行业增加福利；（3）沙箱测试后申请人有意愿和能力在更广范围提供服务；（4）沙箱测试场景和测试预期成果应该明确，沙箱实施主体应该按计划向 MAS 报告项目进度；（5）明确界定测试的适当边界条件，在充分保护消费者的利益并维护行业安全的情况下执行沙箱规则；（6）评估和降低推出的金融服

① FCA. Global Financial Innovation Network（GFIN）［EB/OL］.［2020-01-17］. https://www.fca.org.uk/firms/global-financial-innovation-network.

务产生的重大风险，如申请沙箱测试时提供推出金融服务初步测试的证据，确定初步测试中发现的风险并给出降低风险的建议；（7）如果推出的金融服务必须停止，或者在沙箱测试完成后希望更广泛地推出，应该明确退出和过渡战略。由于没有限定申请、测试期限（除了有21个工作日的审查申请期限外，MAS并没有规定测试期和评估期限），MAS随时开放申请通道，且只要企业符合沙箱的目标、原则和评价标准，申请就能被接受。若企业的产品、服务和商业模式不符合沙箱要求，调整转变之后，仍可以继续向MAS申请。

2. 快捷沙箱（Sandbox Express）

2019年8月7日，新加坡金融管理局（MAS）推出Sandbox Express，为公司提供了更快的选择，以测试市场上的创新金融产品和服务。符合条件的申请人可以在向MAS申请后的21天内在Sandbox Express的预定义环境中开始进行市场测试，不用花费更长的时间在现有的监管沙箱下定制它们的沙箱。快捷沙箱依靠标准披露和预先确定的规则，缩短了进入沙箱的审批流程。因此，Sandbox Express仅适用于市场风险较低且易于理解的活动，并且可以在预定义的参数范围内进行合理管理。自2016年开始运营的FinTech监管沙箱对拥有更复杂业务模式或MAS需要更多时间来了解活动风险的申请人仍然开放。

从测试对象来看，快捷沙箱的对象仅包含三类：经营保险经纪业务、被认可的市场组织、汇款业务。每个沙箱都有预先定义的边界、风险容忍和结果期望。公司必须遵守沙箱的批准条件，包括向客户提供明确和适当的披露，以及向MAS提交定期进度报告。

从测试时间来看，实验可以在快捷沙箱中保留长达九个月。这将为企业提供更多时间来克服实验过程中的业务和技术挑战，并为MAS提供解决潜在监管挑战的机会。企业还可以使用更长的时间来更好地准备退出沙箱并在更大规模上部署它们的创新规划。

（三）澳大利亚监管沙箱

澳大利亚监管沙箱由澳大利亚证券和投资委员会（ASIC）设计并实施，该机构负责对全澳金融体系、各金融机构和专业从业人员行使金融监管的职能，审慎监管局（APRA）和储备银行（RBA）则没有涉及。

ASIC 监管沙箱采用轻触式（Light Touch）监管，监管部门为创新企业预留空间，通过限制性豁免或个别指导的方式鼓励创新。在当前的金融服务框架中，创新业务模式有很大的灵活性，创新的金融科技企业可向 ASIC 申请金融科技许可而豁免某些领域的监管要求。对于提交金融科技许可豁免的公司，ASIC 不会像公司申请 AFSL 和 ACL 那样对其提供的信息进行详细评估，但是会检查公司是否已提供了所有必要的信息，并判断是否有资格依赖金融科技许可豁免。此外，ASIC 会公示进入“监管沙盒”公司的资料，让金融消费者和相关业界人士确认某项业务是否在豁免期内有效运作，以及该业务可在多长时间内无须申领牌照而提供服务。① 申请进入“监管沙盒”的金融科技企业，其产品和服务可以享受金融科技许可豁免，主要分为两大类：金融服务和信贷活动；金融产品和信贷合同产品。与此同时，ASIC 也明确规定金融科技许可豁免不适用于以下范围：发行金融产品或提供信贷、复杂产品（如衍生品）、不易逆转的非流动性产品、长期关注的产品（如退休金和人寿保险）、针对弱势消费者的产品（如消费者租赁）。

此外，在风险管理控制方面，澳大利亚 ASIC 通过设置客户数量上限和风险敞口上限，规定获得金融科技牌照豁免的企业最多可以为 100 个零售客户提供服务，在风险敞口上，企业对每个零售客户的存款、投资管理计划、证券、债券和支付产品的风险敞口不超过 1 万美元，提供信贷服务的风险敞口不超过 2.5 万美元，提供保险合同服务的敞口不超过 5 万美元，所有客户总的风险敞口上限为 500 万美元。

（四）韩国监管沙箱

2017 年 1 月 5 日，韩国金融服务委员会（Financial Services Commission，FSC）发布了《2017 年金融政策指引》（*Financial Policy Direction for*

---

① ASIC. RG 257 Testing fintech products and services without holding an AFS or credit licence [EB/OL]. [2017-08-23]. https://asic.gov.au/regulatory-resources/find-a-document/regulatory-guides/rg-257-testing-fintech-products-and-services-without-holding-an-afs-or-credit-licence/.

2017)，核心内容之一就是通过“金融改革和创新推动经济复兴”，并在2017年年中推出“监管沙箱”机制试点，减轻金融科技创企的监管负担。继2017年推出“监管沙箱”试点机制，FSC在2018年1月发布的《2018年金融科技政策路线图》(*Financial Policy Roadmap for* 2018) 中重申，将继续坚持推进监管沙箱。2018年12月7日，韩国国会正式审议通过《金融创新支援特别法》(*Financial Innovation Support Act*)。该法案于2019年3月正式生效，同时也为韩国金融科技监管沙箱的设立奠定了法律基础。

为保证资质评审的公平和高效，FSC成立了一个由金融、法律、科技和消费者权益领域官员和专家组成的委员会，专门负责审核申请机构的资质。韩国金融科技监管沙箱为期两年，入选企业将有机会在豁免某些监管条例的前提下开展业务试验。根据规定，有意参加该计划的企业必须先提交入选申请和相关风险与消费者保护计划。一旦出现危害消费者权益或威胁金融稳定的不可逆事件，入选机构的沙箱资质将被取消。而如果入选企业面临法律诉讼，证明其无意或不会造成危害的举证工作将由被诉讼企业承担。

韩国监管沙箱从2019年4月正式投入市场提供测试服务，从2019年4月17日至7月25日期间，FSC公布了6批监管沙箱名单，累计共有42家企业和机构入选。其中，NH Property and Casualty Insurance、Rainist、Finset、Finda、Viva Republica和MyBank等机构已经确定于6月开始运营。

表6-1　第一批进入韩国监管沙箱测试的企业和项目情况①

序号	企业名称	主营业务
1	KB Kookmin Bank	便捷廉价的金融与移动通信服务
2	Directional	利用区块链技术平台，为个人投资者提供股票借贷服务
3	NH Property and Casualty Insurance	灵活的国际旅行保险服务，保险单持有人可以在出国时直接激活旅行保险，并在返回韩国后停用服务
4	Rainist	灵活的国际旅行保险服务，保险单持有人可以在出国时直接激活旅行保险，并在返回韩国后停用服务
5	Shinhan Card	通过PayFan应用程序提供基于信用卡的资金转账服务

① 韩国金融科技监管沙箱机制简介［EB/OL］.［2019-09-06］. 未央网，https://www.weiyangx.com/333007.html；资料截至2019年4月。

续表

序号	企业名称	主营业务
6	BC Card	为街头小贩等非注册商店提供基于二维码的信用卡支付服务
7	Shinhan Card	通过该卡关联商户数据（如销售数据）进行信用评估
8	Payple	通过短信验证完成在线支付
9	Root Energy	通过 P2P 金融服务为当地居民提供投资新能源再生产业的渠道

二、部分发展中国家借鉴与引进监管沙箱的探索

近年来，部分发展中国家在监管沙箱的实践方面后发先至，充分运用这一工具大力促进本国金融科技发展和创新，提升本国金融的服务能力、便利性和可获得性。

（一）印度监管沙箱

印度储备银行（RBI）于 2016 年 7 月成立了监管机构联席工作组（WG），以研究并报告金融科技的细粒度方面及其影响，以便审查监管框架并应对金融业的动态。工作组的报告于 2018 年 2 月 8 日发布，以征询公众意见。工作组的主要建议之一是在明确定义的空间和期限内为监管沙箱引入适当的框架，金融部门监管者将提供必要的监管指导，从而提高效率、管理风险并为消费者创造新的机会。

印度设置监管沙箱的意义在于：第一，监管沙箱鼓励各方“边做边学”。监管机构获得了有关新兴技术的好处和风险及其影响的第一手经验证据，能够就监管变革或支持有用的创新可能需要的新法规进行认真考虑，同时控制风险。包括银行在内的现有金融服务提供商也提高了它们对新金融技术可能如何工作的理解，这有助于它们将此类新技术与它们的商业计划适当地集成在一起。第二，创新企业和金融科技公司可以提高对监管其产品的法规的了解，并相应地调整产品的形状。第三，可以获取客户的反馈。监管沙箱的用户可以测试产品的生存能力，而无需更大、更昂贵的部署。如果测试产品似乎具有成功的潜力，则该产品可能会被授权并更快地推向更广泛的市场。如果有任何问题，则可以在沙箱期间进行适当的

修改，然后再将产品投放到更广泛的市场。第四，金融科技提供的解决方案可以极大地促进金融包容性。在加快创新和技术吸收步伐的同时，可以促进金融包容性，提升金融业综合影响力。监管沙箱通过推动包括小额信贷、创新型小额储蓄、小额保险产品、汇款、手机银行和数字支付业务的发展，缓解融资难题，扩大金融覆盖面。第五，监管沙箱通过数据和试验过程的反馈，为监管决策提供结构化和制度化的环境，相应地减少了监管机构受行业和利益相关方的干扰。第六，监管沙箱通过增加产品和服务的范围，降低成本并改善金融服务的获取难度，为消费者带来更好的结果。

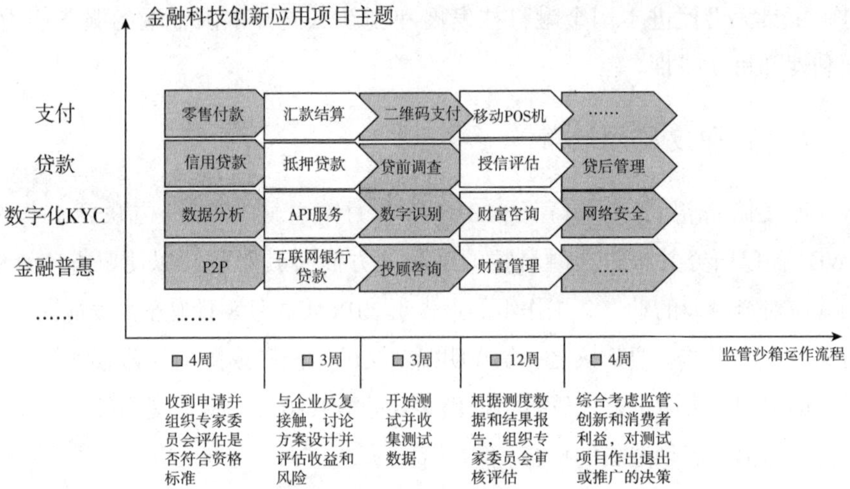

图6－1　印度监管沙箱测试阶段和时间表①

同时，印度也明确指出，监管沙箱存在一定的风险和局限性：（1）创新者在进行监管沙箱的过程中可能会失去一些灵活性和时间（但为沙箱每个阶段设定时间限制可以减轻这种风险）。（2）逐案定制授权和放宽监管可能涉及时间成本和酌情判断（可以通过以透明方式处理申请并遵循明确的决策原则来解决此风险）。（3）印度储备银行（RBI）和其监管沙箱无法提供任何法律豁免。（4）沙箱测试后，成功的实验者可能仍需要获得监

① 资料来源：《中国互联网金融安全发展报告2018》。

管批准，然后才能被允许产品进行更广泛的应用。（5）监管机构可能会面临一些法律问题，如实验失败导致的消费者损失，或来自监管沙箱以外的竞争对手的法律问题，尤其是那些已经/可能被拒绝的竞争者。印度储备银行（RBI）需要保证监管沙箱框架和流程透明并且具有明确的准入退出标准，同时客户或业务风险的责任应由进入监管沙箱的实体承担。

印度监管沙箱以项目和主题为主导，通常分为数个主题，每个主题中的实体数量有限，在规定的时间内对其产品进行测试。RBI 规定监管沙箱的测试范围为金融普惠、支付、贷款、数字化 KYC 等。不同主题可以在不同的时间段运行，但通常应在六个月内完成。具体创新项目包括零售付款、汇款服务、市场贷款、数字化 KYC、财务咨询服务、财富管理服务、数字识别服务、智能合约、金融普惠产品、网络安全产品。创新技术应用包括数据分析、应用程序接口（API）服务、区块链技术应用、人工智能和机器学习应用等。

此外，印度储备银行规定了一系列“暂停键”措施和黑名单机制，当测试企业/项目出现以下情况时，暂停或终止测试：（1）申请测试的金融服务与市场上已有的金融服务类似；（2）非法信息登记；（3）非持牌的信用征信服务；（4）加密货币/加密资产服务；（5）ICO；（6）传销活动；（7）印度监管机构/政府禁止的产品或服务。

（二）阿布扎比监管沙箱

阿布扎比监管沙箱由阿布扎比国际金融中心下属的金融服务监管局（下属监管实验室）主导设计实施，商务注册局和阿布扎比国际金融中心法院辅助参与实施运作。这一为金融科技参与者量身定制的监管体系将有效促进阿联酋金融服务市场内新兴市场参与者和现有金融机构的创新。考虑到金融科技参与者的独特商业模式、风险、所需要的个性化的测试边界和监管要求，监管实验室允许参与者在安全的环境中开发和测试其金融科技命题，并尽量避免给参与者带来不合理的监管负担 。

阿布扎比国际金融中心监管实验室是一个专门定制的监管框架，为金融科技参与者开发和测试创新的金融科技解决方案提供了一个可控的环境。监管实验室通过创建一个规范的环境来控制特定测试的特定风险及影响，其设计目的是让金融科技创新能够在不受制于传统金融服务公司的监管要求的情况下进行测试。监管实验室的保障措施将允许金融科技参与者在一个风险适当且成本效益高的环境中探索和开发金融科技解决方案。阿布扎比监管沙箱的实验对象为所有活跃在金融科技领域的参与者，包括初创企业以及已经成立的受监管的公司。沙箱准入条件为：（1）参与者必须能够演示一种创新的技术解决方案；（2）这种方案处于开发阶段，准备进行测试；（3）解决方案应有助于阿联酋金融业的发展，具体表现为，一是促进增长、效率或竞争，二是促进风险管理和带来更好的监管结果，三是改善消费者的选择。此外，FSRA（金融服务监管局）会评估每个金融科技申请者的商业模式所构成的风险，并根据具体情况个性化定制（比例原则）一套适当的监管控制。监管实验期限最长2年（这个阶段所需的时间取决于各种因素如产品的性质、目标客户、产品带来的风险等），此后，金融科技参与者的状态将变为阿布扎比国际金融中心内部的全面授权的金融服务状态，未准备好发行金融创新产品的参与者将退出监管实验室。

阿布扎比金融科技监管实验室（监管沙箱）自2016年建立以来，欢迎全球各地的金融科技初创企业或金融机构来参与实验。到目前为止已经进行了三轮测试活动，第一轮实验从2016年5月开始，参与金融科技沙箱的有5家本土和国际公司，其中阿联酋有两家公司（Now Money 和 Titanium Escrow）、印度有两家公司（Capitaworld 和 Rubique）、美国有一家公司（Finalytix）；第二轮实验2017年10月被批准开始，来自中国香港、印度、英国、加拿大、黎巴嫩、新加坡、意大利、毛里求斯、沙特阿拉伯等国家和地区的11个金融科技公司进入沙箱实验室；第三轮实验于2018年5月10日关闭申请，第三轮实验聚焦中小企业，加强中小企业获得金融服务的机会。2018年9月，阿布扎比在现有沙箱基础上提出更前卫的创新监管——数字沙箱，数字沙箱帮助金融科技公司对接整个中东北非地区的银行，以解决当地银行在内部系统上的问题、没有很好的API等问题，数字沙箱能够帮助金融科技企业和金融机构有更多研发、合作、测试的空间，是金融科技监管方面的又一创新。[①]

（三）印度尼西亚监管沙箱

印度尼西亚监管沙箱由印度尼西亚金融服务监管局（OJK）发起并主持，以保护消费者和广大群众的利益为宗旨，使金融服务业成为国民经济的支柱产业，增强其全球竞争力及促进公共繁荣的能力。其主要目标为：能够成功开展所有经济领域的活动，并且以公平公开公正的方式定期组织；建立一个持续稳定的金融体系；保护消费者和大众的利益。2018 年 OJK 发布了关于金融服务部门的数字金融创新的法规，作为涵盖金融技术行业（金融科技）监管的规定。建立数字金融创新的核心是建立金融科技注册登记机制。在申请许可证之前，每个沙箱项目组织者都将经历了 3 个阶段：（1）金融机构、金融科技企业、技术服务商需要获得 OJK 的许可。对于金融服务机构的申请，沙箱应用程序将提交给每个领域的主管，如银行、证券业监管机构。（2）沙箱监管流程的最长期限为一年，如果需要，可延长 6 个月。（3）金融服务监管局颁发注册许可或准入牌照。

经历监管沙箱测试的企业一般有三个结果：推荐、改进和不推荐。已经过沙箱监管的沙箱项目组织者，建议向金融服务监管局提交注册申请。为了实施监督，沙箱项目组织者必须通过编制至少包含治理和风险缓解方面的自我评估报告来独立进行监督。此外，监管沙箱还注重引导建设创新文化、试验包容性监管，保护消费者权益[②]和数据信息、促进有效的风险管理、增加监管透明度、促进反洗钱和反恐怖融资。

（四）马来西亚监管沙箱

马来西亚国家银行从 2016 年 10 月 18 日开始启动实施了监管沙箱测试

---

① 贾瑛瑛．搭建中阿金融合作平台——访阿布扎比国际金融中心主席艾赫迈德·沙耶赫［J］．中国金融，2018（15）：13－15．

② 印度尼西亚监管沙箱对于消费者保护有几项原则，组织者有义务应用消费者保护的基本原则，即（a）透明度；（b）公平待遇；（c）可靠性；（d）消费者数据/信息的机密性和安全性；（e）以简单、快速的方式处理投诉和解决消费者纠纷，而且价格实惠。参见 https：//zhuanlan. zhihu. com/p/43761699。

并发布《金融科技监管沙箱框架》。2017 年 5 月 29 日，马来西亚国家银行批准了 4 家企业实施监管沙箱测试。马来西亚的监管沙箱测试方案的主要运作模式、评价标准如下。

1. 监管沙箱适用对象

根据马来西亚国家银行的监管沙箱测试方案，以下类型的申请人可以申请进行监管沙箱测试：（1）符合相应条件的金融机构；（2）与金融机构存在业务合作关系的金融科技公司；（3）计划开展以下业务的金融科技公司：①《2013 年金融服务法案》（*Financial Services Act* 2013，FSA）中规定的需要授权或注册的业务；②《2013 年伊斯兰金融服务法案》（*Islamic Financial Services Act* 2013，IFSA）中规定的需要授权或注册的业务；③《2011年货币服务商业法》（*Money Services Business Act* 2011，MSBA）中规定的货币服务业务。

2. 应用要求

马来西亚国家银行需要在收到申请表格后的15 个工作日内通知申请者是否达到进入监管沙箱测试的资格标准。之后，马来西亚国家银行将重点关注以下几个方面：（1）对相关参数进行测试，包括测试的范围和期限、所要求的监管灵活性、报告的频率等；（2）在测试结束时确定测试成功或者失败的衡量指标；（3）测试一旦失败或终止时的退出策略；（4）测试成功时退出监管沙箱后推广所测试的产品、服务或解决方案的转换计划。如果申请被拒绝，申请人可以在6 个月之后重新提交测试申请。

3. 测试中的信息报送与监测

（1）中期报告。中期报告的频率与具体内容由参与方与马来西亚国家银行协商确定。内容通常包括：①关键业绩指标、关键节点和统计资料；②从业务欺诈或操作事故报告中观察到的关键问题；③为解决上述关键问题而采取的行动或步骤。

（2）监管沙箱的测试参与方要在测试期限结束后的 30 天以内向马来西亚国家银行提交最终报告，报告应当包含以下内容：①用于衡量测试成败的主要成果、关键绩效指标；②关于全部操作事故和客户投诉解决方案的解释说明；③如果测试失败，要对从测试中所吸取的教训进行总结。

4. 测试时长

初始测试时间不得超过12个月。如需延长测试时间，参与方需要在测试时间结束前不晚于30天（日历日）之内向马来西亚国家银行提出书面申请。参与方要明确说明需要延长的时间并陈述相应的理由。为了减轻对市场可能造成的扭曲等负面效应，马来西亚国家银行一般不会同意延长测试时间，除非参与方能够证实延长测试时间有助于应对在测试过程中发现的问题或风险。

5. 潜在风险识别及防控措施

在评估潜在风险及风险防范措施的有效性时，马来西亚国家银行主要考虑以下几个方面：(1) 金融或商业模式的运行是否符合货币或金融稳定性的要求；(2) 能否促进消费者公平待遇；(3) 是否有助于防止洗钱和打击恐怖主义融资；(4) 能否保护客户信息的私密性；(5) 能否提高支付系统和支付工具的安全性、可靠性和效率；(6) 是否能够确保为伊斯兰金融服务创新的解决方案与当时的标准（Shariah standards）一致；(7) 是否鼓励金融产品和服务的良性竞争。

风险防范措施包括但不限于以下内容：(1) 向参与监管沙箱测试的消费者充分披露相关风险，并确认消费者已经充分理解并愿意接受作为参与者所可能面临的风险；(2) 对参与测试的消费者数量进行限制，并/或限制交易的总规模和交易频率；(3) 将参与测试的消费者限制在某一细分市场或特定类型；(4) 对测试所持续的时间进行限制；(5) 建立消费者赔偿机制，包括在特定情况下向参与测试的消费者提供经济补偿的可能性；(6) 承诺提供充分有效的资源用于开展测试工作以及应用风险缓释措施，这些风险缓释措施应当被证明能够应对测试失败所产生的后果。

（五）巴林监管沙箱

巴林中央银行（CBB）于2017年6月发布了《监管沙箱框架》，启动监管沙箱，为创业公司提供安全可控的平台，以进行前沿科技的测试与实验。监管沙箱允许区块链和加密货币公司在该国运营，等待正式的监管规定。该计划旨在让公司“在有限的用户数量和有限的交易数量上测试它们的解决方案”。新成立的监管沙箱有利于来自世界各地的金融科技公司利用海湾地区的特有资源，拓展当地市场，同时，有利于巴林提高在海湾地区的融资能力，巩固金融科技中心的地位。

巴林中央银行最近还发布了“监管沙箱框架”指引，其中包括资格标准、申请要求和流程时间表。在沙箱测试对象方面，目前监管沙箱仅针对受到巴林中央银行授权的国内外企业开放。在测试资格标准方面，沙箱参与方需要遵循一般性义务和持续性义务，一般性义务为关于客户信息保密、了解客户（KYC）、反洗钱和打击资助恐怖主义（CFT）的相关法规；持续性义务即监管者持续对测试者的账户进行监测，监管沙箱参与者必须通过客户资金账户安排委托 CBB 授权零售银行处理志愿者客户的资金，并且授权监管沙箱参与者必须提供来自许可零售银行的确认，证明已开立账户用于处理客户资金和/或资产。同时，沙箱参与者必须每月月底向 CBB 提交一份月度进度报告，由高级管理层签署并发送。报告内容包括但不限于：月度 KPI 进展；自愿参与沙箱的客户数量；已完成的交易数量；更新的风险登记手册，包括触发事件、处置方式和潜在风险发生的可能性；运营或技术事故的详细日志，包括网络安全问题或合规性问题；审计信息；客户投诉信息。此外，持续性义务和要求还包括，授权的监管沙箱参与者必须维护足够的客户资金和/或资产处理系统和程序，包括但不限于分离自愿客户资金和/或资产的要求，以及满足这一要求的风险管理和内部控制系统。

在测试期限方面，整个沙箱项目预计将持续 9 个月，如果授权监管沙箱参与者打算申请延长测试期，最长可达 3 个月，必须在 9 个月沙箱测试期到期前至少 14 天通知 CBB。授权监管沙箱参与者必须向 CBB 证明延期的正当理由。

在消费者保护方面，CBB 要求沙箱测试者保障客户的知情权、选择权和受偿权。监管沙箱参与者必须向同意在沙箱期间参与监管测试的自愿客户传达关键风险，并获得投资者对风险完全理解和接受的确认。沙箱参与者必须遵守与其客户相关的适当披露、保护和补偿要求。沙箱期间如果自愿客户有任何损失（包括由于授权监管沙箱参与者导致的技术、操作和程序故障而造成的投资损失），授权监管沙箱参与者将对其进行补偿，并且必须证明其有资源这样做。

在数据信息保护方面，在沙箱测试期间或测试之后，用于监管测试的任何自愿的客户数据不得用于任何其他目的。

在终止和退出沙箱方面，如果 CBB 确定测试产品/服务中没有也不可能达到符合备案要求计划的预期测试结果，且进度不令人满意，或者发现在沙箱测试期间存在无法解决的关键缺陷（如导致客户或金融系统面临的风险超过潜在福利增加的情形），则可以要求该公司尽早退出沙箱。另外，在成功完成监管沙箱测试并退出沙箱后，申请人可以按照 CBB 的指示申请相关许可证。

在沙箱实践方面，成立于 2016 年的“Rain”成为巴林首个纳入沙箱的数字货币交易平台。2018 年 1 月，巴林大学宣布，它将在区块链上颁发学位证书，作为整体数字化战略的一部分。此外，2018 年 7 月，进入沙箱的 Stellar 成为首个在转账和资产标记领域获得伊斯兰教法合规认证的分布式账本协议。目前，CBB 批准进入金融科技监管沙箱的公司有 36 家，涉及领域包括加密货币、小微线上贷款、智能投顾、支付结算、开放银行等，其中以加密货币和支付结算相关产业为最。①

三、监管沙箱的改造与全球有关金融科技的监管创新

监管沙箱自英国发端以来，各国/地区在引进的时候都对其进行了改造，根据本国金融科技发展目标设置监管沙箱属性参数，并在监管沙箱的基础上衍生监管创新。

（一）监管沙箱的改造

目前，全世界共有 28 个监管沙箱，14 个国家（地区）的监管沙箱正在运行，3 个国家（地区）的监管沙箱已经设立但尚未运行，还有 11 个国

① Central Bank of Bahrain. Fintech & Innovation—Regulatory Sandbox Framework [EB/OL]. [2017-06]. https://www.cbb.gov.bh/fintech/.

家（地区）的监管沙箱正处于拟设立阶段。当然，在英国之后，不少国家（地区）都对监管沙箱进行了改良和调试，使其适合国内金融科技创新、风险管理与监管政策目标。影响一个国家/地区监管沙箱定位的有金融科技创新、风险防控、消费者保护等。不同监管沙箱的侧重点和目标不同，可以大致分为两类，一类是聚焦于一个目标或某一领域的主题沙箱，另一类是侧重于两个或两个以上目标的综合性沙箱。前者的主题沙箱有诸如普惠金融、风险管控、数字货币、消费者保护等，加拿大、泰国、马来西亚、日本、巴林的监管沙箱走这一路线；后者的综合性沙箱目标和领域多元，英国、新加坡、澳大利亚的监管沙箱即属于这一类型。

表6-2　全球已设立/准备设立监管沙箱的国家和地区①

澳大利亚	中国香港	马来西亚	新加坡	土耳其
巴林	印度	毛里求斯	韩国	阿布扎比
巴西	印度尼西亚	墨西哥	瑞典	英国
文莱	日本	荷兰	瑞士	美国
加拿大	约旦	俄罗斯	中国台湾	—
中国	肯尼亚	塞拉利昂	泰国	—

注：白色代表正在运行的监管沙箱；浅灰色代表已建立但尚未运行的监管沙箱；深灰色代表官方宣布的监管沙箱。“—”表示空白。

除此之外，还有虚拟沙箱、沙箱伞，以及英国首创的全球金融创新网络（GFIN）。虚拟沙箱为企业提供了测试环境，它其实是一个虚拟空间，是创新企业在不进入真正市场的情况下与其他各方（比如学术界）探讨和测试其解决方案的虚拟空间，所有创新者都可以使用虚拟沙箱，不需要FCA的授权。

沙箱伞允许一个或多个机构作为创新赞助商的伞式方案。“沙箱保护伞”是针对非营利性的公司设立的，这些非营利性的公司可以指派某些金融创新企业作为其试验期内的“指定代表”，即“代理人”。② 这些作为代

① CGAP. Regulatory Sandboxes and Financial Inclusion [R]. 2017.

② 参见FCA，不是所有的公司都可以适用“沙箱保护伞”，比如保险公司以及投资管理公司等密切涉及消费者/投资者、投资者利益的公司就需要通过严格授权申请的方式加入沙箱。

理人的金融创新公司与其他获得授权的创新企业相类似，它们需要通过批准的方式获得“沙箱保护伞”公司的授权同时受到FCA的监管。

GFIN是2018年8月在FCA倡导下，全球12家金融监管机构联合组建的，希望借此搭建一个监管机构网络，在各自市场中合作和分享创新经验，为联合政策工作和讨论提供论坛平台，同时为相关企业提供试验跨境解决方案的环境。GFIN相当于一个“联合沙箱”，为不同主权国家和司法管辖区的企业提供测试试验环境。2019年伊始，GFIN向有意参加这一全球监管项目的企业发出邀请，欢迎它们来参加这个跨境测试，同时呼吁更多的国家和地区监管机构、国际组织参与到这项监管试验中来。筛选之后，共有8家企业进入了下一阶段。接下来，入选企业将与相关监管机构共同制订跨境测试计划。[①] GFIN就相当于跨境版本的监管沙箱，突破了一国/地区主权、司法管辖权的限制，实现国际之间的合作，这是国际金融危机之后增进国际金融监管合作与协同的一次有益尝试。当前，GFIN包含的成员有合作机构、正式成员和观察员，其中合作机构有澳大利亚ASIC、巴林中央银行（CBB）、MAS、FCA、CFPB、HKMA等11个机构，正式成员有32个，观察员有包括世界银行在内的7个组织。

（二）有关金融科技的监管创新

在国际金融危机后，各主权国家都在找寻应对经济危机的解决之道，纷纷加强金融监管，全球范围内的“严监管”来临。《巴塞尔协议Ⅲ》加强了对银行资本金的监管，并对银行资产负债风险权重系数进行优化调整。国际组织也纷纷加强对危机原因和对策的研究，关注经济周期、信用风险、流动性等风险在全球的传播。在传统金融体系上，IMF、世界银行等国际组织还密切关注区块链、人工智能、云计算等金融科技的影响，探讨监管科技的实施框架等，努力跟上金融科技创新的步伐。

2019年6月Facebook推出Libra项目，对现有货币经济体系和金融理论产生冲击，加速了各国对Libra的研究和监管，中国、澳大利亚、加拿

---

① 英国金融行为监管局．全球金融创新网络（GFIN）公布跨境测试后续计划［EB/OL］．［2018－09］．https：//www.weiyangx.com/328278.html.

大等国家纷纷加速中央银行数字法币的研究步伐，将其纳入推出日程。Libra将在跨境支付领域发挥作用，未来推广之后，很可能会对传统的跨境业务、支付业务产生冲击。从货币政策执行、宏观审慎管理等角度出发，各国中央银行以及国际组织，都需要在这方面进行监管合作。此外，还有各种稳定币及CBDC的存在，也是数字经济时代出现的新挑战。

在众多针对金融科技的监管方法中，国际清算银行（BIS）在一篇工作论文中提出嵌入式监管（Embedded Supervision），旨在将区块链金融纳入监管范畴。嵌入式监管是指一种监管框架，可通过读取市场分布式账本来自动监控基于DLT的监管标准，对相关信息进行数字签名和时间戳记（如中央银行的政策利率、国家统计局或公共土地和公司注册处的数据），以便将其直接输入相关的市场账簿。此外，通过确保区块链的互操作性并开发一套潜在市场参与者可以访问的开源监控工具，可以将合规的固定成本保持在较低水平。这将减轻公司的管理负担，同时提高监管者可获得的数据质量。

表6-3　嵌入式监管的四项原则①

• 嵌入式监管只能作为由有效法律体系和支持机构支持的整体监管框架的一部分。 基于分布式账本的交换可以证明资产支持代币的所有权从一个已知实体到另一个实体的转移，但是基础资产和数字代币之间的连接必须由法律制度来保证。例如，可能还需要其他机构来保证与智能合约收益相关的外部参考点的准确性
• 嵌入式监管可以应用于实现经济终局性的去中心化市场。 如果没有中央中介机构来保证资金或证券的转移已变得不可撤销，则必须采用经济的方式。按照Auer（2019）的观点，经济终局性意味着一旦确定从特定时刻开始撤销将永远不会有利可图，则该交易可以被视为最终交易
• 需要在市场经济共识的背景下设计嵌入式监管，同时要考虑市场对自动监管的反应。 嵌入式监管通过改变区块链中的交易历史来激励受监管公司欺骗监管者。因此，监管者需要确保市场的经济共识如此强烈，以至于任何欺骗监管者的企图都是无利可图的
• 嵌入式监管应促进低成本合规并为不同的企业提供公平的竞争环境。 嵌入式监管的设计应保持较低的合规固定成本。监管者可能需要监视去中心化市场的各个方面，例如验证市场和去中心化系统的治理，以确保进入者有一个公平的竞争环境

① BIS. Embedded Supervision：How to build Regulation into Blockchain Finance [R]. 2019.

嵌入式监管最根本的创新之处在于，它以基于经济共识的分散数据结构建立了数据可信度，推动金融市场的发展。不仅如此，嵌入式监管还可以缓解数据可用性、数据收集和验证的成本以及隐私之间的冲突。合规支出给金融机构带来了沉重负担，对规模较小的公司影响更大。而嵌入式监管可以使用加密工具将机构的财务风险报告给主管，无须透露底层的个别交易，从而维护公司及其客户的机密性。嵌入式监管的核心原则是依赖“去中心化”市场的信任创建机制进行监管。①

监管沙箱从英国发端之后，在全球更多地方进行本地化探索，也促进了一些地方的金融科技监管创新，研究和参考境外经验，并适当加强交流与合作，对于我国监管沙箱引入和改进有重要借鉴意义。

第二节　中央监管部门部署监管沙箱试点设想

面对西方发达国家的监管沙箱的传入，我国监管部门采取开放的态度，积极研究监管沙箱对金融科技产业创新与风险的影响，从顶层制度设计的角度出发规范监管沙箱发展，为将监管沙箱融入我国金融科技市场提供合法性和可操作路径。

一、中国人民银行金融科技规划与监管沙箱试点工作启动

2019 年 9 月 6 日，中国人民银行正式发布《金融科技（FinTech）发展规划（2019—2021 年）》。该规划提出三年发展目标：到 2021 年，建立健全我国金融科技发展的“四梁八柱”，进一步增强金融业科技应用能力，实现金融与科技深度融合、协调发展，明显增强人民群众对数字化、网络化、智能化金融产品和服务的满意度，使我国金融科技发展居于国际领先水平。人民银行科技司司长李伟 2019 年 9 月提到，中国版监管沙箱将在北上广等 10 个城市率先试点，沙箱一开始就设置了风险补偿和退出机制，可

---

① BIS. Embedded Supervision：How to build Regulation into Blockchain Finance［R］. 2019.

以推倒重来。采取试点型模式引入沙箱的原因在于：一是现实因素。我国幅员辽阔，地区差异较显著，金融机构众多，金融科技的应用需要不断探索，特别在初期，可能需要一个迭代发展、不断试错的过程。二是行业与监管。近年来 P2P 网贷、现金贷、传销等不合法甚至违法行为的出现，直接对投资者权益和金融市场稳定产生了严重的影响。中国人民银行在《金融科技（FinTech）发展规划（2019—2021 年）》中直接提到监管沙箱，反映了政策层面和顶层设计对监管沙箱的重视程度，并将其作为金融科技创新的典型代表之一，同时也是防控金融风险调整监管模式的重要举措。

2019 年 12 月 23 日，中国人民银行营业管理部会同相关部门组织召开北京市金融科技创新监管试点启动会，会上营业管理部介绍了试点工作方案并对试点工作进行了部署，试点工作正式启动。北京市“监管沙箱”运用信息公开、产品公示、共同监督等柔性管理方式，引导持牌金融机构在依法合规、保护消费者权益的前提下，推动金融科技守正创新，赋能金融服务提质增效，营造安全、普惠、开放的金融科技发展环境。

从这个角度看，中国版监管沙箱遵循点线面的循序渐进的特征，先在一个可控的环境中试验，用试点的方式落地监管沙箱，设定一个观察期，边做边学，干中学把风险控制在重要的领域，一开始设计了风险补偿和退出的机制，其重要特征就是可以推倒重来。监管沙箱与改革试点有着异曲同工之妙，二者都是在有限的时间空间范围内针对特定的主体对象开展的测试，若测试成功，可在更广的范围内推广；若测试失败，则可总结反思、推倒重来。从机制设计的逻辑和运行上看，监管沙箱和改革试点是相似的。

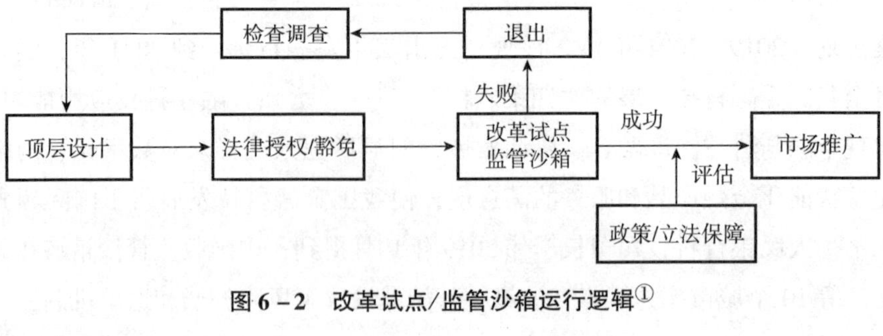

图 6－2　改革试点/监管沙箱运行逻辑[①]

① 资料来源：《中国互联网金融安全报告 2018》。

金融科技的试点和监管沙箱试点都是在现有的法律框架内的有益尝试，遵照现有的法律法规和监管规则，积极探索运用科技手段提升金融服务、公共服务、社会治理等的效率，将优秀的经验和做法辐射到其他地区、领域和行业，发挥以点带面的示范引领作用。

相比金融科技试点，监管沙箱可以看作人民银行对于金融科技行业发展的态度发生了一次重大升级——从试点不突破到有监管的突破。监管对于创新的控制力更强了，所以监管沙箱很有可能成为未来科技创新监管的重要路径。

表 6－4　金融科技试点方案与中国版监管沙箱的比较①

比较	金融科技试点方案	中国版监管沙箱
测试时间	方案批复之日起 1 年	时间待定
主要工作任务	探索兼顾安全与便捷的新型网络身份认证技术应用；探索基于金融交易标记化、应用程序编程接口（API）等技术的移动金融可信交易体系；探索基于跨行业数据资源开展多渠道身份核验；强化开放银行 API 和软件开发工具包（SDK）接口管理，增强手机银行、直销银行等业务系统的安全监测防护水平，提升对仿冒 APP、钓鱼网站的识别处理能力	测试对象：不同地区的金融机构和金融科技企业。 建立完善的、适应金融科技发展的体制机制和政策措施。 探索金融科技发展路线、风险补偿机制和退出机制等
豁免范围	不突破现有政策和监管框架	在监管政策范围内有限突破
风险补偿和消费者保护	风险事件应急处置计划、消费者权益保护措施	风险补偿机制、消费者保护、可“推倒重来”
退出机制	缺乏成熟的良性退出机制	可以按“暂停键”“推倒重来”
管理主体	试点工作领导小组	中国人民银行和相关部委会同地方金融监督管理部门

二、部署北京、上海、广东等十个省市开展金融科技应用的试点

2018 年底，人民银行会同国家发展改革委、科技部、工业和信息化

① 资料来源：京东数字科技研究院。

部、人力资源社会保障部、卫健委印发《关于开展金融科技应用试点工作的通知》（银发〔2018〕325号），在北京、上海、江苏、浙江、福建、山东、广东、重庆、四川、陕西10省市开展金融科技应用试点。重点围绕纾解民营小微企业融资难融资贵问题、提升金融惠民服务水平、增强金融服务实体经济能力、提高金融风险防范和化解能力等方面开展金融科技应用。通过试点总结金融科技实践经验，提炼具有行业性、全局性的应用方法和实施策略，为制定与推动落实金融科技发展规划探索实践路径。此次金融科技试点的主要任务包括：（1）提升信息技术安全应用水平，推动金融与科技深度融合；（2）推动金融与民生服务系统互联互通，提高公共服务质量；（3）促进数据资源融合应用，增强金融惠民服务能力；（4）建设移动金融风险监控平台，提升金融风险技防能力。

中国人民银行在地方实施金融科技试点的具体运作模式为：在中央监管部门和相关政府部门决定开展试点的顶层设计后，试点地方向中央申报试点工作方案，由相关部委从法规政策、标准规范、应用模式、服务产品、信息系统支撑等方面进行可行性、完善性论证。进而明确试点的内容，包括试点项目的业务功能、服务对象、用户规模、应用模式，主要技术、开发计划和建设方案，进度计划安排、组织管理、资金来源等。再者，在试点期内和期限届满时，对金融科技试点的经济效益和社会效益、项目风险分析与控制、风险事件应急处置计划、消费者权益保护措施等进行评估。与试点配套的还有工作协调机制、问题协同处理机制等。若金融科技试点成功，即将成功的经验和模式复制辐射到其他地区，在更大的范围内推广。结合中国本土的试点机制和监管沙箱的“安全测试空间”来看，中国本土从20世纪七八十年代以来就带有试点的基因，可以说，我国社会本身就是一个大的试点空间，而各地方、各行业的试点是其中的子集。以下本书就中国人民银行2018年部署在北京、上海、广州等省市的金融科技试点进行分析。

（一）北京

北京作为我国的政治文化中心，在金融科技政策法规设计和监管创新方面走在全国前列。2018 年 11 月 9 日，北京发布《北京市促进金融科技发展规划（2018—2022 年）》，作为北京地区金融科技发展的指引性文件。该规划明确将在北京建立“一区一核、多点支撑”的空间布局，其中“一区一核”是指建设北京金融科技与专业服务创新示范区及核心区（西城区、海淀区）；“多点支撑”是指打造各具特色的金融科技创新与产业集群，包括金融科技底层技术创新集群（海淀区）、北京银行保险科技产业集群（石景山区）、金融科技安全产业集群（房山区）、财富管理产业集群（通州区）。2018 年 12 月 8 日，北京市西城区发布了被业内通称为“金科十条”的《关于支持北京金融科技与专业服务创新示范区（西城区域）建设若干措施》，重点布局监管科技、金融科技、风险管理、金融安全和支撑金融科技的创新型专业服务，为金融科技创新企业发展提供宽松的政策环境和融资环境。2019 年 10 月 18 日，北京市政府又印发了《关于新时代深化科技体制改革　加快推进全国科技创新中心建设的若干政策措施》（“科创 30 条”），对金融科技产业链的发展也起到了较大的推动作用。①

在具体实施方面，在北京市政府、北京市金融工业局、北京市互联网金融协会等机构组织的指导下，北京引入监管沙箱并将其作为发展金融科技和监管科技的重要载体。自 2016 年开始，北京相继在互联网金融安全产业园、银行保险产业园建立行业监管沙箱，产业沙箱中测试的项目类型包含区块链、大数据、金融安全、风险监测预警等。

（二）上海

上海作为全国经济金融中心，在金融科技产业发展和国际交流合作中的作用和重要性不言而喻。2019 年 10 月 30 日，中国人民银行上海总部向辖内金融机构印发了《关于促进金融科技发展支持上海建设金融科技中心的指导意见》（“金融科技 40 条”），深入贯彻落实《金融科技（FinTech）发展规划（2019—2021 年）》，从打造具有全球影响力的金融科技生态圈、深化金融科技成果应用、加大新兴技术研发、持续优化金融服务、加强长

---

① 参见北京市政府官网、北京市金融工作局官网。

三角金融科技合作共享、提升金融科技风险管理水平、提升金融科技监管效能、加强人才培养和合作交流八个方面提出40项指导意见，旨在助力上海国际金融中心建设和科技创新中心建设联动发展，着力挖掘上海金融科技发展潜能，深度激发金融科技发展活力，提升金融科技赋能实体经济的质量和效率，为把上海建设成为与国际金融中心地位相适应的金融科技中心提供有力支撑。

2019 年以来，上海加快金融科技试点建设工程，包括指导金融机构实施金融科技应用创新试点工程，建成一批金融与社保、税务、医疗等民生领域数据融合的应用示范项目，上线一批基于人工智能、大数据、区块链、生物认证等技术的金融科技服务平台。同时，加快大数据平台建设，启动自贸区本外币贷款调查等 14 个应用项目建设，强化监管科技应用实践。做好金融标准化工作，组织辖内银行法人机构开展 LEI（全球法人机构识别编码）批量赋码工作，推动国家、行业、团体和企业标准协同有序发展。

在具体实践方面，2019 年 3 月 23 日，上海金融科技园区正式揭牌。将以金融行业信息化需求为导向，以前沿高科技应用为支撑，通过构建符合金融科技产业要求的高科技基础设施体系、金融资源投融资对接体系、产业扶持政策体系、专业人才服务体系、国际交流合作体系等，集聚国内外优质金融科技企业和相关功能性机构，着力培育金融科技研发、展示、成果转化和资本运作等高端产业链，致力于在 2 年至 3 年内构建起科技、金融机构有机互动发展，先进技术产业和高效金融资本流动相辅相成的"金融科技生态圈"。[①] 2018 年 10 月 29 日，在中英金融科技高峰论坛上，上海第一个金融科技产业联盟——上海金融科技产业联盟宣布成立。该联盟由上海国际集团倡议发起，联盟致力于推动金融科技领域的行业整合，探索金融科技业务合作框架，建立金融科技产业生态的对接机制。同时，联盟致力于搭建金融科技的行业合作和国际交流平台，促进联盟成员间的互联互通，加强对话和项目对接，实现资源共享、优势互补。未来，联盟还将逐步

① 上海金融科技园区今天在北外滩正式揭牌［EB/OL］.［2019－03－23］. 新浪财经，https://finance.sina.com.cn/roll/2019－03－23/doc－ihtxyzsk9853814.shtml.

构建行业数据库，为金融科技产业发展提供专业智库服务。①

（三）广东

2018年10月16日，广州市通过了《广州市促进科技金融发展行动方案（2018—2020年）》，该规划以“创、投、贷、融”等手段为金融科技企业提供全链条的金融服务。其主要内容有：深入推进科技与金融融合，优化广州市科技金融发展环境；加快建设具有国际影响力的风投创投中心；大力发展科技信贷；积极发展和利用多层次资本市场②。

在实践层面，广东金融高新区紧抓机遇，率先探索金融科技，如大数据、云计算、人工智能、区块链等，力争进一步有力发挥金融创新对实体经济的服务支撑作用，更好地促进金融、科技、产业跨界、高度融合健康发展。截至2018年9月底，广州金融高新区“区块链+”金融科技产业集聚基地已吸引40余个金融科技创新团队进驻，其中5家企业经认定为第一批广东金融高新区“区块链+”金融科技企业，项目涵盖智能零售、供应链金融、供应链管理、区块链安全检测等应用场景。此外，佛山市南海区于2018年2月印发《佛山市南海区人民政府关于推进“区块链+”金融科技产业发展的实施意见》，明确五大举措规划“区块链+”金融科技产业布局，包括出台产业扶持政策、搭建产业服务平台、打造产业集聚地、引导设立多个产业发展基金，以及推动多项技术成果转化和应用，将广东金融高新区打造成为“区块链+”金融科技创新与应用高地。2018年6月，《佛山市南海区关于支持“区块链+”金融科技产业集聚发展的扶持措施》（“区块链十条”）配套出台，对从企业落户广东金融高新区，到中后期的人才引进、营业收入

---

① “金融科技40条”落地，央行上海全力支持金融科技中心建设［EB/OL］.［2019-10-31］. 中国经济网，https://baijiahao.baidu.com/s?id=1648870693296279952&wfr=spider&for=pc.

② 广州发布科技金融发展三年行动方案［N］. 证券时报，2018-11-16；该方案提出，到2020年，将广州打造成具有国际影响力的风投创投中心，争取将50亿元科技成果产业化引导基金通过母子基金架构引导放大至200亿元以上，带动超过1000亿元的社会资金投入科技成果产业化及科技企业孵化；引导私募股权、创业投资机构在穗落户集聚；扩大科技信贷风险补偿资金池规模，争取合作银行数量翻番，推动合作银行累计科技企业贷款金额达到200亿元以上；上市科技企业累计达到130家，区域股权交易市场挂牌企业数量累计达到20000家；通过企业重组并购打造20家科技领军企业；完善广州科技创新企业数据资源，建立线上线下科技企业对接平台。

增加、区块链技术场景应用、融资等对企业成长至关重要的环节都进行了扶持，大力吸引“区块链+”金融科技企业及相关团队集聚发展。

（四）重庆

2019年底至2020年初以来，在中国人民银行的指导下，重庆市积极推动金融科技试点建设，在向中国人民银行提交金融科技试点方案后，创新性地推出“监管沙箱”。重庆以两江新区依托江北嘴金融科技港，由地方金融监督管理局主导设计和实施，通过运用信息公开、产品公示、共同监督等柔性管理方式，引导持牌金融机构在依法合规、保护消费者权益的前提下，推动金融科技守正创新。截至目前，首期产品金融科技港湾联合办公空间已投入运营，入驻企业9家、挂牌2家。

三、中央监管部门部署持牌金融机构金融科技试点工作与推广路径

（一）中国人民银行关于金融科技项目的认证试点工作

中国人民银行主导设计实施的金融科技试点项目，坚持在牌照管理的框架内，以持牌金融机构为主导，持牌金融机构可以独立申请，也可以和金融科技企业合作形成项目组一起申请。具体而言，2019年10月底，人民银行与市场监管总局发布《金融科技产品认证规则》和《金融科技产品认证目录（第一批）》，明确了11项具体金融科技产品的认证规则。同时，人民银行还推出了金融科技应用试点审批机制，2019年11月人民银行营业管理部批准了77个市场主体共同申报的46个金融科技产品，涉及金融、医疗、社保、养老、“三农”等多个领域，期限为一年。

（二）中国人民银行对监管科技实施路径的探索

对于传统监管中存在的问题，中国人民银行科技司正在探索运用监管科技、机器可读的监管规制来升级监管理念，降低监管成本并提升监管效率。以往的监管规制中存在的问题有金融监管缺乏顶层规划、监管规则描述存在二义性、监管数据报送时效性差、监管制度数字化管理程度低以及

监管成本和合规成本偏高，亟待提高监管的前瞻性、统一性和穿透性，提高金融机构的合规水平，降低综合监管成本，更好地监测和防控风险，中国人民银行科技司正在探讨“一库、一谱、一平台、多个 API”的建设，通过监管规则库、知识图谱的搭建，形成基于机器可读、可执行的监管电子数据中台，提供多场景服务形式和应用，以此促进中央层面监管科技的合法化落地。

（三）证监会积极探索持牌机构的科技监管

2018 年 8 月 31 日，证监会发布消息称，已正式印发《中国证监会监管科技总体建设方案》，完成了监管科技建设工作的顶层设计，并进入了全面实施阶段。该方案的出台，为“监管科技”提供了一个颇为详细周密的设计蓝图——明确了三大阶段，五大基础数据分析能力、七大类 32 个监管业务分析场景，提出了大数据分析中心建设原则、数据资源管理工作思路和监管科技运行管理“十二大机制”。2018 年 9 月 27 日，证监会公布了《证券期货业数据分类分级指引》等 4 项金融行业标准。2018 年 12 月底，证监会又发布了《证券基金经营机构信息技术管理办法》，明确治理、安全、合规三条主线，强化信息技术管理的主体责任。证监会表示，下一步将继续加强行业信息技术监管，引导经营机构充分利用现代信息技术手段完善客户服务体系、改进业务运营模式、提升内部管理水平、增强合规风控能力，更好地服务实体经济。

与此同时，2020 年 1 月 17 日证监会召开系统工作会议，也提到了利用科技的手段推动金融监管，开展科技监管试点。其中第五条强调，以科技监管为支撑，进一步增强监管效能。推进监管科技基础能力建设，加快构建新型监管模式。加强对证券期货行业科技的监管，推动提升行业科技发展水平。积极探索区块链等创新金融科技的应用。此外，稳妥推动基础设施 REITs 试点，开展区域性股权市场制度和业务创新试点。

第三节　我国监管沙箱的地方探索

监管沙箱与我国本土的改革试点有着逻辑和运行上的相似性，二者在功效等方面有异曲同工之妙。在英国推出监管沙箱不久，我国部分地方政府就以前瞻性的眼光和战略部署监管沙箱应用，北京、香港、贵阳、海南等皆是地方监管沙箱探索中的佼佼者。

一、北京市金融工作局积极推动监管沙箱试点工作

（一）北京监管沙箱政策

北京作为全国政治文化中心，聚集了大批金融科技创新企业和新兴产业，具有良好的创新土壤和监管环境。2018 年 11 月，北京市中关村管委会、北京市金融工作局和北京市科学技术委员会联合发布《北京市促进金融科技发展规划（2018—2022 年）》，规划打造形成“一区一核、多点支撑”① 的空间布局。其中提出“六个要”：要推动金融科技底层技术创新和应用，催生领先前沿技术；要加快培育金融科技产业链，打造创新生态系统；要拓展金融科技应用场景，发展现代金融服务体系；要优化金融科技空间布局，形成协同发展格局；要开展金融科技制度创新，保障金融科技产业健康发展；要加强重点政策支持，营造良好创新环境。

2019 年 2 月，国务院发布《关于全面推进北京市服务业扩大开放综合试点工作方案的批复》，对北京市的试点改革方案予以肯定，准许北京市西城区在依法合规的前提下探索监管沙箱机制，促进金融发展，防范金融风险。

此外，北京房山区的“北京互联网金融安全示范产业园”作为以金融

① “一区一核”指北京金融科技与专业服务创新示范区及核心区（西城区、海淀区）；“多点支撑”是指打造各具特色的金融科技创新与产业集群，包括金融科技底层技术创新集群（海淀区）、银行保险科技产业集群（石景山区）、金融科技安全产业集群（房山区）、财富管理产业集群（通州区）。

安全与风险控制为核心[①]的产业沙箱（专题沙箱）也颇具特色。2015 年 6 月 18 日，北京市金融工作局正式授牌“北京互联网金融安全示范产业园”，这是迄今为止全球唯一的互联网金融安全主题产业园，具有不可替代的唯一性和共享性。产业园致力于提供世界级互联网金融安全服务，打造世界互联网金融安全产业第一园。产业园成立之初就确立了“以风险防控技术与服务为核心，以金融安全为龙头，将金融科技企业打造成一条完整产业链”的定位。在短短的三四年时间内，产业园以金融科技产业优惠政策的虹吸效应吸引了大批包括政府监管、行业自治、研究创新、信息技术、金融服务的互联网金融安全业态以及互联网安全产业人才，已签约的各类机构基本覆盖了底层技术研发、理论研究、解决方案、金融服务等金融科技生态体系中的大部分关键节点。作为第四代产业园，其有一定的定位，有一定的产业思维，有一定的生态思维，还有一定的园区参与度。产业园利用移动互联网、大数据、区块链、云计算等信息技术，依托研发主体、创新主体和产业主体协同发展，构建了信用体系、风险监测体系、技术试验体系和生态协同体系。这些体系做到三个有利于，即有利于政府监管，有利于小微企业发展，有利于大众从普惠金融中受益。

产业园通过搭建聚合风控技术平台，开展监管沙箱试点机制设计。具体实践上，该平台将集成清华大学交叉信息研究院人工智能金融监管技术、北京大学大数据技术研究院非结构化数据处理技术、国家计算机网络应急中心互联网金融风险分析技术平台、香港应用科技研究院区块链技术，采纳中国科学院自动化研究所专项设计的 MaPU 芯片保证基础算力，基于国家计算机网络应急中心、中国互联网金融协会与北京市金融工作局提供的核心数据，共同开发全覆盖、穿透式、基于人工智能无监督模型下的分析预警、应急响应金融风险分析监测平台。该平台可实现从金融、类金融企业筛查；实现单个企业信息穿透式、可视化监测；实现单个企业实

① 北京互联网金融安全示范产业园的示范作用可在五个方面得到体现：第一，组织示范，互联网金融生态中的企业应组织起来；第二，制度优势，把制度优势示范出来；第三，“技术是示范产业园的核心”，以技术驱动进行广泛的、共同的对接和试验；第四，标准示范，通过互联网金融安全示范产业园，制定一些北京的行业标准或国家标准甚至世界的标准；第五，打造一批国际顶尖、国内领先、在行业起到示范作用的互联网金融安全企业。

时业务行为监管及风险预警的全覆盖、智能化监控，并基于该平台建设监管沙箱试点。目前，该平台应用于北京地区 P2P 整改备案工作和金融反欺诈工作，助力区域金融风险的预警和防范。

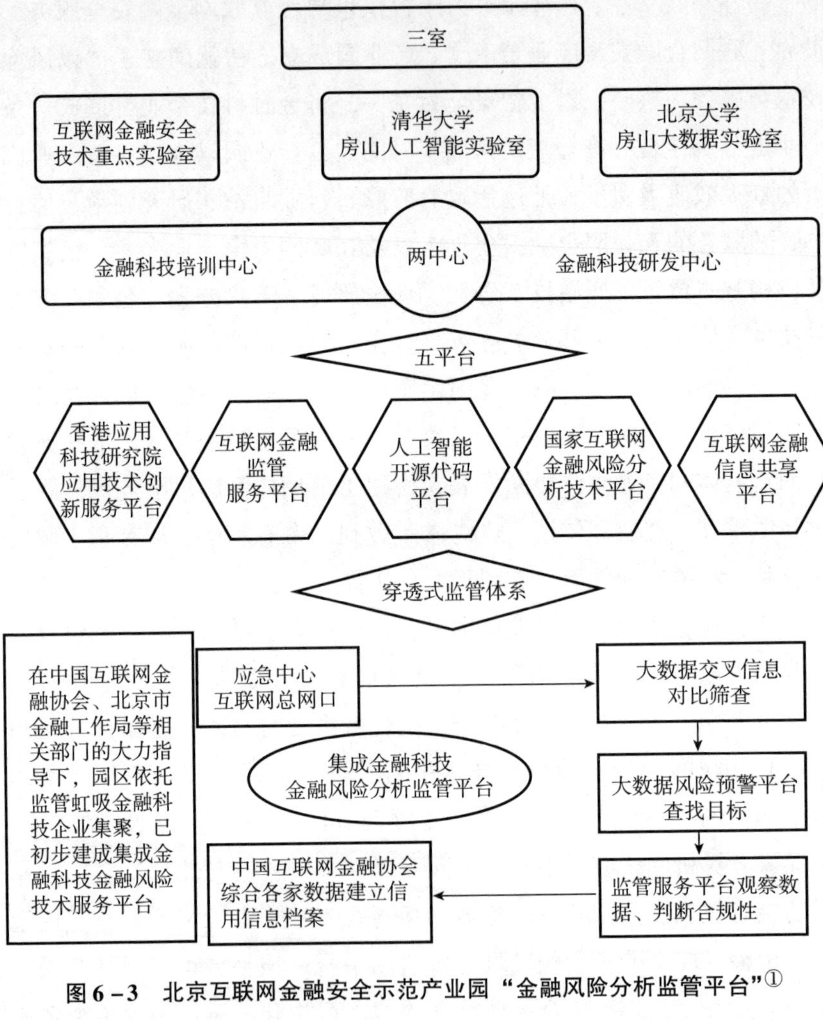

图 6－3　北京互联网金融安全示范产业园“金融风险分析监管平台”[①]

① 黄震．中国互联网金融安全发展报告 2018——基于风险防控的金融科技与监管科技［M］．北京：中国金融出版社，2018：235－240.

（二）监管沙箱实践

1. 北京市公布首批金融科技监管沙箱试点项目

2020年1月14日，中国人民银行营业管理部等相关部门向社会公示了6个创新应用，以具体项目为主导，测试主体涉及国有商业银行、全国性股份制商业银行、大型城市商业银行、清算组织、支付机构、科技公司等多家机构，主要聚焦物联网、大数据、人工智能、区块链、API等前沿技术在金融领域的应用，涵盖数字金融等多个应用场景，旨在纾解小微企业融资难融资贵问题、提升金融便民服务水平、拓展金融服务渠道等。

表6－5　北京市首批进入沙箱的金融科技创新监管试点应用

序号	应用名称	试点单位	项目简介
1	基于物联网的物品溯源认证管理与供应链金融	工商银行	基于物联网技术采集产品的生产制造、质检、库存、物流、销售等全生命周期特征数据，不可篡改地记录在区块链上，并接入工商银行物联网服务平台及企业智能管理系统（ECSP），实现产品全链条质量管控与信息透明
2	微捷贷产品	农业银行	运用大数据、人工智能、移动互联网等技术，利用行内外数据对企业进行多维度画像，科学设计授信模型，精准洞察融资需求，有效管控信用风险。实现信贷业务与金融科技融合，以移动化、智能化的经营方式，重塑业务模式和运作流程，改变小微信贷业务运作模式，提高客户体验，拓展小微企业长尾市场，有效缓解小微企业融资难融资贵等问题。实现信贷业务申请和交易的实时监控和精准拦截，提供涵盖事前防控、事中控制和事后分析与处置的全流程信用风险解决方案，为产品“纯线上、自动化、全自助”运营保驾护航
3	中信银行智令产品	中信银行/中国银联/度小满/携程	利用支付标记化等技术打造新型金融服务模式，使支付标记（Token）成为商业银行、收单机构、电商企业等交互的“智慧令牌”，在风险可控的前提下，优化服务流程，拓展应用场景，创新合作模式，提升金融服务质量

续表

序号	应用名称	试点单位	项目简介
4	AI Bank Inside 产品	百信银行	AI Bank Inside 产品通过 API 形式开放金融服务，深度赋能生态合作伙伴。借助 API 技术将多类型、标准化、通用化的金融功能模块，快速组装成行业解决方案，服务不同行业场景。采用无侵入的连接方式，让各场景方均可在不改造现有系统架构的情况下获得“即插即用”金融服务
5	快审快贷产品	宁波银行	采用大数据、人工智能等技术，通过对企业、个人的多维度数据进行综合分析，优化信贷审批模型，自动推断授信金额和等级，解决不同主体融资过程中的信息不对称问题，实现信贷智能管理，助力缓解小微民营企业融资难融资贵问题
6	手机 POS 创新应用	中国银联/小米数科/京东数科	手机 POS 机是面向小微企业、“三农”领域等商户，以移动小额收单为重点应用场景，自主研发的新型 POS 机产品，可受理手机闪付、二维码支付、银行卡闪付等多种支付方式，具有部署成本低廉、易用性好、适应性强等特点

根据人民银行营业管理部和北京市金融工作局公示披露的信息，此次公示的6个创新应用，涵盖数字金融等多个应用场景，与此同时，多个创新应用都直指实体经济融资痛点。宁波银行申报的快审快贷产品，采用大数据和人工智能技术纾解各类主体融资过程中的信息不对称问题，实现智能信贷管理，助力缓解小微民营企业融资难融资贵问题。百信银行申报的 AI Bank Inside 产品，则是构建基于 API 技术的金融服务平台，打造金融 + 教育、金融 + 医疗、金融 + 制造、金融 + 社交等多元化金融服务场景，解决金融服务“最后一公里”问题，满足用户多样化金融服务需求。中国银联、小米数科和京东数科“结对”申报了手机 POS 机产品。该产品面向小微企业、“三农”领域等商户，以移动小额收单为重点应用场景，自主研发的新型 POS 机产品，可受理手机闪付、二维码支付、银行卡闪付等多种支付方式。根据已有经验，北京“监管沙箱”试点着力构建包容审慎监管框架，坚持持牌经营，同时鼓励多种主体参与。人民银行在划定刚性底线的同时，设置了柔性边界，预留了创新空间，为金融风险和科技创新风险

打造了“四道防线”，覆盖机构自治、社会监督、行业自律、政府监管多个维度。

表6－6　北京市“监管沙箱”准入评估标准

创新应用基本信息	应用服务信息	合法合规性评估	技术安全性评估	风险防控	风险提示	投诉响应机制
机构信息	服务渠道	评估机构	评估机构	风险补偿机制	—	内部投诉
技术创新	服务时间	有效期限	有效期限	退出机制	—	自律投诉
创新应用功能	服务地域	评估结论	评估结论	应急预案	—	—
预期效果	服务用户	评估材料	评估材料	—	—	—
预期规模	服务协议书	—	—	—	—	—

2. 互联网金融安全产业园

产业园吸纳了BBD、梆梆安全、阿尔山金融科技、聚宝金科、慧安金科等领先的金融科技及监管科技企业。截至2019年末，入驻园区的企业已达到483家，累计实现税收12.4亿元。园区的金融科技安全产业生态包括：

园区内的北京阿尔山金融科技有限公司开发了以区块链为底层技术的网贷监管系统。该系统能够确保监管部门实时洞察网贷平台运行情况，对防范金融风险起到了很好的监测作用，通过帮助监管部门实现被监管对象的信息化以及帮助被监管对象更好地满足监管部门的要求，使整个金融体系能够健康地运行。

北京市金融工作局和中金云公司合作研发“中金云”系统，其研发的产品之一是“金融黑匣子”，参照航空领域黑匣子的功能，将业务流程中产生的相关电子数据和信息进行加密存储，实现全流程数据的真实性完整性校验和固化，实现电子数据的长期保存保管功能。同时，金融黑匣子对于数据安全和信息安全提供了完整的解决方案和技术手段①，运行中将着

① 康潭云．大数据发展与监管［EB/OL］．［2017－08－17］．http：//iof. hexun. com/2017－08－17/190482036. html.

力于解决互联网金融安全问题。

2019年2月26日，北京市地方金融监督管理局（以下简称北京市金融监管局）局长霍学文透露，“北京金融风控驾驶舱”（以下简称风控驾驶舱）已正式上线。该系统由北京市金融监管局和蚂蚁金服合作开发，依托北京市金融监管局超前的监管理念和丰富的监管经验，利用支付宝在金融科技、互联网金融风险防范领域积累的能力，进一步加强金融风险系统性防范，实现穿透式监管。风控驾驶舱从多个维度对全网数据进行实时扫描、挖掘、归集、分析，无论是从市到各区，到街道甚至到某个楼宇、某个公司，风险状况得以数字化动态监测，并且可以穿透式识别隐患。通过实时数据可视化，风控驾驶舱搭建了一个金融风险监测、风险研判、处置分发和综合治理的一体化智能系统。在获取了足量数据和特征之后，将自动建模评估风险，最后通过可视化的方式辅助风险处置的决策。①

3. P2P网贷平台试点

2019年下半年，互联网金融整治领导小组和网络借贷整治领导小组联合召开了网络借贷风险专项整治工作座谈会。此次会议提到，截至5月底全国正常运营的P2P平台仅700余家，会议透露了2019年第三季度、第四季度的工作方向以及相关安排：一是继续执行“三降”，平台优胜劣汰；二是要继续推动合规平台监管试点，合规备案工作继续进行。北京市互联网金融协会在合规检查、接入系统、数据核验等工作基本完成的基础上，将逐一对在线运营机构进行分类管理，多措并举化解风险。专项整治工作按照“成熟一家、纳入一家”的原则，将整改基本合格机构纳入监管试点。②

4. 大数据风险监测平台试点

数联铭品（BBD）通过技术创新与模式创新，凝聚大数据领域的优势力量，真正做到“用数据说话、用数据决策、用数据管理、用数据创新”，并借助数联铭品（BBD）的大数据治理能力，帮助金融监管机构实现智慧

① 网贷之家．防金融风险　北京金融局携支付宝推风控驾驶舱［EB/OL］．［2019-02-27］．https：//www.wdzj.com/news/hydongtai/3953414.html.

② 网贷整治时间表明确　合格机构将纳入监管试点［N］．经济参考报，2019-07-08.

治理、智慧金融、非法集资监控、智能反欺诈、数据决策、风险预警、智慧城市、智慧公安、舆情监测等多场景多应用环境下的有效监管，建立切实有效的金融风险监控预警体系，覆盖事前预警、事中控制和事后处置等全部环节。

数联铭品（BBD）大数据金融预警平台的建设以“1+1+4+N”为思路，即通过建设一个数据中心、一个建模中心、四个监管库以及构建在此之上的N个业务模块来实现整个平台的功能，并以海量数据为基础，采用网络爬虫、数据挖掘、机器学习等方法获取海量多源异构企业风险数据；在捕获精确数据后，通过静态企业关联方数据、动态企业关联方衍变数据、企业关联图谱的风险时序演化，精准捕捉判断企业反经济、不合理金融行为；通过实时动态监测等前沿技术监测全国风险企业样本，抽取典型特征，进而挖掘隐形关联交易、预测贷款和投资诈骗风险、揭露隐匿的地下钱庄，快速发现并提前预警金融监管机构高风险非法集资企业，从而规避金融风险和社会财富损失。

目前，在预警功能上BBD金融风险监控预警平台（红警2.0模型）可以提供行业、企业、地域等全面且多维度的风险监测预警，包含全局监测预警、违规监测预警、特征事件监测预警、失信预警、关联风险预警、经营行为预警、舆情预警等几乎所有金融风险活动。该金融风险预警监测平台已覆盖全国各类新金融、类金融企业超过390万家，实时动态监测企业金融风险，做到事前预警、事中控制、事后管理，并已服务于北京、上海、贵州、河南等全国多个省市的金融监管机构，真正做到用大数据助力监管科技。

二、香港监管沙箱与金融科技安全发展

香港的监管沙箱采取分业设置的模式：承担“中央银行”职能和银行业管理职能的金融管理局（HKMA）的金融监管沙箱（Fintech Supervisory Sandbox，FSS）主要以银行业金融机构及其合作的科技伙伴为服务对象，证券及期货事务监察委员会的监管沙箱旨在为现有持牌金融机构及初创企业提供一个受监管的环境，使得机构企业可以测试其内部监控措施以及通

过金融科技提供金融服务的情况。此外，2017 年 6 月 26 日，香港保监局设立实施“保险科技沙箱”并推出一项针对使用全数字化分销渠道的保险公司的快速通道试点计划。三个部门的监管沙箱通过设在 HKMA 的金融科技监管聊天室（Fintech Supervisory Chatroom）、API、SDK 接口等方式进行联络协调、数据共享。在优化沙箱测试体验方面，任何公司如计划就跨界金融科技产品进行试行，可申请使用其认为最适合的沙箱。有关监管机构会作为主要联络点，协助该公司联络其他监管机构，让公司同步使用沙箱。此外，沙箱测试企业还可以申请跨境测试，即通过全球金融创新网络（GFIN）的框架体系，实现在多个地区测试其创新金融产品、服务或商业模式的目的。

截至 2019 年 10 月底，共有 92 项创新科技产品使用沙箱进行测试，其中 42 项已完成测试，有关产品也已于其后推出。此外，有 58 项测试是银行与科技公司合作进行的，银行及其伙伴科技公司使用沙箱，可以更有效地收集有关其新推出的金融科技产品或服务的实际数据及用户意见，以便在正式推出前对有关产品或服务作出适当修改。具体测试项目如表 6 – 7 所示。

表 6 – 7　香港监管沙箱使用情况（截至 2019 年 10 月底）

涉及技术	试行数目（项）
生物认证	8
软令牌（Soft Token）	4
聊天机器人（Chatbot）	3
分布式分类账技术	5
应用程序界面（API）	9
金融监管和合规科技	34
优化手机应用程式	10
其他（如通过社交媒体平台发放通知服务）	19
总计	92

资料来源：香港金融管理局网站。

在对外合作方面，香港金融管理局通过“走出去”“引进来”等多种形式增加与外部的沟通交流共同促进金融科技发展。HKMA 自 2016 年 10

月开始举办金融科技周，并借2017年第二届金融科技周的机会与新加坡金融管理局及深圳市人民政府金融发展服务办公室开展金融科技合作。其中，与新加坡金融管理局达成的合作协议涉及创新业务转介、合作开发创新项目、信息共享，以及专业知识交流等范畴。另外，与新加坡金融管理局的首个合作项目将与贸易融资相关。而其与深圳市人民政府金融发展服务办公室的合作将侧重于金融科技竞争（以鼓励跨境合作）、互相转介计划（以便进入彼此的市场），以及人才发展计划（提供实习机会，以拓展并巩固人才库）。

在监管沙箱外，香港还在“智慧银行”、开放银行方面进行积极探索。2018年香港金融管理局发布了银行业开放应用程序界面（Application Programming Interface，API）框架，开放API框架采用风险为本原则，分四个阶段落实各项开放API的功能。该框架除了建议使用国际惯用的技术标准，以确保安全及加快实施步伐之外，也阐述了银行应如何与第三方服务提供者开展和保持合作，以确保消费者得到充分的保障。香港金融管理局相信开放API框架将为银行业有效落实API提供重要指引，并在创新与风险之间取得适当平衡。

三、贵阳大数据金融产业与监管沙箱试点工作

（一）贵阳大数据金融产业与政策

贵阳在2016年先后出台《贵阳市科技金融和互联网金融发展规划（2014—2017）》等政策文件，不断推动新金融业态创新发展，出台多种政策方案，在资金补贴、人才引进等方面强化对贵州金融城建设的配套支持。截至目前，贵州金融城聚集了金融、准金融、金融中介服务机构260余家；在规划层面，规划建设了贵阳互联网金融特区，努力构建贵阳大数据区块链金融新高地。自2014年5月挂牌至今，该特区已聚集网贷、移动金融、大数据应用与征信、第三方支付等多种互联网金融产业链企业，形成了完整的生态圈。截至目前，入驻该特区的企业达113家，注册资本72.15亿元，全国第一家众筹金融交易所在此成立，为中小微企业和创业者解决众筹融资发展难题。贵阳还从经济社会发展的痛点出发，整合优势

资源，探索区块链在政用、民用、商用等领域的多个应用场景。贵阳银行已上线“区块链票链”“爽融链”两个产品，通过在金融产品和服务模式上的不断创新，利用区块链技术为中小微企业融资难融资贵问题提供新型解决方案。

（二）贵阳监管沙箱试点工作

贵阳监管沙箱于2017年7月25日启动，主要针对区块链、大数据金融等行业和产业创新。在ICO（区块链代币融资）于国内大肆泛滥的时期，贵阳有前瞻性地走在监管前沿，将ICO行为及时纳入监管沙箱，并设定一个观察期，实施审慎监管。贵阳“区块链ICO沙箱计划”将推出共建机制，号召行业内领导性公司贡献一线经验和智慧，在协会自律自清的共识之下，建立标准沙箱计划及各领域子沙箱计划，深入细节，形成切实可行的监管体制。在监管沙箱内，适当给予ICO项目包容性豁免，主要体现在：一是额度管控与白名单管理；二是ICO融资计划管理及合格投资人管理；三是对发行人施予持续、严格的信息披露要求，强调反欺诈和其他责任条款；四是强化中介平台的作用，引入资金使用的银行存管制度；五是监管部门主动、及早介入，加强行为监管，全程保留监管干预和限制权力；六是合作开发相关监管技术，如数字资产管理、自动化沙箱测试、在线实时监管、大数据分析；七是支持和鼓励ICO产业自律和产业沙箱发展；八是加强国际监管合作与协调，包括互通信息。[①]

此外，大数据作为贵阳重要的产业战略和经济支柱，已经融入交通出行、金融、监管等众多方面。贵阳市政府对数据十分重视，数据作为数字经济时代的“石油”，为贵阳和贵州地区的经济发展提供了强大的驱动力。

1.“贵州通”APP

贵阳市移动支付“贵州通”平台注册用户已逾191万人，公交云卡累计开卡139万余张，充值笔数逾676万笔，交易金额超14365万元；实体卡充值交易笔数近10.6万笔，交易金额超790万元。“贵州通”APP服务

① 参见《区块链ICO贵阳共识》。

数量在贵阳市本地同类 APP 应用中排第一位。

2. 贵州金融城

截至目前，贵州金融城已聚集金融、准金融、金融中介服务机构 260 余家（其中银证保等传统大型金融机构 31 家），初步形成以银行、证券、保险等传统金融为基础，以大数据金融、互联网金融、科技金融等新金融业态为引领的产业发展格局，金融组织体系不断完善，金融供给不断加大。①

3. 全国首个大数据交易所——贵阳大数据交易所

数据交易是大数据发展的重要环节。2014 年，贵阳成立全国首家大数据交易所——贵阳大数据交易所。经过多年的摸索发展，该交易所自主研发出大数据交易系统和大数据交易规则，创造了大数据交易平稳健康发展的生态，助力“数字中国”建设。目前，会员总数已突破 2000 家，包括泰康人寿、中信银行、欧比特宇航、初灵信息、海尔集团、京东等大中小企业和初创型企业，覆盖全国 100 多个城市；可交易数据产品达 4205 个，接入 225 家优质数据源，涉及 22 个大类数据，可交易的数据总量超 150PB，交易额已突破 3 亿元。

四、海南软件园与监管沙箱试点工作

（一）政策背景

2018 年 4 月，中共中央、国务院发布《关于支持海南全面深化改革开放的指导意见》，明确了海南的区块链定位，也确定了海南在区块链领域的地位。2018 年 10 月 8 日，海南省成立区块链试验区，成为国内首个正式授牌的区块链试验区。2018 年 10 月 16 日，国务院批复同意设立中国（海南）自由贸易试验区（以下简称海南自贸试验区），并印发《中国（海南）自由贸易试验区总体方案》。该方案旨在发挥海南岛全岛试点的整体优势，紧紧围绕建设全面深化改革开放试验区、国家生态文明试验区、

---

① 深化金融改革创新　助推经济高质量发展［EB/OL］.［2019－01－03］. 贵阳日报，http：//www.cbdio.com/BigData/2019－01/03/content_5974609.htm.

国际旅游消费中心和国家重大战略服务保障区，实行更加积极主动的开放战略，加快构建开放型经济新体制，推动形成全面开放新格局，把海南打造成为我国面向太平洋和印度洋的重要对外开放门户。海南开放后，中国正式形成“一南一北”（北有雄安、南有海南）的经济试验和对外开放格局。

此外，在研究实力上，2018 年 10 月 8 日牛津海南区块链研究院成立，这是海南生态软件园与牛津大学区块链研究中心、中国人民大学的战略合作成果，各方立志用科技驱动制度和产业创新，助力海南自贸试验区（港）打造世界级“自由数字港”。研究院主要从两方面切入区块链，一是研发“绿色区块链”技术，二是在适当的情况下遵循 KYC，以实现监管。

（二）行业实践

从企业角度看，海南自贸试验区设立后，优越的政策环境吸引了大量区块链企业的入驻。政策上的优势加速区块链企业在海南落户，而企业的嗅觉更先于政策，BAT 都先后入驻海南省，火币中国总部也正式进驻海南生态软件园，火币集团全球运营中心也将落户园区，并发起成立“中国区块链 + 产业联盟”。这些互联网巨头和数字货币领先企业成为海南省区块链地位的奠基石。

从产业和金融科技生态建设角度看，一方面，海南生态软件园将在园区内建设全国首个“PK 生态村”，为 PK 体系生态联盟提供成熟的孵化平台与发展载体。“PK 生态村”将突出自然生态、人文生态、产业生态建设特色，打造集工作、生活、教育、医疗、商务休闲于一体的“15 分钟生活圈”。同时，海南省政府各部门将切实落实《关于支持海南生态软件园高质量发展的措施》，通过“一园一策”给予落户企业最大支持，全力为 PK 生态企业的落户和运营提供最优质的服务，优化营商环境。

另一方面，海南生态软件园还与中国人民大学大数据区块链与监管科技实验室签约，共同建设区块链制度创新中心。此举被看作“海南自由贸易试验区和中国特色自由贸易港区块链试验区”从建立之初就进行制度创新，以制度和法律的方式实现“科技监管科技”，实施监管前置，以海南生态软件园的规则带动海南地区区块链产业的规范发展，甚至为全国地区行业规范规则的构建做铺垫和准备。

五、小结

综上来看，监管沙箱试点在我国成为金融科技安全发展的新机制，正在落地实践之中。加大对金融科技创新的制度创新支持，是全球应对金融科技革命浪潮的共同举措。中国应抓住历史性机遇，在创新支持机制方面作出独到的探索。

先前，对于在我国有没有必要引入监管沙箱的问题，Arner 等人（2017）认为中国没有必要引入监管沙箱，其理由就是 2015 年年中以前我国对互联网金融持宽松的政策，鼓励创新，因而认为整个金融市场环境就是一个大沙箱。人民银行党委书记、银保监会主席郭树清（2018）也表示，我国可采取类似"监管沙房子"的框架，与 Arner 的观点不谋而合，均指的是 2015 年年中以前我国对互联网金融所采取的较为宽松的监管策略。但随着监管沙箱内涵和理论的发展演化，我们认为 2019 年人民银行提出的中国版监管沙箱与 2015 年之前的"监管沙房子"有着本质的区别，即从 2015 年以前的"大范围放开"到"张弛有度的放开"，在宏观审慎和微观审慎的基础上进行试验，在银行、证券、保险、信托、融资担保、网络小贷、商业保理等领域循序渐进，在刚性的底线和柔性的边界之间寻找平衡点，以技术服务标准化、企业内控合规化、法律制度代码化、风险分散化为路径，去实施金融科技试点等制度创新。通过沙箱的方式来推动金融业扩大开放和金融供给侧结构性改革，可以使金融更好地服务实体经济，推动技术、资金、数据、人才、制度等要素在社会范围内优化配置。

附录一　金融科技安全发展相关文献综述

——以技术、市场、监管协同发展为视角

摘　要：时下金融科技发展进入新的阶段，这一阶段下的发展导向正由防范金融风险向维护金融安全转变。本文从技术、市场、监管的角度，对相关文献进行了梳理和整合。同时结合中国人民银行关于金融科技发展的顶层规划，探求我国金融科技安全、可持续发展的路径。

关键词：金融安全　金融科技　监管　协同发展

一、金融科技发展的新阶段

（一）金融安全

当下，金融俨然成为全球各国经济的重要组成部分，随着科技与金融的深度融合，防范金融风险、维护金融安全的重要意义不言自明。从2015年开始，以习近平同志为核心的党中央始终重视金融风险的防控工作（黄孝武、程敏，2019）。可以说防范化解重大风险，维护金融安全已是当下金融发展中最为关键的议题（高惺惟、董治，2019）。

关于金融安全的内涵研究，国内学者最早从两个角度对其界定。一种是从金融的实质角度，即认为金融安全就是货币资金融通的安全，只要与货币流通以及信用直接相关的经济活动都属于金融安全的范畴（王元龙，1998）；另一种是从国际关系学角度，强调金融安全是对“核心金融价值”的维护，包括维护价值的实际能力和对此能力的信心这两个紧密相关的方面（梁勇，1999）。

张忠军（2003）认为金融安全从主权国家内部来说，分为宏观金融安全（一国金融的整体安全）、中观金融安全（某一特定区域内的局部金融

安全）、微观金融安全（单个金融机构的金融安全以及投资者、存款人、投保人等金融客户权益的安全）三个层次。有学者比较了金融安全和金融稳定这一对相似概念，指出前者是一种动态的金融发展态势，而这种状态一般表现为金融稳定发展。后者侧重于强调静态，是指不发生较大的金融动荡；而金融安全侧重于强调对宏观经济体制、经济结构调整变化的动态适应（王元龙，2004）。也有学者指出金融风险、金融危机、金融安全三者之间存在密切关系，金融安全有着丰富的内涵，覆盖面积大，涉及领域多。程鑫（2019）认为金融安全与稳定的关键在于金融风险管理能力与水平的提升，金融机构、监管机构应加强提升风险管理的水平与能力。

实践中，北京金信网银金融信息服务有限公司搭建的以“冒烟指数”为核心技术的大数据监测预警系统，在充分利用大数据、云计算、人工智能等技术的基础上，构建并整合互联网金融业态下的复杂、多元金融风险信息，这一风险评测指标能够针对互联网金融行业进行日常监管，有力维护行业、地区的金融安全（李崇纲、许会泉，2018）。

（二）金融科技的安全发展

2013 年以来，随着以互联网平台大发展以及相关底层技术的不断涌现，科技对金融业的改造呈现出颠覆性变革的特点。与此同时，基于科技与金融相互融合的领域——金融科技也越来越受到学者们的关注。

对于金融科技的内涵和定义，英国金融稳定理事会（Financial Stability Board）于 2016 年对其作出如下的定义：“技术带来的金融创新，它能创造新的业务模式、应用、流程或产品，从而对金融市场、金融机构或金融服务的提供方式造成重大影响。”这一定义已经逐渐成为学界共识。与此同时，有学者也提出金融科技自带很强的风险特征（孙国峰，2017），金融科技推动下的金融市场常常与风险相伴（杨东，2018），其在提高我国金融服务质量和效率的同时，也进一步恶化了传统金融固有的风险（任春玲，2019）。相较于传统的金融风险，金融科技内生的风险波及范围更广、传播速度更强（周振海，2017），更有学者指出金融科技具有“破坏性创新”的本质特质（许多奇，2018）。可以说，防范金融科技所带来的风险已经成为学界共识，而防范金融风险与维护金融安全密切相关。从金融发展的历史来看，金融安全是金融监管制度确立及相关金融法出台的“初心”（邢会强，2010）。

广义上的金融科技先后经历了金融电子化（金融科技 1.0 阶段）、互联网金融（金融科技 2.0 阶段）、多种技术驱动金融创新与监管创新（金融科技 3.0 阶段）　（巴曙松、白海峰，2016；黄余送，2017；Douglas W. Arner，2017；Gai、Qiu 和 Sun，2017）。《2017 金融科技安全分析报告》就指出，金融科技的 1.0 阶段是传统金融加科技服务，2.0 阶段则是向服务金融科技方向转化，以底层技术革新、颠覆金融服务的模式。金融科技的发展中安全问题不断凸显、安全事件频发，金融安全必然成为金融科技 3.0 阶段的应有之义。2019 年，中国人民银行在《金融科技（FinTech）发展规划（2019—2021 年）》中明确提出要“牢固树立安全发展理念，把安全作为金融科技创新不可逾越的红线”。随后，中国人民银行上海总部发布了《关于促进金融科技发展　支持上海建设金融科技中心的指导意见》，其中同样强调“要坚持安全和创新并重，提升金融科技风险管理水平”。

2019 年中美贸易摩擦期间，美国以“实体名单”制度对我国的高科技企业从供应端进行制裁，“金融科技安全”的重大意义越发凸显，只有掌握了金融 IT 技术堆栈的核心技术才能保证“金融科技安全”（葛仁余，2019）。而目前对于金融科技安全发展的定义尚未明确，有报告指出，科技与金融的深度融合，使得金融风险有了全新的意义。而科技金融安全（金融科技安全）主要涉及技术基础设施网络风险、市场主体风险及各主体之间、主体与技术基础设施之间风险的传递机制（腾讯安全，2019）。已有学者提出“金融安全科技”的概念值得重点关注（黄震，2017），目前需要逐步探索和建立“一整套新技术时代的金融安全网”以保障我国金融生态安全运行。

目前金融科技的发展尚处于一个不断探索和逐步成熟的过程中，仍然面临诸多安全挑战。前述金融安全科技的概念、范围、分析框架等仍需要进一步深入研究。譬如，针对金融科技安全涉及的分支之一——数据安全，已有学者认为金融科技的爆发式增长对数据安全提出了新的挑战，并针对金融数据特点，提出了金融数据安全“果壳”模型（朱建明、杨鸿瑞，2019）。

二、新兴技术保障金融科技安全发展

（一）金融科技背景下的新技术

在技术和金融不断融合的过程中，凸显出一些具有颠覆性影响力的技术。金融科技发展至今，许多新兴技术已经日渐成熟并在金融领域延伸出更多的业务方向，这些技术为金融业的发展提供了突破性的解决方案，其中以人工智能、大数据、云计算、物联网、区块链等为代表。

人工智能（Artificial Intelligence，AI）力求使得机器通过算法形成和完成具有人类智能的行为，这一技术发展的渊源和演进历史悠久。李晓春（2018）结合我国智能金融发展的现状，认为其使得金融与商业结合得越发紧密，并能够弥补我国金融发展中的不足，也结合金融科技发展给出了进一步的意见。邢会强（2018）指出金融监管在人工智能发展的背景下面临挑战，其涉及金融科技发展至监管科技后如何规范人工智能发展的问题。人工智能以大数据作为其“深度学习”的动力和燃料，其数据的积累速度几乎呈指数级增长。人工智能具有三个特征：海量数据的积累；芯片技术日新月异；人工智能的算法优化。

大数据（Big Data）是指在面对数量庞大、结构纷繁复杂的数据构成的数据集合，无法在一定时间范围内用常规软件工具进行抓取、管理和处理。其四个基本特征包括体量巨大、多样化、速度快、个别价值低。金融行业内产生的数据导向性很强，大数据与金融科技融合发展体现在数据的搜集、整合及应用三个方面。在数据搜集方面，随着物联网产业的快速发展，一些可穿戴设备、智能家居等智能硬件都将产生更多的新型数据，那么金融科技可以从这些智能硬件中通过运用更好的数据收集技术来获取更广泛和多元的客户数据源；在数据整合方面，金融科技公司通过合作共赢模式能够将用户沉淀在各大传统金融机构中的个人数据等进行整合并实现其价值快速增值，这有利于打破传统金融机构之间的数据孤岛现状，进一步提高数据的共享率；在数据应用方面，金融业务本身对数据依赖性极强，而经过整合、分析、处理的大数据对业务蕴含价值更高，较大的数据基础也会促进金融行业中风控、定价、营销、征信、评级等多个细分领域的发展。

云计算（Cloud Computing）作为一种计算方式，通过将互联网中的数据运算集中在相应的远端平台（"云端"），从而使得用户客户端的计算负担大为减轻。陈全、邓倩妮（2009）在综合分析了云计算的若干定义后，根据现有定义的不足指出，"云计算是由网格计算发展而来的，前台采用计时付费的方式通过互联网向用户提供服务。云系统后台由大量的集群使用虚拟机的方式，通过高速互联网络互连，组成大型的虚拟资源池。这些虚拟资源可自主管理和配置。云计算具有分布式存储和计算、高扩展性、高可用性、用户友好性等特征"。总体来说，云计算能够大幅度降低成本，提高效率，金融机构不必花费大量金钱来升级基础的 IT 硬件设施，同时可以更快地服务于目标客户，并且能培养出更强的客户黏性。

物联网（Internet of Things，IoT）可以追溯到 1990 年施乐公司的网络可乐贩售机——Networked Coke Machine。目前普遍认为这一概念的正式提出源自 2005 年 ITU 在突尼斯举行的信息社会世界峰会，随后发布的 ITU Internet Reports 2005—the Internet of Things 中介绍了物联网相关特征和技术。物联网作为互联网的延伸和拓展，是从虚拟的人与人之间的交互关系逐渐发展成为人与物之间、物与物之间的信息交换和共享网络。钱志鸿（2012）在分析了物联网相关技术以及存在的问题的基础上，提出了未来如何进一步推动物联网发展的相关理念。物联网技术将使得金融领域内实现资金流、信息流、实体流的"三流合一"，更真实全面地收集客户数据，使得金融机构建立起更加客观的信用体系；物联网技术下金融机构在为企业提供相应的基础性金融服务和其他增值服务方面也更为快捷和便利；金融机构也能实时动态掌控贷款企业的全部运营生产过程，减少获取信息的交易费用，促使金融服务向普惠化方向发展，推动金融服务实体经济。

区块链技术目前普遍认为来源于中本聪（Satoshi Nakamoto）发表的《比特币：一种点对点式的电子现金系统》，其中区块链技术是支撑比特币的基础技术。区块链可以定义为一种基于密码学技术生成的分布式共享数据库，其本质是通过去中心化的方式集体维护一个可靠数据库的技术方案。目前普遍认为区块链具有去中心化、基于共识建立信任和信息不可篡改等特征。对区块链的研究多诉诸对其自身风险的分析和监管机构面临的困境，有学者提出在区块链和金融结合的领域，要通过平台监管以及业务监管并行的双层模式规范区块链的发展（范志伟，2019）。邓建鹏（2019）指出我国区块链监管政策中存在对于虚拟货币法律定位缺失、规范性法律文件合法性不足等问题，并在反思监管政策后提出了解决的方法。

（二）以新技术应对安全问题

中国信息通信研究院等发布的《2018—2019 年金融科技安全分析报告》指出，交易安全、数据安全和传统网络安全技术及安全管理是当前金融科技网络安全的关键要素。其中 61% 的被调研企业均使用“风控识别”来驱动金融业务；71% 的被调研企业表示“数据安全及隐私保护”是企业目前及未来最需要加强的网络安全领域。报告显示，企业对于监管合规的关注度正在不断增强，更加注重个人信息主体及个人信息保护，同时，金融科技企业在网络安全领域将投入更多资金。但是报告还显示，近三分之一的企业在处理网络安全事件中仍然应对不足，发现漏洞和修补漏洞的时间较长，网络安全风险隐患依旧存在。

前述提到的各类新兴技术能够很好地应对金融科技发展中的安全问题。依托程序算法，人工智能可以及时、准确地分析各个金融机构的风险系数，以此监管自身风险状况（李欣怡，2018）。在动态风控方面，人工智能在监测金融机构内部威胁和外部风险、防范反欺诈和反洗钱等金融犯罪方面也发挥着巨大作用。另外，“区块链 + 智能合约”技术嵌入在金融监管体系中，金融机构和金融科技企业可以满足监管部门在风险内控、内部审计等方面的合规要求。

三、金融科技安全发展的市场应用

（一）多方市场主体助力

目前金融科技的应用，以持牌金融机构为主导。艾瑞咨询的一份报告指出，截至 2018 年，我国仅金融机构技术资金投入就多达 2297.3 亿元，近三分之一的资金投入前沿科技领域中，达到 675.2 亿元。预计到 2022 年，中国金融机构技术资金投入总规模将达到 4034.7 亿元，其中前沿科技投入占比将增长到 35.1%。

持牌金融机构是金融科技安全发展过程中的重要主体、国家金融业态发展的核心区，代表着安全发展的大趋势。持牌金融机构是与非持牌金融机构相对应的概念，前者持有监管机构所授予的“金融许可证”，俗称“金融牌照”，一般由“一行两会”进行审批。中国人民银行于 2014 年 9 月正式发布了《金融机构编码规范》（JR/T 0124—2014），这一金融行业标准从宏观层面统一了我国金融机构分类，明确了我国金融机构涵盖范围，界定了各类金融机构的具体组成，规范了金融机构统计编码方式与方法，将金融机构分为 8 个大类。目前防控金融风险、确立金融安全发展成为经济攻坚战的“重中之重”，监管政策强调将所有金融活动都纳入监管，实现监管全覆盖。以商业银行为例，一方面，其可以通过金融科技解决信息不对称问题（收集的信息更加多维化）；另一方面，包括指纹识别、人脸识别、虹膜识别、静脉识别等生物识别技术在商业银行中的普及，在节省了客户时间成本的同时也使商业银行内控安全性得到提高（张德茂、蒋亮，2018）。

同时，持牌金融机构正在不断加强与金融科技公司的合作，后者作为重要的补充力量也在金融科技安全发展中发挥着作用。截至 2018 年末，兴业银行、平安银行、招商银行、光大银行、民生银行等都先后成立了金融科技子公司。同时，持牌金融机构与 BATJ 等金融科技公司签订了各类框架性的战略合作协议、成立各类实验室等。比如，工商银行与京东金融签署了金融业务合作框架协议，农业银行与百度共建“智能银行”和金融科技联合实验室，中国银行与腾讯携手成立金融科技联合实验室等。此外，还有的直接或间接合作开展业务，比如中信银行和百度联合发起设立百信银行，建设银行与阿里巴巴、蚂蚁金服在线下线上渠道业务、电子支付方面开展合作等。普华永道（2018）的一份报告显示，商业银行和金融科技公司的合作更加侧重于加强自身科技能力建设，主要涉及反欺诈、加密、风险控制等领域的合作。

（二）市场业态——赋能金融

赋能金融可供借鉴的一个概念是“法律赋能”。冯果、袁康（2012）介绍了“法律赋能”的定义，其本质在于“权利自觉”的追求，即通过法律创建一种机制用来确认弱势主体的权利，同时促进他们认识并积极地自我实现这种权利。“赋能”一词可追溯至电气工业革命时期，1973 年胡志聪等人在《复旦学报（自然科学版）》上发表了《自动恒流恒压铌赋能整流装置》一文，主要介绍电器中间的电能如何进行对接传输转移。“赋能”一词第二次兴起是在电子商务大力发展的时候，原方正电子股份有限公司总裁李汉生提出了使用 IT 技术为电子商务赋能、为自己赋能的观点。当下“赋能”主要是指由数字技术驱动的电气、经济、新技术等的广泛应用，以表达“数字能源”或“数据能源”推动新金融与新产业发展。这次“赋能”一词的兴起直接来源于新的科学技术革命，技术在与产业、金融融合中表现出这种“赋能”的状态。2019 年 3 月，政府工作报告中也提到了“赋能”：推动传统产业改造提升，打造工业互联网平台，拓展“智能+”，为制造业转型升级赋能。

有学者指出金融科技本质上就是新兴技术对金融业的赋能，即通过全新的现代技术对原有金融功能和模式进行改造和创新，从而提高金融的效率，改变金融的内涵和边界（张德茂、蒋亮，2018）。赋能金融已然成为现代金融的一个表征，是指金融赋予产业、社会、消费者等能力、能量的一种形态。传统上金融在功能上划分为具有递进关系的四个层次：基础功能，如服务、中介功能；核心功能，如资源配置；扩展功能，如经济调节、风险规避；衍生功能，如风险交易、信息传递、公司治理、引导消费等（白钦先、谭庆华，2006）。赋能金融改变、拓展了金融的传统功能，例如，对于个人而言可以使得交易更为便捷、自身获得更多知识储备等，对于企业用户而言可以是销售渠道的扩张、采购成本的降低、技术研发时间的缩短、人员管理效率的提高等。赋能金融的应用使金融可以连接科技、产业、消费者、城市发展等社会各环节，并成为一个循环往复赋能生态系统的一部分，有力推动了社会进步。此次人民银行发布的《金融科技（FinTech）发展规划（2019—2021 年）》将“守正”作为首要原则，也是将金融科技定位于赋能者这一角色。

四、金融科技安全发展的监管及实践探索

（一）监管科技的兴起与应用

2008 年国际金融危机以来，世界各国都在加快推动金融监管体系变革，随后金融科技的出现与飞速发展使得金融监管的重点和金融风险的表现形式发生了较大变化，监管机构的监管压力加大，迫切需要采取更加有效、便捷的技术来适应金融市场的业务创新所聚集的风险隐患（张锐，2017）。监管科技发展的重要影响因素主要来自以下几个方面。其一是市场资本规模。随着金融科技投资规模的不断加大，监管科技也稳步增进。其二是 2008 年国际金融危机以来的近十年中，监管改革实践中所面临的监管复杂和合规成本高昂问题（王静，2018）。其三是监管机构也具有利用科技手段履行监管职责的需求（尹振涛、郑联盛，2017）。为了维持金融稳定，世界各国都进行了大量的金融监管改革，对金融的监管力度不断增强，其中主要包括数量繁多的监管法案。对于企业来说就不得不面对日益增高的合规成本和监管压力，这为监管科技的发展奠定了基础。另外，信息技术的进步使金融科技得到爆发式的发展，金融领域内不断涌现出新的创新产品和业务模式。在这种“野蛮生长”的过程中，金融科技带来的“破坏性创新”使得金融风险不断溢出。在金融科技从开拓市场发展到风险防范的时期后，监管领域出现的空白地越来越多，给监管带来了极大的挑战。因此，监管和合规成为金融行业的焦点。当传统金融监管措施在防范金融科技的潜在风险显得捉襟见肘时，监管科技便呼之欲出了。

2014 年英格兰银行首席经济学家 Andy Haldane 在回顾与反思 2008 年

国际金融危机的演讲中，畅想未来可以如同电影《星际迷航》中那样通过用虚拟电子屏幕就能够实时追踪全球的资金流动，构建如同全球天气预测系统那样的金融监控系统。这种听上去还带有一点科幻小说色彩的畅想，即以技术来重塑监管机制的大胆想法被认为是“监管科技”的思想渊源。监管科技的英文为“RegTech”，是由 Regulatory 和 Technology 的缩写组成。有学者在较为全面地分析了国内外对于监管科技内涵与外延的研究之后，从狭义和广义两个视角定义了监管科技的范畴。狭义上的定义认同英国 FCA（金融行为监管局）提出的将监管科技视作金融科技的一个分支的观点，以监测、识别、防控金融科技带来的金融风险为核心构建良好的金融科技生态体系。广义上，“监管科技应被视作在整个金融系统中，帮助企业处理监管合规和风险控制等相关问题的各种信息技术应用和解决方案”（尹振涛、范云朋，2019）。也有学者认为在厘清监管科技的内涵时，应当区别应用的主体。监管部门“将技术应用于监管执法”和金融机构、金融科技企业将“技术应用于监管合规”不同，前者是真正意义上的“监管科技”，后者应视为“合规科技”（张永亮，2019）。

目前，国外监管科技运用最为成熟的是“监管沙箱”（Regulatory Sandbox，也可翻译为监管沙盒），由英国在 2015 年 3 月提出，意在为金融创新提供充分发展和安全保障的测试环境并将其理念应用于金融监管领域。英国 FCA 将“监管沙箱”定义为“一个安全的空间，在这个空间里企业可以测试创新的产品、服务、商业模式和交付机制，而不会立即对从事相关活动产生所有正常的监管后果”。有学者将其描述为实际上类似于将金融科技业务、合规要求及其监管实践放在“沙盘”中进行演练（胡滨、郑联盛，2017）。

国内学者对于国外主要实施监管沙箱的运行机制做了详尽的研究（黄震、张夏明，2018；边卫红、单文，2017）。目前普遍认为需要结合国外监管沙箱的运作模式，结合我国金融监管的实际情况对其做“本土化”调整，试行中国版监管沙箱（柴瑞娟，2017）。姚辰（2019）提出以上海自贸区为试点探索中国式“监管沙箱”，分析了其与监管沙箱模式的契合性，提出了一套完整的运作路径。李有星、王琳（2019）认为应先在省级层面推行沙箱试点，采用“试点—总结—推广”模式，通过完善沙箱的准入标准、地方立法确保运行沙箱的权责分配、借鉴英国沙箱运行的具体措施这三个方面推行试点工作。许多学者通过域外法的比较研究，提出建立试验性金融监管法律体系（吴凌翔，2017），监管模式上进行从“行政区域实验”到“产品或服务实验”的转变，监管理念上采用更为主动监管的理念。2019 年 12 月 5 日，中国人民银行宣布在北京市率先开展金融科技创新监管试点。2020 年 1 月 14 日，中国人民银行营业管理部首次向社会公布了首批金融科技创新监管试点的六个试点项目，中国版金融科技的“监管沙箱”正式落地。

（二）强化金融消费者权益保护

金融科技的安全发展，应当重视金融消费者权益的保障。我国曾经在改革开放以来三十年的金融监管体制改革中，提出强调安全与效益性目标，表现为防范系统性风险和增进金融体系的市场效率，但对于金融消费者的权益保护未能引起足够的重视（刘晓勇，2008）。目前对于金融消费者权益保护尚未有统一的法律层面规制，但是越来越多的相关行政法规（如《国务院办公厅关于加强金融消费者权益保护工作的指导意见》）和部门规章（如《中国人民银行金融消费者权益保护实施办法》）等文件已经出台，其重要意义不言而喻。

现有对于金融消费者权益的研究汗牛充栋。大部分研究者深入探讨了“金融消费者”概念的内涵（吴弘，2011；李健男，2011 等）。同时，对这一概念是否包含金融投资者、是否包含法人和其他组织等方面也存有较大争论（廖凡，2011；邢会强，2016）。目前官方将金融消费者这一概念界定为“购买、使用金融机构提供的金融产品和服务的自然人”。但是王美舒（2019）认为这一定义对认识“金融消费者”未有过多助益，其只是“中国人民银行在履行职责语境下的‘金融消费者’，而非日常语言、学术讨论中的‘金融消费者’”，并提出要跳出概念思维的局限，以类型思维定义金融消费者的观点。

金融科技发展的大背景下，人们的各种信息汇集在大数据的洪流之中，个人信息和隐私往往已不在自己的实际控制之下。金融消费者的相关个人信息极容易被不法分子收集和利用，从而导致财产受损、隐私生活暴露，名誉、人格受到侵犯（杨琴、石江平，2018）。因此，《金融科技（FinTech）发展规划（2019—2021年）》明确提出要建立“金融信息安全风险防控长效机制”。2018年5月1日正式实施的《信息安全技术 个人信息安全规范》（GB/T 35273—2017），并就相关修订工作在2019年2月和6月向社会公开征求意见。可以说之后该国家标准的修订出台，对于个人信息的收集、保存、使用等环节提供了明确的指引，也有利于今后研究金融消费者信息知情权等方面的问题。

（三）注重金融科技的知识产权保护

早有国内外的实证研究表明，知识产权的保护更有利于技术创新的效率提升（Gould、Gruben，1998；李后建、张宗益，2014）。有学者指出，金融服务业作为服务业中的代表和核心，一方面，金融需要技术创新来防范风险，最大化地创造金融服务实体经济的价值；另一方面，为了确保技术创新不受侵害，必须以知识产权制度加以保护（汤晓红，2016）。

有学者在之前提出金融知识产权的概念，即在科技、金融和法律的结合下，对金融创新的一种定价评估机制，是金融领域财产权和人权的结合（杨枝煌，2009）。早些的研究者较为全面地分析了金融创新产品、互联网金融产品的知识产权保护（侯雪梅，2009；张志泰，2015）。而当下金融科技中最热门的技术莫过于区块链技术，胡光（2019）从专利、商标、版权和商业秘密四个方面探讨了对于区块链技术的知识产权保护方法，详细分析了各方法下的具体路径和策略。例如，通过专利保护需要突出其实用性功能，申请专利的程序软件应能通过某项应用对计算机数据处理效能产生影响；而商标方式的保护，关键在于“附加功能性描述”，即在满足显著性的基础上，突出区块链的延展性功能以起到区分商品或服务来源的作用。

五、技术、市场、监管协同发展

2015年7月18日，中国人民银行等十部委发布《关于促进互联网金融健康发展的指导意见》，指出应按照“依法监管、适度监管、分类监管、协同监管、创新监管”的原则，确立互联网支付、网络借贷等互联网金融主要业态的监管职责分工。该指导意见体现出“协同治理”的新思维。

有学者指出协同治理指的是两个或两个以上的部门通过信息共享、资源互动、能力互补和共同行动来实现单一部门无法达成的目标，其具有跨越政府层级以及政府、企业和社会边界的特征，多类型主体共同参与决策与执行过程（张克，2015）。这种意义上的协同仍体现在机构部门之间，是发生在同一种要素间的协同，而金融科技的安全发展需要多种要素之间的协同。2018 年 11 月 9 日，北京市地方金融监督管理局发布《北京市促进金融科技发展规划（2018—2022 年）》，在第二部分总体思路和第五部分拓展金融科技应用场景、发展现代金融服务体系中均提到了在金融创新发展的同时需要促进科技与监管的融合，促进互联网金融与监管科技协同创新发展。

六、小结

在这场以科技为主导力量的变革浪潮中，金融科技的安全发展必须依托科技的力量。这些关键技术能将分散、孤立的各类信息统合成为一体化的信息资源，打破“信息孤岛”的困境，并为金融科技的安全发展打下坚实的客观物质基础。新技术连接着金融科技和监管科技，同时也连接着金融机构、金融科技企业及第三方机构，这些市场主体的能动性在技术赋能下得到充分发挥。同时，科技驱动下的监管正改变着传统金融监管的思维方式。监管科技的应用能在很大程度上解决“运动式”执法带来的弊病，破解“一管就死、一放就乱”的监管困境，进而实现“创新—监管—再创新—再监管”的良性循环。部署金融科技的安全发展，探求技术、市场、监管的具体协同机制仍需要进一步研究。

附录二　中国金融科技安全发展相关政策法规汇编

基于技术、市场、监管协同发展的视角，促进金融科技的安全发展包括防范金融风险、支持创新产业与协同监管三方面。其中，金融科技风险主要由两个方面叠加，一方面是传统金融风险，另一方面是隐含在基础设施、技术运营、数据管理等方面的技术风险。

从促进金融科技安全发展的角度看，我国从2015年到2020年1月共发布约400部政策法规，详见图1。

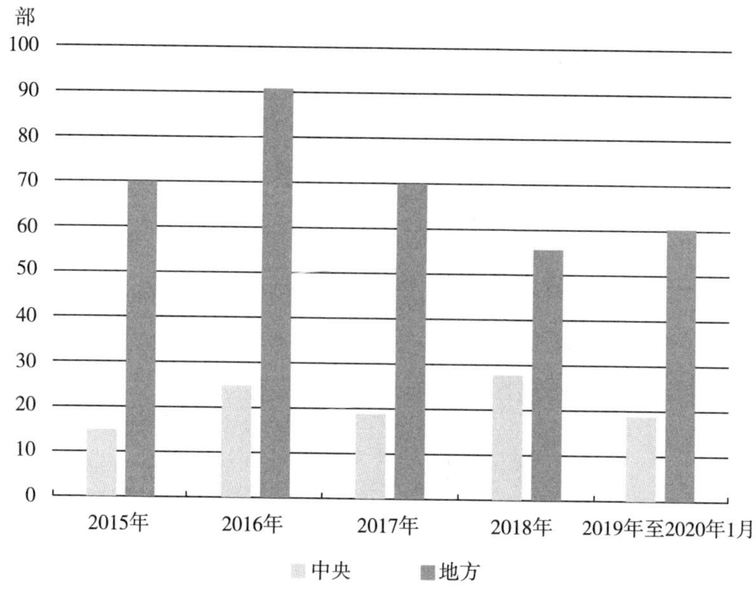

图1　2015年至2020年1月促进金融科技安全发展政策法规发布情况

（资料来源：相关文件发布部门官方网站及北大法宝）

本报告从防范金融风险的角度，提取其中74部政策法规加以整理。在整理的 74 部政策法规中，有 9 部为中央或地方的金融科技建设规划，其中中国人民银行发布的《金融科技（FinTech）发展规划（2019—2021 年）》明确提出了未来三年中国金融科技工作的指导思想、基本原则、发展目标、重点任务和保障措施，为中国金融科技发展作出顶层设计，提供政策指引；有 13 部政策法规为人工智能、大数据、云计算、生物识别等科技的发展提供政策支持与发展指引，如《国家新一代人工智能创新发展试验区建设工作指引》《促进大数据发展行动纲要》等，通过大力发展新兴产业为金融科技的安全发展提供技术支持；有 23 部政策法规对资管业务和互联网保险、互联网基金、股权众筹等各种互联网金融业态进行了规定，明确开展货币市场基金互联网销售业务时应遵循的规定，明确指出互联网资管业务属于特许经营业务，未取得金融牌照不得从事互联网资管业务等；有 8 部法规与市场监管有关，通过备案登记、管理办法、整治措施等一系列文件，整肃行业风气，保护消费者合法权益，为金融科技安全发展提供良好的市场环境；有 12 部关于金融科技的行业规定、标准及自律公约，倡导软法治理，加强行业自律，健全行业自律制度和行业准则。此外，还包括网络征信、电子商务、代币发行等政策法规。具体参见图 2。

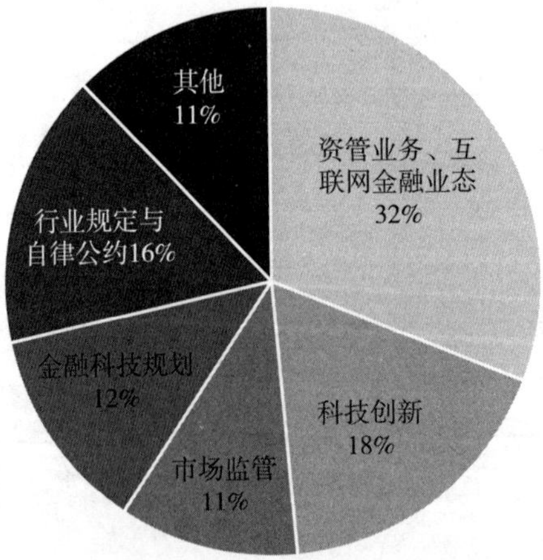

图 2　法规政策内容速览

对这 74 部政策法规加以整理，整理出的法规政策详见表 1 至表 5。

制表说明：（1）结合北大法宝给出的分类标准，将其分为法律，党内法规，行政法规，部门规章，司法解释，地方法规，行业规定、行业标准及自律公约并汇总成表。其中，行政法规包括行政法规、国务院规范性文件；部门规章包括部门规章、部门规范性文件、部门工作文件；地方法规包括地方性法规、地方政府规章、地方规范性文件、地方司法文件及地方工作文件。

（2）表中互联网金融风险专项整治工作领导小组办公室和 P2P 网贷风险专项整治工作领导小组办公室两个发布部门，按照北大法宝官网的分类，属于中央其他机构。这两个机构在发布文件时，互联网金融风险专项整治工作领导小组办公室由人民银行金融市场司代章，P2P 网贷风险专项整治工作领导小组、办公室由银监会普惠金融部代章。

（3）无法在官网中查询到原文的文件标注为“—”。

表 1　2015—2019 年中国金融科技风险防范与处置相关法律、党内法规与行政法规速览

发布时间 实施时间	发布部门	文件名称	文号/详情	亮点
法律				
2019 - 10 - 26 2020 - 01 - 01	全国人大常委会	《中华人民共和国密码法》	主席令第 35 号	作为开展金融监管工作最高级别的指引，围绕“怎么用密码、谁来管密码、怎么管密码”，重点规范了五方面 44 条内容
2018 - 08 - 31 2019 - 01 - 01	全国人大常委会	《中华人民共和国电子商务法》	主席令第 7 号	对电子商务经营者、电子商务合同的订立与履行、电子商务争议解决、电子商务促进、法律责任等进行规定
2016 - 11 - 07 2017 - 06 - 01	全国人大常委会	《中华人民共和国网络安全法》	主席令第 53 号	是我国第一部全面规范网络空间安全管理的基础性法律

续表

发布时间 实施时间	发布部门	文件名称	文号/详情	亮点
党内法规				
2019-02-18	中共中央、国务院	《粤港澳大湾区发展规划纲要》	深化内地和港澳合作	支持深圳市建设保险创新发展试验区，推动深港金融市场互联互通和深港澳特色金融合作，加强深港绿色金融和金融科技合作
2016-04-14	中国保监会（已撤销）、中央宣传部、中央维稳办等	《互联网保险风险专项整治工作实施方案》	保监发〔2016〕31号	重点整治互联网高现金价值业务、非法经营互联网保险业务
2016-04-14	证监会、中央宣传部、中央维稳办等	《股权众筹风险专项整治工作实施方案》	证监发〔2016〕29号	规范互联网股权融资行为，惩治通过互联网从事非法发行证券、非法集资等非法金融活动，切实保护投资者合法权益
2016-04-13	国家工商行政管理总局、中央宣传部、中央维稳办等	《开展互联网金融广告及以投资理财名义从事金融活动风险专项整治工作实施方案》	工商办字〔2016〕61号	认真落实“谁审批、谁监管，谁主管、谁监管”的要求，规范互联网金融广告及以投资理财名义从事金融活动的行为，防范化解潜在风险隐患
行政法规				
2019-08-01	国务院办公厅	《关于促进平台经济规范健康发展的指导意见》	国办发〔2019〕38号	持续深化“放管服”改革，聚焦平台经济发展面临的突出问题，创新监管理念和方式，落实和完善包容审慎监管要求，推动建立健全适应平台经济发展特点的新型监管机制
2017-07-09	国务院办公厅	《关于加快推进社会信用体系建设 构建以信用为基础的新型监管机制的指导意见》	国办发〔2019〕35号	以加强信用监管为着力点，建立健全贯穿市场主体全生命周期，衔接事前、事中、事后全监管环节的新型监管机制

续表

发布时间 实施时间	发布部门	文件名称	文号/详情	亮点
行政法规				
2019-01-31	国务院	《关于全面推进北京市服务业扩大开放综合试点工作方案的批复》	国函〔2019〕16号	支持设立金融科技、绿色金融领域交流合作平台，在依法合规的前提下加强金融科技创新
2017-07-08	国务院	《新一代人工智能发展规划》	国发〔2017〕35号	智能金融方面，建立金融大数据系统，提升金融多媒体数据处理与理解能力鼓励金融行业应用智能客服、智能监控等技术和装备
2016-04-12	国务院办公厅	《互联网金融风险专项整治工作实施方案》	国办发〔2016〕21号	首次以法规方式明确对互联网金融实施“穿透式监管”，利用互联网思维做好互联网金融监管工作，提出重点整治问题和工作要求
2015-08-31	国务院	《促进大数据发展行动纲要》	国发〔2015〕50号	加快政府数据开放共享，推动资源整合，提升治理能力；推动产业创新发展，发展新兴产业大数据；健全大数据安全保障体系
2015-06-24	国务院办公厅	《关于运用大数据加强对市场主体服务和监管的若干意见》	国办发〔2015〕51号	充分运用大数据、云计算等现代信息技术，运用大数据科学制定和调整监管制度和政策

表2　2015—2019年中国金融科技风险防范与处置部门规章速览

发布时间 实施时间	发布部门	文件名称	文号/详情	亮点
2020-01-14	金融稳定发展委员会办公室	《国务院金融稳定发展委员会办公室关于建立地方协调机制的意见》	金融委办发〔2020〕1号	将在各省（自治区、直辖市）建立金融委办公室地方协调机制，加强中央和地方在金融监管、风险处置、信息共享和消费者权益保护等方面的协作

续表

发布时间 实施时间	发布部门	文件名称	文号/详情	亮点
2019－12－26	中国人民银行、国家发展改革委等	《信用评级业管理暂行办法》	信用评级行业正式进入统一监管	明确了信用评级行业规范发展的政策导向，建立健全统一监管的制度框架
2019－11－28	国家互联网信息办公室、工业和信息化部等	《APP违法违规收集使用个人信息行为认定方法》	国信办秘字〔2019〕191号	从六个方面对APP主要违法违规情形作出具体规定，为APP评估和处置提供参考，也为APP运营者自查自纠提供指引
2019－10－16	市场监管总局、中国人民银行	《金融科技产品认证目录（第一批）》《金融科技产品认证规则》	认证认可综合规定	公布了11款首批被纳入金融科技产品认证目录的产品和金融科技产品认证的基本认证模式
2019－10	中国人民银行上海总部	《关于促进金融科技发展　支持上海建设金融科技中心的指导意见》	银总部发〔2019〕67号	充分发挥上海金融和科技资源优势，推动上海国际金融中心建设与科技创新中心建设联动发展
2019－08	中国人民银行	《金融科技（FinTech）发展规划（2019—2021年）》	银发〔2019〕209号	明确提出未来三年金融科技工作的指导思想、基本原则、发展目标、重点任务和保障措施
2019－08－29	科学技术部	《国家新一代人工智能创新发展试验区建设工作指引》	国科发规〔2019〕298号	为有序开展国家新一代人工智能创新发展试验区建设，推动新一代人工智能健康发展提供指引
2019－08－01	科学技术部	《国家新一代人工智能开放创新平台建设工作指引》	国科发高〔2019〕265号	为促进人工智能与实体经济的深度融合，进一步推进国家新一代人工智能开放创新平台建设，推动我国人工智能技术创新和产业发展提供工作指引

续表

发布时间 实施时间	发布部门	文件名称	文号/详情	亮点
2019-07-02	国家互联网信息办公室、国家发展改革委等	《云计算服务安全评估办法》	国家互联网信息办公室、国家发展和改革委员会、工业和信息化部、财政部公告2019年第2号	坚持事前评估与持续监督相结合，保障安全与促进应用相统一，客观评价、严格监督云计算服务平台的安全性、可控性
2019-06-25	全国信息安全标准化技术委员会	关于国家标准《信息技术　安全技术　生物特征识别信息的保护要求》征求意见稿征求意见的通知	生物特征识别信息保护征求意见稿	本标准规定了生物特征识别信息的安全保护要求，包括生物特征识别系统的威胁和对策、生物特征信息和身份主体之间绑定的安全要求、应用模型以及个人信息保护要求等
2019-01-10	国家互联网信息办公室	《区块链信息服务管理规定》	国家互联网信息办公室令第3号	鼓励区块链行业组织加强行业自律，指导区块链信息服务提供者建立健全服务规范，推动行业信用评价体系建设，促进行业健康有序发展
2018-12 2019-02-01	国家互联网信息办公室	《金融信息服务管理规定》	促进金融信息服务健康有序发展	对金融信息服务机构的信息内容和相关行为明确要求
2018	中国人民银行、中国银保监会、中国证监会	关于金融行业贯彻《推进互联网协议第六版（IPv6）规模部署行动计划》的实施意见	银发〔2018〕343号	以IPv6规模部署为主线，以典型应用改造和特色应用创新为方向，始终坚持“一个前提，两个结合”三项基本原则推进金融行业IPv6规模部署工作
2018-12	中国人民银行等	《关于完善系统重要性金融机构监管的指导意见》	对系统重要性金融机构制定特别监管要求	明确系统重要性金融机构监管的政策导向，弥补金融监管短板，引导大型金融机构稳健经营，防范系统性金融风险

续表

发布时间/实施时间	发布部门	文件名称	文号/详情	亮点
2018-10 2019-01-01	中国人民银行、中国银保监会、中国证监会	《互联网金融从业机构反洗钱和反恐怖融资管理办法（试行）》	银发〔2018〕230号	设立互联网金融反洗钱和反恐怖融资网络监测平台，使用网络监测平台完善线上反洗钱监管机制、加强信息共享
2018-09-30	中国银保监会	《关于继续加强互联网保险监管有关事项的通知》	积极推进互联网保险监管各项工作	各保险机构要认真落实互联网保险业务经营区域和信息披露有关要求，强化保险消费者保护，各保监局要加强上下联动和横向协调，针对互联网保险业务的风险特性做好日常监管和消费者保护
2018-08-31	中国证监会	《中国证监会监管科技总体建设方案》	—	明确了监管科技1.0、2.0、3.0信息化建设工作需求和工作内容，进一步推进证监会信息系统的资源与数据整合，充分发挥科技在监管工作中的作用
2018-05-30 2018-06-01	中国证监会、中国人民银行	《关于进一步规范货币市场基金互联网销售、赎回相关服务的指导意见》	中国证券监督管理委员会公告〔2018〕10号	明确开展货币市场基金互联网销售业务时应遵循的规定，以及非银行支付机构在为基金管理人、基金销售机构提供基金销售支付结算业务过程中应遵循的相关规定
2018-05-22	国家发展改革委办公厅等	《关于做好引导和规范共享经济健康良性发展有关工作的通知》	发改办高技〔2018〕586号	加强技术手段建设，积极利用技术手段创新监管方式，为风险防控提供有效支撑，开展大数据监管
2018-03-28	互联网金融风险专项整治工作领导小组办公室	《关于加大通过互联网开展资产管理业务整治力度及开展验收工作的通知》	整治办函〔2018〕29号	明确指出互联网资管业务属于特许经营业务，未取得金融牌照不得从事互联网资管业务；规定了验收标准及流程，对机构分类处置

续表

发布时间 实施时间	发布部门	文件名称	文号/详情	亮点
2017-12-13	工业和信息化部	《促进新一代人工智能产业发展三年行动计划(2018—2020年)》	工信部科〔2017〕315号	为加快人工智能产业发展，推动人工智能和实体经济深度融合，制订人工智能产业发展三年行动计划(2018—2020年)
2017-12-08	P2P网络借贷风险专项整治工作领导小组办公室	《关于做好P2P网络借贷风险专项整治整改验收工作的通知》	网贷整治办函〔2017〕57号	要求网贷机构对本机构整改验收情况及备案登记情况进行信息披露，对于不同情况的网贷机构，分类施策、科学处置，分阶段完成整改验收及后续备案登记工作
2017-09-04	中国人民银行等	《关于防范代币发行融资风险的公告》	代币发行融资是一种未经批准非法公开融资的行为	任何组织和个人不得非法从事代币发行融资活动，金融机构和非银行支付机构不得开展与代币发行融资交易相关的业务
2017-06-30	互联网金融风险专项整治工作领导小组办公室	《关于对互联网平台与各类交易场所合作从事违法违规业务开展清理整顿的通知》	整治办函〔2017〕64号	要求各地整治办高度重视互联网平台与各类交易场所合作从事违法违规业务的危害性，坚决整治乱象、消除危害
2017-03-30	工业和信息化部	《云计算发展三年行动计划(2017—2019年)》	工信部信软〔2017〕49号	推动云计算企业整合资源，建立制造业创新中心，持续提升云计算服务能力，加快完善云计算标准体系
2016-05-18	国家发展改革委、科技部等	《"互联网+"人工智能三年行动实施方案》	发改高技〔2016〕1078号	着力加强人工智能应用创新，引导产业集聚发展，加快发展"互联网+"新模式新业态

续表

发布时间 实施时间	发布部门	文件名称	文号/详情	亮点
2016-04-14	中国人民银行等	《通过互联网开展资产管理及跨界从事金融业务风险专项整治工作实施方案》	银发〔2016〕113号	整治重点分为三类，明确了信息排查、职责界定、清理整顿、验收总结工作程序及时间进度
2016-04-13	中国银监会等十五部委	《P2P网络借贷风险专项整治工作实施方案》	银监发〔2016〕11号	明确了网贷风险专项整治工作的目标原则，确定了网贷风险专项整治工作的范围和重点等
2015-07-14	中国人民银行等十部门	《关于促进互联网金融健康发展的指导意见》	银发〔2015〕221号	规定了互联网金融各业态基本业务规则，分类指导，明确互联网金融监管责任，规范互联网金融市场秩序

表3　2015—2019年中国金融科技风险防范与处置地方法规速览

发布时间 实施时间	发布部门	文件名称	文号/条款详情快速定位	亮点
2020-01-10	北京市地方金融监督管理局等四部门	《关于加大金融支持科创企业健康发展的若干措施》	科创金融十七条	为优化科创企业融资环境，更好服务全国科技创新中心建设，提出增加信贷投放等十七项支持科创企业健康发展的重要举措
2019-11-13	中关村西城园管理委员会	关于落实《关于支持北京金融科技与专业服务创新示范区（西城区域）建设的若干措施》的实施细则	西科管发〔2019〕4号	"金科十条"实施细则进一步明确了政策支持对象的范围，包括金融科技企业、创新服务平台、专业服务机构和楼宇运营机构四类，并对支持标准、申报途径、受理部门、审核程序等内容进行了细化规范
2019-10-12	北京银保监局	《关于规范银行与金融科技公司合作类业务及互联网保险业务的通知》	京银保监发〔2019〕310号	规范辖内银行与金融科技公司合作类业务及互联网保险业务，促进银行保险机构加强风险管控和合规管理

续表

发布时间 实施时间	发布部门	文件名称	文号/条款详情快速定位	亮点
2019-09-21	中共厦门市委、厦门市政府	《关于大力建设金融强市　打造金融科技之城的意见》	厦委发〔2019〕20号	强化金融科技基础支撑、塑造金融科技创新业态，健全两岸金融服务体系、提升金融国际化水平
2019-05-30	杭州市政府	《杭州国际金融科技中心建设专项规划》	浙发改规划〔2019〕258号	大力引进各金融机构金融科技业务板块，积极引进互联网行业背景的金融科技龙头企业，着力引进和培育初创型金融科技新锐企业
2019-02-26	北京市中关村科技园区管理委员会	《中关村国家自主创新示范区促进科技金融深度融合创新发展支持资金管理办法》	中科园发〔2019〕6号	加快推进科技金融供给侧结构性改革，促进金融与科技、产业、经济深度融合，建立适合中关村国家自主创新示范区企业全生命周期发展的综合金融服务体系
2018-11-27	长沙市政府	《关于加快区块链产业发展的意见》	长政办发〔2018〕45号	培育一批基于区块链的新兴业态，打造具有全国影响力的区块链产业集聚地和示范应用基地，为长沙建设国家科技创新高地注入新活力和新动能
2018-10-23	广州市金融工作局	《广州市关于促进金融科技创新发展的实施意见》	穗金融〔2018〕22号	将金融科技全面应用于支付清算、信贷融资、证券投资、保险理赔、财富管理、风险管理、应收账款融资等各金融领域
2018-10-22	北京市金融工作局等	《北京市促进金融科技发展规划（2018—2020年）》	北京金融科技发展规划	充分发挥北京金融资源，扎实推进金融与科技互动融合发展，率先打造全国金融科技创新高地和金融安全示范区域

续表

发布时间 实施时间	发布部门	文件名称	文号/条款详情快速定位	亮点
2018-10-22	北京市金融工作局、北京市中关村科技园区管理委员会等	《关于首都金融科技创新发展的指导意见》	首都金融科技创新发展指导意见	立足首都"四个中心"城市战略定位，建设北京金融科技与专业服务创新示范区，建设国际一流的金融科技生态，培育形成具有全球影响力的金融科技产业
2018-08-24	北京市互联网金融风险专项整治工作领导小组	《关于启动在京注册P2P网络借贷机构自查工作的通知》	规定自查主体、标准、时间、业务范围等	自通知发布之日起启动P2P网络借贷机构自查工作
2018-06-26	广州市金融工作局	《关于印发实施网络借贷信息中介机构现场检查细则的通知》	穗金融规〔2018〕6号	全国首份关于网贷中介机构现场检查的管理办法，规定了检查主体、检查对象、准入资格情况、内控情况、业务开展情况、信息披露等检查内容
2018-04-04	中国银监会上海监管局	《关于规范在沪银行业金融机构与第三方机构合作贷款业务的通知》	沪银监通〔2018〕19号	规定各银行业金融机构不得为P2P网络借贷机构以及撮合业务提供放贷资金

表4　2015年至2020年1月中国金融科技风险防范与处置司法解释速览

发布时间 实施时间	发布部门	文件名称	文号/条款详情快速定位	亮点
2019-07-23 2019-10-21	最高人民法院、最高人民检察院、公安部、司法部	《关于办理非法放贷刑事案件若干问题的意见》	关于非法放贷刑事案件的意见	依法惩治非法放贷犯罪活动，防范因非法放贷诱发涉黑涉恶以及其他违法犯罪活动，保护公民、法人和其他组织合法权益

续表

发布时间 实施时间	发布部门	文件名称	文号/条款详情快速定位	亮点
2018－08－07 2018－08－10	最高人民法院	《关于上海金融法院案件管辖的规定》	法释〔2018〕14号	明确上海金融法院案件管辖的具体范围，非银行支付机构网络支付、网络借贷、互联网股权众筹等新型金融民商事纠纷被纳入管辖
2017－08－04	最高人民法院	《关于进一步加强金融审判工作的若干意见》	—	依法审理互联网金融纠纷案件，规范发展互联网金融，加强新类型金融案件的研究和应对，统一裁判尺度
2018－03－12	最高人民法院等	《关于进一步推进网络执行查控工作的通知》	法〔2018〕64号	银行存款将可实行网络冻结、扣划；金融理财产品可网络冻结
2017－06－01	最高人民检察院	《关于办理涉互联网金融犯罪案件有关问题座谈会纪要》	高检诉〔2017〕14号	强调互联网金融的本质还是金融，规定了办理涉互联网金融犯罪案件的基本要求
2015－08－06 2015－09－01	最高人民法院	《关于审理民间借贷案件适用法律若干问题的规定》	法释〔2015〕18号	对P2P网络贷款平台提供者是否承担担保责任分情况进行界定

表5　2015年至2020年1月中国金融科技风险防范与处置行业规定、标准与自律公约速览

发布时间 实施时间	发布部门	文件名称	文号/条款详情快速定位	亮点
2019-01-11	中国互联网金融协会	《关于互联网金融从业机构接入互联网金融反洗钱和反恐怖融资网络监测平台的公告》	互联网金融从业机构接入网络监测平台	要求依法从事网络借贷、网络借贷信息中介、股权众筹融资、互联网基金销售、互联网保险、互联网信托和互联网消费金融的机构，通过网络监测平台向中国人民银行进行反洗钱和反恐怖融资履职登记
2018-08-30	北京市互联网金融行业协会	《关于防范以"虚拟货币""区块链""ICO"及其变种名义进行非法集资的风险提示》	互金协发〔2018〕031号	提示各互联网金融企业共同主动抵制和防范以"虚拟货币""区块链""ICO"及其变种名义进行非法集资的行为和活动
2018-07-23	北京市互联网金融行业协会	《北京市网络借贷信息中介机构业务退出规程》	互金协发〔2018〕020号	对于主动终止网贷业务、退出网贷行业的平台提出了明确要求，涉及业务退出的程序、退出备案与资料报送、消费者保护、业务处置等方面内容
2018-06-14	中国互联网金融协会	《互联网金融从业机构营销和宣传活动自律公约（试行）》	适用于互联网金融从业机构营销和宣传活动	互联网金融从业机构通过一定媒介和形式直接或者间接地推介自身品牌、推销自己所经营的互联网金融产品、服务等应当适度，所引用的数据和资料应当真实准确，不得以虚假或引人误解的内容进行宣传等

续表

发布时间 实施时间	发布部门	文件名称	文号/条款详情快速定位	亮点
2018-03-29	中国互联网金融协会	《互联网金融逾期债务催收自律公约（试行）》	适用于规范互联网金融逾期债务催收行为	从失信惩戒、业务管理、人员管理、信息管理、外包管理、投诉处理等方面做了具体规定，明确了债务催收行为的正负面清单等
2017-11-24	中国互联网金融协会	《关于网络小额现金贷款业务的风险提示》	郑重提醒相关机构应合规发展、审慎经营	不具备放贷资质的应立即停止非法放贷行为，具备合法放贷资质的应主动加强自律，合理定价，确保息费定价符合国家相关法律法规要求
2017-10-11	中国互联网金融协会	《互联网金融 信息披露 互联网消费金融》（T/NIFA 2—2017）团体标准	提供了开展个体网络借贷信息中介业务信息披露的一般原则	定义并规范了27项披露指标，其中强制性披露指标23项、鼓励性披露指标4项，分为从业机构信息和业务信息两个方面
2017-10-11	中国互联网金融协会	《互联网金融 信息披露 个体网络借贷》（T/NIFA 1—2017）团体标准	适用于开展个体网络借贷信息中介业务信息披露	信息披露项为126项，较原标准增加了30项，其中，强制性披露项由原来的65项增加至109项，鼓励性披露项由原来的31项减少至17项
2017-06	上海市互联网金融行业协会	《上海市网络借贷电子合同存证业务指引》	对委托人和存证人的适用范围、委托人存证人职责等进行界定	是全国首个针对网络借贷电子合同存证业务的指引性文件，对电子合同及网络借贷电子合同存证业务等进行界定
2017-04	上海市互联网金融行业协会	《互联网金融从业机构区块链技术应用自律规则》	互联网金融从业机构区块链技术应用应当遵守的规定	是国内首个互联网金融行业的区块链自律规则，共12条，涉及互联网金融从业机构信息报备、客户信息识别、安全防范、隐私保护、人才培养等

续表

发布时间 实施时间	发布部门	文件名称	文号/条款详情快速定位	亮点
2017-03-27	中国互联网金融协会	《中国互联网金融协会团体标准管理办法》	互联网金融协会团体标准	适应互联网金融规范发展和市场创新需求，切实加强金融消费者保护，制定中国互联网金融协会团体标准
2016-10-28	中国互联网金融协会	《中国互联网金融协会关于印发互联网金融信息披露标准和配套自律制度的通知》	互金发〔2016〕6号	《互联网金融 信息披露 个体网络借贷》标准（T/NIFA 1—2016）定义规范了96项披露指标，《中国互联网金融协会信息披露自律管理规范》对违规的信息披露行为实施自律惩戒

附录三　金融科技安全发展大事记

（素材来源：有关部门官网发布、主流媒体公开报道）

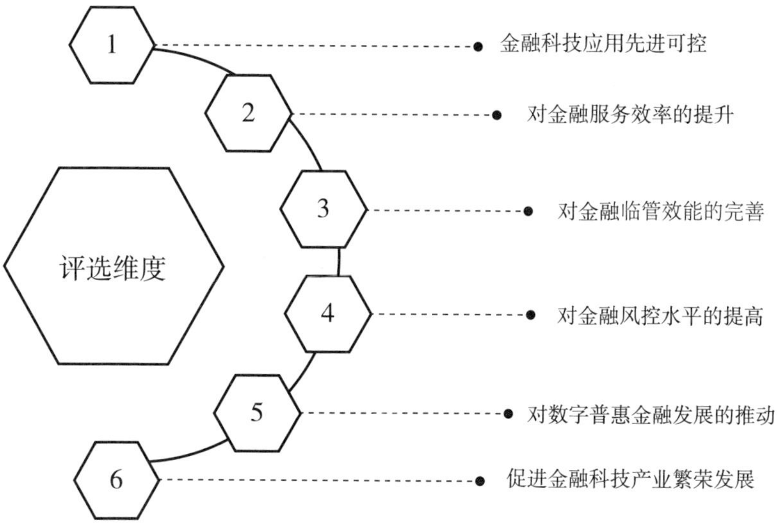

1. 金融科技应用先进可控

金融科技是技术驱动的金融创新（该定义由金融稳定理事会（FSB）于2016年提出，目前已成为全球共识），旨在运用现代科技成果改造或创新金融产品、经营模式、业务流程等，推动金融发展提质增效。在新一轮科技革命和产业变革的背景下，金融科技蓬勃发展，人工智能、大数据、云计算、物联网等信息技术与金融业务深度融合，为金融发展提供源源不断的创新活力。坚持创新驱动发展，加快金融科技战略部署与安全应用，已成为深化金融供给侧结构性改革、增强金融服务实体经济能力、打好防范化解金融风险攻坚战的内在需要和重要选择。《金融科技（FinTech）发展规划（2019—2021年）》指出，要大幅提升金融与行业数据规范融合应用水平，不断激发金融创新活力，全面建成安全、可控、先进、高效的金融科技应用体系。

2. 对金融服务效率的提升

金融科技和监管科技在提升传统金融监管效率和降低成本方面有极大的优势。《金融科技（FinTech）发展规划（2019—2021年）》指出，要积极利用移动互联网、人工智能、大数据、影像识别等技术推动传统实体网点向营销型、体验型智慧网点转变，优化改进网点布局和服务流程，缩减业务办理时间，提升网点营业效率。探索基于跨行业数据资源开展多渠道身份核验，提升金融服务客户识别效率。探索轻型化金融服务模式，打造对内聚合产品与服务、对外连接合作机构与客户的综合性金融与民生服务平台，发挥客户集聚效应，降低金融服务边际成本，提升金融服务与社会公共服务效率。

3. 对金融监管效能的完善

当前，金融科技创新在大数据运用、信息安全、金融消费者权益保护等方面都存在着一定的风险隐患，给现行监管带来了挑战。在合理的引导和规范之下，金融科技与监管科技的发展才有更好的前景，非规范引领的金融监管科技创新有可能会剑走偏锋。应当充分借鉴国际先进经验，系统梳理现行监管规则，结合我国金融科技发展趋势，加强金融科技监管顶层设计。针对专项技术的本质特征和风险特性，提出专业性、针对性的监管要求，制定差异化的金融监管措施，提升监管精细度和匹配度，逐步建成纲目并举、完整严密、互为支撑的金融科技监管基本规则体系，从而加快金融科技创新产品全生命周期管理机制的基本形成，促进金融监管效能和金融机构合规水平持续提升。

4. 对金融风控水平的提高

在金融科技普遍应用的今天，利用金融科技提升风险管理能力已经成为智慧时代下进行风险管理的最大变革与创新。随着外部数据获取途径的增加，金融科技中以大数据、云计算、人工智能和区块链等为代表的领先信息科技的应用给金融机构的风险管理能力带来极大提升，能够帮助金融机构在交易前更好地甄别和计量风险，成为防范化解金融风险的新利器。《金融科技（FinTech）发展规划（2019—2021年）》指出，要运用大数据、人工智能等技术建立金融风控模型，有效甄别高风险交易，智能感知异常交易，实现风险早识别、早预警、早处置，提升金融风险技防能力。运用数字化监管协议、智能风控平台等监管科技手段，推动金融监管模式由事后监管向事前、事中监管转变，有效解决信息不对称问题，消除信息壁垒，缓解监管时滞，提升金融监管效率。要加快金融安全管理制度的基本形成，大幅提高金融风险技防能力，逐步健全金融风险防范长效机制，助力金融风险管控水平再上新台阶。

5. 对数字普惠金融发展的推动

金融科技成为促进普惠金融发展的新机遇。《金融科技（FinTech）发展规划（2019—2021 年）》指出，要强化金融服务意识，下沉经营重心，加大对零售客户的服务力度，使金融科技发展成果更多地惠及民生。通过金融科技不断缩小数字鸿沟，解决普惠金融发展面临的成本较高、收益不足、效率和安全难以兼顾等问题，助力金融机构降低服务门槛和成本，将金融服务融入民生应用场景。运用金融科技手段实现滴灌式精准扶持，缓解小微企业融资难融资贵、金融支农力度需要加大等问题，为打赢精准脱贫攻坚战、实施乡村振兴战略和区域协调发展战略提供金融支持。

6. 促进金融科技产业繁荣发展

《金融科技（FinTech）发展规划（2019—2021 年）》指出，要建立健全与金融市场相适应、有利于吸引和留住人才、激励和发展人才的薪酬和考核制度，激发人才创新创造活力。拓宽人才引进渠道，通过社会招聘吸纳成熟人才，通过校园招聘构建后备力量，通过顾问、特聘等形式引进行业尖端智慧。制订金融科技人才培养计划，深化校企合作，注重从业人员科技创新意识与创新能力培养，造就既懂金融又懂科技的专业人才，优化金融业人员结构，为金融科技发展提供智力支持。培育一批具有国际知名度和影响力的金融科技市场主体，社会组织和专业服务机构对金融科技发展的支撑作用不断强化，开放、合作、共赢的金融科技产业生态体系基本形成。

2019—2020年

2019年1月25日，中国互联网金融协会金融科技发展与研究专业委员会成立。中国互联网金融协会在北京召开了金融科技发展与研究专业委员会成立会议暨2019年第一次工作会议，旨在进一步加强金融科技领域交流合作，提升金融科技发展水平与研究质量，促进行业坚守服务实体经济初心、实现规范健康可持续发展。

2019年2月，习近平总书记在中共中央政治局第十三次集体学习时强调，要深化对国际国内金融形势的认识，正确把握金融本质，深化金融供给侧结构性改革，深化金融改革开放，增强金融服务实体经济能力。

2019年3月12日，教育部办公厅印发《2019年教育信息化和网络安全工作要点》指出，将加快推进网络安全领域新工科建设，推进产学合作协同育人，引导鼓励有条件的职业院校开设网络安全类专业。

2019年3月30日，国家互联网信息办公室发布第一批境内区块链信息服务备案编号，北京互联网法院“天平链”成为首批通过备案的区块链。“天平链”的设立，意味着北京互联网法院在区块链技术服务司法审判、与司法业务深度融合、提高审判质效中迈出了第一步，完成了区块链司法1.0的构建与应用。

2019年4月28日，互联网金融安全重点实验室北京实验基地在北京金融安全产业园正式启动。互联网金融安全重点实验室北京实验基地由国家互联网应急中心、北京市地方金融监督管理局、房山区人民政府三方共同设立，将通过国家互联网金融风险分析技术平台和互联网金融安全技术重点实验室现有的底层技术与研究能力，有效服务于北京市整体金融风险防范和金融监管工作。

2019年5月，“北京金融科技与专业服务创新示范区”建设工作正式启动，该区域将涵盖中关村西城园10平方公里，作为国家级金融科技示范区正式纳入国家战略，成为北京“城市功能”布局的一部分。

2019 年 6 月，浙江省依托浙江政务服务网上线了全国首个区块链电子票据平台，助推群众看病报销更加便利。随着区块链技术被应用到更多的办事事项中，相关政务数据的存储和应用会更安全。同时，数据上“链”，可以充分保证办事系统的保密和稳定。

2019 年 8 月，中国人民银行印发《金融科技（FinTech）发展规划（2019—2021 年）》，明确提出未来三年金融科技工作的指导思想、基本原则、发展目标、重点任务和保障措施。“赋能金融服务”被正式列入金融科技规划。该规划的出台标志着金融科技行业的发展步入新阶段，从无序到有序。

2019 年 9 月 2 日，互联网金融风险专项整治工作领导小组、网络借贷风险专项整治工作领导小组联合发布《关于加强 P2P 网贷领域征信体系建设的通知》，支持 P2P 网贷机构接入征信系统。各地互联网金融风险专项整治工作领导小组、网络借贷风险专项整治工作领导小组应组织辖内在营的 P2P 网贷机构接入金融信用信息基础数据库运行机构、百行征信等征信机构，对已退出经营的 P2P 网贷机构失信人数据同样予以接入，持续开展对相关逃废债行为的打击，并加大对网贷领域失信人的惩戒力度。

2019 年 9 月 29 日，人民银行、银保监会发布《2019 年中国普惠金融发展报告》，展示了我国普惠金融发展的最新数据成果，总结了中央部门、地方政府、各类市场主体在增加对普惠金融重点领域服务供给、深化体制机制改革、创新技术和产品、发挥资本市场功能、加强信用信息和担保增信体系建设、完善差异化监管机制、强化货币财税政策激励、弥补制度短板、加强消费者权益保护等方面开展的各项举措。2019 年是《推进普惠金融发展规划（2016—2020 年）》实施的关键之年和攻坚之年。

2019 年 9 月起，爬虫行业遭遇史上最严审查，先后有多家大数据公司被警方调查。这些被调查的大数据公司，业务或多或少涉及非法售卖用户隐私，为高利贷平台、贷款超市风控及导流服务。

2019 年 10 月 12 日，北京银保监局印发《关于规范银行与金融科技公司合作类业务及互联网保险业务的通知》（京银保监发〔2019〕310 号），针对当前北京地区银行业保险业开展有关业务进行规范，旨在深入整治市场乱象，引导银行保险机构回归本源、专注主业，以切实防范化解金融风险，保护广大金融消费者利益，促进业务平稳健康发展。

2019年10月16日，湖南省地方金融监督管理局对外发布公告，称湖南整治名单内纳入行政核查的24家网贷机构P2P业务均不符合“一办法三个指引”有关规定，予以取缔。公告强调，2016年以来，湖南省P2P网贷行业一直在进行专项整治，至今未有一家平台完全合规通过验收。公告还提及，湖南省其他开展P2P业务的机构及外省在湘从事P2P业务的分支机构均未纳入行政核查，对其开展的P2P业务一并予以取缔。此举意味着湖南所有P2P网贷业务将被全部取缔。

2019年10月20日，由中国人民银行主办的第六届世界互联网大会“金融科技——深度融合·多向赋能”论坛在浙江乌镇举行。与会嘉宾围绕推动金融科技深度融合，创新金融科技关键技术应用，强化金融科技多向赋能，构建金融科技发展合规路径等重点话题，展开深入探讨和交流，并在此基础上提出一系列高效务实的新理念、新方案、新举措，推动金融科技深入融合发展。

2019年10月24日，中共中央政治局就区块链技术发展现状和趋势进行集体学习时，中共中央总书记习近平强调，区块链技术的集成应用在新的技术革新和产业变革中起着重要作用。要把区块链作为核心技术自主创新的重要突破口，明确主攻方向，加大投入力度，着力攻克一批关键核心技术，加快推动区块链技术和产业创新发展。习近平总书记指出，区块链技术应用已延伸到数字金融、物联网、智能制造、供应链管理、数字资产交易等多个领域。目前，全球主要国家都在加快布局区块链技术发展。我国在区块链领域拥有良好基础，要加快推动区块链技术和产业创新发展，积极推进区块链和经济社会融合发展。

2019年10月25日，市场监管总局、人民银行对外发布了《金融科技产品认证目录（第一批）》《金融科技产品认证规则》，公布了11款首批被纳入金融科技产品认证目录的产品和金融科技产品认证的基本认证模式。此次是一次全面规范，对把好安全和合规会有进一步提升，对持牌金融机构预留充足创新发展空间。从顶层监管文件的制定到底层金融科技产品认证规则的发布，我国的金融科技监管体系正在逐步完善。

2019年10月26日，十三届全国人大常委会第十四次会议表决通过《密码法》，自2020年1月1日起施行，这标志着我国在密码的应用和管理等方面有了专门性的法律保障。

2019年10月30日，中国人民银行上海总部向辖内金融机构印发《关于促进金融科技发展　支持上海建设金融科技中心的指导意见》。该指导意见提出，推动以密码技术、量子技术、生物识别技术为代表的安全技术自主创新及研发。大力支持基础密码技术、进阶密码技术等底层密码技术的研究，推动密码技术的应用与发展。在金融科技监管方面，该指导意见提出，将成立人民银行上海总部金融科技工作领导小组，组建金融科技专家委员会，并加强与上海市有关管理部门和其他金融监管部门的沟通协调，建立起多部门联动、金融机构广泛参与的上海市金融科技中心建设工作机制，将建立健全金融科技创新规范及监管规则，有效提升金融科技监管效能。

2019年10月30日，金融科技产业联盟在北京筹备成立。筹备成立金融科技产业联盟是落实《金融科技（FinTech）发展规划（2019—2021年）》、推动金融高质量发展的关键举措，有利于强化信息产业对金融科技发展的支撑作用，形成开放、合作、共赢的金融科技产业生态体系。

2019年10月，北京互联网法院在办理一起网络侵权纠纷案时，首次采用区块链智能合约技术实现“一键立案执行”。这是全国首例通过区块链智能合约技术实现自动执行的案件，不仅标志着司法区块链智能合约应用的切实落地，更意味着链上数据与链下司法信息系统的深度融合利用，有利于打破信息孤岛，进一步释放司法红利，巩固并深化“基本解决执行难”成果。

2019年10月，中国人大网公布了全国人大财经委《关于第十三届全国人民代表大会第二次会议主席团交付审议的代表提出的议案审议结果的报告》，其中显示，“互联网金融法”争取列入年度立法计划安排审议。

2019年10月，人民银行就《个人金融信息（数据）保护试行办法》初稿向部分银行征求意见。该办法重点涉及完善征信机制体制建设，将对金融机构与第三方之间征信业务活动等进一步作出明确规定，加大对违规采集、使用个人征信信息的惩处力度。

2019年11月4日，工业和信息化部网站发布的《对十三届全国人大二次会议第1394号建议的答复》，披露了工业和信息化部经商银保监会答复全国人大代表朱立锋提出的“关于将新零售、区块链和工业互联网相结合，助力中小微企业高质量发展的建议”的具体内容，并将推动成立全国区块链和分布式记账技术标准化委员会。

2019年11月6日，香港证监会（SFC）发布了《有关虚拟资产期货合约的警告》和《立场书：监管虚拟资产交易平台》。最新的虚拟资产交易平台监管细则显示，香港证监会就虚拟资产交易平台采纳了一套与适用于持牌证券经纪商及自动化交易场所的标准相若的严格监管标准，借此处理涉及稳妥保管资产、打击洗钱及恐怖分子资金筹集、市场操纵、风险管理等方面的主要监管关注事项，并且香港证监会将仅向能够符合预期标准的平台批出牌照。

2019年11月14日，国家发展改革委、中国人民银行、银保监会等十五部门联合发布《关于推动先进制造业和现代服务业深度融合发展的实施意见》，鼓励金融机构积极支持开展供应链金融服务和发展装备融资租赁业务。

2019年11月15日，北京市地方金融监督管理局发布《关于交易场所分支机构未经批准开展经营活动的风险提示》指出，目前北京市未批准任何交易场所设立分支机构，如有外埠交易场所（重点为金融资产交易所）分支机构在京开展经营活动属于违规经营行为。

2019年11月25日，中国人民银行发布《中国金融稳定报告(2019)》。该报告显示，推进互联网金融风险专项整治以来，网络借贷机构从5000家减少到1490家，国内173家虚拟货币交易及代币发行融资平台已全部无风险退出。

2019年11月29日，中共中央政治局就我国应急管理体系和能力建设进行第十九次集体学习。中共中央总书记习近平在主持学习时强调，应急管理是国家治理体系和治理能力的重要组成部分，承担防范化解重大安全风险、及时应对处置各类灾害事故的重要职责，担负保护人民群众生命财产安全和维护社会稳定的重要使命。要发挥我国应急管理体系的特色和优势，借鉴国外应急管理有益做法，积极推进我国应急管理体系和能力现代化。

2019 年 12 月 4 日，最高人民法院在浙江乌镇召开《中国法院的互联网司法》白皮书新闻发布会，发布《中国法院的互联网司法》白皮书。这是中国法院发布的首部互联网司法白皮书，也是世界范围内首部介绍互联网时代司法创新发展的白皮书。

2019 年 12 月 5 日，中国人民银行公布将启动金融科技创新监管试点工作，中国正式启动金融科技“监管沙箱”。北京市地方金融监督管理局官网披露，北京市在全国率先启动金融科技创新监管试点，探索构建包容审慎的中国版“监管沙箱”。北京市地方金融监督管理局表示，将运用信息公开、产品公示、共同监督等柔性管理方式，引导持牌金融机构在依法合规、保护消费者权益的前提下，推动金融科技守正创新，赋能金融服务提质增效，营造安全、普惠、开放的金融科技发展环境。截至目前，金融科技试点工作中，北京市金融科技试点项目审批通过 46 项，位居十个试点省市之首，北京已聚集金融科技企业超过 100 家，实现年收入近千亿元。

2019 年 12 月 9 日，由人民银行牵头，工商银行、农业银行、中国银行、建设银行四大国有控股商业银行，中国移动、中国电信、中国联通三大电信运营商共同参与的央行法定数字货币试点项目有望在深圳、苏州等地落地。

2019 年 12 月 11 日，国家金融科技测评中心在“2019 中国（深圳）金融科技全球峰会”上正式成立，并落户深圳。国家金融科技测评中心启动筹建工作，致力于开展金融科技应用测评、风险监测以及监管科技与合规科技建设，将成为我国金融科技健康发展的重要基础设施。

2019 年 12 月 12 日，中国互联网金融协会移动金融专业委员会 2019 年第二次工作会议在上海召开。会议研究确定了 2020 年重点工作任务，主要有：移动金融框架下法定数字货币的应用场景研究；“多方安全计算”“联邦学习”等技术在大数据中的应用研究；金融行业区块链技术应用成熟度评测；人民币跨境移动支付研究；等等。

2019年12月19日，“2020中关村金融科技论坛暨第七届普惠金融论坛”在北京召开。会上发布了《中国金融科技与数字普惠金融发展报告(2019)》，重点介绍了国际国内金融科技发展情况和特点，对重点国家、地区和城市进行了全景分析；深入阐述了以人工智能、区块链、云计算、大数据、互联和安全技术为主的“ABCD+”金融科技底层技术的发展概况、产业链运转情况和发展地图；重点分析了金融科技在银行业、保险业的创新和实践，以及智能投顾、供应链金融、消费金融、第三方支付和监管科技的创新发展及应用情况；系统总结了数字普惠金融生态系统的发展逻辑和特点，以及在实践过程中形成的新模式、新经验。最后，该报告提出了金融科技和数字普惠金融的十大发展趋势。

2019年12月20日，司法区块链智能合约技术应用于民事诉讼审判程序的全国首例案件——电子商务领域首例交易全流程上链存证的诉讼案件在线宣判了。

2019年12月23日，中国人民银行营业管理部会同相关部门组织召开北京市金融科技创新监管试点启动会，会上营业管理部介绍了试点工作方案并对试点工作进行了部署，至此试点工作正式启动。中国人民银行科技司司长李伟指出，本次在北京市启动金融科技创新监管试点，就是要探索打造包容审慎的新型监管工具，在风险可控的前提下推动金融科技创新，给真正有价值的创新预留充分空间。

2019年12月25日，作为配合《金融科技产品认证规则》的标准落地，中国支付清算协会的金融科技产品认证管理平台正式上线。

2019年12月28日，以“人工智能和区块链助推国家治理体系和治理能力现代化”为主题的2019年中国智慧城市发展研讨会在中央党校（国家行政学院）举行，着眼于学习贯彻党的十九届四中全会精神，聚焦人工智能、区块链等新一代信息技术应用发展，对国家治理体系和治理能力现代化的动力支持，具有很强的政治意义和现实意义。

2019年12月30日，由国家互联网信息办公室、工业和信息化部、公安部、市场监管总局四部门联合印发的《APP违法违规收集使用个人信息行为认定方法》在国家网信办官网正式公布。该认定方法界定了 APP 违法违规收集使用个人信息行为的六大类方法，并提出，征得用户同意前就开始收集个人信息或打开可收集个人信息的权限、实际收集的个人信息或打开的可收集个人信息权限超出用户授权范围等行为可被认定为“未经用户同意收集使用个人信息”。

2020 年 1 月 10 日，中国人民银行发布《盘点央行的 2019：金融科技》。文中指出，2019 年人民银行出台了《金融科技（FinTech）发展规划(2019—2021 年)》，明确金融科技发展的基本原则和发展目标。人民银行在坚持双层运营、M_0 替代、可匿名的前提下，基本完成法定数字货币顶层设计、标准制定、功能研发、联调测试等工作；并扎实开展数字货币研究，跟踪研究数字货币国际前沿信息。

2020 年 1 月 10 日，北京市地方金融监督管理局发布 2019 年度绩效管理工作报告，对该局在 2019 年的工作进行总结。报告显示，2019 年，北京市在全国率先开展中国版金融科技“监管沙箱”试点，成立全国首家金融科技研究院，搭建北京金融科技公共研发平台。北京金融科技与专业服务创新示范区落地金融科技企业 70 余家。建立完善地方金融监管规则，探索“7 +4”金融监管制度框架。深入开展 P2P、互联网理财、虚拟货币等互联网金融风险专项整治，P2P 存量风险有序化解。

2020 年 1 月 11 日，北京市地方金融监督管理局、人民银行营业管理部、北京银保监局及北京证监局正式联合发布《关于加大金融支持科创企业健康发展的若干措施》（“科创金融十七条”）。“科创金融十七条”重点增加科创类企业信贷投放并设置“三个 15%”的量化指标，即鼓励辖区内银行 2020 年科创类企业贷款同比增长不低于 15%，有贷款余额的户数同比增长不低于 15%，力争开拓科创类客户不低于贷款户数的 15%。

2020 年 1 月 13 日，国务院新闻办公室举行新闻发布会，银保监会副主席黄洪在发布会上表示，2020 年是打好防范化解金融风险攻坚战的收官之年，将继续做好风险防控工作，坚决打赢防范化解金融风险攻坚战，严守不发生系统性风险底线。多个监管部门正展开新部署，2020 年金融防风险将持续发力。

2020年1月14日，中国人民银行营业管理部向社会公示2020年第一批6个金融科技创新监管试点应用，标志着中国版“监管沙箱”有了实质性进展。为落实《金融科技（FinTech）发展规划（2019—2021年）》（银发〔2019〕209号），按照《国务院关于全面推进北京市服务业扩大开放综合试点工作方案的批复》（国函〔2019〕16号），北京市在中国人民银行的支持指导下率先开展金融科技创新监管试点，探索构建符合我国国情、与国际接轨的金融科技创新监管工具，引导持牌金融机构在依法合规、保护消费者权益的前提下，运用现代信息技术赋能金融提质增效，营造守正、安全、普惠、开放的金融科技创新发展环境。这标志着我国在构建金融科技监管基本规则体系方面迈出了关键一步，具有里程碑意义。

2018年

2018年1月26日，北京市金融工作局携手北京阿尔山金融科技有限公司推出的“北京市网络借贷监管系统”正式投入使用。

2018年3月13日，《国务院机构改革方案》公布，组建中国银行保险监督管理委员会。我国的金融监管体系“一委一行两会”监管新框架确立。

2018年3月15日，全国首个“互联网和金融审判庭”在福田法院设立。

2018年3月23日，教育部公布了2017年度普通高等学校本科专业备案和审批结果，其中，金融科技专业是国内首个国家目录外新专业，实现了国家学科专业规划的稳步推进和新专业的引领布局目标。

2018年5月，中央财经大学金融学院金融科技系正式成立。中央财经大学金融学院成立金融科技系，采用创新灵活的管理机制，开国内金融科技教育之先河，对于金融学科建设具有重要意义。

2018年5月15日，深圳“金融风险防控实战预警系统”在深圳市公安局正式上线。

2018年5月31日，由北京市地方金融监督管理局、中央财经大学和加拿大蒙特利尔银行联合筹建的全国首家金融风险管理研究机构——北京金融风险管理研究院在中央财经大学挂牌成立。

2018年6月27日，公安部发布《网络安全等级保护条例（征求意见稿）》，正式宣告等保进入2.0时代。

2018年7月，全国最大的金融科技孵化器“交子金融科技中心”在成都举行了亮相预演，并在7月正式运营。交子金融梦工场·天府国际金融中心、交子金融梦工场·交子金融科技中心、交子金融梦工场·金融麦田合计运营面积超过8万平方米。

2018年7月6日，宁波与国家互联网应急中心合作，采用“互联网大数据+网格化系统数据”模式，率先打造金融风险“天罗地网”监测防控系统。

2018年8月21日，上海金融法院正式揭牌成立。

2018年8月31日，证监会发布《中国证监会监管科技总体建设方案》，标志着证监会已完成监管科技建设工作的顶层设计，并进入了全面实施阶段。该总体建设方案详细分析了证监会监管信息化现状、存在的问题以及面临的挑战，提出了监管科技建设的意义、原则和目标，明确了监管科技1.0、2.0、3.0各类信息化建设工作需求和工作内容。（中国的监管科技顶层设计始于2017年，同年6月，中国人民银行印发《中国金融业信息技术“十三五”发展规划》，提出要加强金融科技（FinTech）和监管科技（RegTech）研究与应用。中国证监会于2017年启动了监管科技3.0体系相关工作，利用金融科技、监管科技完善和提升监管手段。

2018年9月9日，北京挂牌成立互联网法院，以“网上案件网上审理”为原则，提供诉讼智能化服务。

2018年10月，成都数联铭品科技有限公司（BBD）中标中央监管信息平台——私募基金监管信息系统机构画像项目，招标人为中证信息技术服务有限责任公司。

2018年11月8日，原北京市金融工作局正式加挂“北京市地方金融监督管理局”牌子，成为北京市机构改革首批10家新挂牌组建的机构之一。

2018年11月9日，北京市金融工作局、中关村科技园区管理委员会、北京市科学技术委员会联合发布了《北京市促进金融科技发展规划(2018—2022年)》，其中，“金融科技安全产业集群”依托于房山区北京互联网金融安全示范产业园，鼓励金融科技安全核心技术研发，充分发挥科研院所与企业创新互为生态的聚集放大效应，着力布局金融安全相关网络、芯片、交换系统、数据中心等基础设施，重点发展合规科技，吸引数据安全、网络安全、信息安全、系统安全等方向的金融科技企业集聚发展，打造新安全的产业生态，推动金融科技安全技术在风险防范和金融机构合规领域的应用。该规划认为，总体上看，北京已初步发展成为国内综合优势领先的金融科技创新区域。

参考文献

[1] 白钦先，谭庆华．论金融功能演进与金融发展［J］．金融研究，2006（7）：41－52.

[2] 艾瑞咨询．破晓——2019年中国金融科技行业研究报告［R］．2019.

[3] 北京市地方金融监督管理局．关于印发《北京市促进金融科技发展规划（2018—2022年）》的通知［EB/OL］．［2019－11－03］．http：//jrj.beijing.gov.cn/bjszcfg/c19－a2975.html.

[4] 崔志伟．区块链金融：创新、风险及其法律规制［J］．东方法学，2019（3）：87－98.

[5] 邓建鹏．区块链的规范监管：困境和出路［J］．财经法学，2019（3）：31－50.

[6] 邓建鹏，李雪宁．监管沙盒的国际实践及其启示［J］．陕西师范大学学报（哲学社会科学版），2019，48（5）：62－76.

[7] 程鑫．基于金融安全视角下的金融周期与金融风险管理探讨［J］．金融经济，2019（2）：121－122.

[8] 陈洁．投资者到金融消费者的角色嬗变［J］．法学研究，2011，33（5）：84－95.

[9] 陈全，邓倩妮．云计算及其关键技术［J］．计算机应用，2009，29（9）：2562－2567.

[10] 冯果，袁康．从法律赋能到金融公平——收入分配调整与市场深化下金融法的新进路［J］．法学评论，2012，30（4）：85－91.

[11] 高惺惟，董治．防范化解重大风险　维护经济金融安全［J］．银行家，2019（5）：83－85.

[12] 葛仁余．聚焦核心科技防范金融科技风险 [J]．中国金融，2019.

[13] 何海锋．金融科技的创新路径、创新失灵与制度需求 [J]．财经法学，2019 (3)：79 -91.

[14] 何颖．论金融消费者保护的立法原则 [J]．法学，2010 (2)：48 -55.

[15] 胡光．区块链技术知识产权保护策略研究 [J]．重庆理工大学学报（社会科学），2019，33 (4)：97 -104.

[16] 侯雪梅．论金融创新产品的知识产权保护 [J]．金融与经济，2009 (6).

[17] 何德旭，娄峰．中国金融安全指数的构建及实证分析 [J]．金融评论，2012 (5).

[18] 韩璇，袁勇，王飞跃．区块链安全问题：研究现状与展望 [J]．自动化学报，2019，45 (1)：206 -225.

[19] 黄震．金融科技与监管科技的协同发展路径 [EB/OL]．[2019 -11 -13]．http：//www. sohu. com/a/284607167_473443.

[20] 黄震，中国互联网金融安全课题组．中国互联网金融安全发展报告2018 [M]．北京：中国金融出版社，2019.

[21] 黄震．金融科技促进普惠金融的理念、领域和方法 [EB/OL]．[2019 -06 -21]．http：//www. 01caijing. com/article/39465. htm.

[22] 黄震．必须采用先进科学技术维护金融安全 [N]．金融时报，2017 -05 -22 (8).

[23] 黄孝武，程敏．习近平关于金融工作的重要论述 [J]．中南财经政法大学学报，2019 (1).

[24] 靳文辉，关佳．金融科技风险的行政许可规制 [J]．河南财经政法大学学报，2019，34 (1)：64 -74.

[25] 靳文辉．法权理论视角下的金融科技及风险防范 [J]．厦门大学学报（哲学社会科学版），2019 (2)：1 -11.

[26] 京东金融研究院．金融危机十周年：监管科技能应对危机吗?

[EB/OL]. [2019-01-30]. https://wallstreetcn.com/articles/3432993.

[27] 梁永礼. 新常态下我国金融安全实证分析 [J]. 经济问题探索, 2016 (11): 128-137.

[28] 梁勇. 开放的难题: 发展中国家的金融安全 [M]. 北京: 高等教育出版社, 1999.

[29] 李后建, 张宗益. 金融发展、知识产权保护与技术创新效率——金融市场化的作用 [J]. 科研管理, 2014, 35 (12): 160-167.

[30] 李健男. 金融消费者法律界定新论——以中国金融消费者特别保护机制的构建为视角 [J]. 浙江社会科学, 2011 (6).

[31] 李有星, 王琳. 金融科技监管的合作治理路径 [J]. 浙江大学学报 (人文社会科学版), 2019, 49 (1): 214-226.

[32] 李欣怡. 人工智能在国内科技金融监管中的应用思考 [J]. 现代金融, 2018 (9).

[33] 李晓春. 智能金融发展对我国金融业的影响 [J]. 科技与金融, 2018 (8).

[34] 李崇纲, 许会泉. 冒烟指数: 大数据监测互联网金融风险 [J]. 大数据, 2018 (4): 76-84.

[35] 廖凡. 金融科技背景下监管沙盒的理论与实践评析 [J]. 厦门大学学报 (哲学社会科学版), 2019 (2): 12-20.

[36] 廖凡. 金融消费者的概念和范围: 一个比较法的视角 [J]. 环球法律评论, 2012, 34 (4): 95-104.

[37] 刘晓星, 杨悦. 全球化条件下金融消费者保护问题研究 [J]. 现代管理科学, 2008 (6): 108-110.

[38] 刘晓勇. 监管者的视角: 金融体制改革三十年回顾与展望 [J]. 经济社会体制比较, 2008 (4).

[39] 刘晓星, 方磊. 金融压力指数构建及其有效性检验——基于中国数据的实证分析 [J]. 管理工程学报, 2012 (3).

[40] 刘志云, 刘盛. 金融科技法律规制的创新——监管沙盒的发展趋势及本土化思考 [J]. 厦门大学学报 (哲学社会科学版), 2019 (2):

21－31.

［41］刘帆．沙盒监管：引入逻辑与本土构造［J］．西南金融，2019（3）：53－63.

［42］刘力，张哲宇，何大勇．金融科技赋能商业银行合规智能化转型策略研究［J］．上海金融，2019（6）：84－87.

［43］刘迎霜．我国金融消费者权益保护路径探析——兼论对美国金融监管改革中金融消费者保护的借鉴［J］．现代法学，2011，33（3）：91－98.

［44］赖娟，吕江林．基于金融压力指数的金融系统性风险的测度［J］．统计与决策，2010（19）．

［45］马志毅．金融安全法律框架问题研究［J］．朝阳法律评论，2012（1）：141－146.

［46］普华永道．2018年中国金融科技调查报告［R］．2018.

［47］平安金融安全研究院，北京神州绿盟科技有限公司．2017金融科技安全分析报告［J］．信息安全与通信保密，2018（9）：91－105.

［48］钱志鸿，王义君．面向物联网的无线传感器网络综述［J］．电子与信息学报，2013，35（1）：215－227.

［49］任春玲．我国金融创新中的金融安全问题研究［J］．长春金融高等专科学校学报，2019（1）：5－13.

［50］腾讯安全．2019年上半年科技金融安全报告［R］．2019.

［51］王美舒．类型思维下的金融消费者：从语词认识到裁判逻辑［J］．法律科学（西北政法大学学报），2019，37（2）：180－192.

［52］王元龙．关于金融安全的若干理论问题［J］．国际金融研究，2004（5）：11－18.

［53］王伟玲．金融消费者权益及其保护初探［J］．重庆社会科学，2002（5）：34－36.

［54］王静．全球金融科技发展动因及监管科技发展趋势［N］．证券市场导报，2019－01－18（2）．

［55］汪来喜，孙传旺．基于金融本质、跨界转型视角的金融业赋能

思考［J］．金融理论与实践，2019（1）：55－59.

［56］吴弘，徐振．金融消费者保护的法理探析［J］．东方法学，2009（5）：13－22.

［57］肖斌卿，颜建晔，杨旸，张璞．金融安全预警系统的建模与实证研究：基于中国数据的检验［J］．国际商务（对外经济贸易大学学报），2015（6）：97－106.

［58］吴凌翔．金融监管沙箱试验及其法律规制国际比较与启示［J］．金融发展研究，2017（10）：44－51.

［59］邢会强．金融消费者的法律定义［J］．北方法学，2014（4）.

［60］邢会强．金融危机治乱循环与金融法的改进路径——金融法中“三足定理”的提出［J］．法学评论，2010，28（5）：46－53.

［61］邢会强．人工智能时代的金融监管变革［J］．探索与争鸣，2018（10）.

［62］杨东．论金融消费者概念界定［J］．法学家，2014（5）.

［63］杨枝煌．中国金融知识产权科学发展战略［M］．北京：知识产权出版社，2009.

［64］杨琴，石平江．大数据时代金融消费者个人信息安全危机［J］．贵州警官职业学院学报，2018，30（5）：3－8.

［65］姚万勤．高利转贷除罪化实证研究［J］．政治与法律，2018（3）：39－51.

［66］姚辰．“监管沙盒”的国际探索与中国选择——以上海自贸区为试点探索建立中国式“监管沙盒”［J］．浙江金融，2019（1）：68－76.

［67］郁红，倪依阳．互联网金融安全问题与防范策略研究［J］．金融科技时代，2016（1）：57－59.

［68］于春敏．金融消费者的法律界定［J］．上海财经大学学报，2010，12（4）：35－42.

［69］叶莉，陈立文，韩冰．我国金融安全评价体系及应用研究［J］．价值工程，2007（20）.

［70］俞勇．金融科技与金融机构风险管理［J］．上海金融，2019

(7): 73-78.

[71] 尹振涛, 郑联盛. 金融科技对金融监管体系提出新挑战 [N]. 中国财经报, 2017-09-05 (5).

[72] 尹振涛, 范云朋. 监管科技 (RegTech) 的理论基础、实践应用与发展建议 [J]. 财经法学, 2019 (3): 92-105.

[73] 张永亮. 金融监管科技之法制化路径 [J]. 法商研究, 2019, 36 (3): 127-139.

[74] 张亮, 刘百祥, 张如意, 等. 区块链技术综述 [J]. 计算机工程, 2019, 45 (5): 1-12.

[75] 张克. 如何协同治理? 互联网金融监管新思维 [J]. 华东科技, 2015 (8).

[76] 张悦. 探析我国金融安全与金融法体系的完善 [J]. 法制与经济, 2018 (10): 127-128.

[77] 张德茂, 蒋亮. 金融科技在传统商业银行转型中的赋能作用与路径 [J]. 西南金融, 2018 (11): 3-19.

[78] 张忠军. 论金融法的安全观 [J]. 中国法学, 2003 (4): 107-115.

[79] 张培准. 论我国金融消费者权益保护的法律制度 [A]. 中共沈阳市委, 沈阳市人民政府, 国际生产工程院, 中国机械工程学会. 第十六届沈阳科学学术年会论文集 (经管社科) [C]. 2019: 3.

[80] 张安军. 国家金融安全动态预警比较分析 (1992—2011 年) [J]. 世界经济研究, 2015 (4).

[81] 张倩. 浅议金融安全与我国金融法体系的完善 [J]. 长春金融高等专科学校学报, 2016 (4).

[82] 张忠军. 论金融法的安全观 [J]. 中国法学, 2003 (4).

[83] 朱孟楠, 段洪俊. 金融安全、流动性与中国外汇储备风险管理——基于交易价差估计的主权债市场流动性及其风险分析 [J]. 金融论坛, 2019, 24 (3): 3-15.

[84] 朱建明, 杨鸿瑞. 金融科技中数据安全的挑战与对策 [J]. 网络与信息安全学报, 2019, 5 (4): 71-79.

［85］中国信息通信研究院．2018—2019年金融科技安全分析报告［R］．2019.

［86］中国银行国际金融研究所课题组．金融危机监测指标体系研究［J］．国际金融研究，2010（3）．

［87］国务院办公厅印发《关于运用大数据加强对市场主体服务和监管的若干意见》［EB/OL］．［2019－11－03］．中央政府门户网站，http：//www.gov.cn/xinwen/2015－07/01/content_2888232.htm.

［88］魏革军．维护金融安全任重道远［J］．中国金融，2019（15）：3.

［89］曾康霖．试析金融风险、金融危机与金融安全［J］．金融发展研究，2008（2）：3.

［90］Andy Haldane. Speech at the Maxwell Fry Annual Global Finance Lecture：Managing Global Finance as a System［R］．Birmingham University，29 October 2014.

［91］Abraham Zhang，Ray Y Zhong，Muhammad Farooque，Kai Kang，V G Venkatesh. Blockchain—based life cycle assessment：An implementation framework and system architecture［J］．Resources，Conservation &amp；Recycling，2020，152.

［92］Deloitte. The RegTech universe on the rise［EB/OL］．［2019－01－28］．https：//www2.deloitte.com/content/dam/Deloitte/lu/Documents/technology/lu_inside－regtech－universe－on－rise.pdf.

［93］David M. Gould，William C. Gruben. The role of intellectual property rights in economic growth［J］．Journal of Development Economics，1996，48（2）．

［94］Douglas W. Arner，Janos Barberis，Ross P. Buckey. FinTech，Regtech and the Reconceptualization of Financial Regulation［J］．37 Nw. J. Int'l L. & Bus. 2017，（371）．

［95］Douglas W. Arner，Janos Barberis，Ross P. Buckley. Fintech and Regtech in a Nutshell，and the Future in a Sandbox［R］．The CFA Institute

Research Foundation, 2017.

[96] Darcy W. E. Allen, Chris Berg, Brendan Markey – Towler, Mikayla Novak, Jason Potts. Blockchain and the evolution of institutional technologies: Implications for innovation policy [J]. Research Policy, 2020, 49 (1).

[97] Financial Conduct Authority (FCA). Call for Input: Supporting the Development and adoption of Regtech [EB/OL]. [2015 – 11]. https: //www. fca. cuk/publication/call – for – input/Regtech – call – for – input. pdf.

[98] Financial Conduct Authority (FCA). Sandbox Tools [EB/OL]. https: //www. fca. org. uk/firms/regulatory – sandbox/sandbox – tools.

[99] Financial Conduct Authority (FCA). Call for Input: Using technology to achieve smarter regulatory reporting [EB/OL]. [2018 – 02]. https: //www. fca. org. uk/publication/call – for – input/call – for – input – smarter – regulatory – reporting. pdf.

[100] Financial Stability Board (FSB). Financial Stability Implications from FinTech: Supervisory and Regulatory Issues that Merit Authorities Attention [R]. 27 June 2017.

[101] Financial Stability Board (FSB). Opening remarks at the BIS AGM panel on key financial regulatory developments [R].

[102] Financial Stability Board (FSB). Fintech: Describing the landscape and a Framework for Analysis [EB/OL]. [2016 – 03 – 23]. http: //www. fsb. org/2017/06/financial – stability – implications – from – fintech/.

[103] IMF. China's Digital Economy: Opportunities and Risks [EB/OL]. https: //www. imf. org/en/Publications/WP/Issues/2019/01/17/Chinas – Digital – Economy – Opportunities – and – Risks – 46459.

[104] International Monetary Fund. Global Financial Stability Report: Lower for Longer [R]. Washington, DC, October, 2019.

[105] Gai, Qiu and Sun. A survey on Fintech [J]. Journal of Network and Computer Applications, 2017, 2018 (102).

[106] Gould, D., Gruben, W. The role of intellectual property rights in

economic growth [J]. Journal of Development Economics, 1996, 48 (2): 323 - 350.

[107] Kenneth A. Bamberger. Technologies of Compliance: Risk and Regulation in a Digital Age [J]. 88 Tex. L. Rev. 669, 2009.

[108] Nizan Geslevich Packin. RegTech, Compliance and Technology Judgment Rule [J]. 93 Chi. - Kent L. Rev. 193, 2018 (194).

[109] The rise of RegTech and what it means for your business, in Forbes Expert Panel [EB/OL]. https://www.forbes.com/sites/forbesfinancecouncil/2016/12/14/the-rise-of-regtech-and-what-it-means-for-your-business/#f77fda85935a.

后记

当前，在全球风险社会背景下各种危机交织重叠。突如其来的新冠肺炎疫情，给经济、金融带来了极大挑战，也带来了前所未有的机遇。本书从技术、市场、监管三个维度，梳理了金融科技发展的历史阶段、发展现状、面临的问题和未来走向，立足我国金融科技发展规划，对我国正在建立、完善的金融风险防控体系及其多层次结构，提出了构建技术、市场、监管协同发展的金融科技发展路径。

2019—2020 年，金融科技进入了安全发展的新时代。金融科技创新层出不穷，开启了从自发探索到规划发展、从零星开拓到系统构架的转型。监管科技从合规管理转变为主动防控，金融科技公司也通过服务地方金融监管部门，推进金融风险防控架构的完善和创新。值得一提的是，全球都在对“监管沙盒”这一制度设计进行积极的探索，其在承担着促进金融科技发展任务的同时还发挥着“将风险装进盒子里”的作用。

基于此，本书从技术、市场、监管协同发展的视角，在分析中国金融科技发展出现的三大转型的基础上，结合中央和地方及其他有关机构和部门出台的金融科技规划和指引文件，对各方在金融科技领域的规划与布局进行了梳理与分析，并阐述和总结了金融科技安全发展的技术保障及金融科技的应用场景。最后，本书对金融科技监管沙箱运行机制进行了深入探讨。希望本书能为从业者拓展思路有所裨益，为投资者了解行业现状提供参考，为监管部门打赢防控金融风险攻坚战提供建议。

本书在延续 2017 年、2018 年成书体例的基础上，增加了三个附录：一是以技术、市场、监管协同发展为视角的金融科技安全发展相关文献综述；二是中国金融科技安全发展相关政策法规汇编；三是金融科技安全发展大事记。希望通过附录，能够进一步充实课题研究的内容，完善本系列报告的体例。

本书的出版得到了多方面的支持，是多方共同努力的结果。在此特别感谢北京市地方金融监督管理局、中国互联网金融协会、北京市互联网金融行业协会的指导，感谢北京金融安全产业园为课题组的调研工作提供了大力支持，感谢中国金融出版社在本书出版阶段提供的相关建议和支持。同时，蚂蚁金服、京东数科、天创信用、中金云（北京）大数据科技、北京金信网银、梆梆金服、百融金服、友信金服人人贷、北京道口贷科技、北京沅启融安等单位也提供了丰富的案例资料，在此一并表示感谢！

本书凝聚了中央财经大学金融法研究所所长黄震教授及其团队多年来对金融科技与监管科技的研究探索。杨兵律师、京东数科研究院张夏明研究员、《财经》新媒体康路女士、何俊妮女士、张尧博士，以及苏润霖、占青、刘仪曼、李彤等十多位研究生也在本课题调研和报告撰写中作出了积极的贡献；金融时报社、中国互联网金融创新研究院、中国互联网金融安全技术专家委员会对本课题也给予了诸多支持，在此对以上单位和相关个人的辛勤付出表示衷心的感谢！

由于课题组组织经验不足，本书难免存在疏漏及不足之处，敬请广大读者朋友批评指正。读者朋友们有任何对于本书的修改意见或建议，请发送邮件至 hzhlwjr@ 126. com，我们将认真吸取、及时改进、不断优化。